군사사학으로 본

6·25전쟁사

-6·25전쟁 70주년을 회고하면서!-

－저자 약력－

·공군사관학교(3기, 1954) 및 공군대학 졸업(1970)
·미국 공군통신학교 통신장교과정 수료(1958)
·경희대학교 대학원 사학과 졸업(1969)
·충남대학교 명예 군사학 박사(2003)
·공군사관학교 교수부 군사학과장
·공군대학 교수부 제2·3처장
·국방대학원 교수 및 교수부 제3학처장
·충남대학교 겸임교수 및 특임교수(2003~2018)
·한국군사사학회 창설(1976) 및 초대 회장
·현재 : 서라벌군사연구소장
공군사관학교 명예교수

군사사학으로 본 6·25전쟁사
-6·25전쟁 70주년을 회고하면서!-

저자 이종학
발행일 2020년 6월 15일 **발행인** 이진숙
펴낸곳 충남대학교출판문화원 **주소** 대전광역시 유성구 대학로 99 **전화** 042-821-6045
홈페이지 http://www.cnupress.co.kr E-mail cnupress@cnu.ac.kr

ISBN 979-11-6503-044-5 93390
정가 23,000원

군사학총서 19

군사사학으로 본
6·25전쟁사

-6·25전쟁 70주년을 회고하면서!-

풍석 이종학 지음

충남대학교출판문화원

머리말

일찍이 미국의 철학자 산타야나(Santayana, 1863~1952)는 "과거를 기억하지 못하는 자는 과거를 되풀이하기 마련이다"고 했다. 6·25전쟁 70주년을 맞이하면서 그 전쟁의 비참했던 동족상잔의 비극을 기억하지 못한다면 또 전쟁이 되풀이 될 수도 있겠지만, 우리에게 그런 비극이 또다시 일어나서는 안 되며, 이제 한반도에서 전쟁이 다시 일어난다면 '핵전쟁'이 일어날 가능성이 짙기 때문에 어떤 수단을 강구해서라도 전쟁을 억제해야 한다.

인간의 과거를 연구대상으로 하는 학문이 역사학이며, 많은 저명한 역사학자들이 '역사란 무엇인가?' 하고 해답을 찾아왔다. 저자도 이 문제에 관심을 가져왔기에 견해를 소개하면, "역사란 지난날 인간생활에서 일어난 여러 가지 일의 인과관계因果關係의 진실을 밝히고, 그것으로 현실을 이해하는 자료로 삼고 또 후세에 넘겨주어 교훈으로 삼게 함으로써 삶을 유익하게 하는 학문이다."

6·25전쟁은 한반도를 무대로 하여 20개국의 군대가 1950년 6월 25일부터 1953년 7월 27일까지, 3년 1개월여에 걸친 전쟁이었다. 이 전쟁은 한민족에게 심각한 인적·물적·정신적 피해를 안겨다 주었고, 세계에서 가장 가난한 민족으로 전락시켰다. 그 후 70년의 세월이 흘러 남·북한의 삶의 질도 많이 달라졌다. 즉, 한국무역협회는 지난해 북한의 무역액이 29억 4500만 달러이고, 한국 무역액 1조 456억 4000만 달러의 0.3%에 불과하다고 2020년 5월 5일 밝혔다.

온 세계가 코로나19 사태로 몸살을 앓고 있는데도 한반도를 둘러싼 군사정세는 바라지 않는 방향으로 치닫고 있다. 즉 최근 김정은 국무위원장은 핵무기와 장거리탄도미사일 개발을 강조하고 나섰기 때문이다. 그러니 북한 김정은체제가 핵·미사일로 '금지선(red line)'을 넘어 미국 국민을 위협한다면 김정은체제가 곧 말살될 뿐만 아니라, 한반도가 '핵전쟁'의 위기에 처하게 된다는 것을 알아야 하리라.

지난 2004년 1월 육군사관학교 가입교생 250명을 대상으로 한 설문조사 결과로 충격을 받았다. 즉, 주적主敵을 물었는데 33%만 북한이라고 답하고, 34%는 미국을 꼽았고, 또 한국군과 미군이 먼저 북한을 침공해서 6·25전쟁이 일어났다고 전교조 교사로부터 배웠다는 것이다.

그래서 6·25전쟁에 관한 '진실(truth)'을 알려야겠다는 생각으로 2011년에 『6·25전쟁이란 무엇인가』(4·6배판, 620여 쪽)를 발간했다. 이 책은 그 후의 6·25전쟁에 관한 논문과 누락된 내용 그리고 '평화적 통일'과 우리가 배워야 할 교훈 등으로 엮었으며, 한민족의 평화적 통일을 달성하기 위해서는 6·25전쟁의 진실을 밝히고, 거기서부터 교훈을 찾아야 가능하다고 생각했기에 이 책을 발간하기로 했다.

• 제1부 6·25전쟁 70주년을 회고하면서!

6·25전쟁 70주년을 회고하면서 우리가 꼭 알아야 할 내용, 즉 6·25전쟁의 방아쇠는 누가 당겼나, 6·25전쟁은 누가 유인했나, 초기작전에서 한국군은 왜 패했는가, 평화적 남북통일이란 무슨 내용인가 등을 오늘날의 관점에서 재조

명해 보았다. 비록 출처를 밝힌 각주(footnote)가 붙어 있지만, 쉽게 읽을 수 있도록 수필형식으로 했음을 밝혀둔다. 특히 젊은 세대에게 꼭 알려주고 싶은 내용을 오늘의 관점에서 집필했다.

• 제2부 6·25전쟁의 해석과 논평

전쟁이란 정치가의 오인, 오해, 오산에 의해 발생하지만, 의사소통을 원활하게 해서 정보를 정확히 밝힘으로써 방지할 수 있으리라. 그리고 전쟁과 전략의 논리는 보편적이며, 대조적으로 전쟁의 성격과 수행은 시대에 따라 변한다. 이런 차원에서 6·25전쟁에 대한 분석, 해석 그리고 논평은 군사고전인 『손자병법』(B.C. 513?)과 클라우제비츠의 『전쟁론』(1832)을 바탕으로 했음을 밝힌다.

• 제3부 『손자병법』으로 본 6·25전쟁

저자가 1982년 미국 워싱턴의 국방대학교(National Defense University)를 방문하여 알게 된 사실은 미국의 각군 대학 이상의 교육기관에서 『손자병법』과 『전쟁론』을 1980년부터 가르치고 연구하고 있는데, 그 동기는 미군이 베트남 전쟁(1955~1975)에 참전하여 '전투'에서는 언제나 승리했으나, 결국 '전쟁'에서 패배했기 때문이라는 것이었다.

저자는 1954년 공군사관학교를 졸업했는데, 재학 중 군사훈련은 받았으나, 군사고전인 『손자병법』이나 『전쟁론』은 전연 배우지 못했다. 당시 한국에는 군사고전을 가르칠 수 있는 군사전문가가 없었다. 독학으로 『손자병법』을 연구하여 「손자병법으로 본 한국전쟁」을 공군본부에서 발간하는 잡지 『공군』

에 2년에 걸쳐 연재했는데, 오늘날에도 현실성이 있는 내용이라 수록했다.

책명 첫머리에 '군사사학'이라는 용어를 썼는데, 전쟁사는 '군사이론'과 '역사'를 결합한 '군사사학'으로 연구하는 것이 적합하기 때문이다. 즉, 일본의 고대사학계는 1889년부터 광개토왕 비문의 '신묘년(391) 기사'의 해석을 바탕으로 '임나일본부설'(任那日本府說 : 일본열도의 倭가 한반도 남부를 4세기 중반부터 6세기 중반까지 통치했다는 說)의 논거로 삼아왔고, 110여 년 동안 남·북한, 일본 및 중국의 역사학자들이 찬·반의 논문을 발표했으나 결론을 얻지 못했다.

저자는 최초로 '신묘년(391) 기사'가 군사작전의 내용이며, 연구대상의 본질과 성격에 따라 연구방법도 달라져야 하기 때문에, '군사사학적 방법'으로 분석·해석하여 주장했다. 그리고 일본 도쿄(東京)에서 발간하는 잡지 『日本及日本人』(창간 110년 기념호, 1998)에 「廣開土王碑文의 眞實-軍事史學的硏究方法에 의한 辛卯年記事의 檢討-」을 투고·게재되었는데, 잡지 편집자는 그 논문을 잡지에 게재하면서 상단에 설명을 붙였다. 즉 "이번에 군사사학적 연구방법이라는 접근법에 의해 그 해석에 도전해 보니, 종래의 고고학考古學이나 문헌사학에서는 알지 못했던 고대 일본의 실상實像이 떠올랐다"고 했고, 그 후 일본 고대사학계에서는 '임나일본부설'이 꼬리를 감추게 되었다.

저자는 6·25전쟁에 대한 북한의 허위선전을 '군사사학'으로 진실을 밝혔을 뿐만 아니라, 올바른 분석과 해석 그리고 평가도 가능하다는 것을 이 책의 본문에서 밝혔으니 참고하기 바란다. 그리고 이 책에는 6·25전쟁에 대한 사실史實의 중복이 있으나, 중요한 내용을 강조한 뜻으로 이해하기 바란다.

자료를 수집해 준 노양규 박사, 이원희 박사, 나태종 박사, 김재범 장군(예), 김희수 박사, 그리고 연구하는데 성원해준 많은 분들에게 심심한 감사를 표하며, 이 책을 발간하는데 협조해준 충남대학교 출판문화원장 백미현 교수와 양광준 과장, 김현순·김보라 씨 등 직원들에게 심심한 사의를 표한다. 그리고 특히 지난 30여년 동안 풍석재에서 25권의 책을 컴퓨터에 입력하고, 교정을 해준 최정화 연구위원에게 충심으로 깊은 감사의 마음을 전한다.

2020년 6월

風石 李 鍾 學 씀

—경주 풍석재에서—

목 차

1부

6·25전쟁 70주년을 회고하면서!

2부

6·25전쟁의 해석과 논평

3
부

손자병법으로 본 6·25전쟁

1
부

6·25전쟁 70주년을 회고하면서!

I

6·25전쟁의 방아쇠는 누가 당겼나?

-조선의 해방은 중국지도부가 이를
찬성할 때만 개시할 수 있다는 것이다.-
스탈린(Stalin, 1879~1953)

1945년 8월 제2차 세계대전은 종결되었으나, 한반도는 38도선을 기준으로 남북으로 분단되어 1948년 8월 15일 '대한민국'과 1948년 9월 8일 '조선민주주의 인민공화국'이 성립되었다. 그런데 1950년 6월 25일 한반도에서 전쟁이 일어나 1953년 7월 27일까지 3년 1개월간 전투가 벌어졌고, 한국 측에는 참전 16개국, 북한 측에는 중공과 소련이 참전했으니 축소된 제3차 세계대전이라 해도 지나친 말은 아니리라.

6·25전쟁 때의 각국 군대의 인명피해(전사, 부상, 실종, 포로)는 아래와 같다.[1]

> 한국군 621,479명, 미국 133,996명, 북한군 607,396명, 중공군 391,000여명, 소련군 315명, 항공기 손실 335대, 한국의 민간인 피해(사망·학살, 부상, 납치, 행방불명) 인원수는 990,968명이고, 북한의 민간인 피해(사망·실종, 국외 소거, 한국 편입)는 1,198,000명이다.

이 전쟁의 명칭에 대해 한국에서는 '한국사변', '한국동란', '한국전란',

---

1) 국방부 군사편찬연구소, 『한 권으로 읽는 6·25전쟁』(서울, 2016), pp. 504~507.

'6·25전쟁', '6·25 한국전쟁' 등으로 호칭되었고, 북한에서는 '정의의 조국해방전쟁'이라 하고, 미국에서는 '한국전쟁(the korean war)', 일본에서는 '조선전쟁朝鮮戰爭'이라 부르기도 하지만, 여기서는 특별한 경우를 제외하고는 '6·25전쟁'이라 부르기로 한다.

3년 1개월에 걸친 한반도에서의 전쟁으로 한반도는 폐허로 변했고, 온 민족이 헐벗고 굶주리게 되었으며 분단의 고정화·상호 간의 불신과 증오 그리고 민족사상 최대의 비극을 초래한 데 대한 책임은 실로 중대하다. 따라서 이 전쟁을 일으킨 자, 즉 방아쇠를 당긴 자는 누구인가를 규명한다는 것은 대단히 중요하다.

한편, 6·25전쟁에 있어서 전쟁의 기원(origin), 이 문제는 제2차 세계대전 이후 미·소 양국에 의한 냉전이 어느 편에 의해서 시작되었는가의 선상에서 6·25전쟁의 기원이 시작되었다는 여러 학파가 생겼다.

우선, 내전의 기원에 관한 최초의 학설로 전통주의학파에 의해 정립되었다. 그들은 기본적으로 냉전의 책임은 소련에 있다고 생각하고, 종전과 함께 스탈린은 동유럽부터 중동방면을 경유하여 동아시아에 걸쳐 팽창정책을 추구했다. 소련은 마르크스·레닌주의에 입각하여 세계적화의 목표달성을 위해 모든 수단, 특히 무력수단도 불사하는 거대한 제국주의 국가라고 주장했다.

그리고, 이러한 전통주의학파의 주장에 도전한 것이 수정주의학파이고, 그들의 주장에 의하면 미국의 대외정책은 더 제국주의적이며 팽창주의라는 것이다. 마르크스주의자라고 자칭하는 수정주의자들은 미국이 자신의 자본주의 체제를 유지·발전시키기 위해, 전후의 국제질서를 미국을 중심으로 하는 자본주의 국가의 통합이라는 방향으로 개편한 것을 전제로 하여, 미국의 대외정책은 자연히 소련을 압박함으로써 소련의 대응을 일으켰다고 분석·해석했던 것이다.

6·25전쟁의 기원을 규명함에 있어서, 전통주의자나 수정주의자들은 초

기 냉전의 기원에 관한 자신들의 이론을 그대로 적용했던 것이다. 구체적으로 얘기한다면, 전통주의자는 마치 냉전이 소련에 의해 시작한 것처럼 6·25전쟁도 소련에 의해 시작되었다고 해석했고, 수정주의자들은 마치 냉전이 미국에 의해 시작한 것처럼, 6·25전쟁도 미국에 의해 시작되었다고 주장했다.

따라서 한동안 6·25전쟁은 남침, 북침 어느 쪽인가? 국내전·국제전·민족해방전쟁의 어느 쪽인가 하고 주장이 분분했다. 예컨대 미국 시카고대학교의 역사학 교수인 브루스 커밍스(Bruce Cumings, 1943~)는 『한국전쟁의 기원』 제1권(1981)·제2권(1990)을 발간했다. 한국의 한 역사학자는 "이 책은 당시 한국학자들이 뛰어넘을 수 없는 거대한 벽이었다. 들어보지도 접해보지도 못했던 자료들과 이론들이 책을 가득 메웠고, 나아가 그 정교함과 방대함에 압도되었다"고 했다. 그러나 그의 저서 제2권 제18장의 제목은 「누가 한국전쟁을 시작했나」이며, 거기서 "누가 한국전쟁을 시작했나? 이 의문에는 답할 수가 없다"[2]고 주장했다. 1,540여 쪽이나 되는 방대한 책에서 '한국전쟁의 기원'의 규명을 시도하면서 위의 결론밖에 얻지 못한 원인은 연구방법론에 문제가 숨겨져 있는 것으로 저자는 진단한다.

그 이유는 연구대상의 본질과 성격에 따라 연구방법론이 거기에 적합하고 타당성이 있어야 하는데, 과거의 전쟁에 관한 연구는 군사사학(military history), 즉 군사이론과 역사학이 통합된 연구방법을 적용해야만 문제점이 해결된다는 것을 밝혀 둔다.[3]

군사이론(military theory)이란 군사문제에 관한 연구와 그것의 개념, 범주, 명제, 법칙, 일반이론 등을 포함한다. 옛날 군사이론의 초점은 '전쟁이란 무엇인가'와 '어떻게 승리할 것인가'라는 두 가지 문제였다. 전자는 '전쟁철학'이라 했고, 후자는 '전쟁술' 즉 전략·전술을 뜻했다. 군사이론이란 다음 네

---

2) Bruce Cumings, *The Origin of the Korean War : the Roaring of the Cataract, 1947~1950*, Princeton University Press, 1990, p. 619. 그 후 그는 *North Korea : Another Country* (2004)에서 북한의 남침을 시인했다.

3) 이종학, 『한국군사사 연구』(충남대학교 출판부, 2010), pp. 15~76. 참조.

가지 질문에 해결책을 제시해야 한다. 즉, ① 전쟁이란 무엇인가, ② 어떻게 싸워서 승리할 것인가, ③ 어떻게 전쟁준비를 할 것인가, ④ 어떻게 전쟁을 억지할 것인가이다. 군사이론에 관한 가장 훌륭한 교과서는 군사고전인 손무(孫武)의 『손자병법』(B.C. 513?)과 클라우제비츠의 『전쟁론』(1832)이다.

역사학(history)이란, 독일의 대표적 사학자 베른하임(Bernheim, 1850~1942)에 의하면 "역사학은 공동체를 이루는 존재로서 여러 가지 활동을 하는 인간의 공간적·시간적 발전의 여러 사실事實을 그때그때의 공동체에서 본 가치에 관련시켜 심리적·물질적인 인과관계因果關係에 대해 구명究明하고 또 서술敍述하는 과학이다"고 했다. 영국의 저명한 역사학자 카(E. H. Carr, 1892~1982)는 명저, 『역사란 무엇인가?』(1964)에서 "역사란 과거와 현재 사이의 대화對話라고 얘기했지만, 오히려 역사란 과거의 여러 사건과 차츰 나타나는 미래의 여러 목적 사이의 대화라고 불러야 했습니다"고 했다. 저자도 그동안 "역사란 무엇인가?"라는 문제를 곰곰이 생각하여 다음과 같이 풀이해 보았다. 즉 "역사란 지난 날 인간 생활에서 일어난 여러 가지 일의 인과관계의 진실을 밝히고, 그것으로 현실을 이해하는 자료로 삼고 또 후세에 넘겨주어 교훈으로 삼게 함으로써 삶을 유익하게 하는 학문이다."[4]

지난날의 전쟁사를 연구하고자 한다면 반드시 '군사이론'과 '역사학'의 기본지식을 구비해야 한다는 것을 다시 강조해두는 바이다.

1. 남·북한의 군사력 비교와 배치

김일성은 1948년 2월 8일 완전 소련식 무장을 갖춘 3개 사단과 비행연대 등의 직할부대로서 '조선 인민군'의 설립을 내외에 선포했는데, 이것은 북한 정권이 수립(1948. 9. 8.)되기 7개월 전이었다. 인민군이 실질적으로 증강케

4) 상게서, p. 21.

된 것은 중공군에 편입되어 있던 동북의용군의 편입이었고, 그 후 2개의 야전군을 만들어 전투지휘를 위한 조직으로 편성됐으며, 1950년 6월 육군은 148,680명, 해군 13,700명, 공군 2,000명, 보안군 34,000명으로 합계 198,380명이었다.

한편 미 군정하에 있었던 한국은 1946년 1월 15일 '남조선 국방경비대'가 창설되었는데, 이것이 한국군의 전신前身이요, 모체가 되었으며, 1948년 8월 15일 대한민국 정부가 수립되자 남조선 경비대는 정식으로 한국군에 편입되었다. 한편 미군정시대에 좌익계 인사들이 군에 입대하여 여수·순천의 제14연대와 대구의 제6연대의 반란사건 등이 일어났는데, 한국군은 이 기회를 이용하여 좌익계열의 숙군을 단행하여 화근을 미연에 제거할 수 있었다. 한국군의 병력은 1950년 6월 육군은 94,974명, 해군은 6,956명, 공군은 1,897명으로 합계 103,827명이었다.

장비 면에서 본다면 한국군에는 한 대의 전차도 보유하고 있지 못했지만, 인민군은 제2차 세계대전에서 소련군이 독일군과 싸웠을 때 사용했던 우수한 T-34 전차를 240여 대나 보유하고 있었다. 이 전차부대는 기습남침 때 수도 서울 공격에 있어서 주도적 역할을 수행했지만, 한국군에는 이를 저지할만한 적절한 대對전차 장비도 또 그 훈련도 없었다. 맥아더 원수의 회고에 의하면, "한국군은 전선에 배치된 군 병력이 아니라, 경찰대원으로 장비와 조직을 갖추고 있었다. 무기는 경화기뿐이고 공군이나 해군은 아예 없으며, 전차, 대포 또는 기타 전투부대에 필수적인 무기도 없었다"[5]고 했다.

공군 참모총장과 국무총리를 역임했던 김정렬(1917~1992) 장군은 그의 회고록에서 "당시(1948년 11월) 김포공항에는 미군 소속 B-26 경폭격기 30대가 있었는데, 미군 당국은 이를 해체하여 팔려고 하였고, 우리 쪽에서 비행기를 해체시키지 말고 한국군에 인도해 달라고 요청하였다. 그러자 미군 측은 '우리의 방침은 이들 비행기를 해체 시키는 것이지, 한국군에 인도하는 것이

---

5) 남시욱, 『6·25전쟁과 미국』(서울 : 청미디어, 2015), p. 303.

아니다.'라고 하면서 그야말로 도끼로 비행기를 부숴 고철로 팔아버리고 말았다. 참으로 야속하고 안타까운 일이었다. 미국이 얼마나 한국에 대한 군사원조를 등한시 했는지를 보여주는 좋은 일례一例라 할 것이다"[6]고 했다. 당시의 미국의 한반도에 대한 정책은 남·북한의 군사력 격차를 만들어 전쟁을 유인하는 음모陰謀를 꾸미고 있었다. 즉 1947년 9월 웨드마이어 장군이 트루먼 대통령에게 제출한 「중국·한국에 관한 보고서」를 발표금지시켰는데, 이 책의 「제1부 II. 6·25전쟁은 누가 유인했나?」에서 상세히 논의하려고 한다.

1950년 6월 25일 남·북한의 배치상황을 살피면, 북한 인민군은 단시일 내에 수도 서울을 점령할 목표로 의정부 접근로에 주공主攻을 두고 인민군 제3·4사단 및 제105 기갑여단을 배치한 반면, 한국군은 제7사단을 배치했다. 문산 방면에는 인민군 제1·6사단에 한국군은 제1사단을 배치했고, 중동부 지역의 춘천 방면에는 인민군 제2·7사단에 한국군 제6사단을, 동부지역인 강릉 방면에는 인민군 제5사단 및 제766 특수임무 부대를 배치한 데 반해 한국군은 제8사단을 배치했다. 그리고 한국군은 서울에 수도사단, 대전에 제2사단, 대구에 제3사단 및 광주에 제5사단을 배치했다.

인민군의 6·25전쟁 도발의 증거문서로 「제4사단장 앞, 공격명령서 제1호, 1950. 6. 18. 평양에서」와 「전투명령서 제1호, 1950. 6. 22. 옥계리에서」 등이 있는데, 25일 오전 4시부터 38선 전역에서 인민군은 일제히 기습공격을 개시했다. 이 공격은 성공적으로 진행되었고, 이날 오전 11시 평양방송은 "남한의 침략행위에 대한 보복으로 인민군은 자위自衛를 위해 불가피하게 전쟁의 실마리를 열었으며 이것은 정당방위正當防衛이다"고 하면서 선전포고를 했다.

필자는 북한에서 일본어로 발간한 『조선인민의 정의의 조국해방전쟁사』(1961)의 「서울해방 전투략도」를 보고 놀라지 않을 수 없었는데, 거기에는

---

6) 김정렬, 『항공의 경종 -김정렬 회고록-』(서울 : 대희, 2010), p. 118.

부대 배치의 표시가 전연 기록되어 있지 않았다. 만약 그것을 표시한다면 평양방송의 내용이 허위라는 것이 폭로되기 때문이다. 군사사학(military history)의 관점에서 본다면, 공격을 취하고자 하면 병력과 장비를 주공主攻 방면에 집중한다는 것은 상식에 속하기 때문이다. 따라서 6·25전쟁에서 누가 먼저 전쟁을 일으켰나 하는 것은 1950년 6월 25일 남·북한의 군사력 배치를 표기한 지도 한 장이면 알 수 있다는 것을 밝혀 둔다.

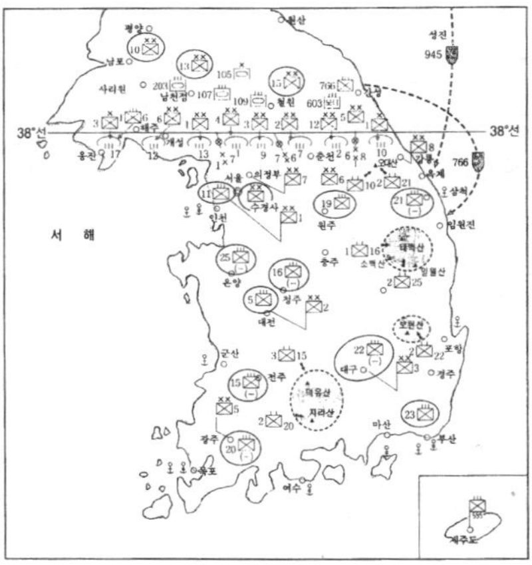

(國防部戰史編纂委員會編輯,
『韓國戰爭史』第2卷(1968))

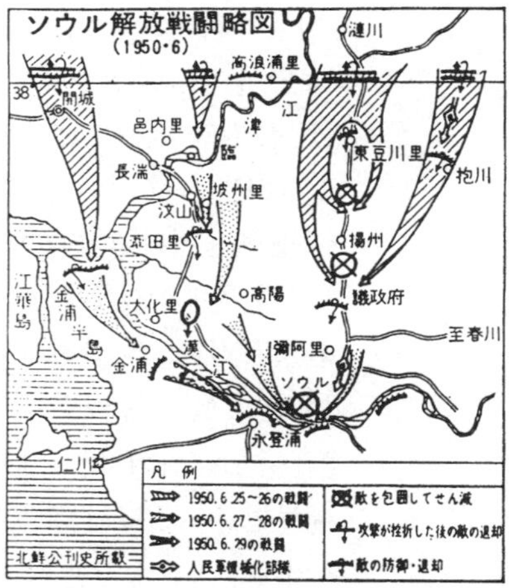

(朝鮮人民共和國科學院歷史研究所編集,
『朝鮮人民の正義の祖國解放戰爭史』(1961))

2. 인민군 작전국장 유성철 대령의 증언

6·25전쟁 당시 북한 인민군 작전국장 유성철(兪成哲, 1917~1995) 대령은 한국에 와서 한국일보에 1990년 11월 1일부터 30일까지 19회에 걸쳐 「나의 증언」을 발표했고, 한국일보에서 그 내용을 책으로 발간했기에 증언을 인용키로 한다.

① …나는 남한 사회에 엄청난 재앙을 끼친 6·25 남침을 주도한 '전범戰犯' 이란 사실은 부인할 수 없기 때문에 남한 방문의 꿈을 실행에 옮길 수는 없었다.…이런저런 번민 끝에 나는 남한 방문을 결정했다. 여기에는 북한 방문에서 허위와 과장으로 분칠한 북한 역사를 보고 그 왜곡된 역사를 바로 잡아야 한다는 사명감이 크게 작용했다. 더욱이 내 나이가 이미 고희古稀를 넘어섰고 몸도 온전치 못하기 때문에 이번이 아니면 다음 기회를 기약할 수 없다는 초조감도 느꼈다.[7)]

② 소련은 이어 5월…수석 군사고문은 스미르노프 소장에서 독소전쟁 영웅인 바실리예프 중장으로 바뀌었다. 6·25 남침계획은 바로 이 소련군 고문단이 직접 초안을 작성한 것이며, 그 명칭은 '선제타격 작전계획' 이었다. 김일성은 이 작전계획서를 넘겨받아 총참모장 강건에게 주었고, 강건은 다시 나에게 이 계획서를 주면서 "당신이 우리말로 번역, 계획을 수립하라"고 지시했다.…우리는 보안서약을 한 뒤 1개월에 걸친 작업 끝에 작전계획을 수립했으며 내가 이를 최종 종합했다.

완성된 선제타격 작전계획은 ㉮ 전투명령서, ㉯ 육해공군과 각 부대 이동계획, ㉰ 병참 보급계획, ㉱ 남침 준비를 군사훈련으로 위장하는 계획 등으로 짜여져 있었다.

전투명령서의 핵심 내용은 국방군이 북침을 자행하고 있으므로 이를 저지하기 위해 38선 전 전선에서 전면 반격을 감행, 사흘 안에 서울을 점령하라는 것이다. 나는 최종 확정된 작전계획서를 김일성에게 올렸고 김일성은 '동의함'이라는 사인을 한 뒤 다시 내려보냈다. 이 한마디로 김일성은 전쟁의 방아쇠를 당긴 것이다.[8)]

③ 6월 28일 아침 탱크사단을 앞세운 제4사단이 마침내 서울에 입성했다는 보고를 받고 나는 "이제 전쟁이 끝났구나."라고 생각했다. 하지만 이 같은 감격은 잠시뿐이고 우리는 선제타격 작전의 치명적 허점을 발견하고 당혹해야 했다. 앞에서 말했듯이 우리의 남침계획은 사흘 안에

---

7) 한국일보編, 『證言, 金日成을 말한다 -兪成哲, 李相朝가 밝힌 北韓政權의 實體 -』(서울 : 한국일보사 출판국, 1991), pp. 147~148.

8) 상게서, pp. 76~77.

서울을 점령하는 것으로 끝나게 돼 있었다. 이러한 작전개념은 우리가 남한 전역을 장악할 의도가 없었기 때문이 아니었다. 단지 우리는 남한 수도를 점령하면 남한 전체가 우리 손에 들어오는 것으로 '착각'했던 것이다.[9]

1950년 6월 당시 인민군 작전국장 유성철 대령의 증언에 의하면, 남한에 대한 기습공격작전인 '선제타격 작전계획'은 작전계획 수립의 전문가인 소련군의 바실리예프 중장이 작성하여 김일성에게 주었고, 김일성은 강건 총참모장에게 넘기니 강건은 다시 작전국장 유성철 대령에게 주면서 "당신이 우리말로 번역, 계획을 수립하라"고 지시하여 유성철은 1개월에 걸쳐 계획을 완성하여 올렸고, 김일성은 '동의함'이라는 사인을 한 뒤 내려보내 전쟁의 방아쇠를 당겼다고 생생하게 증언했다. 당시 북한은 10만 명 이상의 병력을 동원하여 현대전을 수행할 능력을 구비하고 있지 않았고 거기에는 복잡한 사연이 얽혀 있었는데, 이 문제는 1990년 12월 소련이 붕괴되고 새로운 러시아 정부가 수립되어 과거 6·25전쟁에 대한 비밀문서를 1993년부터 공개함으로써 명백하게 드러났다.

그 내용을 러시아 외교 아카데미 부원장 예프게니 바자노프와 러시아 동양학 연구소 연구위원 나딸리아 바자노바의 공저 『소련의 자료로 본 한국전쟁의 전말』에서 소개하고자 한다. 김일성과 그의 대표단은 1950년 4월의 거의 전부(3월 30일부터 4월 25일까지)를 소련에서 보냈다. 체재 기간 중 김일성은 스탈린을 세 번 만났는데 이때 나눈 대화 내용을 요약하면 아래와 같다.

9) 상게서, p. 85.

[사료 1]

스탈린 동무는 김일성에게 조선 통일문제에 대하여 보다 적극적인 자세를 취할 수 있도록 국제환경이 충분히 변화하였다고 언급하였음.

……

우리는 조선의 해방에 관한 모든 찬반 의견을 다시 한번 신중하게 고려해야 함. 우선 미국이 결국 개입할 것인지, 아닌지를 고려해야 하고, 둘째, 조선의 해방은 중국지도부가 이를 찬성할 때만 개시될 수 있다는 것임.

김일성은 미국은 개입하지 않을 것이라는 의견을 개진하였음. 소련과 중국이 조선의 배후에 있으며, 조선을 원조할 능력이 있다는 것을 알고 있으므로 미국은 대규모 전쟁의 위험을 무릅쓰지 않을 것이라는 것임. 마오쩌둥(毛澤東) 동무는 중국혁명이 완수된 후 중국은 조선을 도울 것이며, 필요하다면 병력을 제공할 것이라고 여러 차례에 걸쳐 언급하였다고 함.

스탈린 동무는 철저한 전쟁 준비가 필수적이라고 강조하였음.…

그 다음은 구체적인 공격계획이 수립되어야 한다는 것임.…

스탈린 동무는 소련은 다른 곳, 특히 서쪽 방면에서 대처해야 할 심각한 도전에 직면해 있으며, 따라서 조선 사람들은 소련이 전쟁에 직접 참여해 줄 것으로 기대해서는 안 된다고 덧붙였음. 그는 재차 마오쩌둥과 상의하도록 김일성에게 촉구하였으며,…특히 미국이 조선에 군대를 파견하는 모험을 하는 경우, 소련은 조선 문제에 직접 개입할 준비가 되어 있지 않다고 반복하였음.

김일성은 미국이 개입하지 않을 이유에 관하여 보다 상세히 분석하였음. 공격이 신속히 전개될 것이며, 전쟁은 3일 내에 승리를 거두게 될 것이라는 것이었음. 남조선 내 유격대 운동이 보다 강력해질 것이며 대규모의 봉기가 기대된다는 것이었음.…

북조선군의 동원은 1950년 여름까지 완료하고, 이때까지 소련 고문관들의 도움을 받아 조선군 참모들이 구체적인 작전계획을 수립하기로 합의하였음.[10)]

[사료 2]

김일성은 5월 13일 오전 박헌영과 함께 비행기 편으로 베이징(北京)을 방

10) 예프게니 바자노프/나딸리아 바자노바 저, 김광린 역, 『소련의 자료로 본 한국전쟁의 전말』(서울 : 열림, 1998), pp. 52~55.

문할 것임.…

김일성은 다음과 같은 문제들에 대하여 마오쩌둥(毛澤東)과 논의할 계획이라고 말하였음.

·마오쩌둥에게 군사적 수단으로 조국을 통일하려는 자신의 의도 및 이 문제에 관한 모스크바 회담의 결과들에 대하여 알려줌.…

중국 주재 소련대사 로쉰(Nikolai Roschin)은 5월 13일 스탈린에게 다음 사항을 보고하였다.

·저우언라이(周恩來)가 마오쩌둥을 대신하여 본직에게 다음과 같이 말하였음.

1. 김일성과 박헌영이 오늘 중국에 도착하였음.
2. 마오쩌둥과의 대화에서…북조선은 행동을 개시할 수 있다는 필리포프(Philippov : 스탈린의 가명) 동무의 견해를 전달하였음. 그러나 이 문제는 중국과 그리고 마오쩌둥 동무와 개인적으로 논의되어야 한다는 말도 전하였음.
3. 마오쩌둥 동무는 이 문제에 관하여…필리포프 동무의 개인적인 설명을 듣고 싶어함.

1950년 5월 14일 스탈린도 마오쩌둥에게 회담 결과를 발송하였다.

"마오쩌둥 동무!

조선인 동무들과의 회담에서 필리포프와 그의 동지들은 변화된 국제정세를 감안하여 통일과업을 개시하자는 조선인들의 제안에 동의하였음. 이와 함께 중국 및 조선 동무들에 의해 공동으로 이 문제에 관한 최종 결정이 내려져야 한다고 합의되었음. 중국 동무들이 동의하지 않는 경우, 새로운 논의가 있을 때까지 그 결정은 연기되어야 함."

5월 15일 마오쩌둥은 김일성을 위하여 만찬을 베풀었다. 소련 대사 로쉰에 따르면, 만찬 직전 김일성은 마오쩌둥이 출석한 자리에서 말한 내용은 다음과 같다.

"마오쩌둥 동무와의 협상은 매우 부드럽게 진행되었음. 마오쩌둥 동무는 해방 계획에 전적으로 찬성하였음. 그는 모스크바에서 스탈린 동무와 합의한 사항을 지지하였음."[11]

---

11) 상게서, pp. 63~68.

1950년 4월 김일성이 소련에 체재하면서 스탈린을 세 번 만난 결론은 [사료 1]에 잘 명시되어 있다. 즉 조선의 해방(북한의 무력에 의한 한반도의 적화통일)에 미군의 개입 문제를 고려해야 하고, 다음은 조선의 해방은 중국 지도부가 이를 찬성할 때만 개시할 수 있다는 것이다. 소련은 무력적화 통일에 대한 모든 준비는 해주지만, 중국 지도부가 이를 찬성할 때만 개시가 가능하다는 것이다. 즉 스탈린은 조건부 승인을 하면서 그 이유는 동유럽의 공산화 사업 때문에 개입할 수 없다고 잘라서 김일성에게 재차 강조했다. 필자가 추측하건대, 미군이 개입하고 또 북한이 위기에 처했을 때 소련이 개입하여 제3차 세계대전이 일어나면 소련의 존망存亡에 영향을 미치기 때문이었으리라.

김일성은 5월 베이징에 가서 마오쩌둥을 만나, 스탈린은 조선의 해방은 중국 지도부가 이를 찬성할 때만 개시할 수 있다고 한다며 설명하자, 마오쩌둥은 저우언라이(周恩來)를 시켜 중국 주재 소련의 로쉰 대사를 통해 스탈린에게 문의하였고, 거기에 대한 스탈린의 답변이 [사료 2]의 내용이다. 즉 조선의 해방에 대한 최종 결정에 중국이 동의하지 않는 경우, 새로운 논의가 있을 때까지 그 결정은 연기되어야 한다니 마오쩌둥도 동의하지 않을 수 없었으리라. 만약 미국이 전쟁에 개입하여 북한이 위기에 직면하면, 중국이 개입하여 미국과 싸워야 한다는 암암리의 조건이 붙어 있었으나, 마오쩌둥 주석의 6·25전쟁에 개입한 깊숙한 동기 등에 관한 비밀문서는 아직 공개되지 않고 있다.

6·25전쟁에 대해 북한에서는 '조국해방전쟁'이라 하고 중국에서는 '내전'이라 칭했는데, 남·북한은 1950년 6월 10만 명 이상의 병력을 동원하여 현대전을 수행할 능력이 있었는가를 검토해야 한다. 현대전을 수행하자면 적어도 다음 세 가지 능력을 구비하고 있어야 한다.

- 첫째 : 무기와 장비의 생산능력이다. 전쟁 수행에 필요한 대포, 전차, 항공기 및 군함 등의 생산 능력인데, 이를 위해서는 고도의 과학

기술과 생산시설의 체제를 갖추고 있어야 한다. 당시 남·북한은 무기와 장비의 생산 능력을 갖추고 있지 않아서 북한은 소련, 한국은 미국의 지원이 있어야 했다.

- 둘째 : 전략·작전계획의 수립능력이다. 당시 남·북한에는 전략·작전 수립의 군사전문가가 없었다. 북한은 제2차 세계대전 때의 작전 수립전문가요, 전투경험이 풍부했던 바실리예프 중장이 와서 소련어로 작성한 '선제타격 작전계획'을 인민군의 작전국장 유성철 대령이 번역해서 작성했다.
- 셋째 : 사단 이상의 병력을 지휘한 전투 경험·능력을 갖춘 사람이 당시 남·북한 군대에는 없었다. 그래서 김일성은 1950년 7월 8일 스탈린에게 편지로 요청했다. 즉 "인민군 전선사령부 본부 및 2개 집단군 본부에 25명~35명의 소련 군사고문단을 배치 활용할 수 있도록 허락하여 주실 것을 요청합니다."[12]고 했으나, 스탈린은 거절하였다. 이런 이유로 인해 '조선해방전쟁'이나 '내전'설에는 동의할 수 없으며 또한 김일성은 단독으로 전쟁 개시를 결정할 수 없었다.

중국공산당 기관지 『百年潮』(1997年第一期)는 6·25전쟁의 기원에 대해 "마오쩌둥 동지가 북조선의 김일성에게 전쟁을 승인하지 않았다면 미국과의 전쟁은 회피되었다"고 논평하고, "전쟁은 지금까지 중국에서 주장한 것처럼 영광의 승리가 아니라, 스탈린의 수중에서 놀아난 동아시아에서의 중국의 실익實益을 침해한 실수였다"고 반성하고 또 "전쟁은 스탈린이 주도했고, 김일성은 2주 내에 남조선을 점령한다고 확신한 과격주의자이며 마오쩌둥도 이에 동조했다"고 밝혔다.[13]

---

12) 상게서, p. 55.

13) 蘇鎭轍, 『朝鮮戦争の起源』(東京 : 三一書房, 1999), p. 151.

특히 이 문제에 대해 소개하고 싶은 책은 일본인 저자 하기하라 료(萩原遼, 1937~)의 『조선전쟁-김일성과 맥아더의 음모-』(1997)이다. 그는 일본 외국어대학 조선어과를 졸업하고, 일본 공산당의 기관지 「아카하다(赤旗)」의 기자였으며 또 평양 특파원의 경험도 했다. 그는 1989년 퇴직하여 미국의 국립공문서관이 소장하고 있는 문서, 총 160만 페이지를 2년 8개월에 걸쳐 읽었다. 이 문서는 미군이 1950년 6월 6·25전쟁에 개입했을 때, 여러 전장과 일시 점령했던 북한 지역의 여러 기관에서 탈취한 것이었다. 그 문서 속에서 인민군 제6사단의 상세한 남침계획서를 비롯하여 인민군 총참모부의 극비 명령서 등을 발굴하여 소개했으며, 다음과 같은 결론을 내렸다.

> 나는 미국의 공문서관의 '탈취문서' 속에서 인민군 관계 문서의 모든 것을 훑어보았고…그 속에 한 장도 한국 측으로부터 공격당했다는 사실을 구체적으로 기록한 것은 없었다. 북한 측이 말하는 '모든 전선戰線에 걸친 38도선 이북지역에의 무력침공'에 관해서 전연 기록이 없었다.…
>
> 1950년 6월 25일 새벽, 북한의 공식 문헌이 말하는 남한으로부터의 모든 전선에 걸친 대규모의 공격은 없었다. 사실은 오히려 그 반대였다. 이것이 나의 2년 반에 걸친 160만 페이지의 북한 문서의 모든 조사의 결론이다.[14]

1966년 3월, 김일성은 평양을 방문한 일본 공산당 서기장 미야모도 겐지(宮本顯治)에게 조선전쟁에 관해, "소련은 무기를 보내어 원조한다고 결정했다. (그러나) 유상有償의 값비싼 무기였다.…조선전쟁에서 돈벌이를 한 것은 소련이었다.…조선과 중국의 희생으로 극동으로 뻗어오는 미국의 힘을 한때 밀어붙였다"[15]고 소련을 비난했다.

1972년 1월 일본의 중·일 우호협회의 한 관계자는 "소련은 죽음의 상인商人이다. 중공이 한국전쟁에 의용군을 파견하고, 피를 흘리며 싸우고 있을 때, 소련은 배후에서 무기만 팔았다. 무기의 대금을 받았고 또 거기다가 이

14) 萩原 遼, 『朝鮮戦争 -金日成とマッカーサーの陰謀-』(東京 : 文芸春秋, 1997), p. 266.

15) 蘇鎭轍(1999), 전게서, pp. 86~87.

자까지 받았다"고 말했다.

러시아의 A. V. 톨크노프(1950~ , 모스코바 국제관계학장 및 동양학과 교수)는 소련의 극비문서를 인용하여 6·25전쟁은 김일성과 스탈린과 마오쩌둥의 공동모의로 개시했다는 것을 밝히고 아래와 같이 논평했다.

> 6·25전쟁은 소련을 포함하여 많은 국가의 이익에서 부정적 영향을 미쳤다. 이 전쟁 때문에 모스코바와 워싱턴의 관계는 결정적으로 허물어졌다. 전쟁은 중국과 소련의 동맹에는 알력을 가져왔다. 베이징(北京)은 크렘린이 스스로 이 대학살에서 몸을 피하면서 중국을 한반도에서 싸우게 하고, 그러면서 소련제의 무기 대금을 징수한 것에 화가 났다. 쌍방의 대립은 6·25전쟁의 다른 측면에도 미쳤다.…
>
> 조선민주주의 인민공화국의 현재의 비참한 모습이야말로, 6·25전쟁의 유산遺産의 논리적 귀결이다. 역으로 미국은 아시아 태평양에 있어서 군사적·정치적 패권을 확보하기 위해 오늘날까지 이 분쟁을 이용해 왔다.[16]

6·25전쟁의 방아쇠는 누가 당겼나 하는 과제는 스탈린의 조건부 승인과 마오쩌둥이 동의함으로써 김일성이 방아쇠를 당겨 일어난 것이다. 당시 남·북한은 10만 명 이상의 병력을 동원하여 현대전을 수행할 능력과 자원을 갖추고 있지 못했다. 스탈린은 북한에 무기와 장비뿐만 아니라, 남침용 작전계획 수립가를 파견했다. 김일성은 전쟁이 3일 만에 서울 점령으로 끝나는 것으로 오산誤算했지만, 스탈린은 미국이 전쟁에 개입하여 북한이 위급하면 중국을 개입시키기 위해 북한이 전쟁을 개시하려면 중국 지도부가 이를 찬성할 때만 전쟁을 개시할 수 있다는 조건을 붙였다. 스탈린이 예측한 대로 전쟁이 진행되었고, 만약 한반도가 적화통일되었다면 한반도는 소련의 위성국가가 되었고 또 일본을 적화시키기 위한 전초기지가 되었으리라.♣(2020. 5.)

---

16) A. V. トルクノフ, 下斗米伸夫·金成浩訳,『朝鮮戦争の謎と真実』(東京 : 草思社, 2001), pp. 393~394.

II

6·25전쟁을 누가 유인했나?

-영원한 우방도 없으며 또한 영원한 적도 없다. 다만 영원한 국가 이익이 있을 뿐이다.-

파머스턴(Palmerston, 1784~1865)

1947년 초, 트루먼 대통령은 마셜 국무장관 및 다른 각료들과 극동정세를 토론한 결과, 장래의 정책 기초로 중국 및 한국의 상황에 대한 객관적 연구가 필요하다는 결론에 도달하여, 이 업무를 웨드마이어(Albert C. Wedemeyer, 1897~1989) 중장에게 맡겼다. 그리하여 그는 1947년 7월 트루먼 대통령이 서명한 훈령訓令을 받고, 대통령 특사로 중국과 한국을 2개월간 방문하여 많은 인사들과 면담·조사에 입각하여 9월 19일 대통령에게 「중국·한국에 관한 보고서」(차후 「보고서」로 약칭)를 제출했다. 그런데 이 「보고서」

(웨드마이어 장군이 저서에 사인해서 필자에게 보내줌)

는 '발표금지'가 되었다. 필자는 그 「보고서」에 무슨 내용이 담겼기에 '발표금지'가 되었을까 궁금해서 웨드마이어 대장(예)에게 1970년 초에 편지를 보냈더니 3월 초에 우편으로 저서 『웨드마이어는 보고한다!(*Wedemeyer Reports!*)』(1958)에 서명을 해서 보내주었는데 그 책 부록에 「보고서」가 포함되어 있었다. 그래서 월간잡지 『新東亞』(1970년 6월호)에 「한국전쟁과 웨드마이어 보고서」를 발표했는데 그 내용을 요약해서 소개하면 다음과 같다.

> 웨드마이어 장군은 1919년 미 육군사관학교를 졸업했고, 1936년 미 육군대학을 졸업했으며, 1936년~1938년에 나치독일의 육군대학을 졸업했다. 그가 후일 전략수립가로서의 소양을 쌓은 것은 독일 육군대학에서의 교육을 통한 것이며 또 그곳에서 공산주의자의 조직, 목표 및 전략·전술을 알게 되었다. 독일에서 귀국한 그는 마셜 참모총장에 발탁되어 미국이 제2차 세계대전을 승리로 이끌기 위한 전쟁계획인 「승리의 계획」을 수립했고, 영국과의 연합작전을 위한 전략계획의 실무자, 연합군 전쟁지도자들의 수뇌회담의 미국 측 두뇌로서 활약했으며, 1944년부터 1946년까지 중국방면 미군사령관 겸 장제스(蔣介石) 총통의 참모장을 역임했다. 이런 경력으로 인해 특사로 임명되었다.…
>
> ……
>
> 남·북한에는 점령목적을 위해 진주進駐한 미군과 소련의 병력은 거의 같은 수인 5만 명 이하이지만, 소련군 방식으로 장비되고 훈련된 북한 인민군은 12만 5천 명이며, 미국이 조직한 1만 6천 명의 남한 경비대-일본군의 소화기로 무장-보다 훨씬 우세하다. 소련이 그의 점령군을 북한에서 철수시키고, 남한으로부터의 미군 철수를 강요할 가능성이 짙으니, 인민군은 남한에 대하여 잠재적 군사상의 위협이 되고 있다.…
>
> 한국의 자유와 독립을 보장하기 위해 가능한 한 많은 안전보장 조치를 지원하는데 충분한 군사원조를 공급하고 또 이 군사원조의 공급에 관해서는 다음 사항을 고려해야 한다.
>
> ① 한국 국립경찰과 한국 해안경비대에 대해 무기와 장비를 계속 미국에서 공급한다.
>
> ② 북한으로부터의 위협에 대처하기 위해 현재의 경비대 대신, 충분한 병

력을 가진 미국인을 장교로 한 한국의용단 부대를 창설할 것.
③ 한국에는 미군부대가 당분간 계속 주둔할 것.
④ 기술전문가와 전술부대의 훈련에 대해 조언助言을 할 것.

……

만약, 미국이 2차대전 직후 웨드마이어 장군의 만주 및 북중국에서 소련군의 남하에 대해 방위선을 설치하기 위해 미 육군 7개 사단의 중국 파견요청이 실현되었다면, 공산 세력의 남하를 만리장성의 선에서 저지되었을 것이며 또 1947년 9월 그의 「보고서」에 의한 건의가 채택되었더라면 마오쩌둥(毛澤東)에 의한 중국대륙의 적화를 최소한도로 양자강 선에서 저지되었을 것이며 따라서 한국전쟁도 베트남전쟁도 없었을 것이다.…

그 후 필자는 웨드마이어 장군에게 편지를 보내어 그의 저서 『웨드마이어는 보고한다!』를 한국어로 번역하고 싶다고 했더니 1973년 7월 6일의 편지에 "나의 저서 『웨드마이어는 보고한다!』를 한국어로 번역함을 승인한다"는 답장을 받았다. 그 후 필자는 다시 그 책을 면밀히 읽었는데, 다음 구절에 직면하여 놀라지 않을 수 없었다.

중국과 한국에 관한 나의 보고서가 공표금지公表禁止가 되고 또 본래의 군 복무로 돌아왔을 때, 나는 어쩌면 중대한 과오를 범했고 국가에 대한 의무義務를 태만했다는 생각이 들었다. 그 당시 내가 현역에서 물러나고 **미국 국민에게 진실(truth)을 전했으면, 피비린내나는 무익한 한국전쟁**과 필연적인 결과를 가져온 공산주의자의 지배로부터 중국을 구출했을지 모른다. 그러나 나는 군인으로서 훈련을 받았고 정치에는 신중하라는 가르침을 받아왔기 때문에, 가령 내가 개인적으로 미국 정부의 중국 정책에 동의하지 않더라도 군무軍務의 수행이 나의 주요한 의무로 생각했다.[1)]…

만약 한국에 대한 웨드마이어 장군의 건의가 수용되어 한국군의 군사력

---

1) 이종학 편저, 『웨드마이어 회고록과 논평』(충남대학교 출판문화원, 2014), pp. 154~ 155. (*이 책은 대한민국학술원의 '2015년도 우수학술도서'로 선정되었다.)

이 증강되어 북한의 군사력과 균형을 이루고, 또한 주한 미군이 주둔한다면 한반도에서 전쟁이 일어나지 않지만, 이것을 '공표금지' 시킨다는 것은 한반도에서 군사력의 불균형으로 전쟁을 유발케 하여 전쟁 개입을 하겠다는 '음모'의 뜻으로 그는 해석했기에 '미국 국민에게 진실을 전했으면' 하고 고민했다. 그러나 군인은 정치에 신중하라는 교육을 받아왔고 또 건의의 채택 여부는 대통령의 소관이기에 그는 군 복무로 돌아가기로 결심했다는 것이다. 문제의 핵심은 트루먼 대통령이 한반도에서 전쟁을 유발하여 전쟁이 일어나면 개입해서 달성하고자 하는 전쟁의 정치 목적은 과연 무엇인가?

『클라우제비츠의 전쟁론』(1832)에 의하면, "전쟁에 의해 또한 전쟁에 있어서 무엇을 달성하려고 하는 두 가지 질문에 대답하지 않고서 전쟁을 개시하는 사람은 없을 것이다. 또한 당사자로서 현명하다면 전쟁을 개시해서는 안 될 것이다. 이 질문의 첫째는 전쟁목적에 관한 것이며, 둘째는 작전목표에 관한 것이다."[2]고 했다.

필자는 오랫동안의 연구 결과로 미국이 6·25전쟁에 개입해서 달성하고자 하는 정치 목적은 ;

① 미군 병력의 증강(1945년 육군병력 800만 명에서 1946년 6월 189만 명으로 해·공군은 이와 같은 비율로 감소)

② 국방예산의 증액(1945년 총군사비 약 900억 달러에서 1949년에는 181억 달러로 삭감)

③ 방위산업체의 유지 및 발전(재고정리가 필요함)

으로 가설(假說, hypothesis)을 세웠다. 그러나 트루먼 대통령은 6·25전쟁 중에도 그리고 그 후에도 진정한 전쟁의 정치 목적을 분명하게 밝히지 않았다.

6월 25일 북한의 남침이 시작되자, 미국이 유엔에 공식 요청한 안전보장이사회가 6월 26일 새벽 4시(미국 현지 시각 25일 오후 2시)에 긴급히 개최되었고 거기서 미국이 제출한 내용은 "북한군의 침략 중지 및 38도선 이북으로의

---

2) 이종학 편저, 『전략이론이란 무엇인가 -손자병법과 「전쟁론」을 중심으로-』(충남대학교 출판문화원, 2012), p. 264.

철수"였는데 채택되었다. 이것은 한반도에서 미군의 '작전목표'였다.

9월 15일 맥아더 원수의 유명한 '인천상륙작전'의 성공으로 수도 서울을 탈환했고, 북한 인민군은 보급로가 차단되고 포위되자 와해되어 북한으로 패주敗走하게 되었다. 이때야말로 이승만 대통령은 '북진통일'의 가장 좋은 기회로 생각하여 트루먼 대통령에게 편지를 보내어 "전쟁의 목적은 침략자를 격멸하고 국토통일을 달성하는 것"이라는 점을 분명히 했다. 그런데 미군 사령관은 '작전목표'에 따라 38선에서 '진격 중지' 명령을 내렸다.

미국의 이런 태도에 대해 이승만 대통령은 국군의 '단독 진격'을 선언하고, 정일권 육군 총참모장에게 '즉각 북진'을 명령했다. 국군의 작전지휘권이 미군 사령관에게 이양된 상태에서 국군의 단독행동은 국제법과 지휘체제의 혼선을 일으키는 중대한 문제였다. 이 문제를 잘 알고 있는 정일권 총장은 미 제8군 사령관 워커 장군에게 동해안 전선의 국군이 전술상 38선 바로 북쪽의 고지를 점령할 필요가 있다고 역설해 동의를 얻었다. 그 결과 국군의 선두부대가 10월 1일 최초로 38선을 돌파했고(그 후 이날을 '국군의 날'로 정했다), 유엔군도 10월 2일부터 북진을 하게 되었다.

패주하는 인민군을 38선 이북으로 추격할 것인가의 여부를 두고 약간의 혼란을 야기시켰으나, 미8군 사령관, 극동군 최고사령관 및 유엔군 사령관을 역임한 리지웨이(Matthew B. Ridgway, 1895~1993) 대장은 그의 저서 『한국전쟁(*The Korean War*)』(1967)에서 다음과 같이 밝혔다.

> 한반도의 적군을 격멸하기 위해 38선을 월경하는 계획은 당연히 워싱턴의 사전 승인이 필요했다. 왜냐하면, 그 월경의 뜻은 복잡했기 때문이었다. 중공(Red China)은 라디오에서 매일, 만약 북한이 침략당한다면 중공은 참전한다고 협박을 계속했고, 만약 상징적인 경계선을 넘는 경우, 소련도 또한 개입할 필요를 느끼리라는 공감도 있었다. 그러나 만약 인민군이 급속히 격멸되지 않고, 성역으로 도망쳐 상처를 아물게 허용한다면, 또다시 침략이 일어난다는 것은 명백했다. 깊이 생각 끝에 트루먼 행정부

는 맥아더가 북한에서 하려는 작전을 승인해야 한다는 합동참모본부(JCS)의 권고를 수용하여 승인했다. 이 권한에는 한 가지 조건이 붙었다. 그래서 맥아더는 이 조건의 영향을 받아 중공군이 참전한 것을 시인하는 것을 나중에도 설명할 수 없는 완고한 태도로 거부했던 것으로 추정한다. 왜냐하면, 9월 27일에 그에게 보내온 북한에서 작전하는 권한은, "소련이나 중공의 대부대가 북한에 들어오지 않는 경우, 참전할 의도의 발표가 없는 경우, 그리고 한국에서의 우리의 작전이 반격당할 염려가 없는 경우"라는 조건이 붙어 있었다. 더욱이 마셜 국방부 장관은 맥아더에게 말했다. "우리들도 귀하가 38선의 북쪽으로 진격함에 있어서 전술적·전략적인 제한을 받고 있지 않다는 것을 느끼기를 희망한다."[3)]

지금까지의 논의를 통해 아래 내용이 밝혀졌다.

- 첫째 : 6·25전쟁에 개입한 미군의 군사목표가 "북한군의 침략 중지 및 38도선 이북으로의 철수"에서 "패주하는 인민군을 38선 이북으로 추격하여 격멸"하는 것으로 변경되었다.
- 둘째 : 미군의 변경된 군사 목표는 미 합동참모본부의 건의로 트루먼 대통령의 승인에 의한 것이며, 날짜는 1950년 9월 27일(현지 시각)이다.
- 셋째 : 군사목표의 승인에 세 가지 조건이 붙었는데, 소련이나 중공군의 참전 여부의 과제는 정치적 차원의 전략정보에 속하는 문제이지, 야전 지휘관의 전술정보에 속하는 문제가 아니라는 것이 저자의 견해이다.
- 넷째 : 이승만 대통령의 군사목표는 패주하는 인민군을 38선을 넘어 추격·격멸하고, 전쟁목적은 남북통일의 완성임을 명백하게 했으나, 그에게는 전쟁목적을 달성할 수 있는 군사력이 없었다.

저자는 미국이 6·25전쟁에 개입하여 달성하고자 하는 전쟁의 정치목적

---

3) Matthew B. Ridgway, *The Korean War*, Doubleday & Company, Inc. New York, 1967, pp. 44~45.

은 무엇인가에 초점을 두고 연구하다가 2000년 1월 27일 일본 방위청 방위연구소에서 「조선전쟁사관朝鮮戰爭史觀」(일본에서는 6·25전쟁을 조선전쟁으로 호칭함)을 발표할 기회가 있었고, 발표내용을 간략하게 소개하면 다음과 같다.

> 오늘 발표하고자 하는 이 내용(미국이 6·25전쟁에 개입하여 달성하고자 했던 정치목적)은 서울에서 해야지 도쿄(東京)에서 발표하기에는 아까운 것이지만, 하야시 요시나가(林吉永) 전사부장이 일부러 경주까지 와서 세미나 발표를 요청했기 때문에 여기서 발표하기로 결심했다.
>
> "역사란 자유로운 나라에서만 훌륭하게 쓸 수 있다"고 프랑스의 사상가 볼테르(Voltaire, 1694~1778)는 말했지만, 나는 좀 더 부연敷衍한다면, "역사란 자유로운 나라에서 자유로운 신분에 놓인 사람만이 훌륭하게 쓸 수 있다"고 말하고 싶다. 그 이유는 역사의 진실을 솔직하게 기록할 수 있기 때문이다.
>
> ……
>
> 웨드마이어 장군이 트루먼 대통령에게 제출한 보고서, 「중국·한국에 관한 보고서」(1947. 9.)의 내용은 묵살되었을 뿐만 아니라, '공표금지'가 되었다. 그 이유는 마셜 국무장관이 말한 것처럼 "비밀내용이 있기" 때문이 아니라, 웨드마이어의 건의를 수용하게 된다면 한반도에서 전쟁이 일어나지 않기 때문이리라.
>
> 트루먼 대통령은 웨드마이어의 건의를 무시하고 '공표금지'의 조치를 취했고, 이승만 대통령의 군사원조 재청의 거부, 인민군보다 훨씬 열세한 한국군을 그냥 두고 미군 철수를 실시한 것, 그리고 1950년 1월 12일 애치슨 국무장관은 한국과 대만(臺灣, Taiwan)은 미국의 방위선 밖에 있다는 선언을 왜 했을까? 제2차 세계대전이 끝나자 동원했던 병력을 복귀시키라는 국민들의 언론압력이 일어났고, 트루먼은 그의 『회고록』(1955)에서 지적한 것처럼 "우리들이 추진하고 있는 계획은 동원해제가 아니라, 우리들의 군대를 해체하는 것이다"고 언명했던 것이다. 구체적으로 말한다면, 1946년 6월까지 육군은 800만 명에서 189만 명으로, 해·공군도 이와 같은 비율로 감원한다고 발표했다. 또한 종전 당시의 총군사비는 약 900

> 억 달러였던 것이, 1946년에는 485억 달러로 반감되었고, 1949년에는 181억 2600만 달러로 삭감되었다. 이러한 조치는 트루먼 대통령이 1948년 대통령 재선에 출마해서 당선을 목표로 하는 이상 그렇게 실시하지 않을 수 없었으리라.
>
> 미군의 재건을 위해서는 전쟁이 필요했고, 「보고서」에 의해 한반도가 가장 적합한 지역으로 선정되었을 것이다. 1950년 6월 25일 인민군에 의한 전면적 남침이 개시되자, 트루먼 행정부는 25일에 유엔 안보리에서 인민군의 공격을 '침략'이라 규정하고, 38선 이북으로 철퇴할 것을 요구했으며, 27일에는 극동 미 공군을 출동시켰고, 30일에는 미 육군을 참전케 지시했다. 트루먼 대통령은 '선전포고'의 동의를 가지고 있는 의회와도 협의하지 않았고, 또 야전사령관과도 의논할 생각을 하지 않고 전쟁에 개입했던 것이다.
>
> 이와 같은 신속한 대응책은, 전쟁을 예기치 않고 가능할까? 3년간의 전쟁에 의해 미국은 새롭게 세계 최강의 군대를 재건했고, 또 군사예산의 획득도 가능하였다. 그리고 세계전략의 관점에서 「반소련·반좌익 혁명로선」(NSC-68문서)의 추진도 가능했기 때문에, 후일 애치슨은 "한국전쟁이 일어나서 미국을 살려주었다"고 본심을 털어놓았을 것이다. 그리고 자본주의 경제체제 하의 방위산업체제는 5, 6년마다 재고정리를 하지 않으면 살아남기 어려우리라.

저자가 일본에서 발표한 논문은 일본의 「산케이 신문(産經新聞)」(2000. 7. 3.)에 소개되었고, 또 우리말로 번역하여 해군대학에서 발간하는 『海洋戰略』(107호, 2000. 6.)에 「진실의 6·25전쟁」의 제목으로 발표했다. 영국의 사학자 카(E. H. Carr, 1892~1982)는 그의 명저 『역사란 무엇인가? *What is History?*』(1961)에서, "역사의 연구는 원인의 연구입니다. 역사가는 왜(why)라는 물음을 끊임없이 연구하는 것이며, 해명의 희망이 있는 한 쉴 수는 없는 것입니다.…역사에 있어서 인과因果의 문제를 다루어 나가는데 열쇠의 역할을 다해주는 것은 틀림없이 목적이라는 개념입니다"고 했다.

1948년 재선된 트루먼 대통령은 소련과의 대립을 견제·통제하기 위해서 새롭게 세계 최강의 군대 재건, 군사예산의 획득 그리고 방위산업체 육성 등이 6·25전쟁에 개입하여 달성하고자 하는 숨겨진 전쟁의 정치목적이었으리라. 이를 위해 새로운 제한전쟁(limited war)을 필요로 했고, 가장 적합한 곳은 웨드마이어의 「보고서」에 의해 한반도이고, 트루먼은 전쟁의 유인책을 구사했고, 김일성·스탈린·마오쩌둥은 트루먼의 음모陰謀에 빠져 6·25전쟁을 일으켰다고 하는 것이 필자의 가설(hypothesis)이며, 그 논거는 다음과 같다.[4)]

(1) 1947년 9월 웨드마이어 특사가 제출한 「중국·한국에 관한 보고서」를 발표금지 했고 또 그의 건의내용을 무시한 것과 남·북한의 군사력 불균형을 추진한 것은 전쟁의 유인책으로 해석했다.

(2) 1949년 3월 이승만 대통령은 북한의 위협은 미국의 점령정책에 기인하는 결과라며 군원을 요청했으나, 거절당한 것.

(3) 1949년 5월 미군의 한국에서의 철수

(4) 애치슨 국무장관은 1950년 1월 12일 한국과 대만은 미국의 방위선 밖에 있다고 선언한 것.

(5) 1950년 6월 25일 북한의 남침이 개시되자 27일에 극동공군을 출동시켰고, 30일에는 미 육군의 참전을 지시했다. 트루먼 대통령은 '선전포고'의 동의를 가진 의회와도 협의하지 않았고, 또 야전사령관하고도 의논하지 않고 신속히 전쟁에 개입했다.

(6) 1950년 11월 미네소타주 하원의원 주드(Walter H. Judd)에 의한 민주당 행정부의 북한을 유인한 6가지 과오의 지적 등.

저자는 앞에서 인용한 웨드마이어의 회고록에서 6·25전쟁에 대한 한 구절뿐인 "미국 국민에게 진실을 전했으면, 피비린내나는 무익한 한국전쟁"

---

4) 상세한 내용은 이종학 편저(2014), 전게서, pp. 259~270. 참고할 것.

에 바탕을 두고, 미국이 한국전쟁을 유인했고 또 개입하여 달성코자 했던 '정치목적'이 무엇인가와 어디서 이 내용을 발표할 것인가에 많은 시간을 보냈다. 일찍이 영국의 외상·수상을 역임한 파머스턴(Palmerston, 1784~1865) 경은, "영국에 있어서 영원한 우방友邦도 없으며, 또 영원한 적도 없다. 다만 영원한 국가 이익이 있을 뿐이다"고 주장했다. 그리고 마키아벨리(Machiaveli, 1469~1527)의 명언이 생각난다. 즉, "자기의 안전을 자기 힘으로 지킬 의지를 갖지 않는다면 어느 나라든지 독립과 평화를 기대할 수 없다. 자기 자신의 역량에 의지하지 않고 운수에만 의지하려 하기 때문이다."

대한민국 국민의 생명, 국토방위와 주권의 수호는 우방에게 의존할 문제가 아니고 스스로의 결의와 힘에 의존해야 한다는 것을 밝혀두고자 한다.

도널드 트럼프 미국 대통령은 2019년 10월 23일(현지 시각) "미군의 임무는 세계의 경찰 노릇을 하는 게 아니다. 미군은 오직 중대한 국가적 이익이 걸려있을 때만 그리고 명확한 목표와 승리에 대한 계획이 있을 때만 싸울 것이다"고 말했다. 이것은 그가 주장해온 대외정책 노선인 '미국 우선주의'와 '고립주의'를 재차 강조한 것이리라. 그의 성명은 그의 대외정책 교리를 가장 명확하게 표현했으며, 자국의 이익만을 신경 쓰는 트럼프가 집권하는 동안은 '민주주의의 보호', '동맹관계의 유지', '세계의 치안 유지' 등은 기대하기 어려울 것 같다. 그리고 트럼프의 특징은 '현금 이익'과 관련이 있다면 기존 입장을 손바닥 뒤집듯이 바꾸는 장사꾼 기질이 농후하다.

예컨대 시리아에서 맹위를 떨치며 전 세계를 공포에 몰아넣은 무장세력 '이슬람 국가(IS)' 퇴치를 위해 함께 피를 흘린 시리아 쿠르드족을 버렸다. 트럼프 대통령은 2019년 10월 7일(현지 시각) "쿠르드족을 위해 엄청난 돈과 장비가 들어갔다"고 했다. 쿠르드족은 IS와의 전투에서 1만 명 이상의 희생자를 내면서, 미국과의 협력을 통해 그들이 염원하는 독립국가 건설을 위해 싸웠으나 배반당하고 말았다. 또 다른 예는 195개국이 서명한 '파리 기후협약'(온실가스 배출 감축)에 미국 혼자만 빠지는 탈퇴를 선언했다. 그 이유는 "트럼프 대통령은 미국의 노동자와 기업, 납세자가 지는 불공정한 경제적 부담 때문에 결정을 내렸다"고 한다. 미국의 CNN은 "국제사회가 우리를 가장 필요로 하는 이 시점에 미국의 신뢰도는 '파리 기후협약' 탈퇴로 역대 최저치를 기록하게 되었다"고 했다.

2017년 7월 20일 워싱턴 국방부 청사에서 진행된 트럼프 대통령의 취임 후 첫 국방부 브리핑에서 그는 "한국과 일본이 미국을 벗겨 먹고 있다"고 했다. 그는 한국에 대해 방위비 증액을 요구해왔고, 2019년 10월 하와이에서 열리는 한미 간 방위비 분담금 협상을 앞두고 여러 경로를 통해 현행보다 5배 이상 많은 50억 달러(약 6조 원)를 요구해 왔다.

정경두 국방장관과 에스퍼 미 국방장관이 금년(2020년) 2월 24일(현지 시각) 워싱턴에서 열린 한·미 국방장관 회담에서 방위비 분담금 문제로 약간의 충돌이 있었다고 하며, 양 국방장관이 공개적으로 방위비 문제를 놓고 서로 반박하는 모습을 보인 것은 처음이라고 했다. 양국은 회담 결과를 발표하는 언론보도문에서도 "한·미간 입장 차를 해소하기 위해 보다 전향적인 노력이 필요하다는 점에 인식을 같이 했다"고 밝혔다. 방위비 분담금 50억 달러 증액 규모를 둘러싼 이견異見을 좁히진 못했다는 것을 명확히 했다.

지난 2월 14일(현지 시각) 독일 뮌헨에서 개막한 뮌헨 안보회의(MSC)에서 슈타인마이어 독일 대통령은 개막연설에서 "가장 가까운 동맹인 미국이 국제사회에 대한 생각을 거부한다"며 비판했다. 그는 특히 트럼프 대통령의 슬로건인 "미국을 다시 위대하게"를 언급하며 "그런 식의 사고와 행동은 이웃과 파트너를 희생시키고, 우리 모두에게 상처를 준다"고 성토했다. MSC는 이날 보고서를 통해 미국이 자국 이익만 중시하면서 그동안 국제안보의 버팀목이 됐던 서구동맹이 공통의 전략을 갖기가 어려워졌다고 지적했다. 그리고 미국은 파리 기후변화 협약, 이란과의 핵 합의 등 각종 협약에서 독자 노선을 선언하며 탈퇴했다고 비난했다.

그런데 MSC에 참석한 미국 대표들은 동맹의 분열보다 '중국과 러시아에 대한 경계'가 우선되어야 한다고 강조했다. 에스퍼 미 국방장관은 이날 연설에서 "중국이 미국의 안보전략에서 최대의 도전국가"라고 했다. 미국은 안보전략의 도전 국가로 중국을 지목하면서 북한과 이란을 불량국가로 지목했다.

사드(Thaad : 고고도 미사일 방어체계)는 북한의 중·장거리 미사일 방어목표로 2017년 3월 경북 성주에 배치했다. 그동안 사드 배치로 인해 한국은 중국의 외교·경제 제재를 받아왔고, 또 요즘 존 힐 미국 미사일 방어청장이 "발사대를 포대와 분리할 수 있다면 한반도에서 유연성이 크게 늘어날 것"이라고 언급했는데, 이것은 미국의 최대 도전국 중국을 압박하는 조치로 중국인들은 생각하리라. 그런데 미 국방부는 성주 기지 공사비를 4,900만 달러(약 580억 원)로 책정하고 그 부담을 한국 정부에 넘기는 방안도 검토 중이라고 밝혔다.

따라서 한반도를 둘러싼 군사정세는 급격히 변했으며, 한국은 미국의 최대 도전국 중국과 불량국가 북한을 위해 영토를 미국에 빌려주고 있으니, 우리가 미국으로부터 주둔비를 받아야 한다고 생각하며, 이런 여론이 한국 내에서 활발하게 일어나고 있다는 것을 미국 측에 알려 미국 측으로부터 조속한 방위비 분담금 문제를 예년 수준인 10% 선에서 매듭짓도록 만들어야 하리라.♣(2020. 2.)

III

6·25전쟁 초기작전에서 한국군은 왜 패했는가?

-저편의 능력과 의도 그리고 이편의
그것을 알지 못하면 싸울 때마다
반드시 패배한다.-
손무(孫武, 『손자병법』(모공謀攻))

전장戰場에 있어서 최고 지휘관인 장수將帥의 책임과 자질에 대해 『손자병법』(B. C. 513?)은 다음과 같이 설명하고 있다.

△ 전쟁의 본질과 수행방법을 잘 아는 장수는 국민의 생명을 맡은 사람이요, 또 국가의 안위安危를 좌우하는 주인공이다.
△ 장수란 지혜, 신의, 인애仁愛, 용기, 엄정을 갖춘 지휘관을 뜻한다.
△ 용병을 잘하는 장수는 상하 일치를 도모하고, 군대의 편제, 규율 및 병참을 갖추는 것이니, 그는 능히 승패를 자유로이 결정한다.
△ 저편의 능력과 의도를 알고 이편의 그것을 알고 있으면, 백번 싸워도 위태롭지 않다.(知彼知己 百戰不殆)

나폴레옹(Napoléon Bonaparte, 1769~1821)은 작전 수행에 있어서 최고 지휘관의 중요성을 강조하기를 "한 마리의 양이 이끄는 천 마리의 이리떼는 한 마리의 이리가 이끄는 천 마리의 양떼에 패한다"고 했고, 클라우제비츠(1780~1831)는 "전쟁술의 중앙에 당당히 솟아 있는 것이, 즉 불굴의 정신을 갖춘 장수의 견고한 의지인 것이다"고 주장했다. 프랑스의 포슈(Foch, 1851~1929) 원수는 1870년 프로이센·프랑스전쟁에서 프랑스군의 패인과 또 그들의 고위 지휘관들의 과오를 바로 잡으려는 결의에 의한 교훈을 아래와 같이 주장했다.

> 전투의 승패는 지휘관에 의해서 결정되는 것이지, 병사에 의해 결정되는 것은 아니다.…전쟁의 큰 성과는 지휘관에 의해서 달성되는 것이다. 그러므로 역사는 정당히 지휘관으로 하여금 승리에 대한 책임을 지게 하여 그때에는 영광을 누리게 되고, 또 패전에 대해서는 책임을 지게 하여 그때에는 굴욕을 당하게 되는 것이다. 지휘관 없이는 전쟁도 있을 수 없고 승리도 있을 수 없다.[1]

필자는 국방대학원 재직시(1980년) '전략론' 강의에서 전장에서 승패는 최고 지휘관에 의해 결정된다는 것을 임진왜란(1592~1598)의 해전에서 이순신(1545~1598)과 원균(1540~1597)의 전례戰例에서 설명했다. 즉 동일한 조선 수군을 지휘하여 이순신은 옥포해전(1592. 5. 7.)을 비롯하여 10여 회의 해전에서 일본 수군을 언제나 격파했기에, 일본의 도요토미 히데요시(豊臣秀吉)는 조선 수군과 싸우지 말라는 금지령까지 내렸다. 일본군 수뇌들은 모략으로 원균이 수군통제사가 되자, 조선 수군을 유인하여 1597년 7월 15일 옥천량에 집결한 조선 수군을 야간에 기습공격하여 100여 척의 전 함대를 송두리째 격파했다(옥천량 해전). 통제사 원균은 싸울 생각도 하지 않고 부하들과 병선을 버리고 먼저 육지로 도망쳤으나 왜군의 복병伏兵에 의해 살해당했다. 그러니 그의 죽음은 도망사逃亡死이지 결코 전사戰死는 아니며, 세계 해전사상

[1] Edward M. Earle ed., *Makers of Modern Strategy*, Princeton University Press, 1943, pp. 228~229.

海戰史上 그런 비겁한 해군 장수의 전례戰例는 아직 찾지 못했다.

옥천량의 패보를 접한 조정에서는 그들이 파면시킨 이순신을 다시 통제사로 임명했는데, 1597년 9월 16일 명량해전에서 이순신은 13척으로 130여 척의 일본 수군을 격파하고 그들의 서해진출을 포기케 했다. 동일한 조선 수군에 있어서 지휘관에 따라 승패가 결정된다는 좋은 사례임을 강조했다.

그런데 쉬는 시간에 차를 마시면서 학생장이 "우리집 아이들은 학교에 가서 기를 펴지 못합니다"고 말하기에 그의 가슴에 있는 이름표를 보니 '육군 준장 원○○'로 적혀 있어 원균의 후손임을 알았다. 원균의 전례戰例에 대한 소개는 삭제해 주었으면 하는 눈치였으나, 학생들이 전장의 승패에 있어서 지휘관의 중요성을 강조하는 예로서 중요하다고 말했다. 2년 후 원 장군은 국방대학원 교수부장으로 임명되어 왔다. 1982년 여름, 필자는 미국에서 개최된 국제군사사학회 세미나에 참석했다 귀국하니, 동료교수가 "교수부장이 자네 귀국하면 징계위원회에 회부한다고 흥분해서 말하더니 그 후 잠잠해졌다"는 것이다. 조사해보니 사실무근임을 알았다는 것이다. 필자는 다음 '전략론' 강의에서 이 내용을 설명하면서, "세월은 400여 년이나 흘렀지만, 피는 못 속인다!"고 했더니 학생 장교들이 폭소를 터트렸다.

필자의 관심사는 6·25전쟁의 초기작전(1950. 6. 25.~6. 28.)에 있어서 한국군의 패인敗因이 무엇인가를 규명하는 데 있었다. 특히 육군 총참모장 채병덕(蔡秉德, 1915~1950) 소장에 대해 관심이 집중되었다. 그는 1915년 평양에서 출생했고, 1937년 일본 육군사관학교를 졸업하면서 포병 소위로 임관했고, 1943년 인천 육군조병창 부평공장장으로 있으면서 1945년 8월 해방을 맞이했다. 그는 1945년 12월 군사영어학교에 입교하여 1946년 1월 국방경비대 대위로 임관했다. 그리고 1949년 5월 제2대 육군 총참모장으로 임명되었으나, '남북교역사건'으로 김석원(金錫源, 1893~1978) 사단장과의 갈등으로 10월 1일부로 두 사람은 현직에서 해임되어 예비역에 편입되었다. 그런데 채병덕 소장은 1950년 4월 10일 제4대 육군 총참모장에 재임명되다니! 그는 야전에서 부대지휘의 실전경험도 전연 없는 군인이 두 번씩이나 총참모장으로 임명되었는데, 이해할 수 없는 인사 조치였다. 그래서 1968년 10월 국방부의 문희석(文熙奭, 1922~1977, 해병대 준장 출신) 전사편찬위원장을 군복을 입고 찾아가서 공군사관학교 교수부 군사학과장(중령)임을 밝히고, 채병덕 총참모장에 관해 질문했다.

① 방어진지의 건설 건의를 묵살한 것
② 6월 10일에 군 수뇌·사단장들의 인사 이동의 실시
③ 계속되었던 비상경계 태세를 6월 24일 해제하여 주말 외출·외박을 실시한 것
④ 개전 1개월 전 각 연대의 4문의 대전차포를 수리한다는 명목으로 회수한 것
⑤ 전방 사단의 예속 변경
⑥ 6월 24일·25일의 심야 파티

를 말하고 문 위원장을 바라보았더니, 그분도 필자를 바라보면서 말문을 열었다. 즉 "2차 심야 파티는 국일관에서 25일 오전 2시까지 진행되었고, 그 비용은 정국은이 지불했소." 하기에 "그 내용을 기록해 두십시오."라고 말하고 돌아온 것을 심히 후회했다. 더 많은 비화秘話를 들었어야 했는데….

정국은(鄭國殷, 1919~1954)은 북한의 거물 간첩이었고, 재일 조총련계에서 제공한 막대한 자금을 활용하여 정당·사회단체의 요인들과 접촉했다. 1953년 8월 31일 육군 특무대의 수사진에 의해 체포되었을 때, 그는 연합신문 주필이었으며 재판에서 무시무시한 간첩행위를 순순히 자백했다. 12월 5일 군재軍裁에서 사형언도를 받고, 1954년 2월 19일 사형이 집행되었다.

필자는 채병덕 총참모장의 전속부관 나최광 중위는 한국군 군적軍籍에도 없는 자이고, 식모 말에 의하면 채 총참모장과 함께 남하하는데 동행하지 않고 관사를 지키다 자살했다고 하는데, 아마도 북한이 파견한 간첩으로

원대 복귀한 것으로 추정한다. 그리고 식모도 북한이 파견한 거물 간첩이 아닌지? 그리고 채 총참모장이 재임명된 것이 궁금하여 그 내용을 알고자 육군본부 법무감실 고등검찰부 기록실장 앞으로 공문을 발송하여 정국은의 재판기록 열람을 신청했으나, 관련 자료가 없다는 통보를 받았다.

한국군의 첫 4성 장군이요, 6·25전쟁 당시 최일선 야전사령관으로 활약했던 백선엽(白善燁, 1920~) 대장(예)은 그의 회고록에서 초기 전투의 패인을 밝혔다.

> 우리가 좀 더 잘 싸울 수 없었느냐는 반성이었다.
>
> 국군은 세 가지 큰 결점을 안은 채 전쟁을 맞았다. 첫째는 훈련 미숙, 둘째는 장비 부족, 셋째는 지휘능력의 결함이었다.…
>
> 결국 지상군 특히 보병의 강인한 공격정신, 각급 지휘관의 솔선수범과 전투지휘 정신이 최후의 승리를 가져온다.[2)]

필자는 백선엽 장군의 견해에 전적으로 동의하지만, 한 가지 아쉬운 점은 채병덕 총참모장에 대해 전연 언급이 없었다는 것이다.

한국군의 6·25전쟁 초기작전의 패인을 요약한다면 아래와 같다.

- 첫째 : 육군 총참모장 채병덕 소장은 장수로서의 자질을 갖추고 있지 않았을 뿐만 아니라, 북한 간첩들에게 발목을 잡혀 전쟁 준비를 소홀히 했고, 북한의 남침 정보를 무시했으며, 모순된 작전 수행을 했던 것으로 평가한다.[3)]
- 둘째 : 미국 트루먼 대통령의 한반도 정책에 의해 전쟁 수행을 위한 무기·장비의 부족
- 셋째 : 한국군은 공비·반란사건의 진압 때문에 전투 훈련의 미숙
- 넷째 : 고급지휘관들의 지휘능력의 미숙 등이다.

---

2) 백선엽, 『軍과 나 -6·25한국전쟁 회고록-』(서울 : 大陸硏究所, 1989), pp. 292~293
3) 이종학, 『6·25전쟁이란 무엇인가』(충남대학교 출판문화원, 2011), pp. 52~91. 참조할 것.

오랫동안 6·25전쟁 초기작전에서 한국군은 왜 패했는가에 대해 주로 군사전략·전술적 차원에서만 다루어왔으나, 이제 국가 전략적 차원, 즉 리더가 가져야 할 자질과 품성에 관해 다루어야 한다.

초대 대통령 이승만(1875~1965)은 미국 프린스턴 대학에서 철학박사 학위를 취득했는데, 군대 경험이 없을 뿐만 아니라 군사문제를 연구한 바도 없었으나, 북한의 남침 직후 대통령으로서 또 국군통수권자로서 어떤 조치를 취했는가를 살펴보고자 한다.

> 이승만 대통령의 3일간의 행적을 살펴보면 크게 5가지로 대별할 수 있다.
>
> 첫째 : 이승만 대통령은 대미외교를 통해 미국으로부터의 무기지원과 미국의 참전을 위해 노력했다. 이를 위해 이승만 대통령은 먼저 무초 미국대사를 경무대로 불러 미국의 의중을 떠본 후, 대통령 자신의 전쟁에 대한 인식과 향후 대한민국이 어떻게 이 전쟁을 수행해야 할 것인가를 명확히 밝혔다.
>
> 둘째 : 이승만 대통령은 국무회의를 통해 신속히 전황을 파악하고 정부가 어떻게 대처해 나갈지를 강구했다. 아울러 군사 경력자들을 소집하여 현재의 난국을 타개할 방안을 강구하도록 지시함으로써, 서울 함락 이후 한강 방어선을 수행할 수 있는 지혜를 모을 수 있었다.
>
> 셋째 : 이승만 대통령은 해군의 전투함이 빨리 귀국할 수 있도록 신속히 조치했고, 미국으로부터 전투기를 조기에 지원받아 대한민국 공군으로 하여금 지상 전투를 지원할 수 있게 했다.
>
> 넷째 : 이승만 대통령은 국군에게 부족한 탄약과 장비 그리고 무기를 조기에 요청하여 지연작전 시 이를 효과적으로 사용하도록 했다.
>
> 다섯째 : 이승만 대통령은 육군본부와 치안국을 방문하여 전황을 점검한 후, 대통령으로서 무엇을 해야 할 것인가를 결정했다.[4]

[4] 남정옥, 『북한 남침 이후 3일간, 이승만 대통령의 행적』(파주 : 살림출판사, 2015), pp. 87~89.

당시 이승만 대통령의 나이가 75세의 고령임에도 불구하고 전쟁이 일어난 3일간의 행적을 연구한 남정옥 박사는 저서에서 구체적 행적을 기술記述하면서 결론으로 "이승만 대통령의 3일간의 행적에 대한 공로는 아무리 강조해도 지나치지 않을 것이다"[5]고 했는데, 필자도 동의하는 바이다. 그러나 둘째의 '군사 경력자들의 방안제시'에 관해서는 견해를 달리한다.

> 신성모 국무총리서리 겸 국방부 장관은 이승만 대통령으로부터, "군사 경력자들의 자문을 받아 난국을 타개하라!"는 특명特命을 받고 26일 오전 10시에 국방부로 긴급히 현역 및 재야 원로급 군사 경력자들을 초청했다.…이 회의에서 신성모 국방부 장관과 채병덕 육군 총장은 "현재 군은 의정부에서 북괴군을 반격하고 있으며, 전황은 유리하게 진전되고 있다"고 설명했다. 이에 육군 참모학교장 김홍일 소장은 작전지도방침의 확립을 강조하는 한편, 의정부 정면에서의 공세 이전을 위험시하고 한강 이남에서의 결전決戰을 주장했다.…이때 이범석 전 총리와 김석원 장군이 김홍일 장군의 의견에 동조하면서, "현 한강선 방어 이외에는 승산이 없음을 강력히 제안했다"고 한다. 하지만 국방부 장관이나 채병덕 육군 총장의 주장을 꺾지 못하고 짧은 시간 내에 회의를 폐회했다.[6]

신성모 국방부 장관과 채병덕 육군 총참모장이 6월 28일이면 서울이 인민군에 의해 점령당하는데 '서울 사수'를 고집했다는 것은 '적의 능력과 의도'를 전연 알지 못하는 군사 문제에 무지함을 뜻하는 것이리라. 만약 이범석 전 총리의 견해대로 서울에서 철수하여 한강 이남에 방어선을 설치했다면, 한강교의 조기 폭파로 인한 민간인 및 군인의 인명피해 그리고 한국군의 주력을 한강 이북에 두고 무기와 장비를 버리고 와해 상태로 후퇴하지 않았을 것이다.

---

5) 상게서, p. 89.

6) 상게서, pp. 62~65.

병법을 조금이라도 연구했더라면 다음 내용을 알고 있어야 하리라. 즉 "적에게 선제공격을 당하여 작전의 주도권을 빼앗기면 그 군의 사기는 없는 것이나 마찬가지가 된다. 사기를 잃고 공포심을 갖는 군사들은 그 병력이 아무리 많아도 성을 지킬 수 없다. 군이 전투에서 패하면 결과적으로 그 군은 없는 것이나 마찬가지가 된다. 이렇게 되는 것은 장수가 용병술을 모르기 때문이다."

1950년 6월 27일에 열린 「비상 국무회의」에서 초대 국무총리와 국방장관을 역임한 이범석(1900~1972) 장군의 증언은 주목할만 하다.

> 회의 벽두 신성모 국방이 일어나 전황 브리핑을 했는데, 안일하고 낙관적인 것이었지. 그것은 마치 어떤 국지전투에서 분대장의 전투보고와 같은 것이었단 말이에요. 특히 적정敵情에 대해서는 전혀 아는 바가 없었거든요. 참 한심하지. 나는 "국방장관 이야기는 더 들을 필요 없다"고 핀잔을 주었지요. 나는 자격이 권외圈外 사람이지만, 다시 일어나 발언을 했지. 요컨대 서울을 사수하겠느냐 또는 서울 주변에서 저항하여 시간을 쟁취하겠느냐. 위의 두 가지를 못할 형편이면 서울을 철수하여 환도還都하는 수밖에 없지 않느냐 하는 세 가지 방안에 대하여 시급히 결정을 내려야 한다고 말예요.[7]

이범석 장군은 신성모 국방장관의 브리핑을 듣고 인민군의 능력과 의도를 전연 알지 못하고 있음을 확인했고, 그가 제시한 3가지 방책을 채병덕 총참모장이 신속히 결심할 사항이었는데, 그는 적의 능력도 알지 못했는지 '서울 사수'를 명령하고, 후방의 사단이 서울에 도착하자 붕괴되고 있는 의정부 방면에 축차적 병력투입을 명령하자 2사단장 이형근 준장과 의견충돌을 가져왔다.

한강교 및 철교 폭파와 그 영향은 아래와 같다.

---

7) 중앙일보 편, 『민족의 증언 -한국전쟁 실록』(서울 : 을유문화사, 1972), p. 33.

6월 26일 한강교 폭파 명령을 받은 공병감은 공병학교장 엄홍섭 중령에게 한강교 폭파준비 명령을 하달했다.…한강교 폭파는 황원희 중위, 경북선 철교(복선) 폭파는 이창복 중위, 경인선 철교(상·하행선) 폭파는 제1공병단 임홍순 중위에게 부여하였다.…한강교는 절단되었다. 이때 시간은 6월 28일 02:30분이었다.…그러나 경인 상행선 철교와 경부선 철교는 불발로 그쳤다. 그 원인은 밝혀지지 않았다.…파괴되지 않은 철교는 다음날인 29일 B-29 폭격기가 출격하여 폭격했으나 성과를 거두지 못했다.[8)]

한강교 및 철교 폭파에 관해 분석·평가한다면 아래와 같다.

첫째 : 한강교 조기 폭파로 인해 서울지역에 투입된 국군 5개 사단과 지원부대의 퇴로가 차단되어 국군 총병력의 46%인 44,000여 명의 병력이 흩어졌다. 거기에다 전투부대 및 지원부대의 모든 중장비와 공용화기도 버렸다. 여기에 민간인 피해가 겹쳐 일반 국민의 원성이 높았다. 신성모 국방장관의 명에 의해 설치된 군법회의에서 최창식 공병감은 1950년 9월 15일 유죄판결을 받아 동년 9월 21일 부산 교외에서 총살형이 집행되었다. 그 후 최창식 대령의 부인이 재심청구서를 1961년 9월 제출하여, 1964년 6월 23일 결심공판에서 최창식 대령에게 무죄가 선고되었다.

인도교 폭파에 있어서 기술적 결함으로 폭파 여부가 문제라면 공병감의 소관사항이지만, 폭파 시간이 문제라면 작전 전반의 추세를 파악하고 있는 채병덕 총참모장의 소관사항이라는 것이 필자의 견해이다.

둘째 : 지금까지 철교 폭파의 실패에 관해서는 분석·평가가 이루어지지 않았는데, 실패의 원인 규명을 철저히 해야 한다. 왜냐하면, 인민

8) 국방부 군사편찬연구소, 『6·25전쟁사』 2 2005, pp. 660~661.

군은 철교에다 철판을 깔고 T-34 전차를 비롯하여 중장비와 화기를 통과시켰는데, 한국군의 한강 방어선은 쉽게 붕괴되었기 때문이다. 인민군 작전국장 유성철 대령의 증언에 의하면, '남침계획'은 사흘 안에 서울 점령으로 끝나고, 한강을 도하하여 남하한다는 계획이 없었기 때문에 만약 철교도 폭파되었다면 인민군은 도하를 위해 배(船)를 준비하자면 1주일 이상의 시간이 소요되었으리라. 한편 서울 이북의 다리를 국군이 후퇴하면서 폭파하는데 모두 실패한 원인은 인민군이 '사전 방해공작'을 취했기 때문이었다.

셋째 : 1981년 10월 필자가 국방대학원 재직시, 유럽시찰단을 인솔하여 영국을 방문했을 때 강영훈 대사와 식사를 하면서 6·25 초전의 한강교 폭파에 대한 얘기가 나왔다. 강 대사는 당시 인사국장을 역임한 후, 도미 유학 대기 중으로 채병덕 총장의 지프 뒷좌석에 앉아 한강교를 지나면서 "채 총장은 아무런 명령도 내리지 않았다"고 얘기했다. 그리고 "한강교를 통과한 후 5분 후에 폭파 소리를 들었다"고 하기에, 필자는 "한강교 폭파 명령은 채 총장이 전화로 최창식 공병감에게 명령했으며, 폭파 명령 없이 폭파는 성립될 수 없다"고 했다.

한강교 폭파를 둘러싼 여러 비화秘話가 발표되었으나, 김행복(국방부 군사편찬연구소 전쟁사부장 역임) 박사의 견해는 아래와 같다.[9]

27일 자정을 전후하여 북한군 전차대가 길음교로 밀려들었고, 미아리 저지선이 무너지기 시작하였다.…미아리 방어선이 무너지고 서울 시내 일각에 적의 전차가 나타난 시각은 새벽 1시 45분경. 이 시간에 돈암동에서 급히 육본으로 달려온 강문봉 대령은 채 총장에게 "적의 전차가 시내에 침입하였다"고 보고하였다. 이때의 상황은 분명치 않으나, 강 대령의

9) 김행복, 『6·25전쟁과 채병덕 장군』(서울 : 국방부 군사편찬연구소, 2002), pp. 254~260.

보고를 받은 채 총장이 즉시 공병감에게 전화를 걸어 한강교 폭파를 지시한 것으로 밝혀져 있다. 그 직후 채 총장은 참모들의 권유에 의해 육군본부를 출발하여 한강교를 넘어갔다.…

최 대령의 재판 과정에서 진술한 내용에 의하면, 총참모장으로부터 재차 한강교 폭파 명령을 받은 최 대령은 한강 인도교로 가서 이곳에 대기하고 있던 엄홍섭 중령에게 "즉시 한강교를 폭파하라"고 명령하였다.…

이 무렵 이응준 소장이 미아리 전선에서 육본에 도착하였는데, 한강교 폭파 시각이 임박하다는 사실을 듣고, 제1선 부대의 주력이 철수할 때까지 폭파를 연기해야 한다고 김백일 대령을 설득하였다. 김 대령은 그 의견이 타당한 것으로 판단하고 장창국 대령에게 지시하여 폭파를 중지토록 하라고 지시하였다.…차량과 인파 때문에 전진이 지체되어서 현장에 도착하기 직전에 한강교는 폭파되고 말았다. 이 시각이 6월 28일 2시 30분경이었다.

당시 한강에는 한강대교 및 광진교 등 2개의 인도교와 경인선 상행 및 하행의 단선철교, 그리고 경부선의 복선철교 등 5개의 교량이 있었다. 이때의 폭파로 이 다섯 개의 교량 중 광진교와 한강대교 및 경인간의 하행선 철교는 경간(徑間, *저자 주 : 다리 기둥과 기둥 사이)이 완전히 절단되었고, 나머지는 일부만 파괴되었다.…

증언이 엇갈리고 사실 규명이 안되는 부분은 실제로 폭파가 이루어진 두 번째의 실행명령을 누가 내렸는가 하는 문제이다. 최 공병감은 재판 과정에서 채 총장으로부터 그 명령을 받았다고 하였다. 6월 27일 자정을 전후하여 그 두 사람 사이에 있었던 명령 수수 행위에 대해서는 당사자 외에 아는 사람이 아무도 없다.

김행복 박사의 연구에 대한 필자의 논평은 아래와 같다.

첫째 : 28일 1시 45분경, 강문봉 대령이 육본에 달려와서 채 총장에게 적 전차의 시내 침입을 보고하니 채 총장이 즉시 공병감에게 전화로 한강교 폭파를 지시하고, 육군본부를 출발하여 한강교를 넘었다.

최창식 공병감은 한강 인도교로 가서 엄홍섭 중령에게 한강교 폭파명령을 내렸는데, 김행복 박사는 증언이 엇갈려 약간의 의문을 표시했다. 그런데 한강교 폭파 시간의 결정자는 작전상황을 파악하고 있는 채병덕 총참모장이지, 결코 최 공병감이 결정할 문제가 아니라는 것이 필자의 판단이다.

둘째 : 김행복 박사는 절단되지 않은 철교의 원인 규명을 제기하지 않았는데, 폭파되지 않은 철교로 인민군 전차 및 중장비가 도하하여 한국군의 한강 방어선이 붕괴된 원인이니 철저히 원인을 밝혀야 한다.

셋째 : 채병덕 총참모장은 27일 13시경 육군본부를 시흥으로 철수키로 결정했다. 미 군사고문단은 육본이 출발한 다음에 그 사실을 알고 급히 시흥으로 이동했다. 그 도중에 맥아더 사령부로부터 미군의 한국전 참전을 알리는 전문을 받고 미 군사고문단장 대리 라이트 대령은 채 총장에게 이 내용을 알리고 육본의 서울 복귀를 종용하였다. 채 총장은 마음을 바꾸어 육본의 서울 복귀를 명했다.[10]

이 문제는 인민군 전차의 서울 진입은 시간문제이고, 미군의 참전은 며칠간이 더 소요되는 문제인데, 채 총참모장의 철수했던 육본을 다시 서울로 복귀하는 혼잡을 자초한 처사는 용병술(전략과 전술)의 무지가 가져온 결정이었다.

6·25전쟁 초기작전에 참전했고 또 국방부 전사편찬위원을 역임한 안용현(육군 중령(예), 1929~)의 최창식 공병감의 재판내용을 소개하면 아래와 같다.[11]

육군본부 보통군법회의는 증인 엄홍섭, 김홍일, 장도영, 이창복의 증언을 청취하고 1964년 10월 23일 결심공판에서 고인에게 무죄를 선고했다.

---

10) 상게서, pp. 252~254. 참고.

11) 안용현, 『한국전쟁의 허와 실』(서울 : 고려원, 1987), p. 166.

그 요지는 다음과 같다.

> 피고인은 절대적인 구속력이 있는 상관의 작전명령에 의해 한강교를 폭파한 것이고, 피고인은 이에 복종할 뿐 달리 폭파 시간을 변경할 수 없는 것이 인정되므로 조급한 폭파에서 초래된 한강 북방의 인원과 장비의 손실은 피고인의 책임이라 할 수 없고 이는 헌법 제20조의 정당행위가 인정된다.
>
> 폭파 명령을 받고도 40분간을 지체했으나 명령을 수행하기 위하여 더 이상 지체할 수 없다는 점 등을 고려하여 비록 인도교의 폭파로 인하여 직접적인 피해가 있었다 하더라도 이는 군 작전을 수행키 위한 부득이한 조치로서 이 또한 형법 제20조의 정당행위의 범위를 벗어나지 아니하였다고 인정하고 본 공소사건은 범죄도 되지 아니하고 범죄의 증명이 없는 경우에 해당된다고 사료됨에 군법회의 제370조를 적용하여 피고인에게 무죄를 선고한다.

이로써 미결의 장은 고인의 미망인 옥정애의 집념으로 14년 만에 무죄가 되었으나 미망인은 일생을 밝게 살지 못하고 그로부터 6년 후에 타계하였다.

여담이나, 1979년 필자가 일본 육상자위대 간부학교(우리의 육군대학)에 들렀을 때 교장 다케우치(竹中義雄)는 "고 최창식 대령과는 일본 육사 동기로서 비명에 간 그를 위해 우리 동기생들이 적으나마 힘을 보태 그의 아들을 일본에 유학시켜 대학 의학부를 졸업하고 지금은 대학원에 진학했다"고 말하여 국경을 넘은 동기애에 머리가 수그러졌다.

필자는 아래와 같이 해석·논평한다.

첫째 : 고 최창식 대령에 대한 '무죄 판결문'은 전적으로 동의하고 올바른 판단으로 생각한다.

둘째 : 맥아더 장군의 인천상륙작전(1950. 9. 15.)이 성공한 단계에서 신성모 국방장관의 명령으로 9월 21일 군법회의가 개최돼 총살형으로 처리되었다. 이것은 전황이 호전되면서 국민들 사이에 "한강교 조기 폭파에 대한 책임은 누군가가 져야 하지 않는가." 하는 여론 때

문에, 책임자인 채병덕 총참모장은 7월 27일에 전사(?)했기에 최창식 공병감이 희생양이 된 것으로 해석한다.

셋째 : 고 최창식 대령의 아들이 일본에서 의학공부를 했는데, 현재 그는 어디서 의사 활동을 하고 있는지 궁금하다.

필자는 초기작전에 있어서 신성모 국방장관과 채병덕 총참모장의 대응 방식에 대한 행적을 연구하면서, 이승만 대통령은 무엇을 기준으로 해서 이들을 임명했는지, 적재적소適材適所의 인사 배치인지 의문을 가지지 않을 수 없었다. 그런데 일본 방위대학교 사사키 하루다카(佐々木春隆, 1920~?, 일본육사 54기) 교수의 저서에서 찾았다. 그는 6·25전쟁사 연구 전문가였기에 채병덕 총참모장과 김석원(1893~1978, 일본육사 27기) 사단장과의 '남북 교역사건'의 진상을 알고자 면담하는 과정에서 김석원 장군이 신성모를 추천한 것으로 밝혔다.

> 원래 선장船長 출신의 신성모를 장관으로 추천한 것은 바로 나였소. 그는 파벌派閥이 없고, 청렴결백하다는 소문이었다. 군사지식이 부족하다는 어려움도 있었으나, 그것은 보좌관으로 보완할 수 있기 때문에 그라면 정치적 중립을 유지하며 건전한 군대를 육성할 수 있다고 생각했기 때문이었다. 그런데 신 장관은 채병덕의 아부추종을 진실로 수용하고 곧장 채병덕을 감싸주기 시작했다.[12)]

신성모는 1910년 보성전문학교를 졸업하고, 한때 독립운동에도 뛰어들었고, 그 후 난징(南京) 항해대학의 일등 항해사航海士 자격을 얻어 여러 해 동안 영국 선박의 선장으로 종사했으며, 인도 상선회사 고문을 지내다가 해방 후 귀국했다.

1948년 제2대 내무부 장관을 거쳐 1949년 3월 국방부 장관에 임명되어 6·25

---

12) 佐々木春隆, 『朝鮮戦争』上卷(東京 : 原書房 1976), p. 408.

전쟁을 맞이했다. 1951년 국군이 거창居昌의 양민 500여 명을 공산당으로 몰아 학살한 사건을 공명심功名心 때문에 당시의 계엄사령관 김동원 장군과 함께 합리화시키려고 하여 비난을 받던 중 이 해 국민방위군 사건이 국회에서 논란되자, 오열(五列, 이적利敵 행위를 하는 사람)의 준동이 심할 때 이를 문제로 삼아 국민을 동요시켜서는 안 된다고 고집하면서 다시 사건을 무마하려다 해임되었다.

1950년 5월 10일 국방부 장관 신성모는 외신기자와의 회견 석상에서 "지금 항간에는 5월, 6월 위기설이 떠돌고 있지만, 그것은 유언비어에 지나지 않는다. 우리 국군은 실지 회복을 위한 만반의 준비를 하고 있다. 명령만 내리면 즉시 북진할 것이다"고 호언장담했다. 그리고 이승만 대통령에 따르면 김효석(1949. 3.~1950. 2.)을 내무부 장관으로 천거한 사람은 신성모 국방부 장관이며, 김효석은 '위장한 공산주의자'였다.

채명신 중령은 게릴라부대인 백골단白骨團 500여 명을 지휘하여 1951년 2월 하순 북한으로 진입, 고급 비밀문서를 탈취하여 1군단장 이형근 소장 앞으로 전달했고, 또 3월 중순에도 조선공산당 제2 비서 겸 인민군 현역 중장이며 대남 유격대 총사령간 길원팔(吉元八)을 생포하여 귀순을 권했으나 거부하고 자결을 택했다.

최명신 중령은 4월 초 마침내 강릉의 제9사단 지역으로 탈출했다. 그는 육군본부에 와서 획득한 극비문서를 제출하고 상세히 정보 보고를 했다. 참모총장 정일권 장군은 채명신의 보고를 받으며 연신 감탄사를 아끼지 않고 "채명신 중령은 우리 육군의 영웅"이라고 추켜세웠다. 그러나 그는 함께 고생한 대원들에 대한 참모총장의 약속만큼은 지켜주기를 바랬다.

> "그런데 총장 각하, 유격대가 출발하기 전 신성모 국방장관님과 각하가 약속하신 것 말입니다. 게릴라 계급을 정규군 계급으로 전환해줌과 동시

에 특별히 공이 있는 대원들에게는 특진과 훈장을 준다는 약속만큼은 반드시 실행되도록 해주십시오. 그리고 전사자들도 현역과 같이 대우해 주십시오."

"아, 그거? 염려 말게 국방부에서 알아서 할걸세."

정일권 총장은 흔쾌히 대답했다. 채명신은 총장의 시원스러운 말에 소원이 성취된 만큼이나 후련했다. 며칠 후 채명신은 국방부에 가서 신성모 국방부 장관을 만났다.

"장관 각하, 각하께서 약속하신 대로 대원들의 게릴라 계급을 현역 계급으로 전환해주시고 제가 추천하는 유공 대원은 1계급 특진을 시켜주십시오. 또한 전사자들도 현역과 같이 대우해주십시오."

신성모는 채명신의 말이 떨어지자 얼굴색이 변하면서 변명을 늘어놓기 시작했다.

"그런데 내 약속은 그랬지만 지금 군의 규정상 곤란해, 내가 다급해서 즉흥적으로 한 말이었어."

채명신 중령은 죽음을 함께한 대원들의 소박한 꿈이 산산조각이 난다는 생각이 들었다.

"아니, 장관 각하! 약속했으면 그만이지 곤란하다는 건 무슨 말씀이십니까?"

신성모는 채명신의 말을 흘려보내고는 야비한 웃음까지 띠며 큰 인심이라도 쓰듯 말했다.

"그건 그렇고, 자네한테 국가 최고의 무공훈장을 주기로 했으니 그리 알게. 들어가지 않아도 되는 것 자원해서 들어갔으니…."

이 대목에서 채명신도 참을 수 없었다. 신성모가 놀랄 정도로 소리를 질렀다.

"약속했으면 실천을 해야지 약속과 다르지 않습니까? 제가 훈장 받으려고 들어간 게 아닙니다. 전 훈장 같은 건 필요 없습니다!"

"아니, 저 녀석봐라. 장관한테 소리를 질러! 무례한 놈 같으니라고."

"도대체 국방장관이 일구이언하면 어떻게 국군을 통솔하며, 이 전쟁을 이끕니까? 약속을 지키십시오!"

> "야, 이놈아! 공은 공이고, 너 군법회의 갈 줄 알아!"
> "맘대로 하십시오. 제가 총살당하는 한이 있더라도 약속을 지켜야 합니다."
> 채명신은 참모들에게 끌려 밖으로 쫓겨났다. 그러나 참모들도 채명신을 나무랄 수 없었다. 채명신 주장이 틀린다고 생각되지 않았기 때문이었다. 백골병단은 이렇게 막을 내렸다.[13]

1950년 6월 24일 밤, 육군 장교클럽 낙성 파티를 연다고 전후방 고급장교들에게 초청장을 보내서 파티를 즐겼고, 2차 파티는 시내의 국일관에서 새벽 02:00시까지 마셨는데, 그 비용은 연합신문 주필인 정국은(1919~1954)이 지불했다. 그런데 그는 간첩으로 1953년 군재軍裁에서 사형을 언도 받고 1954년 2월 사형이 집행되었다.

그래서 필자는 다음과 같이 가설假說을 세웠다. 즉, 채병덕 소장은 정국은의 간첩자금으로 신성모 국방장관을 막대한 뇌물로 매수했다는 것이다. 그리하여 수개월 만에 육군 총참모장에 재임명되었고, 또 이 사실이 정국은의 재판기록에 기록되어 있기 때문에 그 기록을 소각시켜 버렸다는 것이다.

채병덕 총참모장은 1950년 6월 30일 초전의 패배로 해임당하고, 7월 8일 영남편성관구 사령관에 임명되어 7월 27일 하동전투에서 전사했다고 기록되어 있다. 채병덕 소장은 하동지역에서 국군 군복으로 변장한 인민군에 의해 살해되어 '전사'로 기록되어 있으나, 그의 시체는 철저한 조사를 거치지 않고 화장해서 처리되었다.

안용현(군사편찬위원 역임)의 채병덕 소장 전사 장면에 대한 소개는 아래와 같다.[14]

> 채병덕의 전사 장면을 직접 보았다는 제30 연대장 김용주 중령의 증언

---

13) 박경석, 『불후의 명장 채명신』(서울 : 팔복원, 2014), pp. 138~168의 요약·인용한 내용임을 밝힘.

14) 안용현(1987), 전게서, pp. 148~149.

은 아래와 같다(이 증언은 필자에게 직접 한 것임을 부기해 둔다).

> 나는 채 소장의 전사 장면을 누구보다도 생생히 기억하고 있다. 그날 나는 미 제3 대대의 좌측 능선에 배치하고 있었는데 채 소장이 작전회의를 한다는 연락이 와서 쇠고개로 이르는 동쪽 도로로 내려갔더니(쇠고개 동쪽 기슭을 말함) 채 소장은 그의 짚차 본넷트 위에 지도를 펼치고 있었다. 주위에는 채 소장과 수행원으로 보이는 몇 사람 그리고 미군 대위 1명(성명 미상)과 나뿐이었다.
>
> 채 소장이 한참 상황(내용은 기억할 수 없음)을 설명하고 있을 때 어디서 날아왔는지 알 수 없는 총탄에 맞고 그는 그 자리에서 숨졌다.…

이 증언에서도 알 수 있듯이 채병덕은 적의 저격병에 의해 저격을 받은 것임에 틀림없다.

필자의 견해는 다르다. 즉, 당시의 김용주 중령의 상황설명으로 보아 인민군의 저격병이 주변에 있다는 징후가 전연 없기에 인민군의 저격병에 의해 살해되었다는 생각은 어려우리라. 오히려 채병덕 소장을 살려두면 신성모 국방장관의 신상에 부담이 되기에 모살謀殺한 것이 아닌가 하는 추정도 해보았고, 당시 육군 내에 그런 소문도 유포되었다는 기록도 보았다. 앞으로 신성모 장관에 대한 진지眞知한 연구가 나오기를 기대한다.

한 나라의 국방부 장관이 군대의 장성 경험도 전연 없고, 정치와 군사에 문외한이 임명되어, 실전 경험도 없는 채병덕 소장을 육군 총참모장으로 재임명토록 하여 북한의 간첩에 사로잡혀 다가오는 전쟁에 대비하지 않았다는 것이 6·25전쟁 초전에 있어서 한국군이 패배한 가장 중대한 원인의 하나로 생각한다.

6·25전쟁 발발시 국군 제2 사단장을 역임한 이형근(1920~2002) 장군은 「한국전쟁 20주년 기념」 특집호에서 아래와 같이 회고했다.

> ① 이처럼 창군創軍 초기는 군기軍紀도 없는 난장판 속 같았고, 군무軍務보다는 개인적인 입신출세의 야욕에 사로잡혀 있던 일부인들의 책동

이 판을 쳤다. 결국 그런 사람들에 의해서 국군창설 초기의 여러 가지 과오는 발생하였던 것이다.

② 나는 사단 병력을 그 이상 터무니없이 소모시킬 수는 없었으므로 채 총장에게 강경하게 항의했다. "사관생도보다 못한 전술 능력으로 병력만을 무모하게 소비시키려 드는 그런 작전 명령은 따를 수가 없소. 오로지 적을 유리하게 해주는 귀관 아래서 이 이상 더 아까운 부하를 맹목적으로 희생시킬 수는 없소. 국가와 민족의 생사가 달린 이 판국이오."

이렇게 선언하고는 전화를 끊은 다음 내 소신대로 작전지휘에 임하기로 결심했다.

③ 아무리 긴박한 사태 하의 일이기로서니 시민에게는 국군이 북진 중이라는 허위보도를 연발해 놓고 살며시 국방부와 육군본부만 도주해버린 그 사실에 나는 통탄을 금치 못했다.

④ 지금도 생각하면 어이없는 일이 많지만, 당시의 신성모 국방장관과 채병덕 총장 등이 최고 지휘관으로서의 무모한 판단과 허세에서 비롯된 과실은 너무나 큰 것이었다.[15]

이형근 장군은 1956년 육군 참모총장까지 역임했고, 그는 회고록『軍番1번의 외길 인생』(1993)을 출판했는데, 거기서 6·25전쟁 초기의 열 가지 의문점을 제시하기도 했다. 그가 본 신성모 국방장관과 채병덕 총참모장 ④는 ①에 해당하는 인물로 추정한 것으로 생각했고, 필자도 두 사람의 지난날의 행적을 고찰했을 때 ①에 해당한다고 생각했다. 특히 ②의 내용은 6월 25일 전쟁이 발발하자 대전의 제2 사단장 이형근 장군이 부대를 지휘하여 서울에 도착하자 채병덕 총참모장은 인민군 주공방향의 제7사단에게 와해된 의정부 전선에 병력을 축차 투입을 '작전명령'이라 호령하면서 내리자 반대 입장을 표명한 내용이며, 채병덕 총참모장은 용병술에 무지함을 나타낸 처사였다.

---

15) 이형근,「개전초기의 육본·군수뇌진」,『新東亞』(동아일보사, 1970년 6월호), pp. 162~167.

> 이때 참모학교 교장직에 있던 김홍일 소장이 채병덕 총참모장에게 후방 3개 사단을 패퇴 중인 전선에 투입할 것이 아니라 한강 남안을 연해 제2 전선을 구축, 한강 방어에서 승기를 잡아 위기를 극복해 공세이전攻勢移轉으로 적과 싸우자고 건의했다. 이 건의에 접한 채병덕은 '수도 서울의 사수'를 내세워 일언지하에 거부했다.[16]

김홍일(金弘一, 1898~1980) 소장은 당시 한국군 장교출신으로, 용병술을 전문으로 교육한 장제스(蔣介石) 군의 육군대학을 졸업한 인재요 또한 중국 집단군 참모차장 등을 역임했다.

필자는 만약 이범석 장군이 국방장관이고, 김홍일 장군이 총참모장이었다면 초전의 결과는 어떻게 되었을까를 상상해 보기도 했다. 6·25전쟁 초기작전에서 한국군 패인의 핵심적 내용은 간첩 정국은의 재판기록 속에 상세히 기록되어 있을 터인데(그는 총살형을 당한다는 것을 알고 있기에 간첩행위에 대해 솔직하고 상세하게 고백했으리라), 그것을 없애버렸으니 진실을 구명究明하기 어려운 실정임을 밝혀둔다.

근래에 와서 군의 최고 지휘관인 장수, 국가의 정치지도자 그리고 대기업의 사장이 구비해야 하는 자질과 품격, 즉 리더십(Leadership)의 중요성이 강조되고 있고, 또 활발하게 연구가 진행되고 있다. 리더십이란 장수와 부하 그리고 상황이라는 세 가지 요소의 기능을 통합적으로 발휘케 하는 술(art)이라 할 수 있고 또한 조직이 추구하는 목표의 성패가 좌우된다는 점에서 그 중요성이 새삼스럽게 강조되고 있다.

필자는 중국 고전의 병서에서 장수의 리더십에 관한 내용을 소개하고 끝을 맺고자 한다.

---

16) 박경석 지음(2014), 전게서, p. 73.

『손자』

① 장수는 조용하고 깊이 성찰하며 정확하게 일을 처리해야 한다.

② 전쟁을 잘하는 장수는 승리를 전세戰勢에서 찾고 병사에게 책임을 묻지 않는다. 그리하여 인재를 선택하여 적재적소에 배치하고 나머지는 전세에 맡기는 것이다.

③ 지혜가 있는 장수가 판단할 때는 반드시 '이익'과 '손실'을 아울러 참작해야 한다. '이익'을 계산해 두면 하는 일에 확신을 가질 수 있고, '손실'을 계산해 두면 환란을 방지할 수 있다.

『오자』

① 장수가 해야 할 일이 다섯 가지가 있다.

- 첫째 : 지휘, 통솔에 능통해야 한다.
- 둘째 : 작전준비에 완벽을 기해야 한다.
- 셋째 : 과감한 용단력이 있어야 한다.
- 넷째 : 적을 경시하지 말고 경계를 철저히 해야 한다.
- 다섯째 : 군령 등은 간명해야 한다.

② 무릇 전쟁터란 전사자의 시체가 뒹구는 비참한 곳이다. 반드시 죽을 결의로 싸우면 살아날 수 있고, 요행히 살아나겠다고 꾀하면 죽음을 당하는 곳이다.♣(2020. 4.)

Ⅳ

6·25전쟁의 회고

-어리석은 자는 경험에서 배우고
현명한 자는 역사에서 배운다.-
비스마르크(Bismarck, 1815~1898)

1. 대한민국의 위기와 다부동 전투

김일성은 1950년 8월 15일까지 부산을 점령하겠다는 원래의 계획을 실현하기 어렵다고 생각하고, 8월 15일까지 대구를 점령하려고 인민군을 독려했다. 대구 북방의 다부동 전투는 8월 20일부터 27일까지이며, 교전부대는 국군 제1사단(사단장 백선엽 대령)과 미 제27연대(마이켈리스 대령) 대對 인민군 제1·3·15사단이었다.

6·25전쟁 초기전쟁의 분수령이라 할 수 있는 다부동 전투에 대해 백선엽(1920~) 장군은 그의 회고록에서 다음과 같이 기록했다.

> 8월 20일…이때 미 27연대의 좌측 능선을 엄호하던 11연대 1대대(대대장 김재명金在命 소령)가 출격의 초동初動에 기선을 제압당해 고지를 탈취당하고 다부동 쪽으로 후퇴하고 있다는 보고가 들어왔다.
>
> 8군 사령부로부터 전화가 걸려왔다. "한국군은 도대체 어떻게 된 거냐. 싸울 의지가 있느냐"는 노한 음성의 힐책이었다.

연대의 측면이 뚫리자 마이켈리스 대령이 즉각 미 8군에 "한국군이 후퇴했다. 퇴로가 차단되기 전에 철수해야겠다"고 즉각 보고한 것이었다. 마이켈리스는 내게도 전화를 해 "후퇴하겠다"고 통고했다.

"후퇴하지 말고 잠깐 기다리라. 내가 현장에 나가 확인하겠다."

나는 동명학교에서 다부동으로 급히 지프를 몰았다.

과연 진목동 도로 서쪽의 11연대 병사들은 피로에 지친 모습으로 후퇴하며 산을 내려오고 있었고 고지를 점령한 적은 산발적으로 미군의 포병진지를 향해 측면사격을 가하고 있었다.

김재명 대대장을 불러 "어떻게 된 것이냐?"고 물으니 그는 "장병들이 계속된 주야의 격전에 지친 데다 고립된 고지에 급식이 끊겨 이틀째 물 한 모금 먹지 못했다"는 대답이었다.

나는 후퇴하는 병사들 앞으로 달려나갔다.

"모두 앉아 내 말을 들어라. 그동안 여러분 잘 싸워주어 고맙다. 그러나 우리는 여기서 더 후퇴할 장소가 없다. 저 미군을 보라. 더 후퇴하면 곧 망국亡國이다. 우리가 더 갈 곳은 바다밖에 없다. 저 미군을 보라. 미군은 우리를 믿고 싸우는데 우리가 후퇴하다니 무슨 꼴이냐. 대한 남아로서 다시 싸우자. 내가 선두에 서서 돌격하겠다. 내가 후퇴하면 너희들이 나를 쏴라."

나는 부대에 돌격 명령을 내리고 선두에 서서 앞으로 나아갔다. 곧 병사들의 함성이 골짜기를 진동했다. 김재명 소령도 용감하게 앞장서 부대를 지휘했다. 대대는 삽시간에 고지를 재탈환했다. 적은 증원부대가 공격하는 줄 알았을 것이다.

마이켈리스 대령은 내게 다가와 "미안하다"고 말하고 "사단장이 직접 돌격에 나서는 것을 보니 한국군은 신병神兵이다."라고 감탄했다.[1]

7월 24일 밤 육군본부로부터 작전명령이 왔다. 즉 "제1사단은 제2군단의 지휘하에 들어가고, 현 임무를 미 제25사단 제24연대에 넘기고, 상주尙州에서 재편성 후 함창咸昌으로 향하라"는 것이었다. 상주에서 우편국에 사령부를 두었는데 거기에 신성모 국방장관과 정일권 육군 참모총장이 찾아왔기

[1] 백선엽, 『軍과 나 -6·25 한국전쟁 회고록-』(대륙연구소 출판부, 1989), pp. 69~70.

에 백 대령은 간단히 상황을 설명하고 "사단은 재편성을 완료했고, 내일 26일부터 행동 가능"을 보고했다. 거기서 두 사람은 백 대령에게 '준장 진급'을 말하고, 양 어깨에 별을 하나씩 달아주었다.[2)]

백선엽 장군은 1950년 4월 23일 제1 사단장으로 임명되어 6·25전쟁이 발발하자 해주·개성 방면에서 전투를 수행했다. 1951년 4월 15일 제1 군단장으로 임명과 동시에 소장으로 진급, 1951년 7월 10일 휴전회담 한국대표, 1952년 4월 5일 제2 군단장, 동년 7월 23일 육군 참모총장 겸 계엄사령관, 1953년 1월 31일 한국군 최초의 육군 대장으로 승진했다. 1960년 5월 31일 전역했고, 그 후 각국의 대사와 교통부 장관 등 여러 직책을 수행했다.

백 장군은 위기에 처한 다부동 전투에서 철수하는 장병들을 멈추게 하고 그들을 분발케 했을 뿐만 아니라, 사단장이 직접 앞장서서 병사들과 함께 돌격하여 고지를 재탈환하여 위기를 극복했는데, 현대전에서 이러한 전례戰例는 없었다. 이런 사실이 미군들에게 더 전파되어 한국군을 전우로 믿게 만들었고 또 그가 퇴직한 후에도 새로 부임하는 미 8군 사령관은 반드시 백 장군에게 인사를 올렸고, 2013년에는 '명예 미 8군 사령관'으로 위촉했다.

100세를 맞이한 백 장군은 최근 후배들에게, "군의 지휘관과 간부들이 물리적인 자리만이 아니라, 정신적으로 자신이 해야 할 책무에 집중해야 한다"고 역설했다.

2019년 11월 14일 오전 서울 전쟁기념관의 사무실에서 백선엽(99세) 예비역 대장은 4명의 전직 한미연합사령관, 즉 존 틸럴리, 월터 샤프, 제임스 서먼, 커티스 스캐퍼로티를 만나 가족들의 안부와 옛날의 회고담을 나누었다. 이렇게 4명이 한꺼번에 찾은 것은 이번이 처음이었고, 그들이 잊지 않고 백 장군을 찾는 것은 그가 사단장으로 병사들 선두에서 돌격하여 고지를 재탈환한 위대한 리더십을 잊지 못하기 때문이리라.

---

2) 白善燁, 『若き将軍の朝鮮戦争』(東京 : 草思社, 2000), p. 211. 참조.

2. 6·25전쟁 때 한국의 지원국 현황

'6·25전쟁 지원국 현황 연구' 포럼을 통해 6·25전쟁 당시 대한민국을 지원하거나 지원 의사를 표명한 나라가 63개국에 달한다는 사실이 밝혀진 것은 여러 가지 측면에서 의미가 크다는 평가를 받고 있다.

무엇보다 당시 전 세계 독립국가 93개국 중 무려 60개국에서 대한민국을 지원한 것은 당시 절대 다수 국가들이 대한민국을 지지한 것으로 해석할 수 있는 대목이다. 여기에 실제 지원은 하지 못했지만, 지원 의사를 표명한 니카라과, 브라질, 볼리비아 3개국까지 포함하면 당시 대한민국을 지지한 나라는 63개국에 달해 국제적 의미는 더욱 커진다. 그 지원국 내용을 밝히면 아래 표와 같다.

6·25전쟁 지원국 현황

병력지원 16개국		미국, 영국, 터키, 캐나다, 호주, 프랑스, 그리스, 콜럼비아, 태국, 네덜란드, 에티오피아, 필리핀, 벨기에, 뉴질랜드, 남아프리카공화국, 룩셈부르크.
의료지원 5개국		노르웨이, 스웨덴, 인도, 덴마크, 이탈리아.
물자지원 39개국	이미 확인 20개국	라이베리아, 리히텐슈타인, 레바논, 멕시코, 베네수엘라, 아르헨티나, 아이슬란드, 이스라엘, 아이티, 에콰도르, 우루과이, 엘살바도르, 칠레, 쿠바, 코스타리카, 파나마, 파라과이, 파키스탄, 페루, 교황청.
	추가 19개국	과테말라, 도미니카, 독일(서독), 모나코, 버마(미얀마), 베트남, 오스트리아, 온두라스, 이란, 이집트, 인도네시아, 일본, 사우디아라비아, 스위스, 시리아, 자메이카, 헝가리, 캄보디아, 대만.
물자지원 의사 표명 3개국		브라질, 니카라과, 볼리비아

* 「국방일보」 김병륜기자의 "전쟁 당시 전 세계 다수 국가 한국지지"(「국방일보」, 2012. 5. 11.)를 인용함.

3. 신상철 장군과의 만남※

우리 세대는 6·25전쟁을 회고하게 되지만, 요즘의 젊은 세대는 그렇지 않은 것 같다. 예컨대 우리나라의 주요 월간지의 작년 6월호에는 6자회담 등으로 한반도의 군사정세가 어수선한데도 불구하고 6·25전쟁에 관한 논의는 자취를 감추고 말았다.

6·25전쟁은 3년 1개월에 걸쳐, 인적 피해(전사·부상, 민간인의 피살 및 행방불명 등)는 남·북한의 2,256,000여 명, 유엔군의 545,908명, 중공군의 972,600여 명, 소련군의 조종사 120여 명이었고, 전 국토는 철저히 황폐해졌으며, 온 민족은 헐벗고 굶주리는 세계 제일의 가난한 민족으로 전락했고, 남북 분단의 고정화, 상호간의 불신과 증오, 그리고 민족사상 최대의 비극을 초래했다. 뿐만 아니라 이 전쟁은 세계전쟁의 축소판이라 해도 과언이 아니며, 이런 비극을 가져온 데 대한 책임은 대단히 중대하다고 생각하며, 또한 결코 잊어서는 안 될 전쟁이다.

우리나라 사학계에도 알려진 미국 시카고 대학교의 브루스 커밍스 역사학 교수는 제1·2권의 저서, 『한국전쟁의 기원』(1981, 1990)을 발표했다. 그의 저서 제2권의 제18장은 「누가 한국전쟁을 시작했나」라는 제목이며, 거기의 결론은 "누가 한국전쟁을 시작했나? 이 의문에는 답할 수가 없다"고 주장했다. 그러나 최근의 저서, 『북한 : 별개의 나라(*North Korea : Another Country*)』(2004)에서는, "1991년 이후 공개된 소련의 문서를 연구한 전문가들은 스탈린이 일으킨 전쟁이었다.…이러한 시각視角에서 본다면 1950년 6월 25일을 전쟁 발발일로 단정해야 한다. 북조선은 이날, 남조선을 침략한 것은 확실하다"고 했다.

※ 이 글은 月刊『自由』 2007년 6월호에 게재된 것을 수정·보완함.

그는 6·25전쟁의 성격에 대하여 '내전'이라 주장했고, 북한은 '해방전쟁'이라 주장하고, 동국대학교의 강정구 교수는 이에 동조한 인물이다. 그러나 나는 이들의 주장이 허구虛構이며 동의할 수 없는데, 그 이유는 1950년 6월, 남·북한에는 ㉮ 현대전 수행에 필요한 무기·장비의 생산 능력, ㉯ 10만 명 이상의 병력을 동원하여 전쟁을 수행하기 위한 군사전략·작전계획의 수립가, ㉰ 1개 사단 이상의 병력을 지휘한 실전 경험자, 이 세 가지의 조건 부재不在 때문이고, 김일성은 스탈린의 '조건부 승인'과 마오쩌둥(毛澤東)의 '동의'를 얻어 6·25전쟁을 일으켰는데, 그것은 스탈린의 '대리전쟁'으로 나는 해석한다. 그리고 1966년 3월, 김일성은 평양을 방문한 일본 공산당의 미야모토 겐지(宮本顯治) 서기장에게 6·25전쟁에 관하여, "소련은 무기를 보내어 원조한다고 결정했다. 그러나 유상有償의 값비싼 무기였다.…조선전쟁(6·25전쟁)으로 돈벌이를 한 것은 소련이었다"고 실토했다.

전쟁 전에 신성모 국방장관은 한반도에서 전쟁이 일어나면, 우리 국군은 점심은 평양에서 먹고, 저녁밥은 신의주에서 먹는다고 호언장담을 했는데, 막상 1950년 6월 25일 북한 인민군이 새벽에 기습적 남침을 개시하자, 3일 만에 서울을 점령당해 버리고 남쪽으로 후퇴를 거듭했는데, 그 패인은 무엇인가, 이것이 지난 40여 년간의 숙제였다.

전쟁 초기에 국군 제1 사단을 지휘하여 인민군과 싸웠던 백선엽(1920~) 대장(예)은 그의 6·25전쟁 회고록 『군과 나』(1989)에서 다음과 같이 밝혔다.

> 전쟁 중 사단장, 군단장, 참모총장이라는 지휘관으로 항상 전선에 임했던 나로선 회한悔恨 또한 적지 않았다.
>
> 우리는 좀 더 잘 싸울 수 없었느냐는 반성이었다.
>
> 국군은 세 가지 큰 결점을 안은 채 전쟁을 맞았다. 첫째는 훈련 미숙, 둘째는 장비 부족, 셋째는 지휘능력 결함이었다.

나는 백선엽 장군의 견해에 전적으로 동의하지만, 한 가지 중대한 내용이 빠진 것이 아닌가 하는 의문을 가져왔다. 그래서 전쟁이 일어났을 때, 육군본부 인사국장을 역임했고 또 1954년 내가 공군사관학교를 졸업할 때, 교장이었던 신상철(1924~2005) 장군을 찾아뵙기로 했다. 그리하여 10여일 전에 편지로 약력과 일본에서 공저共著로 발간한 『〈전쟁론〉의 읽는 방법-클라우제비츠의 현대적 의의-』(東京 : 芙蓉出版, 2001)을 보내면서, 6·25전쟁의 체험담을 듣고 싶다는 방문 목적도 알리고, 2001년 11월 2일 자택을 방문했다.

먼저 신 장군의 약력을 소개하면, 1924년 공주에서 태어났고, 일본 육군사관학교 58기로 항공병과 소위로 임관하여 중위로 해방을 맞이했다. 1946년 2월 군사영어학교를 졸업하고 소위로 임관하여 제2 연대(대전) 창설에 참가했고, 1948년에 헌병사령관, 1949년 육본 정보국장, 1950년 제6 사단장, 그리고 1950년 6월 육본 인사국장, 8월 7사단장, 1951년에 공군으로 전과하여 공본 작전국장, 사관학교 교장 등을 역임했으며, 1960년 소장으로 제대하여 베트남 대사, 체신부 장관 및 스페인 대사 등을 지냈다.

신 장군과는 5시간에 걸친 면담이었으나, 그 가운데서 몇 가지만 소개하고자 한다.

1) 신 장군은 마음에 내키지 않았던 헌병사령관에 임명되었는데, 당시 남로당 좌익분자가 군대에 침투해 있었기 때문에 대단히 어려운 보직이었다. 당시 나이가 많았던 군악대장이 체포되어왔으나 사정을 듣고 구명해 주었으며, 특히 1949년 초에 박정희 소령(육본 작전교육국 과장, 5·16혁명 후 대통령)이 "내 앞에서 눈물을 흘리면서 '자술서'를 썼다"고 했다.

2) 신 장군은 6사단장으로 있다가 1950년 6월 10일부로 인사국장으로 육군본부에 왔고, 6월 24일 토요일 비상체제로 인하여 당직 총사령관으로 육본의 국장급(대령)이 서게 되었는데, 바로 그날 당직을 서게 되어 육군회관 개관식의 파티를 볼 수 있었고 또한 6·25전쟁 당일의 급박한 정세의 변화를 체험하였다고 했다. 그리고 27일 오후에 김포방면의 전황을 살피러 나갔다가, 28일 오전 2시 30분경에 한강 인도교가 폭파되었는데, 28일 새벽에 한강 인도교의 폭파된 현장을 직접 목격했다는 것이었다.

그래서 나는 "한강 인도교가 기술적으로 폭파가 되지 않았다면 당연히 최창식 공병감이 책임져야 할 문제이지만, 폭파 시간이 너무 빨랐다고 하는 문제는 전쟁의 전반적인 흐름을 아는 채병덕 총참모장이 결정할 문제라고 생각합니다"고 얘기하니 수긍하는 듯 했다. 그리고 1981년 10월 국방대학원에 재직시 해외시찰로 영국에 갔을 때, 당시 주영 한국대사관에서 강영훈(1922~2016) 대사와 만찬을 즐기다가 우연히 이 문제가 거론되었을 때, 강 대사(당시 대령, 육본 인사국장을 역임하고 도미 유학을 위해 대기 중)는 "채병덕 총참모장의 짚차 뒤에 앉아서 한강교를 지났는데, 채 총장은 아무런 신호도 하지 않았다"는 얘기를 하기에, "이미 그 전에 전화로 폭파 명령을 내린 것으로 압니다"는 얘기도 했다.

최창식 대령의 부인은 1961년 9월에 재심 청구서를 육군본부 보통군법회의에 제출하였고, 1964년 10월 23일 결심공판에서 최창식 대령에게 무죄가 선고되었다.

3) 신 장군은 1950년 8월 제7 사단장으로 영천·안강방면의 전투에 참전했는데, 이때가 6·25전쟁 승패의 분수령이었다. 전투가 끝나고 귀에서 피가 난다고 해서 살펴보니, 인민군 다발총이 스쳤는데 위기일발로 살아남았다는 얘기였다. 다음은 38선을 돌파하여 어느 부대가 먼저 평양에 입성했느냐 하는 문제가 제기되었는데, 제1 사단이 가장 먼저 입성했다는 것이 정설이

되었으나, 요즘 와서는 잠잠해졌다는 얘기였다. 그래서 그 후 조사해 보니, 사리원-황주-충화의 남쪽에서 평양으로 가는 통로에서는 미 제1 기병사단과 제1 사단이 경주를 했는데, 대동강 남쪽의 선교리 로터리에 제1 사단이 10월 19일 11시에 도착했고, 미 제1 기병사단은 40분 후에 도착했다. 제7 사단은 평양의 우측 우회공격을 예상보다 신속히 성공하여 18일 오후에 평양 중심가에 도착했다는 것을 알았다.

이때 신상철 제7 사단장은 나이가 26세였고, 백선엽 제1 사단장은 29세였다는 것을 감안했을 때, 그 분들의 지휘 통솔력과 용맹스러움은 놀라울 뿐이며, 만약 내가 그 나이에 그 자리에 선다면… 하고 생각하니 아찔한 생각이 들었다.

4) 1950년 6월 30일 채병덕(일본 육사 49기로 병기장교 소령 출신) 총참모장은 패전의 책임 때문에 정일권 소장에게 총참모장직을 물려주고 부산에 갔다. 7월 하순에 채병덕 소장은 실재實在 병력도 없는 영남 편성관구 사령관으로 임명되어 호남방면에서 진격해 오는 인민군을 방어하기 위해 하동으로 갔다가 7월 26일 하동 마루고개에서 전사하고 말았다. 그런데 이때 신상철 대령은 참모장으로 임명되어 부산에 내려가 오랜만에 친구들과 만나 술과 회를 먹고 복통이 일어나 병원에 입원하여 다음 날 하동으로 출발하여 마산에 도착하니 전사했다는 소식을 들었다는 얘기인데, 신상철 대령이 채병덕 소장의 참모장으로 임명되었다는 사실은 지금까지 문헌에서는 전연 보지 못했고 처음 듣는 얘기였다.

나는 신상철 대령이 참모장으로 임명되었다는 것을 알자, 오늘의 면담은 소기의 성과를 얻기가 어렵겠다는 직감이 들었다. 그런데 신 장군은 채병덕 총참모장에 대한 패전 책임이 너무 과하고, 요즘 복권운동이 일어나서 발간물도 나온다는 얘기를 해주었고, 나는 '기회는 왔구나' 하고 문희석 국방부 전사편찬위원장을 만난 얘기를 하면서 "2차 심야 파티 비용은 정국은

이 지불했다고 말했는데 신 교장님은 이 문제에 대해 아는 바가 없습니까?" 하고 질문하니 조금은 긴장된 얼굴로 변하면서 "모른다"는 대답이었다. "그 내용은 내가 죽고 난 다음에 발표한다는 것을 조건으로 하고…" 하면서 진실을 말해 줄 것을 기대했고, 이것이 방문한 목적의 핵심이었는데…. 그리고 정국은에 관한 얘기를 하면서 재판기록 열람을 신청한 결과, 재판기록이 없다는 것을 알고 허탈했다고 말했다(문희석 위원장과 정국은에 관한 내용은 이 책에 소개되어 있어서 생략함).

정국은에 관한 판결문 자료가 없다니 이것은 중대한 사건이 아닐 수 없다. 6·25전쟁 초기작전의 패인이 정국은의 재판기록에 담겨져 있을 터인데, 그 기록을 없애버리다니! 1954년 2월 이후의 육군 참모총장을 역임한 분 가운데는 이 사실을 아는 분이 있을 터인데… "진실을 말하라. 그러면 그 진실은 너희를 자유롭게 하리라"는 어느 철인哲人의 독백이 생각났고, 일찍이 프로이센의 전쟁 철학자 클라우제비츠(1780~1831)도 그의 명저 『전쟁론』(1832)에서 다음과 같이 주장했다.

> 내적 힘의 충동에 의하여 그러한 일(전쟁의 이론화 작업)을 지망하는 사람은 이 경건한 일에 대해 긴 성지순례聖地巡禮에 대한 마음가짐과 비슷한 준비를 해야 한다. 그는 많은 시간과 세월을 희생해야 하며 어떠한 노고도 두려워하지 않으며 그 시대의 권력과 권위를 두려워하지 않고 자기의 허영심과 수치를 극복하며, 프랑스 법전法典 표현을 빌면, **진실을, 진실만을, 완전한 진실만을 말하도록** 노력해야 한다.(제2편 제6장)

6·25전쟁이 끝난 지 반세기가 지난 오늘날에도 규명해야 할 사항이 많을 뿐만 아니라, 배워야 할 교훈이 많다는 것을 신상철 장군과의 대화를 통해 절실히 느꼈는데, 학문이란 결국 진실을 탐구하는 행위라 할 수 있다. 실사구시實事求是, 즉 공론이나 허위가 아니고 사실에 바탕을 두고 진리를 탐구해야 하며, 특히 역사의 연구란 과거의 진실을 기초로 하여 현재의 위상을 이해하고 미래의 방향을 제시하는 데 있다고 생각한다.

4. 폐허였던 한국 발전된 모습 놀랍다

「경북일보」 곽성일 편집부국장은 "폐허였던 한국 발전된 모습 놀랍다-태국 참전용사, 6·25전쟁 60주년 국가보훈처 초청 경주 방문"(2010. 4. 1.)이라는 기사를 통해 아래와 같이 소개했다.

> "6·25전쟁 당시 한국은 가난하고 전쟁으로 폐허가 되었는데 시내 곳곳에 큰 건물이 들어서 있는 등 발전 모습에 놀랐습니다."
>
> 국가보훈처의 초청으로 31일 경주를 찾은 6·25전쟁 태국 참전용사 싼스리븐(87) 씨는 "아파트 등 큰 건물이 많은 한국의 발전한 모습을 직접 보고 놀랐다"면서 "한국이 이처럼 참전 용사들을 잊지 않고 다시 방문할 수 있도록 해줘 감사하게 생각한다"고 말했다.
>
> 싼스리븐 씨는 또 "한국이 태국군의 활약을 기억하고 있어 고맙다"면서 "태국군 참전비에 나의 이름이 새겨져 있다"고 뿌듯해 했다. 그는 태국 참전 용사들이 한국을 다시 방문하기를 원한다며 국가보훈처의 초청에 연방 고마움을 표시했다.
>
> 함께 방한한 통그랏 유푼(80) 씨는 "전쟁 당시 한국인들이 막사 청소와 빨래를 해주고 김치도 담가줬으며 서로를 돕고 지냈다"면서 전쟁의 참상보다는 따뜻한 한국인의 정을 먼저 기억했다. 그는 또 "한국은 우리와 문화, 생각이 비슷해 전쟁 당시 한국 사람을 좋아했다"면서 "부대에서 전쟁고아를 키우며 함께 생활했는데 몇 년 전에 돌아가셨다는 이야기를 들었다"고 안타까워하기도 했다.
>
> 1950년 말 보병으로 파병돼 1년 정도 치열한 전투에 참여한 그는 "태국군은 당시 중공군에 맞서 의정부, 포천, 연천, 대구, 부산을 오가며 맨 선두에서 전투를 치렀다"면서 "태국군 중 평양에 맨 처음 입성한 군인 중의 1명이었다"고 자랑스러워 했다. 그는 이어 "김화지구 전투에서 태국군이 3번이나 승리했는데 미군이라도 이길 수 없었을 것"이라며 "용맹함 때문

에 작은 호랑이로 불린 태국군이 아니었으면 그 전투에서 승리할 수 없었을 것"이라며 강한 자부심을 나타내기로 했다.

이날 오후 경주보훈지청을 찾은 태국 참전용사들은 80세가 넘었지만 모두 건강한 모습이었다. 이들은 이날 김해공항을 통해 입국해 부산 UN기념공원을 참배한 뒤 경주 보훈지청을 방문했다. 방한 이튿날에는 한국과 태국의 불교문화포럼과 전쟁 당시 산화한 태국군 전우 129명의 영혼을 위로하기 위해 개최하는 영산재에 참석한다.

국가보훈처는 올해 6·25전쟁 60주년을 기념해 당시 UN군으로 참전한 태국 참전용사들을 초청했으며 5월과 10월 30명씩 추가로 초청할 계획이다.

5. 공산치하의 3개월, 지하생활의 시련※

-죽음을 면한 여류시인의 증언-

시인 모윤숙(1910~1990)

가. 독약 세 알

6월 27일 밤, 나는 국방부 정훈국의 보도과장 김현수 대령과 함께 정동貞洞에 있는 KBS방송국에서 방송을 하고 있었다. 김 대령은 "맥아더 사령부가 내일 28일 서울에 설치되기 때문에 시민들은 동요하지 말고 안심하세요.…"라는 취지의 방송을 했다. 나는 「국군이여, 용감히 싸우라!」라는 애국시를 낭독했다. 이 방송을 들은 많은 시민들은 그것 때문에 정세 판단을 잘못하여 피란하지도 못하고 괴로움의 구렁텅이에 빠졌다.

아무튼, 그날의 한밤중에 방송국 밖에서 지금까지 듣지 못한 총성이 났다. 그 총성이 점점 심해지자 김 대령은, "모 선생, 먼저 이곳을 피해주십시

※ 일본 도쿄(東京)의 「実業の世界史(실업의 세계사)」에서 한국특집으로 발간한 『韓半島の戦争と平和(한반도의 전쟁과 평화)』(1975)에 발표된 모윤숙 시인의 글을 초역抄譯했으며, 일부만 소개된 「국군은 죽어서 말한다」를 마지막에 전문을 첨부했다.

오.”라고 말하면서 백색의 여섯 개 약을 보여주었다. 그리고 “적에게 잡혔을 때, 이 약 세 알만 먹으면 괴로움 없이 죽습니다”고 설명하고, 나에게 세 알을 나누어주었다. 그것을 안 호주머니에 넣고, 머리카락을 헝클어뜨려 끈으로 묶어 변장하여 방송국 밖에 나가니, 이미 그때 광화문 거리에는 적군의 전차가 굴러왔다. 나는 좁은 길을 거쳐 회원동에 있는 집을 향해 달렸다. 집에 도착해보니, 이미 공산군이 휘젓고 간 후였다. 다발총으로 난사한 듯, 대청마루에는 많은 탄피가 굴러다녔다. 외동딸 경선(炅仙, 당시 13세)은 물건 두는 곳에 숨어있었다. 나는 ‘죽음의 신神이 따라 왔구나 하는 생각이 들었다.’

나. 김일성

나중에 들은 얘기지만, 김일성은 “남한에 가면 네 명의 여인을 반드시 잡아오라”고 특명을 내렸다는 것이다. 즉 임영신, 김활란, 박순천 그리고 나였다. 6·25의 전년前年에 북한은 3명의 자객刺客을 밀파하여 나에 대한 암살을 시도했다. 그 후 경찰에서는 짚차에 운전수와 한 사람의 경호원을 파견해주었다.

공산당에게 내가 그들의 원수인 이유는, 건국하기 전에 내가 유엔 한국위원단 의장인 K. P. S 메논(인도 대표)을 이승만 박사 측에 끌어당기는 역할과 조병옥 박사와 함께 1947년 파리에서의 유엔총회에서 한국 정부를 승인하는 일을 수행했기 때문이었다. 메논 의장은 처음에 김규식 박사를 한국의 지도자로 추대했었다. 그런 이유로 인민군에 잡히면 나는 곧 죽음을 당하는 것은 명백했다. 나의 경호원은 벌써 도망쳐 버렸다.

28일 새벽 4시경, 7통의 편지와 현금 3천 원 그리고 김 대령으로부터 얻은 세 알의 극약을 호주머니에 넣고, 손목에는 메논 의장이 기념으로 준 금시계를 차고 남산 쪽으로 올라갔다. 변장까지 했던 나는 남산을 넘어 신촌에 있는 김활란 박사댁으로 가는 도중 너무나 괴상한 광경을 맞이했다.

오토바이를 탄 북한 인민군의 대열이 깃발을 흔들며 의기양양하게 행진하는가 하면, 언제 준비를 했는지 손에 붉은 깃발을 가진 시민들이 도로를 꽉 메우고 있었다. 어제까지는 태극기 밑에서 살았던 대한민국의 시민이었던 그들이 하룻밤 사이에 이처럼 표변하여 북한 만세를 부르짖다니.…나는 앞길이 캄캄함을 느꼈다. 또 서울역 방면에서는 약 200명의 국군포로가 학살되었다.

다. 눈물에 목이 메이다

김 노인의 집에서 나가야만 하는 진퇴양난에 빠졌을 때, 시골에서 왔다는 신(申) 노인이 자기네 집으로 가자고 권유했다. 그곳은 (경기도)광주廣州의 산골이라 했다. 나는 딸만 데리고 신 노인을 따라갔으며, 그것은 7월 중순의 새벽이었다. 동대문의 돌벽에는 스탈린과 김일성의 초상화가 크게 걸려 있었고, 시내에서는 '자수하라'는 선전문을 여러 곳에서 볼 수 있었다.

새벽인데도 스피커가 요란하게 소리를 질렀는데, "부산을 제외하고는 모두 점령되어 이승만은 죽었다. 어제 박순천과 장택상도 자수했다"는 뉴스가 들려왔다. 그 순간에 나는 "아! 대한민국은 망했는가! 나도 자수하는 것이 내 몸을 위하는 것이 아닐까?…" 하고 생각했다. 그러나 "안돼! 그것만은 할 수 없어. 피할 수 있는 데까지 피해야지." 하고 결심을 굳혔다. 그들의 방송은 '허위'라는 것을 후일에는 알았지만, 자칫하면 죽을뻔 했다. 피로한 다리로 지금의 워커힐 호텔 앞마을 화양동의 어느 집에서 점심식사를 얻어먹었다. 너무 친절하여 이곳 사람들을 좋아해서, 휴전 후 지금까지 화양동에서 살고 있다.

신 노인은 걸어가면서, "내가 보기에는, 아주머니는 이승만 대통령 쪽인 것 같소. 나는 가난한 농부이지만, 농민을 부유하게 만들어 준다는 공산당의 말은 믿지 않습니다." 하고 말했다. 그리고 "딸과 함께 있으면 타인의 눈에 돋보이니, 마음먹고 어디로 보내는 편이 두 사람의 안전을 위해 좋다"고 말했다. 딸에게 "청량리의 아는 친구 집에 가 있어." 하고 말했다. 모녀는 부등켜 안고 언제까지나 울었다.

라. 내무성의 개(犬, dog)

광주의 산속, 내가 사는 벽지에도 어느 날 밤 인민군이 나타나 가택수색이 시작되었다. 나는 말린 풀 속에 숨겨준 덕택으로 목숨을 건졌다. 다음날 밤에도 수색하러 왔지만, 이번에는 물 항아리 속에 숨어 살았다. 인민군은 전날 밤 내가 숨었던 말린 풀 속을 총검으로 찔러 사람의 유무를 확인했다는 것이다. 신 노인은, "이제 여기도 안전하지 못하니, 산 너머 조카네 집에 숨어있으시오" 하면서 안내해 주었다. 거기서 나는 도토리 등을 먹으면서 소 마구간에서 일주일을 보냈다.

다시 신 노인의 집에 돌아와 보니 의외로 운전수였던 '김(金)'이 기다리고 있었다. 그는 "대한민국은 망했어! 당신의 친구들도 자수했어요. 체념하고 내무성에 갑시다" 하고 협박하기에 "자수는 하지 않는다"고 거부했더니, 나를 논바닥에 던져 구타하고 발길질하면서 보복했다. 신 노인이 달려와서 "공산당원도 인간인데 이런 심한 짓을 해도 되는가?" 하면서 큰 소리로 꾸짖었다. 운전수 김은 그곳에서 몸을 구부려, "나는 내무성의 개(犬)가 되었으니 어쩔 수 없다"고 말했다.

나는 넘어진 그대로 죽은 듯이 하고 있었다. 그랬더니 '김'은 "내무서원을 데리고 오겠다"고 말하고 산을 내려갔다. 그때 나는 그곳을 피하여 죽을 힘을 내어 달리기 시작했다. 겨우 남한산의 계곡에 도착했을 때는 피로에 지쳐 있었다. 이때부터 짐승과 같은 생활이 시작되었다. 닥치는 대로 풀뿌리나 나무껍질을 먹어서 얼굴이 부어올랐다. '배고픔'만큼 괴로움이 없다는 것을 통감했다. 이제 마지막이 왔다고 생각한 나는 숨겨 가지고 있었던 극약劇藥을 꺼내 보니 땀에 젖어 가루가 되어 있었다. 그때 마침 얼굴 전체에 수염이 나고 헝클어진 옷을 입은 한 남자가 지나면서 "지금 곧 국군이 입성해요!" 하고 혼잣말로 지껄였다. 그 사람도 나를 미친 사람으로 생각한 모양이었다. 이렇게 산중을 헤매다가 소중하게 간직했던 춘원 선생의 편지를 잃어버렸다. 기아와 고독 그리고 밤의 추움 속에 죽어가는 몸이면서, 보고싶은 사람들과 만나고 싶은 괴로움과 외로움은 계속됐다. 북한에 납치된다면 어떻게 할 것인가?…그리고 청량리에 간 딸은 어떻게 있는 것일까?

마. 산속에 죽은 소위少尉

다음 날 산을 넘었을 때, 국군 소위의 계급장을 달고 있는 젊은 장교가 가슴에 피를 흘리면서 죽어있었다. 아직 변색하지 않은 맑은 눈(目)은 하늘 저쪽을 바라보며 무엇인가 말하고 싶은 듯이 보였다. 나는 무엇인가에 충격을 받은 것처럼 시詩를 읊었다.

산 옆 외따른 골짜기에
혼자 누워 있는 국군을 본다.
아무 말 아무 움직임 없이
하늘을 향해 눈을 감은 국군을 본다.

누런 유니폼, 햇빛에 반짝이는 어깨의 표지
그대는 자랑스런 대한민국의 소위였구나.
가슴에서 아직도 더운 피가 뿜어 나온다…

후략後略

(-이 시의 제목은 「국군은 죽어서 말한다」이며, 중학교 교과서에도 실려, 6·25의 기념행사가 있을 때마다 방송을 통해 읊었다.- 역자譯者인 저자著者는 이 시를 좋아하기에 전체의 시를 이 글 마지막에 소개한다.)

바. 극약을 마시다

나는 다음 산을 넘었을 때, 한복 바지와 저고리를 입고 변장한 20대 정도의 북한 인민군 3명과 만났다. 총을 거꾸로 어깨에 메고 있는 그들과 3일 밤을 산속에서 보냈다. 그들은 모두 함경도의 단천端川 출신이었다. 그 가운데 한 사람은 "김일성에게 속았다!", "그런데 국군을 죽인 나는 죽어야 한다." 고 말했다. 주의主義나 사상 어느 편에도 속하지 않는 순수한 인간의 입장으로서-대한민국의 남자로서 서로 따듯한 인정이 교차하는 것을 느꼈다. 그들과 이별한 후, 곧 양쪽의 산에서 총성이 들려오기 시작했다. 게릴라의 산발적인 전투 정도로 생각했는데, 실은 유엔군이 이미 인천상륙을 끝냈다는 것을 나중에야 알았다.

이때 나는 인민군의 가까운 곳에 위치하고 있었다. 이제 몸과 마음도 지쳐 있었던 나는 죽음만이 가장 편안하다고 생각했다. 딸은 어떻게라도 살아갈 것으로 체념한 나는 극약을 삼켰다. 그리하여 의식을 잃었고, 얼마간의 시간이 지나 누군가가 가볍게 차면서 "간첩 같다"고 하는 말을 듣고 놀라면서 눈을 뜨고 의식이 돌아왔다.

나는 일어나 보니 미국 군인이기에 "아니다, 아니다." 하고 부르짖었다. 독약이 땀으로 뭉겨져 효력이 약해져 살아난 것이었다. 미국 군인과 함께 온 '오(吳)'라는 한국군 소령이 나를 17연대의 백인엽 대령에게로 데려다주었다. 얼마 후 "모윤숙이 살아 있다"는 보고가 정일권 참모총장과 이승만 대통령에게 보고되었다. 지시에 따라 수원으로 가서 백인엽 대령을 만나 그와 함께 서울로 돌아왔다.

서울에서 며칠 후, 아마도 9월 30일로 생각되지만, 경무대로 가서 이 박사를 만났다.…이 박사는 신성모 국방장관을 불러 "윤숙의 딸을 찾아주시오. 전국에 수배해서라도…"

10월 초순 철원 가까운 시골에서 딸 경선을 수색하던 군인이 찾아 데리고 와서 모녀가 2개월 만에 만나게 되었다.♣

國軍은 죽어서 말한다

모윤숙

―나는 廣州 山谷을 헤매다가
문득 혼자 죽어 넘어진 국군을 만났다―

산 옆 외따른 골짜기에
혼자 누워 있는 국군을 본다.
아무 말, 아무 움직임 없이
하늘을 향해 눈을 감은 국군을 본다.

누런 유니폼, 햇빛에 반짝이는 어깨의 표지
그대는 자랑스런 대한민국의 소위였구나.
가슴에선 아직도 더운 피가 뿜어 나온다.
장미 냄새보다 더 짙은 피의 향기여!
엎드려 그 젊은 죽음을 통곡하며
듣노라! 그대가 주고 간 마지막 말을…

나는 죽었노라. 스물다섯 젊은 나이에
대한민국의 아들로 숨을 마치었노라.
질식하는 구름과 원수가
밀려오는 조국의 산맥을 지키다가
드디어 드디어 숨지었노라.

내 손에는 범치 못할 총자루,
내 머리엔
깨지지 않을 철모가 씌워져
원수와 싸우기에 한 번도 비겁하지 않았노라.
그보다도 내 피 속엔 더 강한 대한의 혼이
소리쳐 달리었노라.
산과 골짜기, 무덤과 가시 숲을

이 순신 같이, 나폴레옹 같이, 시이저 같이
조국의 위험을 막기 위해 밤낮으로 앞으로 앞으로
진격! 진격!
원수를 밀어가며 싸웠노라.
나는 더 가고 싶었노라. 저 원수의 하늘까지
밀어서 밀어서 폭풍우같이 머나먼 적진까지
밀어가고 싶었노라.

내게는 어머니, 아버지, 귀여운 동생들도 있노라.
어여삐 사랑하는 소녀도 있었노라.
내 청춘은 봉오리지어 가까운 내 사람들과
이 땅에 피어 살고 싶었었나니
아름다운 저 하늘에 무수히 나는
내 나라의 새들과 함께
자라고 노래하고 싶었노라.
그래서 더 용감히 싸웠노라.
그러다가 죽었노라.
아무도 나의 죽음을 아는 이는 없으리라.
그러나, 나의 조국 나의 사랑이여!
숨지어 넘어진 이 얼굴의 땀방울을
지나가는 미풍이 이처럼 다정하게 씻어주고
저 하늘의 푸른 별들이 밤새 내 외롬을 위안해 주지 않는가!

나는 조국의 군복을 입은 채
골짜기 풀숲에 유쾌히 쉬노라.
이제 나는 잠시 피곤한 몸을 쉬이고
저 하늘에 날으는 바람을 마시게 되었노라.
나는 자랑스런 내 어머니 조국을 위해 싸웠고
내 조국을 위해 또한 영광스레 숨지었노니
여기 내 몸 누운 곳 이름 모를 골짜기에

밤이슬 내리는 풀숲에 아무도 모르게 우는
나이팅게일의 영원한 짝이 되었노라.

바람이여!
저 이름 모를 새들이여!
그대들이 지나는 어느 길 위에서나
고생하는 내 나라의 동포를 만나거든
부디 일러다오,
나를 위해 울지 말고 조국을 위해 울어달라고.
저 가볍게 날으는 봄나라 새여!
혹시 네가 날으는 어느 창가에서
내 사랑하는 소녀를 만나거든
나를 그리워 울지 말고 거룩한 조국을 위해
울어 달라 일러다오.
조국이여! 동포여! 내 사랑하는 소녀여!
나는 그대들의 행복을 위해 간다.
내가 못 이룬 소원 물리치지 못한 원수
나를 위해, 내 청춘을 위해 물리쳐 다오.
물러감은 비겁하다. 항복보다 노예보다 비겁하다.
둘러싼 군사가 다 물러가도 대한민국 국군아!
너만은 이 땅에서 싸워야 이긴다,
이 땅에서 죽어야 한다.
한 번 버린 조국은 다시 오지 않으리라,
다시 오지 않으리라.
보라, 폭풍이 온다. 대한민국이여!
이리와 사자 떼가 강과 산을 넘는다.
내 사랑하는 형과 아우는 시베리아 먼 길에
유랑을 떠난다.
운명이라 이 슬픔을 모른 체 하려는가.

아니다, 운명이 아니다.
아니, 운명이라도 좋다.
우리는 운명보다 강하다! 강하다!
이 원수의 운명을 파괴하라, 내 친구여!
그 억센 팔 다리, 그 붉은 단군의 피와 혼,
싸울 곳에 주저 말고 죽을 곳에 죽어서
숨지려는 조국의 생명을 불러일으켜라.

조국을 위해선 이 몸이 숨길 무덤도, 내 시체를
담을 작은 관도 사양하노라.
오래지 않아 거친 바람이 내 몸을 쓸어가고
저 땅의 벌레들이 내 몸을 즐겨 뜯어 가도
나는 유쾌히 이들과 함께 벗이 되어
행복해질 조국을 기다리며
이 골짜기 내 나라 땅에 한 줌 흙이 되기 소원이노라.

산 옆 외따른 골짜기에
혼자 누운 국군을 본다.
아무 말, 아무 움직임 없이
하늘을 향해 눈을 감은 국군을 본다.

누런 유니폼, 햇빛에 반짝이는 어깨의 표지
그대는 자랑스런 대한민국의 소위였구나.
가슴에선 아직 더운 피가 뿜어 나온다.
장미 냄새보다 더 짙은 피의 향기여!
엎드려 그 젊은 죽음을 통곡하며
나는 듣노라, 그대가 주고 간 마지막 말을.

-1950년 8월 그믐 廣州 山谷에서-

V

6·25전쟁에 대한 특강

-제2차 대전 중 나는 전쟁을 혐오해 왔다.…전쟁의 연구를 전혀 하지 않았기 때문에 오히려 자책의 생각에 빠졌다.-

레이몽 아롱(Raymond Aron, 1905~1983)

국방대학원에 재직하고 있었던 1981년 8월 서울대학교 학군단장 K준장이 "서울대학교 내의 조교수·전임 강사들에게 예비군 훈련을 해야 하는데 그렇다고 제식훈련을 할 수 없으니 특별강의를 3시간 해줄 수 있습니까?" 하고 묻기에, "6·25전쟁에 관해 할 수 있소." 했다. 그동안 「초기 한국전쟁의 전사적 연구」(1968)로 역사학 석사논문도 집필했고, 또 『한국전쟁사』(1969)의 저서도 출간했기에 가벼운 마음으로 응했다.

그러나 가만히 생각하니 한국사회의 최고 지성인인 젊은 교수들에게 무엇을 이야기할 것인가 약간 고민도 했지만 특강 목표를 정했다. 즉 젊은 교수들에게 '전쟁이란 무엇인가'를 인식시키고, 전쟁을 기피·증오의 대상이 아니라, 깊이 연구하고 대비해야 한다는 인식을 갖도록 한다는 것이다. 예컨대 중국 춘추시대의 대철학자 공자(孔子, B.C. 551~479)는 말하기를, "글과 지식이 있는 사람은 반드시 군사를 갖추고 있어야 한다"(有文事, 必有武備)고 말했다. 이것은 한 나라의 지도자는 문무겸전文武兼全이어야 한다는 주장인데,

조선왕조는 문文을 숭상하고 무武를 멸시했기에 그 후 한민족은 일제日帝의 식민지로 전락하여 고난과 멸시를 당해 왔다고 생각한다.

프랑스의 저명한 사회학자 레이몽 아롱(Raymond Aron, 1905~1983) 교수는 그의 저서, 『전쟁을 생각한다-클라우제비츠와 현대의 전략-』(1978)의 일본어 번역본의 머리말에서 다음과 같은 견해를 밝혔다. 즉 "제2차 대전 중, 나는 언제나 전쟁을 혐오해 왔기 때문에, 오히려 나 자신을 비롯하여 대학 지식인 모두가 국제관계, 특히 전쟁의 연구를 전혀 하지 않았기 때문에 오히려 깊은 자책自責의 생각에 빠졌다. 우리들이 무서운 전쟁의 와중에 있을 때, 나는 지식인과 모든 교수들이 역사를 통하여 중대한 역할을 수행한 사회문제의 연구를 소홀히 했다는 것을 부끄러운 일이라 생각했다."

필자는 8월 20일 자동차를 몰고 관악산 아래의 서울대학교에 도착하여 강당에 안내되어 가보니, 100여 명 정도의 청강인이 강당을 꽉 메우고 있었다. 특강의 요지는 아래와 같다.

본인은 중학생 시절 감명 깊게 읽은 책을 소개하면, 폴란드 출신의 프랑스 여류 화학자요 노벨화학상을 수상한 퀴리(Curie, 1867~1934)에 대해 그녀의 딸이 저술한 『퀴리 부인전』인데, 나도 위대한 화학자(chemist)가 되겠다고 생각했다. 그러나 1950년 6·25전쟁이 일어나자 공군사관학교에 입교하여 1954년에 공군소위로 임관했다. 어렸을 때부터 군인은 군국주의자요, 생도시절에는 사람을 죽이는 총검술, 소대 전투, 무기체계 등의 교육만 받았기에 직업군인이 되어서도 한동안 업무수행에 회의를 품고 있었다. 사관학교 생도시절 군사고전인 『손자병법』(B.C. 513?)이나 클라우제비츠의 『전쟁론』(1832)을 전연 배우지 못했는데, 당시 한국에 군사고전을 가르칠 수 있는 군사전문가가 없었다. 그런데 중위시절에 『손자병법』의 첫 구절을 읽고 놀랐다. 즉,

> 전쟁은 국가의 중대한 일이다. 국민의 생사生死와 국가의 존망存亡이 기로에 서게 되는 것이니, 신중히 검토하지 않으면 안 된다.

고 하였다. 이 첫 구절은 박진감 넘치게 내 가슴을 쳐서 전쟁은 평생 연구할 만한 과제임을 깨닫게 했고, 또한 20여 년간 연구하게끔 만들었다. 한편 클라우제비츠의 『전쟁론』은 전쟁을 간략하게 논의했다.

> 우리들은 지금 전쟁의 정의定義에 대하여 어색하고 복잡한 의논을 하려고 하지 않고, 전쟁을 구성하고 있는 기본 요소, 즉 두 사람 사이에서 벌어지는 결투를 생각하려 한다. 전쟁이란 결투가 확대된 것에 지나지 않는다.…요컨대 이 결투자는 어느 편이나 물리적 힘을 사용해서 나의 의지를 상대편에 강요하려고 한다. 그의 당면한 목표는 상대편을 완전히 타도하여 더 이상 저항을 불가능케 하는 데 있다.
>
> 따라서 전쟁이란 적을 굴복시켜 자기의 의지를 강요하기 위해 사용되는 일종의 폭력 행위이다.…전쟁이란 다른 수단을 가지고 하는 정책의 계속에 지나지 않는다.

학문을 연구함에 있어서 그 방법론(methodology)의 중요성을 강조하는 바이다. 특히 연구 대상이 지나간 과거 전쟁의 경우, 연구방법은 군사사학(military history)에 바탕을 두어야 합리적이고 타당한 결론에 도달한다고 생각한다. 군사사학이란 군사이론(military theory)과 역사학(history)이 결합된 학문이며, 군사이론이란 전쟁을 효율적으로 수행하기 위해서는 평시에 어떻게 군사력을 건설하고 건설된 군사력을 전시에 어떻게 운용할 것인가를 통일적으로 파악하여 귀납적으로 법칙을 이끌어 내는 논리적 지식체계를 뜻하며, 군사이론의 가장 훌륭한 교재는 『손자병법』과 클라우제비츠의 『전쟁론』임을 강조해두며, 역사학에 관해서는 생략하기로 한다.

6·25전쟁 원인 연구의 가장 중요한 첫째 과제는, '6·25전쟁의 방아쇠는 누가 당겼나?'이다. 1950년 6월 25일부터 1953년 7월 27일까지 3년 1개월 동

안 한반도에서 치열한 동족상잔의 전쟁을 치렀는데 한국 측에는 16개국, 북한 측에는 중공과 소련이 가담했으니 축소된 제3차 세계대전이라 해도 지나친 말은 아니리라. 이 전쟁에서의 남·북한의 인적 피해(전사, 부상, 민간인의 피살, 해방불명 등)는 정확한 통계 숫자는 나오기 어렵지만, 남·북한의 2,256,000여 명, 중공군의 972,600여 명, 유엔군의 545,908명이라 했다. 전쟁으로 인해 한반도는 폐허로 변했고, 한민족은 세계에서 가장 가난한 국민으로 전락했다. 따라서 이 전쟁을 누가 일으켰나를 밝힌다는 것은 대단히 중요하며,

- •미국과 소련의 한반도에 대한 군사정책과(생략)
- •남·북한의 군사력 비교와 배치를 알아야 할 것이다.

1950년 5월 정세의 긴박함에 비추어 육군본부 작전국장 강문봉 대령은 「긴급건의서」를 작성하여 국회에 제출했는데 아래와 같다.

(1) 병력 : 북한 인민군의 병력은 184,000명으로 추정되고, 한국군은 100,000명, 국립경찰관 약 40,000명이다.

(2) 장비 : 각종 포에 있어서 북한의 609문에 대해 한국군은 91문이고, 인민군 전차·장갑차는 272대에 대해 한국군은 장갑차 29대이고, 인민군의 항공기는 168대이고, 한국군은 모두 비무장의 연습기 10여 대이다.

(3) 교육·훈련정도 : 북한 인민군은 창설 이래 내부적 변동 없이 교육·훈련에 치중하여 일선과 후방을 교대 전투력 향상을 도모했다. 그러나 한국은 그동안 여수·순천 반란사건 등으로 장기적인 토벌작전으로 병력의 소모와 교육·훈련에도 불충분했다.

이상의 보고서 내용은 1950년 6월 25일을 기준으로 해서 비교해도 별로 차이가 없었으나, 병력의 배치상황은 전연 달랐다. 즉 인민군은 1950년 6월 11일 「대기동 연습」의 실시를 발령함으로써 후방의 전투사단을 작전계획

에 의거 6월 23일까지 38선 일대에 배치시켰다.

(1) 개성 및 문산 방면 : 한국군 제1사단(병력 10,161명)에 대해 인민군은 제 1·6사단(병력 21,000명), 전차 40대.

(2) 의정부 방면 : 한국군 제7사단(2개 연대뿐)에 대해 인민군은 제3·4사단으로 병력 34,000명이고, 제105기갑여단 T-34전차 150대로 구성. 인민군의 주공主攻방향임.

(3) 춘천 방면 : 한국군 제6사단(병력 9,388명)에 대해 인민군은 제2·7사단과 모터사이클 부대가 배속되어 있었다.

(4) 강릉 방면 : 한국군 제8사단(2개 연대 6,900명)에 대해 인민군 제5사단(병력 22,000명)을 배치.

(5) 한국군은 서울에 수도사단, 대전에 제2사단, 광주에 제5사단, 대구에 제3사단을 배치하고 있었다.

첫째 과제는, 일본어로 발간된 북한의 조선인민공화국 과학원 역사연구소 편찬 『조선인민의 정의의 조국해방 전쟁사』(1961)에 의하면, 반격·공격 표시만 하고 부대 배치는 전연 표시가 없는데 그 이유는 무엇인가? 이것은 군사이론의 관점에서 본다면, 공격을 취하고자 하면 후방의 병력을 전방의 공격방향에 2배 이상 배치하고, 특히 주공主攻 방면에는 증강된 정예부대와 우수한 무기와 장비를 배치한다는 것은 상식에 속한다. 만약 북한이 지도에 부대배치 상황을 기록한다면, 한국군이 공격해 옴으로써 반격했다는 북한의 주장은 허위에 불과하기 때문에 지도에 부대명을 표기하지 못했으리라. 이것이 바로 군사이론에 입각한 분석·평가이다.

둘째 과제는, 6·25전쟁 초기작전에서 3일 만에 수도 서울을 점령당하고 또한 한국군은 패배당하고 말았는데, 그 원인은 무엇일까? 공군사관학교 군사학 교관으로 재직하면서 생도들에게 6·25전쟁사를 가르쳤지만 의문을 풀지 못하면서 가르쳤다. 그래서 1968년 10월, 국방부 전사편찬위원회의 문희석(해병대 준장 출신) 위원장을 찾아가서 공군사관학교 교수부 군사학 과장임을 밝히고, 채병덕 총참모장의 모순된 여러 조치사항을 질문했다.

① 방어진지의 건설 건의를 묵살한 것.
② 6월 10일에 군 수뇌·사단장들의 인사이동의 실시.
③ 계속되었던 비상경계가 6월 24일 해제되고, 24·25일 주말의 외출·외박을 실시.
④ 개전 1개월 전 각 연대의 4문의 대전차포를 수리한다는 명목으로 회수한 것.
⑤ 6월 24일·25일의 심야 파티인데 아무리 연구해도 이해가 가지 않습니다.

고 말하고 문 위원장을 바라보았더니, 그분도 나를 바라보면서 말문을 열었다. "2차 심야 파티는 국일관에서 25일 오전 2시까지 진행되었으며, 그 비용은 정국은(鄭國殷)이 지불했소."라고 말했다. 그래서 나는 "기록으로 남겨 주십시오"라고 말했다.

정국은은 당시 연합신문 주필이었지만, 북한의 간첩으로 1953년 8월 31일 육군 특무대에 의해 체포되었고, 동년 12월 5일 육군 고등군법회의에 회부되어 사형언도를 받아 1954년 2월 19일 사형이 집행되었다.

한국군의 초기작전의 패인은 다음과 같다.

1) 육군 총참모장 채병덕 소장의 임명

『손자병법』에 의하면 "전쟁의 본질과 수행방법을 잘 아는 장수는 국민의 생명을 맡은 사람이요, 또 국가의 안위를 좌우하는 주인공이다"고 했다. 임진왜란(1592~1598) 때, 동일한 조선수군을 이순신이 지휘해서 싸울 때는 언제나 승리했으나, 원균이 지휘하자 칠천량 해전(1597. 7. 15.)에서 완패당하고 말았는데, 전장에서의 전투의 승패는 최고 지휘관의 리더십에 의해 결정된다는 것은 군사상식에 속한다.

채병덕(1915~1950) 소장은 1937년 일본 육군사관학교를 졸업했고, 1943년 인천 육군조병창 부평공장장으로 있으면서 해방(1945. 8.)을 맞이했다. 1945년 12월 군사영어학교에 입교하여 1946년 1월 국방경비대 대위로 임관했고, 1949년 5월 제2대 육군 총참모장에 임명되었으나, '남북 교역사건'으로 파면당했지만 1950년 4월 10일 제4대 총참모장에 재임명되었는데, 그는 부대지휘를 통한 실전경험이 전연 없었다. 6·25전쟁 초기작전 때, 제2 사단장을 역임한 이형근 장군은 채 총장에게 "사관생도보다 못한 전술 능력으로 병력만을 무모하게 소비시키려 드는 그런 작전 명령을 따를 수 없소.…"라고 했다고 한다. 거기다가 채 총참모장이 전쟁 직전의 6가지 모순된 조치사항과 6월 25일 오전 2시까지 국일관에서 군 수뇌부들의 파티를 했는데, 간첩인 정국은이 술값을 지불했고, 총장의 전속부관 나최광 중위는 한국군 군적軍籍에도 없는 자였으니, 추정한다면 채 총장은 북한의 간첩에 사로잡혀 패배는 어쩔 수 없는 결과가 아니었을까?

2) 사단장 이하 각급 지휘관의 지휘능력의 결함

3) 무기와 장비의 열세

4) 병사들의 전투훈련의 미숙 등이다.

여러분들은 6·25전쟁사 뿐만 아니라, 과거의 전쟁사를 연구하려면 반드시 역사학과 군사이론, 즉 군사고전인 『손자병법』과 클라우제비츠의 『전쟁론』을 연구해두어야만 전쟁의 분석·해석 그리고 평가를 바르게 할 수 있다는 것을 명심하기 바란다.

군사고전인 두 저서가 오늘날까지 생명을 유지하고 인용되고 있는 이유는 철학에 바탕을 두고 있기 때문이다. 손무(孫武)의 『손자병법』은 노자(老子)의 도가사상道家思想에 바탕을 두고 있으며, 클라우제비츠의 『전쟁론』은 칸트(Kant, 1724~1804)에서 헤겔(Hegel, 1770~1831)에 이르는 독일관념론 철학에 바탕을 두고 있다는 것을 알아야 하고, 이들의 군사이론 연구에는 변증법(Dialektik)도 알아야 하리라. 변증법이라 하면 보통 헤겔을 떠올리지만, 필자의 연구에 의하면, 헤겔은 라틴어로 번역된 『노자』를 읽고 암시(hint)를 받아 변증법을 발전시킨 것으로 추정한다.

보통 형식논리학에서는 "A는 非A가 아니다."라고 한다. 즉 "생生은 사死가 아니다."라고 한다. 그러나 변증법은 생과 사, 절대와 상대, 공격과 방어, 정지와 운동 등 거의 통일이 불가능하게 보이는 궁극적인 대립도 결코 고정固定시키지 않고, 얼핏 보아 모순으로 생각되는 대립도 유동화流動化함으로써, 이것을 결부시키는 철저한 역동적인 사고思考라 말할 수 있다. 즉 "A는 非A가 된다"는 것이다. 예컨대 이순신은 명량해전(1597. 9. 16.) 바로 전날 초저녁에 지휘관을 집합시켜, "병법에 이르기를 반드시 죽고자 하면 살고, 살고자 하면 죽는다"(兵法云 必死則生 必生則死)고 했다. 이 내용을 의역意譯한다면, "병법에 이르기를, 반드시 죽을 각오로 싸우면 살 수 있지만, 도망쳐 살려고 하면 죽는다"고 한다면 이해가 좀더 가능하리라. 즐거움은 고통의 씨앗이요, 고통은 즐거움의 씨앗이다. 모든 실패나 실망 속에는 그보다 큰 성공과 희망의 씨앗이 숨겨져 있다는 등이다. 변증법은 군사고전뿐만 아니라, 우리 인생을 이해·해석하는 데도 대단히 중요하다는 것을 강조하는 바이다.♣

(특강을 시작하여 조금 지나자 서울대 총장이 비서를 대동하고 강당 맨 뒤에 서서 30분 정도 강의를 듣고 나갔다. 아마도 어떤 강사가 서울대학교 교수들에게 특강을 하는가 궁금해서 왔으리라. 그 후 학군단장 K준장이 '특강이 퍽 유익했다는 평'이라고 전해 주었다.)

VI

평화적 남북통일이란?

-북한 변수가 없으면 한국이 앞으로
세계의 중심이 될 수 있다.-
자크 아탈리(Jacques Attali, 1943~ , 프랑스의 석학)

1. 평화적 남북통일이란?

지난 2007년 2월 초, 일본 도쿄(東京)에 소재하는 「일본전략연구포럼」(Japan Forum for Strategic Studies)에서 1,500자 범위 내에서 「한반도의 현황과 전망」의 시평時評을 집필해 달라는 원고 청탁이 왔다. 이것은 한 편의 논문을 집필하기보다 더 어려운 과제였으나 피할 수 없는 처지라 일본어로 발표했는데(2007. 4. 1.), 거기서 남북통일의 내용만 소개하면 아래와 같다.

> 한반도 통일에 관한 시나리오에는 ;
> ① 북한 해방을 통한 남·북한의 연방제
> ② 북한의 붕괴 후, 한국에 의한 흡수통일
> ③ 무력충돌에 의한 통일
> 등이 논의되고 있으나, 강대국의 개입과 피해의 가능성이 언제나 존재하고 있다. 그래서 바람직한 시나리오는, 935년 신라의 경순왕이 태자의 반

대를 무릅쓰고 고려의 태조에게 국가 권력을 이양한 것처럼, 김정일 국방위원장은 한국 정부에 권력을 이양하고 따듯한 제주도에서 여생을 편안하게 사는 것이리라. 이렇게 함으로써 김일성이 범한 민족적 비극(6·25전쟁)에 대한 보상도 되고 또 한민족의 평화적 통일과 동북아시아의 평화와 번영에 공헌하는 것이 되리라.[1)]

'평화적 남북통일'에 대한 이론적 근거는 2005년 5월 20일 공군전우회에서 「지정학적으로 본 한민족의 생존전략」이라는 제목으로 안보강연을 했는데 그 내용을 소개하면 아래와 같다.

지금 한반도의 문제는 남·북한뿐만 아니라, 국제문제로 얽혀져 있다. 그러니 김정일 국방위원장은 현안으로 떠오르는 핵 문제와 위조지폐 문제를 원만히 그리고 조숙히 해결하고, 어렵겠지만 단호한 결단을 내려서 수뇌들을 설득하여 옛날 우리 조상인 신라 경순왕이 고려 태조에게 권력을 넘겨줬듯이 북한의 통치권을 남한 정부에 넘겨주고 몇 명의 참모를 거느리고 제주도의 조용한 곳에서 여생을 보내는 방안이 있으며, 이것이 필자의 '평화적 남북통일 방안'이다.

이 방안에 대한 가능성·적합성·수락성은 현재의 관점에서는 잠꼬대 같은 생각으로 느낄지 모르나, 이 방안만이 4대 강국의 개입을 허용하지 않을 뿐만 아니라, 김정일 국방위원장과 가족 그리고 더 나아가 한민족의 통일·평화 그리고 번영에 직결된다는 것을 확신하기 때문이다.

이 제안에는 세 가지 근거가 있다.

첫째는, 사유재산과 시장경제를 인정하지 않는 국가체제는 국가 경제의 붕괴를 가져온다는 것을 자원 부국인 구소련의 붕괴와 그리고 북한의 빈곤, 굶어 죽는 자의 속출, 반인권 문제 등이 이를 실증했다.

둘째는, 국내 총생산(GDP)에 있어서 남한은 9310억 달러이고, 북한은 227억 달러라는 통계 숫자는 고사하고라도,[2)] 한반도의 야간 위성사진을

---

1) 이종학, 『동북아시아의 전쟁과 평화』(충남대학교 출판문화원, 2016), p. 48.

2) 2019년 12월 13일 통계청이 발표한 「북한의 주요 통계지표」에 의하면, 작년 북한의 국내 총

본다면, 휴전선 이남은 전역이 밝게 빛나고 있지만, 이북은 평양지역만 불빛이 보일 뿐 암흑천지이다.

셋째는, 미국 국방부가 금년(2006) 2월 3일 공개한 4년 주기로 작성하는 「국방전략 보고서」에 의하면, 북한은 이란과 함께 대량살상무기를 보유했거나 추구하고 있다며 잠재적 적대 국가로 지목했고, 또한 적대 국가의 대량살상무기 확보나 사용에 대한 예방조치가 실패할 경우 무력행사를 할 수 있다고 경고하고 있기 때문이다.[3)]

북한의 김정일(1942~2011) 국방위원장은 2011년 12월 17일 급사했다. 그는 화천댐의 부실 공사로 물이 샌다는 보고를 받고 화가 나서 그곳을 시찰하기 위해 기차를 탔는데 거기서 객사하고 말았다고 한다.

현재 김정은(1984~) 국무위원장이 3대째 북한의 권력을 계승했으나, 필자가 제안한 '평화적 남북통일 방안'을 받아들이기는 어려운 상황이지만 본인의 주장은 동일하다는 것을 밝혀 둔다.

무력에 의한 한반도의 적화통일이란, 전쟁으로 인해 한반도가 완전히 폐허로 변할 것이고, 거기서 통일이 무슨 소용이 있으며, 또 적화통일의 보장도 없다는 것을 알아야 하리라. 그래서 저자는 김정은 국무위원장이 불교의 『화엄경華嚴經』에 나오는 "이 세상의 모든 것은 마음먹기에 달려 있다"(一切唯心造)는 명구를 상기하여 핵무기와 미사일 그리고 주권을 한국 정부에 이양하고, 어머니의 고향 제주도에서 편안한 일생을 보내는 것이 할아버지 김일성(1912~1994)이 범한 민족적 비극(6·25전쟁)에 대한 보상도 되고 또 한민족의 평화적 통일과 동북아시아의 평화와 번영에 공헌하는 것이 되리라.

생산(GDP)은 35조 6710억 원으로 한국(1893조 4970억 원)의 1.9% 수준에 그쳤다.

3) 이종학(2016), 전게서, pp. 98~99.

2. 최근의 한반도 군사정세

1950년 6월 25일 북한의 남침으로 한반도에 전쟁이 일어났고, 1953년 7월 27일 휴전협정의 체결로 포화는 잠시 멈추었으나, 지난 70여 년을 회고하면 남·북한은 계속 칼날을 세워왔다. 필자의 뇌리腦裏 속에서 사라지지 않는 생각은 발칸반도의 아테네(Athenae)와 스파르타(Sparta)의 도시국가가 패권경쟁으로 펠로폰네소스 전쟁(Peloponnesian War, B. C. 431~404)을 치른 후의 그리스 민족의 비극이다.

아테네의 문화발전은 기원전 6세기 클레이스테네스(Kleisthenes, B.C. 570?~508?, 클레이스테네스의 개혁 : B.C. 510경)의 개혁으로 민주정치가 확립되었고, 기원전 5세기에는 해상활동을 통하여 경제력과 군사력을 육성하여 다른 도시국가를 위협하기에 이르렀다. 페리클레스 시대(Perikles, B.C. 495~429, 페리클레스 시대 : B.C. 460~429)에 고전 문화의 최성기를 이루었고, 고대 민주정치의 완성을 보았다. 아테네의 문화는 기원전 4세기의 정치적 혼란 속에서도 철학의 소크라테스(Sokrates, B.C. 469~399)·플라톤(Platon, B.C. 427~347)·아리스토텔레스(Aristoteles, B.C. 384~322) 그리고 철학자요 수학자인 피타고라스(Pythagoras, B.C. 570?~495?), 비극의 소포클레스(Sophokles, B.C. 496~406)·희극의 아리스토파네스(Aristophanes, B.C. 445?~385?), 역사가인 헤로도토스(Herodotus, B.C. 484?~425?)·크세노폰(Xenophon, B.C. 430?~354?)·투키디데스(Thucydides, B.C. 460?~395?) 그리고 건축·조각 등의 비범한 인재들이 이 시대의 아테네에서 배출하여 그들의 업적은 세계 문화사상 불멸의 광채를 던져 주었다.

한편 스파르타는 라키아에 수도를 두고, 강한 군사력과 용맹한 군대를 육성하여 고대 그리스의 최강 도시국가였다. 모든 스파르타인은 태어난 즉시 국가에 예속되어, 소위 스파르타식 교육을 마치면 국가방위에 임하고,

30세에 비로소 정당한 시민권과 의무를 인정받았다.

투키디데스는 아테네와 스파르타 사이의 전쟁 기원을 아래와 같이 기록했다.

> 아테네인은 멜레시포스(Melesippus)에게 연설의 기회도 주지 않고 당일 즉시 영토 밖으로 퇴거할 것을 명하며 그를 받아들이지 않았다. 그리고 교섭을 희망한다면 펠로폰네소스군이 그 영내로 철수하고 나서 사절을 보내라고 통고했다…
>
> 국경까지 와 마침내 헤어지려 할 때 멜레시포스는 "오늘이야말로 헬라스(Hellenes : 그리스 민족)에 최악의 불행이 시작되는 날이 될 것이다"는 말을 남기고 떠났다. 멜러시포스가 진영으로 돌아오고, 아르키다모스는 아테네가 한 걸음도 양보하지 않은 것을 알게 되자 마침내 군대를 이끌고 적의 영토로 행군했다.[4]

아테네와 스파르타가 어떻게 전쟁을 시작하게 되었는가 그리고 멜레시포스가 헤어지면서 마지막으로 그리스 민족의 장래를 예언한 "오늘이야말로 헬라스에 최악의 불행이 시작되는 날이 될 것이다"고 하는 내용 등을 기록한 8권으로 구성된 『펠로폰네소스 전쟁사』를 기록에 남긴 역사가 투키디데스는 원래 아테네군의 지휘관이었다. 그는 기원전 424년 아테네군의 병선 7척을 지휘하여 암피폴리스 구원에 나섰다가 실패하여 도시를 탈취당한 책임을 지고 추방형을 당했다. 그 후 약 20년 동안 재력을 바탕으로 자유로운 망명생활을 통해 아테네측과 스파르타측 양측의 자료를 수집하여 엄밀한 사료비판史料批判을 통하여 세계 최초의 학문적인 전쟁사를 집필했고, 27년간의 전쟁 가운데 21년까지만 기록하여 미완성으로 남겼다.

스파르타는 기원전 404년 펠로폰네소스 전쟁에서 아테네를 격파하여 그

---

[4] Thucydes, *The Peloponnesian War*, trans. by John H. Finky, JR. (New York : The Modern Library, 1951), p. 91. 및 박광순 옮김, 『펠로폰네소스 전쟁사』 상(서울 : 범우사, 2012), p. 152.

리스의 패권을 장악했다. 그러나 정치가 너무 난폭하여 기원전 371년 테베(Thebes)에게, 기원전 221년에는 마케도니아에게 패한 후, 기원전 146년 로마에게 정복당했으며, 오늘날에 이르기까지 그리스 민족은 옛날의 영광을 찾지 못하고 비틀거리고 있다. 그래서 한반도에서의 남·북한의 대결도 조속히 마무리를 지어야 한다는 생각이 뇌리에서 사라지지 않고 있다.

오늘날 한반도의 평화와 비핵화 문제는 남·북한과 미국·중국 그리고 일본·러시아가 관련되어 있다. 그런데 2017년 1월 미국의 트럼프(Donald J. Trump, 1946~) 대통령이 취임함으로써 세계정세가 요동치기 시작했다. 그는 취임 후 처음으로 국방부를 방문하여 브리핑을 듣고, "한국이 미국을 가장 이용해 먹는 나라 중 하나다. 중국과 한국이 우리를 오른쪽과 왼쪽에서 벗겨먹고 있다.…나는 이 슬라이드를 보면서 '이건 엄청나게 돈이 드는 일이다'고 생각했다"고 말했다. 그는 또 "지난 수년간 한 거대한 괴물이 만들어졌다. 일본, 독일, 한국 등 우리 동맹국들에게 누구보다 많은 돈이 들어간다!"고도 했다.

금년(2020년) 2월 정경두 국방부 장관의 미국 방문은 6·25전쟁 발발 70주년을 맞은 현재 한미동맹이 그 어느 때보다 굳건하다는 것을 대내외에 알리는 계기가 됐다는 평가다. 정 장관과 에스퍼 장관은 24일(현지시각) 회담에서 한미동맹이 한반도와 동북아지역 평화·안보의 핵심축임을 다시 한번 확인하고 확고한 연합방위 태세를 유지·강화하자는 데 뜻을 모았다. 두 사람은 ① 북한의 비핵화와 한반도의 항구적 평화체제 구축, ② 전시작전통제권 전환, ③ 방위비 분담금 특별협정(SMA) 협상, ④ 한반도 주변국과의 관계 등 한미동맹을 둘러싼 각종 현안에 관해 '한미동맹정신'을 기반으로 긴밀하게 협의했다고 한다.(국방일보, 2020. 3. 2.)

필자는 트럼프 대통령의 '미국 우선주의' 정책으로 한미관계는 새로운 시험대에 올랐고, 지금 양국의 안보관계가 이전과는 달리 다소 불안한 상황에 놓여 있는 것으로 평가한다.

최근의 외신은 트럼프 대통령에 대해 아래와 같이 논평했다.

> 정치전문매체 「폴리티코」는 12월 3일 트럼프 대통령을 '최고 질서 파괴자(Disruptor-in-chief)'라고 비판했다. 미국 대통령을 칭하는 또다른 용어인 군 통수권자(Commander-in-chief)를 변형한 말로 북대서양 조약기구(NATO)를 비롯한 동맹 경시, 파리기후협약, 이란 핵 합의, 중거리 핵전력조약(INF) 탈퇴, 시리아 철군, 관세 전쟁 등에서 기존 질서 파괴가 뚜렷하다고 비판했다.
>
> 트럼프 대통령은 왜 미국 주도의 세계평화를 뜻하는 '팍스 아메리카나(Pax Americana)'의 주역 자리를 스스로 내팽개칠까.
>
> 첫째도 둘째도 이유는 돈이다. 그는 시리아 철군 때 "돈이 많이 든다"고 했다. 한국, 일본, 나토 회원국에 대해서는 "잘사는 동맹이 적보다 미국을 더 벗겨 먹는다"는 원색적 비난도 가했다.[5]

트럼프는 과거 부동산 기업으로 거금을 축적했고, 선거 때는 '미국 우선주의'를 내세웠으며, 돈을 앞세워 동맹의 가치를 헌신짝 취급해온 것은 더 이상 뉴스거리도 아니다. 거기다가 그는 즉흥적이고 공사公私 구분이 없으며 사적 감정이나 선입견을 정책에 반영할 수 있는 인물이다. 예컨대 한국이 작년까지 부담하는 방위비 분담금이 1조 389억 원인 것을 감안하면, 트럼프의 600억 달러(약 70조 원) 요구로 인하여 현재 난항을 겪고 있다. 트럼프의 충동적인 시리아 철군 결정 같은 일이 한국에서는 일어나지 않을 것이라고 누가 장담할 수 있을까?

이제 한반도의 비핵화 문제를 다루어보고자 한다. 2018년 6월 싱가포르에서 트럼프 미 대통령과 북한 김정은 국무위원장의 회동은 정치적 쇼에 지나지 않았다. 동년 9월 문재인 대통령이 평양을 방문해 김정은 국무위원장과 정상회담을 갖고 '9·19 공동선언'에 합의하고, 김 위원장은 "조선반도를

5) 동아일보, 2019년 12월 12일.

핵무기, 핵 위협 없는 평화의 땅으로 만들기 위해 노력하겠다"고 육성으로 비핵화 의지를 밝혔고, 연내 서울 답방까지 약속했으나 지키지 않았다.

2019년 2월 베트남 하노이에서의 회담은 성과 없는, 즉 '하노이 노딜' 이후 북·미 회담은 교착상태에 빠졌다. 그런데 이 회담이 실패로 끝난 본질적인 원인은 무엇인가? 그것은 한반도의 비핵화를 위해 미국은 '총괄적 비핵화'를 주장했고, 북한은 '단계적 비핵화'를 주장한 데서 비롯되었다고 추정한다. 왜냐하면, 북한은 지난 20여 년 간 북·미 비핵화 협상에서 핵동결 초기 단계의 사소한 합의만 이행하고, 그 대가의 반대급부만 챙긴 뒤 결정적 단계가 되면 합의를 파기해 왔다. 그래서 미국은 북한의 '단계적 비핵화'를 믿지 않는다는 입장이다.

그렇다면 북한은 과연 비핵화의 의지를 갖고 있는 것일까 하는 본질적인 문제를 생각하지 않을 수 없다. 『손자병법』에 의하면, "저편의 능력과 의도를 알고, 이편의 그것을 알고 있으면 백번 싸워도 위태롭지 않다(知彼知己, 百戰不殆-謀攻-)"고 했는데, 이 말은 우리에게 지침을 주고 있다.

북한의 핵·미사일 체제는 독재적 김일성 왕조체제의 생명의 줄이자 국토방위와 한반도의 적화통일을 위한 결정적 수단으로 생각하고 있다는 것을 김정은 국무위원장이 2017년 1월 1일 방송을 통해 육성으로 발표했다.

> 우리의 첫 수소탄 시험과 각별한 공격수단들의 시험 발사, 핵탄두 폭발시험이 성공적으로 진행되었으며…조국과 민족의 운명을 수호하고 사회주의 강국 건설 위업을 승리적으로 전진시켜나갈 수 있는 위력한 군사적 담보가 마련되었습니다.…

김정은 북한 국무위원장은 2019년 12월 28일부터 31일까지 진행된 중앙위원회 제7기 5차 전원회의를 끝내고 육성 신년사 대신 노동당전원회의 결과보고를 조선중앙 통신이 금년 1월 1일 보도했으며, 그 내용 가운데 안보와 관련된 내용을 소개하면 아래와 같다.

① 핵 시험과 대륙간탄도로켓 시험 발사는 중지하고 핵 시험장을 폐기하는 선제적인 중대 조치를 취한 2년간 미국은 합동군사훈련, 10여 차례 제재, 남조선에 무기 반입 취해…더 이상 일방적으로 매여 있을 근거가 없어졌다.

② 이제 세상은 머지않아 조선민주주의 인민공화국이 보유하게 될 새로운 전략무기를 목격하게 될 것.

③ 미국의 대조선 적대시가 철회되고 조선반도에 항구적이고 공고한 평화체제가 구축될 때까지 국가 안전을 위한 필수적이고 선결적인 전략무기 개발을 계속 줄기차게 진행해 나아가겠다.

①은 핵 시험과 대륙간탄도 로켓 시험 발사를 중지한다는 약속은 버린다는 뜻이다.

③은 북한이 '비핵화' 문제에는 전연 관심이 없으며, 미국의 경제 제재가 철회될 때까지 전연 생각할 필요가 없다는 내용이다.

②의 '새로운 전략무기'로 미국을 위협하는 내용이다. 그래서 김정은 국무위원장이 직접 육성으로 발표하지 않은 것으로 추정한다. '새로운 전략무기'란 아마도 대륙간탄도미사일(ICBM)과 잠수함발사탄도미사일(SLBM)일 것이며, 이것을 북한이 시험 발사에 성공한다면 미국의 '금지선(red line)'을 넘는 것으로 미국의 '선제공격'을 자초하는 결과가 되고 한반도에서 또다시 전쟁이 일어날 가능성이 짙다는 것을 경고해 두는 바이다. 오늘날의 한반도 군사정세 관점에서 본다면, 북한의 핵·미사일체계는 김정은체제의 안전을 위한 것이 아니라, 멸망시킬 괴물로 변했다는 것을 알아야 한다.

금년(2020년) 1월 3일(현지 시각), 이란 최정예 군사조직인 혁명수비대의 해외 작전 담당 특수부대인 '쿠드스군'의 가셈 솔레이마니(1957~2020) 사령관이 미군의 드론 미사일 공격으로 살해당했다. 미국 국방부는 이날 성명을 통해 "도널드 트럼프 대통령의 명령에 따라 미군은 해외 미국인을 보호하기 위해 솔레이마니 사령관을 제거했다"며 "솔레이마니는 이라크와 중동지역의 미국 외교관과 군인들을 공격하기 위한 계획을 활발하게 만들어 왔다"고 밝혔다.

마크 에스퍼 미국 국방장관은 북한 국무위원장의 '새로운 전략무기' 발언과 관련해 대규모 한미 연합군사훈련 재개 가능성을 시사했다. 그는 앞서 폭스뉴스와의 인터뷰에서 "북한의 나쁜 행위를 억지할 미 병력의 대비태세에 대해 확신한다"며 "필요하다면 오늘 밤 당장이라도 싸울 준비태세를 유지하고 있다"고 강조했다. 한국 내의 미군기지에는 요인 암살용 드론이 이미 배치되어 있다. 만약 김정은 국무위원장이 미국이 설정한 '금지선'을 넘는다면 드론 공격의 북한 최초의 표적이라는 점을 다시 환기시키는 바이다.

금년 2월 4일(현지 시각) 트럼프 대통령은 상·하원 합동연설에서 안보문제와 대외정책에 대해 여러 주장을 했지만, 북한에 대해서는 전연 언급하지 않았다. 그가 취임 이후 연두교서에서 북한을 언급하지 않은 것은 이번이 처음인데 그 이유는 과연 무엇일까? 현재 북·미 비핵화 협상에 있어서 기본적 입장이 서로 다르기 때문에 그 문제가 대화로 해결되지 않는다면 마지막에 이란의 솔레이마니 사령관처럼 김정은 위원장에게도 드론 공격을 구상하고 있기 때문이 아닌지? 이렇게 된다면 한반도에서 전쟁이 일어날 가능성이 짙으며, 그 결과는 한반도의 폐허를 가져오게 되리라.

문재인 정부는 북·미 비핵화 협상의 중재자 역할을 수행한다고 자처했다. 한국의 국내 총생산(GDP)은 세계 12위(2018년 10월 기준)이고, 세계에서 7개 국가밖에 없는 1인당 GDP 3만 달러 이상, 인구 5000만 명 이상인 국가이고, 북한의 GDP는 한국의 1~2%밖에 안 되는 빈곤한 국가이다. 북한은 지난 3월 2일 초대형 방사포를 발사했다. 우리 정부가 유감을 표명하니 이에 대해 북한은 2인자 격인 김여정 북한 노동당 제1부부장 명의로 대남 비난 성명을 발표했다. 즉 "저급한 청와대, 세 살 아이, 겁먹은 개, 적반하장의 극치" 등 원색적인 용어로 조롱했고, 중국도 한국의 사드(Thaad : 고고도미사일 방어체계) 배치를 둘러싸고 불만이 있자, 중국 정부에 소위 '3불不 원칙'을 약속했는데,

그 원인이 무엇일까? 여러 견해가 있겠지만, 한국 정부는 핵·미사일 체제를 갖추고 있지 않기 때문이라는 것이 필자의 견해이다.

필자는 「일제의 침략과 한민족의 생존전략」(1978)에서 아래와 같이 주장했다.

> 세계 열강국에 둘러싸인 한민족은 다양하고 복잡한 상황의 변화 속에서 그 본질을 신속히 파악하여 그 변화에 앞질러 대응책을 강구해야 생존할 수 있다는 것을 알았으며…
>
> 적어도 주변 강대국이 한반도를 침략하여 획득하는 이득보다 그 반격에 의해 입는 손해가 더 크다는 것을 사전에 계산케 함으로써 침략을 포기케 하자는 것이며…다음과 같은 군비를 갖추자는 것이다. 즉
>
> ·첫째 : 전술 핵무기체계를 보유하지만, 방위용이며 결코 타국에 대해 선제공격을 하지 않는다.…[6)]

필자는 남·북한 통일 후의 한민족의 생존전략을 주장했으나, 오늘날 분단된 한반도의 북한에서 핵·미사일 체제를 구비하고 있는데, 거기에 대비한 가장 확실한 방법은 한국도 핵·미사일 체제를 구비해야 한다는 것뿐이다. 한 핵 문제 전문가의 견해에 의하면, 한국의 핵기술 능력으로 6개월 이내에 핵탄두를 제작할 수 있다고 한다. 그러나 이 문제는 대미관계와 핵확산 금지조약(NPT), 한국의 대외 및 무역관계 등으로 현실적인 방안이 되기 어려운 실정이다. 그렇다면 북한의 핵·미사일 체제에 맞선 우리의 대비책은 어떤 것이 있을까?

① 미군의 전술핵무기 재배치의 요구
② 핵무장 선택권(nuclear option)의 추구
③ 우리도 핵무장을 한다는 선언
④ NPT를 탈퇴하고 '핵무장을 하자'는 주장

---

6) 이종학, 『한반도의 억지전략이론』(서울 : 형설출판사, 1981), p. 335.

⑤ 핵 공유(nuclear sharing)다. '핵 없는 핵무장'을 말하며, 독일의 사례가 있다.[7)]

그런데 최근 윤덕민(한국외대 석좌교수) 교수는 새로운 방안을 제시했다. 즉 "육지가 아닌 동해에 핵순항미사일을 탑재한 미국 핵잠수함을 배치하여 동맹 공동관리 하에 두는 것이다. 비핵국가인 일본도 참여한다면 실현 가능성이 높아질 수 있다."[8)]

필자는 현 상황 하에서 이 방안에 전적으로 동의하며, 미국이 한국의 방위비 증액을 요구하고 있는 마당에 동해의 핵잠수함 운용에 대한 비용은 한국이 전적으로 분담한다고 해서 합의를 봐야 하리라. 그리고 동해의 핵잠수함은 미국의 중국견제에도 활용된다는 것을 알릴 필요가 있다.

한반도에 사는 한민족은 그리스 민족의 역사적 교훈을 거울삼아 다시는 한반도에서 전쟁의 비극은 일어나지 말아야 하고, 민족의 평화와 번영을 위해 오늘날의 한반도를 둘러싼 한반도의 비핵화 문제가 해결되기 위해서는 김정은 국무위원장이 필자가 제안한 '평화적 남북통일 방안'을 수락·실천하기를 바란다. 이것은 북한과 미국 간의 비핵화 문제가 교착상태에 빠져 시간이 걸리면 북한에 더 유리하다는 생각은 잘못된 것이며, 드론 미사일 공격으로 북한 지도부에 대한 미군의 선제공격은 한반도에서 핵전쟁이 일어날 가능성이 짙기 때문이다.

지금 우리는 '한반도 비핵화·평화적 남북통일' 문제뿐만 아니라, '코로나 19' 전염병으로 심각한 위기에 봉착하고 있다. 그러나 위기는 우리의 지혜로운 조치로 성공과 발전의 기회가 된다는 것을 믿는 바이다.♣(2020. 3.)

---

7) 하대성, 「북한 핵무장에 대비한 핵억제전략 연구」, 『대한정치학회보』(24집 3호, 2016), pp. 103~105.

8) 윤덕민, 「대북제재 풀어주자는 의원 60명에게 묻는다」(조선일보, 2020년 1월 6일자)

2
부

6·25전쟁의 해석과 논평

I

6·25전쟁의 현대전략적 조명※

-한 국민의 지상과제는 그들 조국의 방위를
그들이 독자적으로 맡아야 한다.
한국과 같은 나라가 자체 방위 문제를
외국에 의존한다는 것은 위험천만한 것이다.-
갈로아(Gallois, 1911~2010, 프랑스의 핵 전략이론가)

1. 머리말

처절했던 동족상잔의 6·25전쟁이 발발한 지 어언 40년이 가까워 오고 있다. 남·북한의 관계는 아직도 긴장과 대결로 언제 폭발할지 모르는 활화산의 모습을 지니고 있으며, 일부 젊은이들 가운데는 최근 6·25전쟁에 대한 왜곡된 선전에 현혹되어 엉뚱한 주장의 소리도 들려오고 있다. 한편 군인과 학자들도 과연 6·25전쟁에 대해 진지한 연구를 해서 국민들, 특히 젊은 대학생들에게 제시해 주었던가 하는 문제를 생각해 봤을 때 부끄러움과 반성이 앞선다는 것을 필자는 솔직히 고백하지 않을 수 없다.

6·25전쟁이 담은 역사의 교훈을 우리가 소홀하게 다루었을 때, 또다시

※ 이 논문은 한국국방연구원의 1988년도 국방학술용역계획에 의거 연구되었음.

한반도에 전화戰火의 불꽃이 일어난다는 것은 자명한 이치이다. 우리는 그동안 한·미 방위조약에 의한 한·미 연합 억제전략으로 전면전쟁만은 방지해 왔다. 그러나 지금은 작전권의 한국군 이양문제와 주한 미군의 철수 논의가 거론되고 있고, 또 앞으로 그런 방향으로 실천되어 가리라 예상되며 다만 시기만 미정일 뿐이다.

이 문제들은 우리의 생존 차원인 안보문제와 그리고 한국 군사전략과 직결되는 중요한 과제이다. 따라서 6·25전쟁을 현대전략의 관점에서 재조명하여 교훈을 찾는다는 것은 평화적 수단에 의한 조국통일의 기반이 되고 나아가 한민족韓民族의 번영에 이바지할 것으로 확신한다. 그래서 필자는 다음 문제들에 대해 논구論究해 보고자 한다.

첫째 : 6·25전쟁의 초기작전에 있어서 한국군의 패인敗因은 무엇인가 ?

둘째 : 인천 상륙작전의 교훈을 찾고, 거기서 한국 군사전략의 개념정립과 체계화를 시도해 보고자 한다.

셋째 : 미 행정부의 전쟁지도戰爭指導와 야전사령관 맥아더 장군의 전쟁수행의 갈등의 내용과 결과는 어떠했는가?

넷째 : 휴전회담은 과연 적절한 전쟁지도였던가?

2. 6·25전쟁의 초기작전

가. 북한의 정치적 목적과 군사목표

전쟁에 의해 무엇을 달성하고자 하는 것은 정치적 목적이고, 전쟁에서 무엇을 달성하고자 하는 것은 군사목표라고 한다. 이 두 가지 주요 사항에 의해 군사적 행동의 일체의 방향, 사용해야 할 수단의 범위, 전쟁을 수행하는 힘의 정도가 결정된다. 군사목표는 정치적 목적을 달성하는 데 이바지해야 하고 또 거기에서부터 비롯된다. 이것이 소위 정치 우위의 원칙이다. 클라우제비츠의 다음 주장은 이를 잘 명시하고 있다.

> 전쟁은 정치적 행동일 뿐만 아니라, 실로 하나의 정치적 수단이며, 정치적 교섭의 계속이며, 다른 수단에 의한 정치적 교섭의 계속에 지나지 않는다.[1)]

군사전략에 있어서 군사목표의 설정은 작전뿐만 아니라 전쟁의 정치적 목적 달성에 지대한 영향을 미친다. 여기에는 두 가지의 견해가 존재하고 있다. 조미니는 군사목표에는 두 가지, 즉 기동상의 목표지점과 지리상의 목표지점이 있다고 했다. 지리상의 목표지점은 요새, 하천선河川線 등이며, 침공전쟁에 있어서는 보통 수도首都가 목표지점이 된다. 한편 기동상의 목표지점은 적군 주력主力의 상황에 기인하며, 적군 주력의 위치에 따라 결정된다. 그리고 이것은 적 군사력의 격멸과 와해에 관계가 깊다.[2)] 조미니는 지리상과 기동상의 목표지점을 병립해서 고려하면서, 특히 공세전쟁을 실시하는 경우 지리상의 목표, 즉 적국의 수도를 첫 번째로 열거했다.

한편 클라우제비츠는 기동상의 목표지점, 즉 적군의 야전 주력군 격멸에 두었고 지리상의 목표지점은 적군의 격멸과의 관련에 있어서 차등적으로 다루고 있다.

> 전쟁의 목표(군사목표)는 그 본래의 개념에서 말하면 언제나 적의 타도가 되어야 한다. 그리고 이것이야말로 우리가 출발점으로 한 근본 개념이다.…공격자는 적 병력의 핵심을 끊임없이 탐색하여 전쟁에 있어서 전체적 승리를 얻기 위해 아군의 전력全力을 기울여서만이 적을 타도할 수 있으리라. 그러나 아군이 공격목표로 하는 적의 중심重心이 어떠한 것이든 적의 전투력을 파괴하는 것이야말로 승리의 가장 확실한 단서이며 또 어

---

1) 클라우제비츠, 『전쟁론』 이종학 역(서울 : 一潮閣, 1986(增補新版)), p. 23.

2) 조미니, 『조미니의 兵術論』 이종학 역(서울 : 박영사, 1987), pp. 89~90.

떠한 경우에도 가장 중요한 일이다.

많은 경험에 의하면, 적을 타도하기 위한 조건으로서는 다음과 같은 상황이 있는 것으로 생각된다.

① 적측에서 군이 중심重心을 이루는 경우에는 군을 분쇄한다.

② 적국의 수도가 국가 권력의 중심지일 뿐만 아니라, 정치단체 및 당파의 소재지인 경우에는 수도를 침공한다.

③ 적의 가장 중요한 동맹자가 적보다도 유력한 경우에는 그 동맹자에 강력한 공격을 가한다.[3)]

군사목표의 선정에 있어서는 일반적으로 전쟁의 정치적 목적과 정치적 환경 및 다른 환경이 부여하는 전쟁의 성격 그리고 양군의 군사태세, 배비 및 시설 등에 의존하게 된다. 그러나 실제의 경우 지리상의 목표, 즉 적국의 수도와 기동상의 목표, 즉 적의 야전 주력군 가운데 어느 것을 군사목표로 할 것인가는 난제難題에 속한다. 적군이 수도 방위에 전력을 기울이는 경우는 별도로 하고, 그렇지 않은 경우는 더욱 그러하다. 예컨대, 1814년 연합군의 프랑스 침공작전에 있어서 수도 파리인가, 나폴레옹군인가. 2차대전의 일본군의 초기작전(필리핀)에 있어서 수도 마닐라로 향할 것인가, 아니면 바탄 반도의 미군을 군사목표로 할 것인가. 2차대전 말기 아이젠하워 장군의 연합군은 나치 독일군의 소탕으로 향했는데 반하여 소련군은 수도 베를린으로 향했는데, 전후戰後 그것이 어떤 영향을 미쳤는가, 하는 문제는 군사목표의 선정이 실제의 전쟁에 있어서 얼마나 어렵고 또 중요한가를 말해 준다.

6·25전쟁에 있어서 북한이 가졌던 전쟁의 정치적 목적은 무력武力에 의한 한반도의 공산화를 달성하는 데 있었고, 소련은 공산화된 한반도를 소련의 위성국으로 만드는 데 있었다. 그리하여 소련은 북한에 인적·물적 자원을 지원했다. 특히 1950년 4월 15일경 바실리예프 중장 외 10여 명의 고위 군사고문관들을 인민군 통수부에 파견하였다. 이들은 남침을 위한 「작전명

3) 클라우제비츠, 전게서, p. 201. p. 203.

령」을 노어露語로 작성했을 뿐만 아니라 전선에까지 파견되었으며, 이들이 서울에 왔을 때는 사복을 입었고, 이들 작전고문관들은 신문기자, 보도원, 카메라맨 등의 명목으로 따라다녔다.[4] 북한군의 군사목표는 다음과 같다.

> 당黨의 전략적 방침에 의거, 인민군 최고 사령부는 금천-구화리, 연천-철원, 화천-양구지역에 강력한 병력을 집중하여…서울지역에서 적의 기본 주력을 포위 섬멸하고, 그 전과戰果를 확대하여 남해안으로 진출할 것을 계획하였다.[5]

북한군의 군사목표는 서울지역에서 한국의 주력군을 포위 섬멸하는 데 있었다. 그런데 김일성은 1950년 12월 21일 「현 정세와 당면과업」이라는 연설을 통하여 "우리 일부 지휘관들은 적을 포위 섬멸하여 적의 유생 력량을 소멸함으로써 적의 재기를 불가능케 할 대신에 적을 한갖 밀고만 나가서 일정한 시기에 적군이 다시 편성할 가능성을 주었습니다"[6]고 말함으로써 한국의 주력군을 포위 섬멸하는데 실패했다는 것을 자인自認하였다.

나. 북한군의 작전계획과 배치

북한군의 작전계획은 다음과 같다.

> 제1차 작전의 기본 임무는 서울의 서북과 북, 동남과 남의 방향으로 각각 우회하여 38도 경계선의 적을 횡성, 원주, 이천 및 수원의 서남과 남 방향을 엄호하고 있는 적과 분리시켜, 적의 기본 집단을 서울지역에서 포위 소탕함으로써 서울을 비롯하여 한강 이북의 여러 도시를 해방하는 것이었다.[7]

---

4) 朱榮福, 『朝鮮人民軍の南侵と敗退』(東京 : コリア評論社, 1979), p. 223.

5) 朝鮮民主主義 人民共和國科學院 歷史硏究所 編纂, 『朝鮮人民の正義の祖國解放戰爭史』(平壤 : 外國文出版社, 1961), p. 41.

6) 김일성, 『김일성 선집』3, (평양 : 조선로동당출판사, 1953), p. 131.

북한군은 이러한 작전계획에 입각하여 1950년 6월 10일 사단장 회의를 개최해서 각 부대의 이동과 배치를 명령했으며, 배치완료 일자는 23일로 되었다. 6월 10일부로 제1군단 사령부가 편성되었으며 군단장에는 김웅 소장이 임명되었다. 6월 11일 「대기동연습」의 실시가 발령되었고, 연습기간은 2주간이라고 설명되었다. 그리고 12일부로 제2군단 사령부가 편성되었고 군단장에는 김광협 소장이 임명되었다. 6월 18일 인민군 정보국장은 공격부대에 대하여 노어露語로 된 정찰명령 제1호를 교부했으며,[8] 주공을 담당한 제4사단에 대해서는 의정부 회랑에 연한 지역의 한국군의 병력 배치를 확인할 것을 요구했다. 6월 22일 각 사단은 예하부대에 전투명령을 하달했고, 23일에는 공격배치가 완료되었다. 장교들은 병사들에게 '이것은 연습이다'고 가르쳤으나, 많은 병사들은 23~24일 밤에 남침이라는 사실을 알았다.

다. 한국군의 방어태세

1949년 12월 27일 육군본부 정보국에서 작성한 「종합정보보고」의 결론은 다음과 같다.

> 최근 적정과 제반 정세를 종합하건대, 명년(1950년) 춘계를 계기로 적정에 급전적 변화가 예기되며…전쟁준비를 급속도로 촉진시킨 다음 38선 일대에 걸쳐 전면적 공세를 취하고 일거에 대한민국의 전복을 기도할 것임.[9]

이 정보서에 입각하여 육군본부 작전국(국장 강문봉 대령)은 「육본 작전명령 제38호」를 1950년 3월 25일 작성하여 총참모장 대리 신태영 소장의 명의로 각 부대에 하달되었는데 주요 내용은 다음과 같다.

---

7) 조선민주주의 인민공화국과학원 역사연구소 편찬, 전게서, p. 41.

8) 주영복, 전게서, p. 245.

9) 국방부 전사편찬위원회, 『한국전쟁사』 제1권, 1967, p. 749.

•군은 별지 요도와 같이 배비의 중점을 의정부 지구에 두어 방어지대를 구성하고 적 공격을 진전에 격파하여 38도선 부근을 확보하려 함.
•육군 방어계획 별지 부록 제4호 참조.
•제7사단은 (995-1673)·(1038-1689) 간에 주진지를, (995-1689·5)·(1036- 1684) 간에 예비진지를 준비하고, (995-1695)·(1041-1692·5) 간에 경계진지를 구성하라. 특히 일부 화력을 제1사단 진전 적암赤岩 동북 대지상에, 일부 화력을 제6사단 진전 적목리赤木里 부근을 지원할 수 있도록 준비하라.…
•소요 계획이 작성 완료되면 친히 작전 교육국에 반납할 것.
•소지기간 : 명령 수령 후 2일간

〈육군작명 제38호 별지 부록 제4호〉
육군 방어계획
제1 방침
군은 투명도 제1도와 같이 중점을 의정부 정면에 보지하고 진전에서 적을 섬멸하려 함.…

제3 각부대의 임무
1. 제1, 제7사단
배비(배치)의 중점을 의정부 방면에 보지하며 적의 전차를 수반하는 주공을 보·포步砲의 저항으로써 소모시키며 이를 진전陣前에서 섬멸시킴. 특히 경계선 전투에 있어서는 점차로 주요 도로 및 교량을 파괴하면서 예정의 주저항선主抵抗線까지 전진轉進함.…[10]

각 예하사단은 「육본 작전명령 제38호」에 입각하여 사단의 방어계획을 작성했다.

채병덕 예비역 소장은 1949년 12월 14일부로 현역에 복귀했다가 1950년 4월 10일 육군 총참모장에 재취임했다. 그런데 북한군의 남침 위기설이 떠도

10) 안용현, 『한국전쟁의 허와 실』(서울 : 고려원, 1987), pp. 68~73.

는 긴박한 정세 하에 총참모장은 6월 10일부로 건국 이래 최초로 일선 사단장급의 대인사 이동을 단행했다.

5월 1일의 메이데이 또 5월 30일의 총선거로 인하여 각 부대는 비상경계를 장기간 자주 실시했기 때문에 상례적인 행사가 되어 장병들의 사기 및 긴장이 풀어져 있었다. 거기다 특별한 징후가 없다고 하여 6월 23일 비상경계를 해제했다. 그리하여 24일은 토요일이라 부대의 장병들은 외출·외박을 하였고 또 이날 저녁 용산의 육군 장교클럽의 개관연회가 열렸다. 여기에는 재경지구在京地區 및 가까운 일선지역의 지휘관과 국방부 및 육군본부의 수뇌들이 대부분 참석하였고, 총참모장을 비롯한 일부 수뇌들은 2차로 국일관에 가서 향연을 즐겼는데 끝난 것은 25일 오전 2시경이었다.

라. 초기작전의 경과

북한군의 작전개념은 제1군단이 서쪽에서 주공主攻 제3·4사단을 주력으로 의정부-서울방향으로 진격하여 서울을 점령하고, 한강 이북에서 한국군 주력을 포위·섬멸하며, 제2군단은 동쪽에서 조공으로 춘천을 돌파하여 남쪽으로 진격하는 한편 일부 병력을 서울 동남방으로 진출시켜 서울 포위에 기여케 하는 것이었다.

북한군은 1950년 6월 25일 04시경 38선 전역에 걸쳐 포사격을 시작하면서 전차를 앞세우고 기습남침을 개시했다.

1) 서울지역의 전투

북한군은 연천-동두천-의정부 접근로에 제4사단(제107 전차연대), 운천-포천-의정부 접근로에 제3사단(제109 전차연대)을 투입하여 공격해 왔다. 적의 주공방향의 한국군은 제7사단으로 2개 연대를 전방에 배치하였고 사단 예비인 제25연대는 예속변경으로 인해 온양에 주둔하고 있었다. 적은 25일 아군의 방어진지를 돌파하여 동두천-포천선까지 진출했다. 26일 아군은 의

정부 정면에 제2사단과 수도사단 등 후방병력을 투입하여 역습을 시도했으나 모두 격파당하여 의정부도 상실하고 말았다. 지도체계가 무너진 한국군은 조직적인 저지력을 발휘할 수 없어 갈팡질팡하다가 의정부-서울 간의 교량도 파괴하지 못하고 28일 01시를 전후하여 미아리 방어선이 붕괴되어 적 전차가 서울에 진입하게 되었다. 그리고 28일 02시 30분 한강교를 폭파하고 말았다.

개성-문산지구를 방어하던 국군 제1사단은 북한군 제6·1사단의 공격을 받아 임진강 방어선으로 철수하였고 일부 병력은 김포방면으로 후퇴했다. 그런데 임진교의 폭파에 실패하였으나, 예비 방어선에서 효과적인 저지로 28일까지 진지를 고수했다. 그러나 서울이 함락되어 행주 나루에서 한강을 도하하여 철수했다.

2) 춘천지역의 전투

북한군 제2군단은 당일에 춘천을 점령하고 서울과 원주방향으로 진격할 임무가 부여되어 있었다. 그리하여 제2사단으로 하여금 춘천을 공격케 하고, 제7사단은 홍천방면을 공격케 했다. 그런데 한국군 제6사단은 춘천 북방에서 유리한 지리적 이점과 효과적인 포병운용으로 적에게 막대한 피해를 주었을 뿐만 아니라, 당일에 춘천을 점령할 가망이 없었다.

한편 북한군 제7사단은 순조롭게 홍천으로 진격했는데, 25일 저녁 제2군단장의 명령으로 일부 병력만 잔류시키고 사단 주력은 인제로 북상 반전케 하여 측방에서 춘천을 공격하게 했다. 그 이유는 제2 군단장이 남침 전 총참모부 작전국장으로 있으면서 남침계획을 수립한 관계로 춘천을 점령함으로써 서울 북방에서 한국군 주력을 격멸한다는 기본 임무를 잘 알고 있었기 때문이었다. 제6사단은 춘천을 27일까지 잘 고수했으나 서부전선의 붕괴, 퇴로의 차단을 염려하여 28일 후퇴를 하였다. 북한군 제2사단은 막대한 피해를 입고 가평을 경유하여 서울로 진출했고 제7사단은 홍천-원주방향으로 진격했다.

3) 동해안 지구

북한군 제5사단에 부여된 임무는 동해안 도로를 따라 신속히 진격하여 포항으로 진출하는 데 있었다. 이를 돕기 위해 게릴라 부대는 강릉, 옥계 및 임원진에 상륙하였다. 이리하여 제5사단은 처음부터 정규전과 게릴라전을 배합하여 한국군 제8사단의 퇴로 차단과 북한 제2군단 주력의 남진南進을 측방에서 지원했다.

마. 전략적 논평[11]

1) 전쟁지도戰爭指導에 대하여

전쟁지도란 전시 국력운용에 관한 지표로서 전쟁수행의 요강, 무력행사에 따르는 지휘와 국가전략과 군사전략을 통합 조정운용하고 또한 전쟁목적을 달성하기 위한 국가 총력을 조직화하여 전승 획득에 집중시키는 지도역량과 기술을 말한다. 특히 전쟁지도는 정치적 작용이 군사행동을 지도하여야 하며, 전쟁의 준비, 개전開戰, 전쟁수행, 전쟁 종결 그리고 전후戰後 처리과정에서 그 지도 역량이 충분히 발휘되어야 한다.

예컨대 전쟁준비라고 한다면 다음 사항을 포함하고 있다.

(1) 국방방침의 수립

(2) 전쟁계획의 수립

(3) 적국의 국력 및 전력의 파악

(4) 국민의 전쟁에 대한 정신적 준비

(5) 작전준비, 특히 인적·물적 동원의 준비와 작전계획의 수립

(6) 국가경제의 준비

11) 이종학, 「한국전쟁 초기작전의 분석」, 한국국방연구원 제5회 국방학술토론회(1988. 6.) 참조.

(7) 적재적소에의 인사배치 등.

남·북한은 건국한 지 2년도 되지 않았을 뿐만 아니라, 10만 명 이상의 병력을 동원한 전면전쟁의 준비와 수행을 담당할 인재(전쟁 지도자의 경력 대조표 참조)와 물자(군수문제)가 없었다.

전쟁 지도자의 경력 대조표

1950. 6. 25.

한 국		북 한	
대통령	이승만 : 74세, 배재학당 졸업, 미국 프린스턴 대학 졸업, 철학박사.	수상	김일성 : 37세, 게릴라 대장, 소련군 소령.
국방장관	신성모 : 58세, 런던항해대학 졸업, 영국 선박 선장.	보위상	최용건 부원수 : 49세, 중국운남군관학교 졸업, 게릴라 활동, 소련군 대위.
		총참모장	남 일 중장 : 35세, 소련 타시켄트 대학 졸업, 소련군 대위.
총참모장	채병덕 소장 : 32세, 일본 육사 졸업, 부평 육군 조병창 제1 공장장, 일본군 소령.	전 총사령관	김 책 대장 : 모스크바 공산대학 졸업, 소련군 중령.
부장	김백일 대령 : 32세, 봉천군관학교 졸업, 게릴라 토벌활동, 만주군 대위.	참모장	강 건 중장 : 게릴라 활동, 소련군 총위.

소련은 1950년 4월 다량의 군수물자[12]를 북한에 공급했을 뿐만 아니라, 앞에 얘기한 바와 같이 바실리예프 중장 외 10여 명의 고급 군사고문관을 파견하여 북한의 전면적 남침 공세를 위한 전략계획을 수립해 주었고 또 작전의 수행을 지휘·감독했다.

12) 주영복, 전게서, pp. 212~223.

한편 미국은 한국의 전략적 가치에 대한 부정적 평가에 따라 군사원조에 적극적인 자세를 취하지 않았고 또 한국정부가 요구한 항공기, 전차, 대포 등의 중무기重武器는 지원할 생각도 하지 않았다. 이승만 대통령은 한국에서의 공산주의의 위협은 미국의 점령정책에 기인하는 결과이므로, 미국은 북한의 침입에 대항하는 데 필요한 무기를 한국에 공급할 의무가 있다고 주장하고 군사원조를 청했으나 거절당했다.

이승만 대통령은 군사에 대한 경륜이 없었고, 거기다 북한의 군사적 위협이 가중되는 상황 하에서 군사문제에 밝은 전문가의 자문제도를 만들었어야 했다. 그런데 그렇게 하지 않고 신성모를 국방장관 겸 국무총리 서리, 채병덕 소장을 육군 총참모장에 임명했는데, 이것은 결코 적재적소의 인사배치라고 말할 수가 없다. 왜냐하면, 신성모 장관은 군사에 대한 경륜이 전연 없는 선장 출신이었고, 채병덕 소장은 실전뿐만 아니라 야전부대의 지휘에 전연 경험이 없었기 때문이다.

2) 육군 총참모장 채병덕 소장에 대하여

『손자』에 의하면 "용병술을 잘 아는 장수는 국민의 생명을 맡은 사람이요, 국가의 안위를 좌우하는 사람이다"[13]고 했는데, 초기작전을 분석해 본다면 정말 실감나는 내용이라 말하지 않을 수 없다. 한 장수를 육성하자면 최소한 20년 이상의 세월과 경륜을 쌓아야 하는데, 건국과 건군이 일천한 그 시점에서 그의 총참모장으로서의 자질을 책망한다는 것은 너무 가혹하다. 그러나 그는 자신의 경험과 능력으로 미루어 보아 총참모장 직책을 사양했어야 했고, 오히려 무기의 생산 및 연구·개발 분야에 종사했더라면 국가와 군뿐만 아니라 자신을 위해서도 좋았을 것이다. 그리고 다음 사항은 교훈으로서 생각하지 않을 수 없다.

---

13) 『손자』, 第二, 作戰.

가) 정보의 소홀이다.

『손자』에 의하면 "지피지기 백전불태知彼知己百戰不殆"라 했고 또 "총명한 군주나 현명한 장수가 행동하기만 하면 적에게 승리하고 여러 다른 사람들보다 출중한 공을 세우는 것은 먼저 적의 능력과 의도를 알기 때문이다"[14] 고 했다. 전승의 필수조건은 정보의 획득과 활용에 있다는 것은 전사戰史가 잘 설명해 주고 있다. 그런데 채 소장은 인민군이 보유하고 있는 122㎜ 곡사포와 T-34 전차의 존재를 시인하려고 하지 않았으며, 특히 1950년 6월 24일 육본 작전정보실에서의 긴급회의 시 "북괴는 38도선 전 전선에 걸쳐 6월 24일 밤이나 6월 25일 아침에 공격할 것이다"[15]고 보고했으나, 묵살하고 대책을 강구하지 않았다.

나) 용병술에 대한 무지無知

1950년 6월 27일 새벽 1시쯤에 열린 「비상 국무회의」에서 초대 국무총리와 국방장관을 역임한 이범석 장군의 증언은 주목할만 하다.

> 회의 벽두에 신성모 국방이 일어나 전황 브리핑을 했는데 안일하고 낙관적인 것이었지. 그것은 마치 어떤 국지전투에서 분대장의 전투보고와 같은 것이었단 말이에요. 특히 적정敵情에 대해서는 전혀 아는 바가 없었거든요. 참 한심하지. 그래서 나는 "국방장관 이야기는 더 들을 필요가 없다"고 핀잔을 주었어요. 나는 자격의 권외圈外 사람이지만 다시 일어나 발언을 했지. 요컨대 서울을 사수하겠느냐, 또는 서울 주변에서 저항하여 시간을 쟁취하겠느냐. 위의 두 가지를 못 할 형편이면 서울을 철수하여 환도還都하는 수밖에 없지 않느냐, 하는 세 가지 방안에 대하여 시급히 결정을 내려야 한다고 말에요.…[16]

이 세 가지 전략적 방책은 그 상황에서는 적절한 방책들이었다. 채 소장

---

14) 『손자』, 第十三, 用間.

15) 육군본부 정보참모부 간, 『북괴 6·25남침분석』(서울 : 1970), p. 78.

16) 중앙일보 편, 『민족의 증언-한국전쟁 실록』1 (서울 : 을유문화사, 1972), p. 33.

은 전선시찰도 했으니 적절한 방책을 선택했어야 했다. 그런데 그는 인민군을 격퇴시킬 만한 전력과 준비도 없이 서울 사수를 택하여 후방의 예비사단 병력을 축차 투입하였고 또 이형근 준장(제2 사단장)의 건의도 묵살하고 말았다.

만약 당시 셋째 방안을 택하여 후방의 예비사단을 영등포 방면에 포진케 하고 한강 이북에서는 일부 병력으로 적군과 접전케 하면서 주력과 중장비 그리고 시민들을 철수시키고, 그 후 한강의 인도교와 철교를 완전히 폭파했더라면, 도강渡江 장비가 부족했던 인민군으로서는 T-34 전차의 도하에는 시간이 걸렸을 것이요, 또 아군은 지연작전으로 시간을 벌어 군의 재편성도 어느 정도 가능했으리라.

이와 비슷한 전례戰例를 소개하면, 1812년 9월 러시아의 쿠투스프 장군은 수도 모스크바를 지키기 위하여 전군의 희생을 각오하고 나폴레옹군과 결전할 것인가, 아니면 군대를 보존하기 위하여 모스크바를 희생할 것인가를 결정해야 할 중대한 기로에 서게 되었다. 여기서 그는 러시아를 구출하는 것은 군대뿐이라고 생각하여 군대를 보존하기 위하여 수도를 버리고 카루가 부근으로 철수했다. 그는 많은 비난과 욕설을 들었지만, 그의 판단이 옳았다는 것은 곧 판명되었다. 즉 나폴레옹군은 패퇴했기 때문이다.

우리를 더욱 놀라게 하는 사실은 채 소장이 26일 국회에 와서, "사흘 안으로 평양을 함락시키겠다"고 호언하였고, "적을 의정부 밖으로 격퇴했다"고 말했으나, 황성수 의원은 맞은편에 살던 채 소장을 직접 집으로 찾아가서 물으니, 그는 대뜸 "빨리 떠날수록 좋다"면서 "어제 국회에서 한 보고는 군기軍機라 할 수 없이 거짓말을 했다"[17]는 것이다.

더욱이 총참모장이 전황을 파악하기 위해 제7사단을 여러 번 방문했는데, 사단장은 언제 전황을 파악하고 작전지휘를 한단 말인가?

왜 지휘 통신망을 준비해 두지 않았던가?[18]

---

17) 상게서, p. 38.

18) 미 제24사단의 대전전투에서의 패인도 통신의 두절에 있었다. 그리하여 "전장에 있어서 통신

왜 작전을 용이하게 지휘할 수 있는 군단편성을 해 두지 않았던가?

다) 모순된 여러 조치

초기작전과 관련하여 채 소장은 여러 가지 모순된 조치를 취했다. 즉 방위진지 건설 건의를 묵살한 것, 6월 10일 군 수뇌·사단장의 대인사이동을 실시한 것, 6·25전쟁 3일 전 그동안 계속된 비상경계를 해제한 것, 24일 주말에 외출·외박을 실시한 것, 한 달 전 각 연대에 4문씩 있던 대전차포를 수리 차 거둬들인 것, 뒤에 있었던 심야 파티 등이다.[19]

신흥우(한국의 초기 YMCA지도자)는 이 대통령으로부터 국방부와 군 고위층의 일부 인사가 좀 이상한 것 같으니 조사해 보라는 분부를 받고, 미처 조사해 볼 사이도 없이 큰일을 당했다고 말했다.[20]

6월 24일 밤 2차의 심야 파티는 국일관에서 25일 새벽 2시경에 끝났는데, 그 파티의 비용을 낸 사람은 정국은(鄭國殷)이라는 설이 있는데, 이것은 철저히 규명되어야 한다.

3) 일선 지휘관의 자질

열세한 무기와 장비 그리고 중대 내지 대대훈련 밖에 하지 못한 부대를 지휘하여 초기작전을 수행한 사단장(약력표 참조)을 비롯하여 예하 지휘관들의 노고에 대해서는 치하하여도 지나치지 않을 것이다. 그러나 초기작전의 패인을 전적으로 T-34 전차를 대적할 대전차포가 없었고 또 화력의 열세에만 있다고 한다면, 당시 춘천방면의 제6사단의 선전善戰은 어떻게 설명할 것인가?

이 전투의 승패를 결정하는 가장 중요한 요소"라 했다. Roy E. Appleman, *South to the Nakton, North to the Yalu* (Washington : Department of the Army, 1961), p. 179.

19) 중앙일보사 편(1972), 전게서, p. 260.

20) 상게서, p. 261.

사단장 약력표

1950. 6. 25.

사 단	성 명	계급	연령	임명일자	약 력
수도경비사령부	이종찬	대령	33세	1950. 6. 18.	일본 육사 졸업. 일본군 소령
제1사단	백선엽	대령	29세	1950. 4. 22.	만주군관학교 졸업. 만주군 중위.
제2사단	이형근	준장	29세	1950. 6. 20.	일본 육사 졸업. 일본군 대위
제3사단	유승렬	대령	?	1950. 4. 22.	일본 육사 졸업. 일본군 대령
제5사단	이응준	소장	58세	1950. 4. 22.	일본 육사 졸업. 일본군 대령
제6사단	김종오	대령	28세	1950. 6. 10.	학도출진. 일본군 소위
제7사단	유재흥	준장	28세	1950. 6. 10.	일본 육사 졸업. 일본군 대위
제8사단	이성가	대령	27세	1950. 6. 10.	중국 중앙군관학교 졸업. 중국군 소령

한국군이 보유하고 있었던 105밀리 곡사포 및 2.36인치 대전차포도 T-34 전차를 파괴할 수 있었다.[21] 당시 제1 사단장이었던 백선엽 장군은 다음과 같이 회고했다.

> 당시 국군의 대전차포가 전차에 대해 전혀 무력無力한 것은 아니었다. 파괴는 못 했지만 이를 잘 활용하면 저지할 수는 있었다. 또 포병을 활용하여 전차를 파괴할 수도 있었다. 제1사단은 도합 11대의 적 전차를 파괴했다.…특히 대전차 중대가 철판 관통력이 큰 철갑탄을 보유하지 못했던 것이 치명적이었다. 더구나 병사들은 전차를 본 적도 없거니와 대전차 훈련을 한 번도 치러본 적이 없었다. 병사들은 첫날부터 소위 '전차 공포증'에 시달리게 됐다.[22]

1950년 3월에 작성하여 배포된 「육본 작전명령 제38호」 및 「별지 부록 제4호」에 "적의 전차를 수반하는 주공主攻을 보·포步砲의 저항으로써 소모

21) Roy E. Appleman, *South to the Nakton, North to the Yalu*, p. 72. 및 p. 162.

22) 「경향신문」, 1988년 6월 25일 및 7월 8일자.

시키며 이를 진전陣前에서 섬멸"시키라는 부대 임무가 제1·7사단에 부여되어 있었는데, 왜 전차에 대한 대항책과 훈련을 실시하지 않았던가? 「육본작전명령 제38호」의 작성자였던 강문봉 작전국장은 그 실재實在를 주장했으나, 6월 10일의 인사이동으로 임명된 정래혁 작전과장, 장창국 작전국장, 이종찬 수도경비사령관 등은 그런 문서를 보지 못했다고 했다.[23] 이것은 업무의 인수·인계가 잘못 이루어졌고 또 과잉 보안조치로 인해 읽어서 알아야 임무를 수행할 간부들에게까지 그 기회를 앗아가 버렸기 때문에 야기된 문제였다.

전세가 불리해졌을 때야말로 일선 지휘관들은 진두에서 지휘·통솔력을 발휘해야 하는데, 과연 어느 정도였을까?[24] 초기작전에서 일선 지휘관의 사상자는 얼마나 되었는가? 이 문제에 대한 실패의 패인분석이야말로 오늘날에 있어서도 군 간부에게 귀중한 교훈이 될 것이다.

군 간부는 그 계급과 직책에 상응하는 군사 전문지식을 연구하여 그것을 능력화해야 하고, 군의 임무수행에 사명감을 가져야 한다는 것은 재론할 필요가 없을 것이다.

4) 한강교 조기早期 폭파에 대한 책임 소재는?

한강 이북의 미아리 방어선과 수색방면에 주력부대, 중화기, 차량 및 보급품 등을 남겨둔 채 6월 28일 새벽 02시 30분경 한강다리는 폭파되었다. 그런데 한강다리 조기 폭파를 둘러싼 지휘관의 책임의 소재가 아직까지 분명하게 해결되지 않았다는 것은 아쉬운 점이다.

1950년 9월 15일 군법회의에서 공병감 최창식 대령은 한강 철교 및 인도교의 조기 폭파에 대한 책임을 물어 사형판결이 내려졌고 9월 21일 총살형이

---

23) 佐々木春隆,『朝鮮戦争/韓国編』中巻 (東京 : 原書房, 1976), pp. 123~128.

24) 딘 소장은 다음과 같이 회고했다. "당시 敵我의 배치는 불명하였다. 본인이 최후까지 대전에 남아 있었던 몇 가지 이유 중…한국군 지휘관에게 시범하고, 한국군에게 확신을 주기 위한 것이었다.…" Roy E. Appleman, *South to the Nakton, North to the Yalu*, p. 181.

집행되었다. 그러나 1962년부터 1964년까지 재심을 거쳐 1964년 10월 23일 원심판결을 뒤엎고 무죄로 확정되었는데, 그렇다면 그 책임자는 누구인가?

지휘권이라 함은 군대를 지휘·통솔하기 위하여 한 개인에게 부여된 권한을 말한다. 법과 규정에 의하여 보장되는 이 권한은 전가할 수 없을 정도의 책임을 동반한다. 따라서 모든 상황 하에서 부대의 성패成敗에 관하여 지휘관만이 책임을 진다는 것을 알아야 한다.

5) 작전지휘권의 이양문제

1950년 7월 7일 유엔 안전보장이사회의 결의에 따라 유엔 연합군사령부가 설치되었고, 7월 14일 한국군의 작전지휘권이 공식적으로 이 대통령 공한公翰에 의해 유엔군 사령관 맥아더 장군에게 이양되었다. 그 후 1954년 11월 17일 한미 합의 의사록에서는 작전통제권이라고 하여 순수한 군 작전에만 한정시켜 권한의 범위가 많이 축소되었으나 실제에 있어서는 그렇지 못했다.

1978년 11월 7일 한미 연합군사령부가 창설됨으로써 한국군도 작전통제권 행사에 참여할 수 있게 되었다. 이 사령부의 창설의의는 첫째, 한미 군사협력과 유대강화를 위한 제도적 장치가 마련되었다는 점이며, 둘째, 한국군으로서는 주한미군의 완전철수에 대비하여 작전통제권을 인수할 수 있는 기반을 갖추게 되었다는 점과, 셋째, 한국군은 형식상으로나마 작전지휘에 공동 참여할 수 있게 됨으로써 한미 군사협력의 수평적 관계를 유지할 수 있게 되었다는 점에 있다고 할 수 있다.[25]

한국이 작전지휘권을 유엔군 사령관에게 이양함으로써 한국의 국방에 기여한 긍정적 측면도 있지만, 반면에 부정적 측면도 있다. 특히 전략적 측면에서 본다면, 한국군은 6·25전쟁과 월남전쟁을 통해 전투는 수행했어도 전쟁을 수행해 보지 못했다는 것이다. 환언하면, 전략적 차원인 전쟁의 준

---

25) 동아일보사 편, 『東亞年鑑 1979』(서울 : 동아일보사, 1980), p. 332.

비와 수행에 대한 체험이 없다는 것이다.

한미 연합사령부가 수립한 군사전략과 한국군이 작전통제권을 인수한 후 우리의 국가목적을 달성하기 위한 한국 군사전략은 분명히 달라야 하고 또 그것은 우리 스스로가 수립해야 한다. 그런데 다른 분야의 군사 전문가들은 선진국에서 상당수 연구를 해왔으나, 과연 용병술 분야의 인재양성과 관리는 어느 정도 하고 있는가?

3. 인천상륙작전

가. 낙동강선의 방어작전

북한군은 한국군과 유엔군의 지연작전에도 불구하고 계속 적극적인 공세를 취하여 낙동강 주변까지 진출했다. 낙동강은 남부 태백산맥 일대에서 안동을 거쳐 상주·대구를 지나 부산 서쪽에 이르는 길이 약 425km의 큰 강이다. 이 강은 경상남북도에 대한 하나의 궁형弓形을 형성하고 있으며, 상류의 일부를 제외하고는 거의 도보에 의한 도강渡江은 불가능하다. 당시 한국군과 유엔군이 낙동강을 최후의 방어선으로 정한 것은 이러한 지리적 이점이 있었기 때문이었다.

1950년 8월 초순, 한국군과 유엔군이 방어하고 있던 낙동강 방어선은 약 250km에 달하고 있었다. 이 전선의 내곽지역은 부산을 거점으로 하여 남북으로 약 140km, 동서로 90여km가 되는 긴 네모 형태를 이루고 있었고, 왜관을 중심으로 하여 남쪽의 남서부 전선에는 미군 3개 사단, 그 동쪽의 중동부 전선에는 한국군 5개 사단이 배치되어 있었다. 이리하여 한국군과 유엔군은 내선작전內線作戰을, 그리고 북한군은 외선작전外線作戰을 수행하는 태세를 갖추게 되었다.

북한군의 8월 공세는 목표를 대구 점령에 두고 주공을 이곳에 지향하되, 전 전선의 가용한 모든 접근로에서 동시에 공격을 개시하는 즉시 유엔군의 전투력을 분산시키고, 어느 축선에서든지 돌파구가 형성되면 이를 확대하면서 후방 깊숙이 침투하려고 했다.

대구는 당시 임시수도(1950. 7. 16.~8. 18.)인 동시에 부산 교두보의 전략적 요충지였다. 북한군이 결전장으로 선택한 상주-다부동-대구 축선에 투입한 3개 사단(제13, 15, 3사단)과 이와 대치한 것은 한국군 제1사단이었다. 여기서 유명한 다부동 전투(1950. 8. 4.~8. 30.)가 시작되었으며, 연일 양군 사이에는 치열한 공방전이 계속되었다. 27일간에 걸친 다부동의 혈전血戰에서 제1사단은 승리를 했으며, 대구의 최후 방어선을 사수했다. 북한군은 8월 공세에서 7만여 명의 병력과 많은 장비를 상실했고, 병참 사정이 여의치 않아 공격은 중단되었다.

북한군의 9월 공세는 현풍에서 왜관에 이르는 낙동강 좌안左岸을 견제공격하면서 북쪽에서 공격하여 대구-영천방면에서 한국군을 포위·섬멸하고자 했다. 공격 개시일은 남서부 전선에서는 8월 31일로, 그 밖의 전선에서는 9월 2일로 정하고 야간전투 위주의 공세작전을 수행한 것이 9월 공세의 특징이기도 했다.

이러한 북한군의 공세는 초기에 있어서 상당한 기습 효과를 달성하여 전 전선에서 한국군과 유엔군의 방어선을 돌파하는 데 성공했다. 그리하여 영산·다부동·영천·안강·포항이 북한군의 수중으로 들어가고, 대구와 경주가 위협받게 되자 전세는 낙동강 방어선의 전면적 붕괴로 이어질지도 모를 위급한 사태가 벌어졌다. 이러한 가운데 한국군과 유엔군은 총력을 집중하여 낙동강 방어선을 고수했는데, 특히 영천전투(1950. 9. 2.~9. 12.)는 가장 치열했고, 여기서 한국군의 반격으로 인민군 제15사단은 패주하여 거의 와해되어 버렸다. 이리하여 9월 10일경부터 북한군의 공격은 중단되었으며, 그들의 부산점령의 최후의 기도는 좌절되고 말았다.

그러나 전쟁을 승리로 전환하려면 모든 역량을 다해 적 후방 어느 지점에 적전敵前 상륙을 해야 하였다. 그날은 9월 15일로 결정되었던 것이다.

나. 맥아더 장군의 전략개념

맥아더 장군이 6·25전쟁에서 승리하기 위해 적의 후방에 상륙할 것을 생각한 것은 자연스럽고 또한 예측 가능한 것이었다. 제2차 대전 중 바탄 전역戰役 후 거의 수륙 양면작전이었으며, 호주에서부터 루손섬에 이르기까지 적이 점령한 섬을 차례로 석권하였다. 해상 통제권은 군사력에 기동력을 부여하고, 기동력과 기동전은 항상 귀중한 대가와 신속한 결정을 가져왔다. 해상작전으로 적의 후방에 우회하여 후방의 보급 및 병참선을 공격하는 것은 맥아더 장군의 호소력이 있는 대전술적大戰術的 감각이었다.[26)]

1950년 6·25전쟁이 일주일쯤 지났을 때, 맥아더 장군은 그의 참모장 알몬드 장군에게 서울에서 적의 병참선 중앙부를 타격하기 위하여 상륙작전계획을 준비하고 이를 수행하기 위한 상륙지점을 연구하라고 지시했다. 이 최초의 계획은 '블루-하츠(Blue-Hearts)'라고 불렸고, 제안된 작전 일자는 7월 22일이었으나, 당시 적의 남진을 저지시킬 미군과 한국군의 능력 부족 때문에 7월 10일에 포기되었다. 블루-하츠(Blue-Hearts) 작전이 중단된 후에도 새로운 계획은 진전되고 있었다. 이 계획은 극동군 사령부의 합동전략기획단(JSPOG)에서 취급하였는데, 작전참모인 라이트 장군이 이 기획단을 지휘하였다.[27)]

7월 23일 라이트 장군은 맥아더 장군의 지시에 따라 총사령부 각 참모부에 크로마이트(Chromite) 작전의 개요를 회람시켰는데, 크로마이트라는 상륙작전은 9월에 실시할 예정으로 다음과 같은 3개 안이 있었다.

---

26) Roy E. Appleman, *South to the Nakton, North to the Yalu*, p. 488.

27) Ibid., pp. 488~489.

(1) 기획 100-B는 서해안 인천에 상륙하는 것.

(2) 기획 100-C는 서해안 군산에 상륙하는 것.

(3) 기획 100-D는 동해안 주문진 부근에 상륙하는 것.

기획 100-B는 인천상륙과 동시에 8군이 정면에서 공격하는 것으로 되어 있었다. 7월 23일 맥아더 장군은 한국에 있는 제5 해병연대와 미 제2 보병사단을 남부의 8군과 협조하여 9월 중순경에 적의 후방에 상륙시킬 계획이라고 육군성에 보고했다.[28)]

미 합참본부에서는 전세가 불리하여 계속 밀리고 있는 판국에 적 후방에 상륙작전을 하겠다는 맥아더 장군의 견해가 잘 납득이 가지 않았다. 그리하여 육군 참모총장 콜린스 대장과 해군 참모총장 셔먼 제독을 도쿄(東京)에 파견하여 무엇이 일어나고 있는가를 명확히 알아오게 하였다. 1950년 8월 23일[29)] 도쿄(東京) 제일빌딩에서 맥아더 장군, 콜린스 대장, 셔먼 제독을 비롯한 주요 지휘관·참모들이 참석한 가운데 회의가 개최되었다. 맥아더 장군이 간단히 소개한 후 라이트 장군이 상륙작전의 기본 계획을 보고하고, 그 후 도일 제독이 해군의 의견을 설명했다. 그는 비관적인 어조로 "작전이 불가능하지는 않다. 그러나 나는 이를 건의할 수가 없다"[30)]고 결론을 내렸다. 그리고 셔먼 제독은 "모든 가능한 지리적 그리고 해군의 장애를 열거하라면, 인천은 그 모든 장애를 갖추고 있다"[31)]고 했다. 콜린스 대장은 대체안代替案으로 군산을 제의했다. 잠시 침묵이 실내 회의장을 긴장케 했다. 맥아더 장군은 조용히 일어나 다음과 같이 말했다.

> 북한의 대병력은 낙동강 방어선에 집중되어 있다. 적은 인천 방어에 적

---

28) Ibid., p. 489.

29) 애플먼(Appleman)은 7월 23일(Ibid., p. 493)이라 했으나 잘못이다. James F. Schnabel, *Policy and Direction : The First year* (Washington : United States Army, 1972), p. 149 및 Douglas MacArthur, *Reminiscence* (New York : Mcgraw-Hill, 1964), p. 347.

30) Roy E. Appleman, *South to the Nakton, North to the Yalu* , p. 493.

31) Douglas MacArthur, *Reminiscence*, p. 348.

절한 대처를 하지 못하고 실패할 것으로 나는 확신한다. 인천 상륙에 대한 실행 불가능성에 대하여 제기된 주장들은 나에게 기습의 요소를 더욱 확신케 해 준다. 누구도 그러한 위험을 무릅쓰고 공격을 실행하리라고 적의 지휘관은 생각하지 않기 때문이다. 기습은 전쟁에서 성공의 가장 결정적 요소이다.…

해군측이 반대한 조류, 수로, 지형 그리고 물리적 장애는 실질적이고 적절한 것이지만, 극복할 수 없는 것은 아니다. 해군에 대한 나의 신뢰는 완전하다.…

군산 상륙에 대한 제안은 인천에 비해 위험은 적지만 비효과적이고 결정적인 것이 아니다. 그것은 포위할 수 없는 적군을 포위하고자 하고, 적의 보급선과 분배 센터를 파괴할 수도 없다.…

그러나 인천과 서울을 탈환하면 적의 보급선을 차단할 수 있고 한반도 전체의 확보가 가능하다. 적의 약점은 보급에 있다. 적은 남쪽으로 남하할수록 수송선은 길어져 그만큼 보급을 교란당할 위험성이 많아진다. 적의 북쪽으로부터의 주요 보급선은 어떤 것이든지 서울에서 전선 방면으로 연장되어 있다. 따라서 서울을 억눌러 놓으면 적의 보급망 활동을 꼼짝 못하게 완전히 마비시켜 놓을 수가 있다.…

만일 나의 판단이 그릇된 것이고 걷잡을 수 없는 적의 방어선에 부딪치게 된다든지 하면 나도 그때에는 현장에 있을 테니까 치명적인 반격을 받기 전에 부대를 즉시 이끌어 낼 것이다. 그러한 경우 우리들의 손해는 단지 나의 직책상의 오점이 될 뿐이다. 그러나 인천 상륙작전은 결코 실패하지 않으며 반드시 성공할 것이다. 그리하여 10만의 생명을 구할 것이다.[32)]

8월 29일 미 합참본부는 맥아더 장군에게 인천 작전계획에 조건을 붙여 동의한다는 전문을 보내왔다.

맥아더 장군의 인천 상륙작전의 목적은 서울지역에 있는 북한군의 보급근원을 파괴함으로써 적의 군수·보급체제를 완전히 분쇄하고 적의 전쟁 수

---

32) Ibid., pp. 349~350.

행능력을 철저히 와해시켜 버리는 데 있었다.

다. 인천 상륙작전 및 서울 탈환작전

1) 인천 상륙작전

이 작전의 주역인 미 제10 군단은 미 제1 해병사단과 미 제7 보병사단을 주축으로 편성되었고, 국군 제17 연대와 해병 4개 대대도 참가했으며, 총병력은 7만 명에 달했고, 함정은 260척이었다. 이 상륙작전의 일련의 목표는 인천항을 지배하고 있는 월미도와 인천을 점령하고, 다음에 김포 비행장을 장악하고 서울을 탈환하는 것으로 미 제1 해병사단이 주공으로 이 목표를 달성하는 임무가 부여되었다. 한편 미 제7 사단은 우측방을 경계하면서 수원방향으로 우회, 남진을 계속하여 낙동강 전선으로부터 총반격을 개시하여 북으로 진격하는 미 제8군 예하부대와 연결한 후, 북한군을 협격할 계획이었다.

9월 15일 02시부터 인천에 대한 상륙작전을 감행했으며, 이때 북한군의 저항은 미약하였다. 16일 인천 일원의 잔적殘敵을 소탕하고 18일 아침에는 김포 비행장을 완전히 점령했다.

그동안 해상에서 대기 중이던 미 제7 보병사단은 9월 16일 인천항에 진입하여 17일부터 상륙을 개시해서 수원방면으로 진격을 했다.

2) 서울 탈환작전

미 제10 군단장 알몬드 소장은 9월 18일 미 제1사단에 서울을 공격하여 탈환하라는 명령을 내렸다. 미 제5 해병연대는 9월 20일 능곡 쪽으로 한강을 도하하는 데 성공해서 수색방면으로 진격한 끝에 9월 24일에는 연희고지까지 진출했다. 그 뒤를 이어 능곡에서 한강을 도하한 미 제7 해병연대(국군 해병 1개 대대 배속)는 서울 북쪽의 북악산 방향으로 우회공격을 계속했다.

한편 9월 19일 영등포 남쪽에서 미 제7사단에 영등포 이남 지역에 대한 작전 임무를 인계한 우측의 미 제1 해병연대(국군 해병 1개 대대 배속)는 9월 22일 영등포 시내를 완전히 장악한 데 이어 9월 24일에는 마포에서 한강을 도하하여 치열한 시가전에 돌입했다. 그리하여 9월 27일 아침에 서울을 완전히 탈환했으며, 9월 29일에는 이승만 대통령과 맥아더 장군이 임석한 가운데 서울 탈환을 경축하는 의식이 거행되었다.

라. 전략적 논평

1) 군사작전의 걸작품 : 인천 상륙작전

맥아더 장군에 의해 구상되었고 또 수행되었던 인천 상륙작전은 한니발의 칸네 전투(B. C. 216), 루덴돌프의 탄넨베르크 전투(1914)보다 훨씬 더 훌륭한 군사작전의 걸작품으로 평가하지 않을 수 없다. 왜냐하면, 그는 불리한 전세로 인하여 계속 철수작전에 시달려 왔고 또 그의 전략개념에 대해 고위직위자 및 부하 지휘관·참모들의 반대 내지 회의를 설득시켜 실시했기 때문이다.

당의 명장이요, 또 병가兵家이기도 했던 이정(李靖, 571~649)에 의하면, "손자의 말에 '이길 만 하지 못할 때는 지키고, 이길 만 할 때는 공격한다'란 말은 적에게 아직 이길만한 허虛가 없기 때문에 아군은 잠시 방어를 취하고, 적에게 승리할 만한 약점이 생기는 것을 기다려 이것을 공격한다는 것을 말하였을 뿐이지, 병력의 다과多寡를 가지고 한 말은 아니다"[33]고 했는데, 이것은 적에게 공격을 가하여 승리할 만한 허점의 유무가 문제이지 결코 병력의 우열이 문제가 아니라는 것이다.

전쟁사戰爭史의 교훈에 의하면, 오직 공세 행동만이 결정적인 결과를 가져오며 또 승리를 위한 선행조건先行條件이다. 공세는 선제권과 주도권을 장악하게 되며, 적에게 우리의 의지를 강요할 수 있다. 마오쩌둥은 "모든 전쟁

33) 『李衛公問對』 下.

에 있어서 쌍방은 전장戰場에서, 전지戰地에서, 전구戰區에서 더욱이 전쟁 전체에서 모든 노력을 다하여 주도권을 장악하려 한다. 이 주도권이란 군대의 행동의 자유를 말한다"[34]고 했다.

낙동강의 방어와 인천 상륙작전

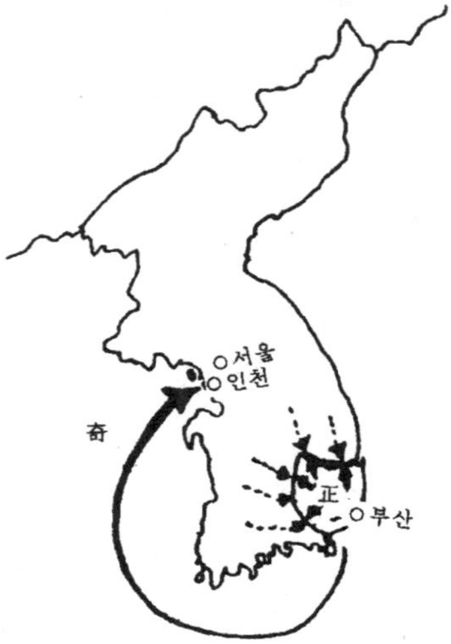

전쟁에서 주도권이 얼마나 중요한 역할을 하는가에 대해선 우리는 6·25전쟁을 통하여 뼈저리게 체험하였다. 즉 6월 25일 북한군의 기습적 공세로 전쟁의 주도권이 적에게 넘어가고 그것이 9월 15일 인천 상륙작전이 이루어진 연후에야 비로소 우리에게 넘어왔다. 그런데 8월 초순에는 쌍방의 병력이 비슷했고, 9월 초에는 우리가 월등하게 우세(한국군 및 유엔군 : 179,929 대 인민군 : 107,850)했을 뿐만 아니라, 제해·공권制海空權마저 거의 완전하게 장악하고 있었음에도 불구하고 계속 수세에 몰려 악전고투만 하였던 것이다.

공세의 방법에 대해서 『손자』는 다음과 같이 말하고 있다.

> 우리 병사들이 적과 마주쳐서 결코 패하지 않는 것은 적이 우리를 이길 수 없는 방어(正)와 우리가 적을 이길 수 있는 공격(奇)이 있기 때문이다. 돌을 가지고 알을 깨트리는 것처럼 쉽사리 싸우면서 반드시 승리하는 것은 충실한 전투력을 가진 군대(實)를 가지고 허술한 적(虛)을 공격하기 때문이다. 모든 전투는 정正으로써 대치하고 기奇로써 승리한다.[35]

34) 『毛澤東選集』 第二卷(北京 : 人民出版社, 1967), p. 379.

35) 『孫子兵法』, 第五, 兵勢.

한국군과 유엔군은 낙동강 방어선에서 북한군의 공세를 저지하고 있었는데, 이것은 정正에 해당되고, 미 제10군단에 의한 인천 상륙작전은 기奇에 해당된다. 그리고 미 제10군단의 병력은 7만 명으로 실實에 해당되고, 인천 지역의 북한군의 병력은 6,500명으로 허虛에 해당된다. 따라서 맥아더 장군의 기습적 인천 상륙작전은 군사 원칙에도 합당하다는 것을 우리는 알 수 있다.

한편 미 행정부는 인천 상륙작전의 대승리를 국제 정치적 내지 외교적으로 활용하는데 소홀하였다. 그것은 정치와 군사가 잘 결합되지 못했음을 나타냈는데, 후에 중공군의 개입과도 관련이 있는 것으로 평가된다.

2) 고수냐 아니면 죽음이냐

1950년 7월 26일 북한군이 대구에 대하여 압박을 증가시키자 대체시킬 수 없는 통신장비 때문에 워커 장군은 그의 사령부(제8군)를 부산으로 철수시킬 것을 도쿄 사령부에 요청했다. 그러나 그는 그의 사단을 항구도시로 후퇴시키겠다는 의사는 아니었다. 이에 알몬드 장군은 개인적으로 이러한 사령부의 이동에 대해서 반대 의사를 표명했다. 사령부를 부산으로 옮긴다는 것은 군의 사기를 떨어뜨릴 우려가 있으며, 제8군이 더이상 한국에서 지탱을 못하고 철수를 개시할 수밖에 없다는 인상을 안겨주기 때문이라고 말하였다.

워커 장군이 전화를 끝내자마자 알몬드 장군은 맥아더 장군에게 달려가 그가 직접 한국에 가서 워커 장군에게 분명한 극동군 사령부의 의사를 전해줄 것을 건의했다. 7월 27일 맥아더 장군은 오전 10시에 대구에 내렸다. 맥아더 장군은 전날 워커 장군의 요청에 대해서도, 또 그의 어떠한 행동에 대해서도 아무런 말도 하지 않고 비평도 하지 않았다. 그는 다만 8군이 현 진지를 고수해야 된다고 강조하면서 일반적인 전술상황에 대해서만 서로 주고받았다. 그는 워커 장군에게 철수는 종식되어야 한다고 말했다. 그런 후에 8군의 참모들과 만난 자리에서 맥아더 장군은 한국에서 철수란 있을 수 없으며, 제2의 뒹케르크가 재연되어서는 안 된다고 말하였다.

7월 29일 맥아더 장군의 방문결과를 워커 장군은 제25사단 참모들에게 훈시하는 가운데 일반적인 성명형식을 통하여 명령을 하달했다. 워커 장군은 8군은 이제 더 이상 후퇴하지도 않을 것이며 또 후퇴할 수 있는 방어선도 없다. 요컨대 8군의 모든 장병은 현 전선에서 '고수냐 아니면 죽음이냐'라고 말하였다. 그가 말한 방어선이란 낙동강 방어선을 말하는 것이었다.[36]

> 다부동 전투 때의 일이다. 미 27연대의 좌측 능선을 엄호하던 한국군 11연대 1대대(대대장 김재명 소령)가 출격의 초동初動에 제압당해 고지를 탈취당하고 다부동쪽으로 후퇴하고 있다는 보고가 들어왔다. 이어 8군 사령부로부터 전화가 걸려왔다. "한국군은 도대체 어떻게 된 거냐. 싸울 의지가 있느냐"는 노한 음성의 힐책이었다.
>
> 연대의 측면이 뚫리자 마이켈리스 대령이 즉각 미 8군에 "한국군이 후퇴했다. 퇴로가 차단되기 전에 철수해야겠다"고 보고한 것이었다. 마이켈리스는 내게도 전화를 해 "후퇴하겠다"고 통고했다. "후퇴하지 말고 잠깐 기다려라. 내가 현장에 나가 확인하겠다." 나는 동명학교에서 다부동으로 급히 지프를 몰았다.
>
> 과연 진목동 도로 서쪽의 11연대 병사들이 피로에 지친 모습으로 후퇴하며 산을 내려오고 있었고, 고지를 점령한 적은 산발적으로 미군의 포병진지를 향해 측면사격을 가하고 있었다. 김재명 대대장을 불러 "어떻게 된 것이냐?"고 물으니, 그는 "장병들이 계속된 주야의 격전에 지친데다 고립된 고지에 급식이 끊겨 이틀째 물 한 모금 먹지 못했다"고 대답했다. 나는 후퇴하는 병사들 앞으로 달려 나갔다.
>
> "모두 앉아 내 말을 들어라. 그동안 여러분 잘 싸워주어 고맙다. 그러나 우리는 여기서 더 후퇴할 장소가 없다. 더 후퇴하면 곧 망국이다. 우리가 더 갈 곳은 바다 밖에 없다. 저 미군을 보라. 미군은 우리를 믿고 싸우는

36) James F. Schnabel, *Policy and Direction*, pp. 125~126.

> 데 우리가 후퇴하다니 무슨 꼴이냐. 대한남아大韓男兒로 다시 싸우자. 내가 선두에 서서 돌격하겠다. 내가 후퇴하면 너희들이 나를 쏴라."
>
> 나는 부대에 돌격명령을 내리고 선두에 서서 나아갔다. 곧 병사들의 함성이 골짜기를 진동했다. 김재명 소령도 용감하게 앞장서 부대를 지휘했다. 대대는 삽시간에 고지를 재탈환했다.[37]

『손자』에 의하면, "장수가 병사들을 지휘하여 결전할 경우 마치 사람을 높은 곳에 오르게 하고 사다리를 떼어버리는 것처럼 하라"[38]고 했고, 『오자』도 "무릇 전쟁터란 시체가 뒹구는 비참한 곳이다. 필사적인 결의로 싸우면 살아날 수 있고, 요행의 삶을 꾀하면 죽음을 당하는 곳이다"[39]고 했다. 이것은 전장에서 장수의 부하들에 대한 지휘 통솔법을 설파한 실로 오묘한 내용이다. 워커 장군이 말한, "더 후퇴할 방어선이 없다. 진지의 고수냐 아니면 죽음이냐" 그리고 백선엽 장군의 "더 후퇴하면 곧 망국이다. 우리가 더 갈 곳은 바다밖에 없다"는 것은 위에 말한 병리兵理의 실례實例라 하겠다.

삼국을 통일하여 한민족韓民族의 원형을 창출했던 신라의 화랑과 젊은이들의 가치관은 충·효·신 그리고 임전무퇴(臨戰無退 : 싸움터에서 물러서지 않는다)였다. 그들은 싸움터에서 물러서지 않고 죽음을 무릅쓰고 싸웠기 때문에 살아날 수도 있었고, 삼국을 통일했고, 그 후 민족문화의 꽃을 피우기도 했다.

군인은 작전상 후퇴할 줄도 알아야 한다. 그러나 후퇴밖에 모른다면 그것은 곧 죽음과 망국으로 직결된다. 따라서 임전무퇴와 적을 격파하여 승리하기 위해서는 왕성한 공격 정신을 갖추어야 한다는 것은 군인의 기본자세이다. 이것은 동서고금을 막론하고 군인들에 있어서 진리이다. 아무리 훌륭하고 기발한 전략·전술을 가졌다 해도 장병들이 싸우려는 의지가 없다면

---

37) 「백선엽 회고록 : 군과 나」, 「경향신문」, 1988년 7월 29일자.

38) 『孫子兵法』, 第十一, 九地.

39) 『吳子兵法』, 第三, 治兵. 「必死則生 幸生則死」란 구절은 이순신도 그의 『난중일기』에서 인용했다.

모든 것은 소용이 없는 것이다.

제2차 세계대전을 승리로 장식했던 미군들이 불과 5년 후 6·25전쟁에 참전하여, 특히 대전전투에서 미 제24사단이 패배하자 놀라워했고 또 그 패인을 다음과 같이 분석했는데, 우리에게도 교훈이 될 것이다.

> 점령 근무 중인 전투사단은 전투를 위해 훈련도 하지 않았고, 장비도 갖추지 않았고, 싸울 준비가 되어 있지 않았다는 것이 기본적인 사실이었다. 대다수의 병사들은 너무 젊었고 거기에다 군인이 되겠다는 생각에 흥미가 없었다. 육군 입대를 권유하는 모병광고는 모든 생각할 수 있는 이점과 많은 장점을 약속했을 뿐이고, 육군의 기본 임무는 싸우는 데 있다고는 말하지 않았다.
>
> 최초의 미군부대가 한국의 여름 더위와 습기 속에서 산에 올라가 적군과 싸우거나 혹은 포위되어 도망칠 때, 주간지週刊紙의 공식보고처럼 그들은 파리처럼 떨어졌다. 소금은 최고 우선순위의 보급 품목의 하나가 되었고 그것은 항공기에 의해 부대에 떨어뜨렸다.
>
> 전쟁 초기의 한 참여자요, 또한 유능한 관찰자는 이 환경을 잘 표현하였다. 즉 그는 다음과 같이 말했다. "전쟁이라고 불려지지는 않았지만 병사들과 장교들은 싸움에 흥미를 가지지 않았다. 그것은 많은 장병들의 생명을 앗아간 치열한 전투였고 또한 옆 전우가 쓰러지지 않도록 하는 전우애와 마찬가지로 부대 그리고 전문직에 대한 우리의 긍지를 제외한다면 거기에서는 아무런 소득이 없었다."[40]

3) 공군력 없이 지상전의 주도권은 잡을 수 없다

6·25전쟁 그리고 베트남전쟁을 통하여 우리 한국군은 많은 전투경험을 쌓았다. 그러나 거의 적기敵機를 보지 못한 제공권을 장악한 상황에서 자유로운 지상작전과 해상작전 그리고 항공작전을 수행했다. 따라서 6·25전쟁과 같은 전면전쟁(미국은 제한전制限戰이라 하지만)에 있어서 공군력의 중요성과

---

40) Roy E. Appleman, *South to the Nakton, North to the Yalu*, pp. 180~181.

가치에 대해서 우리는 과연 어느 정도 인식하고 있는지?

북한은 6·25전쟁의 실패의 주요 원인의 하나는 공군력의 열세로 인한 제공권 상실로 평가했다. 그리하여 휴전 이후 계속 공군력의 증강에 박차를 가하여 이제는 세계 제4위의 공군력을 건설했으며, 한국 공군에 비해 2대1의 우세를 보이고 있는 실정이다. 북한이 6·25전쟁에서 어떤 체험을 했는가를 1950년 12월 21일 김일성의 연설에서 찾아보고자 한다.

> 우수한 공군과 해군과 포화를 소유한 적들과 싸우는 특수한 조건에서 전투를 진행할 줄 몰랐습니다.…특히 적들의 공습이 심한 조건 하에서 산악전과 야간 전투에 능숙하지 못하였습니다.…우리 군대의 장비가 적보다 그리 약하지 않음에도 불구하고 비행기 없이는 적들과 싸울 수 없다는 패배주의 경향들과의 강력한 투쟁을 전개하지 않았을 뿐만 아니라…[41]

김일성은 항공기 없이 싸울 수 없다고 하는 장병들의 호소를 패배주의로 몰아붙였다. 미 공군 전사戰史편찬실이 북한군 포로의 진술을 기초로 하여 공군력의 역할을 평가했을 때, 미 육군과의 차이를 나타내기도 했다.

맥아더 장군은 9월 30일자 대對유엔보고서에서, 서울에 있는 적 보급체제 중심부를 장악함으로써 남한 내에 있는 적군의 군수지원을 완전히 엉망으로 흔들어 놓았으며 적의 분열을 재빨리 초래하는 결과를 가져왔다고 했다. 그러나 미 공군의 견해는 어느 정도 달랐다. 미 공군 전사편찬실 조사에 의하면, 전쟁포로에 대한 보고서에서 밝혀졌는 바, 북한 지상군의 패배는 시의적절한 인천상륙 침공에 의해서가 아니라, 남한 내의 끊임없는 공·지空地작전에서 기인되었다고 하는 것이 명백해졌다. 한쪽이 다른 쪽의 도움 없이는 성공할 수 없었을 것이라고 하는 것이 진리이다. 북한군이 지상전투의 속도를 계속 유지하는 한, 항공 차단은 비효과적이었을 것이다. 그러나 적이 일단 주도권을 상실하자, 전방에서의 손실과 후방에서부터 전방의 손

41) 김일성(1953), 전게서, pp. 138~139.

실을 신속히 교체 보충하지 못하는 무능력의 배합이 적의 붕괴를 초래하였다. 북한군의 역전패는 지상작전과 항공작전의 종합된 효과에서 기인된 결과였다.[42)]

특히 낙동강 방위작전에 있어서 항공지원은 지대한 영향을 미쳤다. 9월 2일 심각한 전투단계에서 미 제2 및 25사단은 공군과 해군으로부터 300회의 근접 항공지원을 받았다. 미 제25 사단장 킨 소장은 "제5 공군에서 출격한 근접 항공지원 출격 횟수가 이전에도 수없이 그러한 바와 같이, 이번에도 또 다시 우리 사단을 구해 주었다."[43)]

남·북한 공군전력 비교

구 분	한 국	북 한
병 력	33,000	53,000
전 술 기	476	840
무장 헬기	육군에서 운용	110

*자료 : *The Military Balance 1987~1988*, (IISS)

정일권 장군도 그의 회고록에서 다음과 같이 밝혔다.

> 공군의 근접지원은 절대적이었다. 총참모장 때에는 자주 볼 수 없었던 전투장면을 실제로 가까운 거리에서 지켜볼 수 있었다. 나에게는 소중한 실전 지휘경험이었다. 공군력 없이는 지상전의 주도권을 잡을 수 없다는 사실을 절감했다.[44)]

만약 한반도에서 전면전쟁이 재발할 경우, 6·25전쟁 때와 같은 일방적인 공중우세를 유지하면서 전쟁을 수행하기는 어려울 것이다. 왜냐하면, 첫째, 북한의 공군력이 한국의 공군력보다 우세를 유지하고 있고, 둘째, 북한의 공군기지가 요새화 되어 지상의 모든 항공기와 주요 시설들이 지하로 숨

42) M. J. Armitage and R. A. Mason, *Air Power in the Nuclear Age* (University of Illinois Press, 1983), p. 28.

43) R. F. Futrell, *The United states Air Force in Korea* (New York : Duell, Sloan and Pearce, 1961), p. 134.

44) 정일권, 『전쟁과 휴전』(서울 : 동아일보, 1986), p. 338.

겨져 있어 공중 공격을 가하여도 무력화시킬 수 없기 때문이다. 따라서 한국군(육·해·공군)은 이에 대한 대응책을 조속히 강구해야 할 것이다.

4) 한국 군사전략의 체계수립을 위하여

근래에 와서 작전술의 개념 규정에 대한 논의가 대두되고 있다. 인천 상륙작전의 발상과 준비 및 실시는 이 문제의 가장 훌륭한 실례實例를 보여 주는 것으로 생각된다.

작전술은 군사전략과 전술의 중간에 위치하는 것으로 우리의 『합동군사용어사전』(합동참모본부, 1972)에는 없다. 그런데 육군본부에서 발간한 『전략전술용어집』(1984)에는 다음과 같이 정의하고 있다.

- 작전술 : 육군의 군사전략 개념 하에 전쟁을 준비하고 수행하는 활동으로서 대체로 대부대 작전을 계획하고 실시하는 이론理論과 실제實際[45]

미 육군과 소련의 작전술에 대한 정의는 아래와 같다.

▲ 작전술이라 함은 전역戰役 및 대규모 작전의 계획, 편성 및 실시를 통하여 전쟁전구戰爭戰區 및 작전전구에서의 전략목표를 획득하기 위한 군사력 운용기술이다.[46]

▲ 작전술 : 군사술의 한 구성요소로 주로 야전군 혹은 주요 군종軍種부대에 의한 합동 및 독립작전의 수행을 위한 준비의 이론과 실제를 다루고 있다. 작전술은 전략과 전술을 잇는 이음새 역할을 한다. 전략적 요구가 생겨나기 때문에 작전술은 전략목표를 달성하기 위해 작전의 준비와 수행의 방법을 결정한다. 그리고 그것은 작전의 목표와 임무에 입각하여 전투의 실시를 위한 준비를 조직하는 전술을 위해 최초의 자료를 준다. 작전수행의 일반적 원칙을 탐구하는 작전술의 일반이론 외에도 각

---

45) 교육사령부 편집, 『전략전술용어집』(서울 : 육군본부, 1984), p. 873.

46) 『미 작전요무령』(1986년판)(진해 : 육군대학, 1987), p. 17.

군종은 스스로의 작전술을 가진다.[47]

군사전략과 전술의 중간에 왜 작전술이 필요한가에 대해서는 위에 말한 정의에서 명시되었지만, 좀더 구체적으로 설명하면 다음과 같다.

▲ 군사전략은 군사목표, 군사전략개념 그리고 군사자원으로 구성되어 있다.[48]

· 군사목표 : 군사능력 및 자원을 투입해야 할 특정 임무 혹은 과업으로 표시된다.

· 군사전략개념 : 전략적 상황 예측의 결과로 채택된 군사행동의 방책.

· 군사자원 : 군사목표를 달성하기 위한 군사능력의 결정 요인.

▲ 작전술은 전략에서 설정한 군사목표와 그것을 달성하는 행동방책의 내용을 실시단계의 시간 예정표로 구체화 한 것이다. 여기서는 무엇을 누가 구체적으로 어떻게 할 것인가를 명시하고 그 순서가 상세히 시나리오화化 되어 있어야 한다.

▲ 전술은 전투의 실시단계이다

맥아더 장군의 군사전략에 있어서 군사목표는 수도 서울, 군사전략개념은 상륙군에 의한 기습적 공세, 군사자원은 미 제10군단의 창설로 제시되었다. 그는 작전참모인 라이트 장군에게 명하여 합동전략기획단으로 하여금 계획을 수립케 했는데, 이것이 작전술에 해당되며, 이에 입각하여 제10 군단장이 작전을 실시했는데, 그것은 전술에 해당된다.

따라서 군사전략의 체계상 작전술은 불가결한 단계이며, 작전술의 정의에 대해 다음과 같이 시안試案을 제시한다.

●작전술 : 주요 야전군 및 각 군종부대에 의한 합동 및 독립작전을 수행하여 군사목표를 달성하기 위해 작전의 준비와 수행에 대한 이론과 실제이다.

---

47) *Dictionary of Basic Military Terms*, A Soviet View, Published under the auspices of the United States Air Force(Washington : G.P.O. 1976), p. 143.

48) 이종학 편저, 『군사전략론』(서울 : 박영사, 1987), pp. 366~378.

4. 중공군의 개입과 맥아더 장군의 해임

가. 중공군의 개입 배경과 침입

1950년 10월 말 미군 지휘관들은 전쟁이 끝난 기쁨에 싸여 있었다. 미 육군성이나 극동군 사령부는 미 제2사단을 먼저 유럽으로 보내고 미 8군부대의 재배치계획을 준비하고 있었다.

10월 25일 미 육군성은 맥아더 장군에게 17,000명의 하사관을 제외하고 10월과 11월에 극동에 보낼 예정이던 보충병을 취소하겠다고 통보했다. 10월 22일 워커 장군은 맥아더 장군에게 이제부터 한국에 오는 모든 탄약은 일본 보급창으로 전환시켜 달라고 요청했다. 10월 24일 유엔군의 선두부대가 청천강을 도하하고 있을 때, 맥아더 장군은 한국 내의 전 지상군 지휘관에게 이전에 하달한 명령을 변경하는 새로운 명령을 하달했다. 맥아더 장군은 국경 남쪽의 유엔군 사용에 관한 모든 제한을 철폐하고 모든 지휘관은 전 예하부대를 동원하여 한국의 북단北端까지 전진할 것을 지시했다.[49]

인천 상륙작전 이후에 중공이 한국전에 개입한다는 명확한 군사적 징후는 없었다. 윌로비 장군은 대략 450,000명의 병력이 만주에 집결되어 있다고 주장했다. 9월 27일 합참본부는 중공이 전쟁에 개입할 것인지, 아닌지 하는 문제를 심각히 고려하여 결과를 보고하도록 지시했다. 다음 날 맥아더 장군은 현재로서 중공군이 북한에 개입한 징후는 없다고 보고하였다. 저우언라이(周恩來)의 경고가 있은 다음 날인 10월 3일 유엔군사령부 정보처는 20개 사단의 중공군이 9월 10일 이후부터 북한에 머물고 있다는 증거가 있었다고 보고했다.[50]

---

49) Roy E. Appleman, *South to the Nakton, North to the Yalu*, pp. 669~670.

1950년 10월 25일 한국군 사단에 대해 중공군이 공격을 가해 왔으며, 중공군 포로도 잡았다. 그리고 중공군의 개입은 확실함에도 불구하고 맥아더 장군은 중공군 개입을 시인하려 하지 않다가, 다음에는 과소평가를 하고, 급기야 11월 24일 대공세를 취했다가 실패하고, 그 후 철수를 계속했던 것이다. 그렇다면 과연 맥아더 장군은 중공군 개입을 예상하지 못했을까?

중공군의 개입 배경에 대해 정일권 장군은 다음과 같이 주장했다.

> 중공군은 당시 이렇게 개입 이유를 설명했었다. 즉 만주 공업지대의 에너지원源인 압록강의 수풍댐을 지키기 위한 것과 압록강 남쪽 일대에 불가침 완충지대를 만들기 위해서라고 했다. 그러나 중공군의 개입 동기는 다른 데에 있었다.
>
> 첫째는, 장차 아시아 지역에 있어서 중공의 지위를 높이기 위한 정치적 포석이었다. 한반도를 유엔군이 제압한다면 동북아에서 중공의 지위가 뻗어날 수 없다는 판단을 했을 것이다. 따라서 국군의 국경선 도달을 방해하려 했고, 특히 한반도에서 한·미·일의 반공체제反共體制가 굳어지는 것이 두려웠을 것이다.
>
> 둘째로, '공산 우방 북괴'가 붕괴되는 것을 보고만 있게 된다면 여러 가지 부작용이 일어날 것을 우려했을 것이다. 중공의 위신 손상과 함께 주변 국가들에 대한 영향력의 약화를 걱정하지 않을 수 없었을 것이다. 특히 대만으로 옮긴 국부군을 자극하여 본토 수복의 반공反攻을 유발할지 모른다고 판단했을 것이다.
>
> 셋째로, 중공 내부에 잔존해 있던 반공反共세력을 소멸시키고 국민들의 결속을 촉구하기 위해 대외對外전쟁인 한국전 개입에 도박을 한 것이라고 보여진다. 따라서 중공은 한국전 개입으로 일석삼조一石三鳥의 효과를 노렸을지도 모른다.[51]

중공군의 개입 동기의 세 가지 이유 가운데 세 번째의 이유가 가장 중공

---

50) James F. Schnabel, *Policy and Direction*, p. 199.

51) 정일권(1986), 전게서, pp. 225~226.

으로서는 절실했을지도 모른다. 왜냐하면, 중공군의 포로들 가운데는 반공 세력이 많았기 때문에 국가 자체의 존립에도 영향을 미칠 가능성이 있었다. 그래서 그들은 저 유명한 인해전술人海戰術을 구사하여 그들을 소멸시켰던 것이다.

나. 맥아더 장군의 대응전략과 그의 해임

1950년 9월 27일 합동참모본부가 유엔군 사령관 맥아더 장군에게 다음과 같은 작전훈령을 내렸다.

> 당신의 군사목표는 북한군의 격멸이다. 이 목표를 달성하기 위하여 38선 이북에 대한 상륙 및 공수작전을 포함한 지상작전을 전개할 수 있는 권한을 부여한다. 그러나 그 작전이 소련이나 중공의 개입 또는 개입 의사의 공식적 발표가 없고 우리의 작전에 전혀 위협을 주지 않는 상황에서만 가능한 것이다. 귀하의 군대는 한·만 국경이나 소련과의 국경을 넘을 수 없으며, 특히 정책적 문제로서 한국군이 아닌 부대는 국경근처 지역에서 작전해서는 안 된다.[52]

10월 1일 정오 도쿄에서 맥아더 장군은 북한군 총사령관에게 항복을 요구하는 방송을 하였다. 이러한 요구에 전혀 응답이 없었다. 10월 7일 유엔총회는 미국이 내놓은 결의안을 채택하였다. 물론 그 결의안이 북한을 점령하라든지, 정복하라든지 하는 것을 분명히 밝힌 것은 아니지만, 은연중 그러한 사항에 동의하고 있었다. 유엔총회는 다음과 같이 권고했다. "(a) 한반도 전체의 안전을 유지 확보하는 데 필요한 모든 조치를 강구하고, (b) 한반도에 통일된 자유민주정부를 수립하기 위하여 유엔 감시 하에 선거를 하는 등의 모든 조치를 취하도록 한다.…"[53]

---

52) James F. Schnabel, *Policy and Direction*, p. 182.

53) Ibid., p. 194.

중공군은 비밀리에 10월 14일부터 11월 1일 사이에 제4 야전군에서 18만 명의 병력을 압록강을 건너 북한에 투입했다. 그리고 조기 종전을 바란 맥아더 장군은 9·27 훈령을 무시하고 10월 24일 유엔군의 북진 한계선을 철폐하고 전 부대로 하여금 압록강·두만강으로의 신속한 진격명령을 내렸다. 10월 25일 중공군이 출현하여 한국군을 공격했고, 중공군 포로도 획득했다. 그런데 11월 6일경 중공군은 여러 전투장에서 일제히 자취를 감추었다. 이것은 정치적 결정과 다음 공세를 위한 부대의 재편성, 병력 증강 및 보급의 획득을 위한 기만전법이었다.

제8군은 예정대로 11월 24일 총공세를 시작했으나 25일 저녁부터 중공군의 공격을 받아 28일부터 철수를 시작했다. 맥아더 장군은 11월 28일 미 합참본부에 다음과 같은 전문을 보냈다.

> 우리가 가지고 있는 현재의 병력은 분명히 선전포고를 하지 않음으로써 어떤 이점을 얻고 있는 중공과의 전쟁에 대처하기에는 충분하지 않다. 이로부터 발생하는 상황은 야전사령관의 결정 범위를 넘어서 전 세계적으로 고려해야 할 잠재력을 증강시켜야만 되는 새로운 양상을 말해주고 있다.[54)]

맥아더 장군은 12월 3일의 보고에서, 자신의 전투조건에 관해 논평하면서 지금까지 자신의 군대는 높은 사기와 현저한 능률을 보여 왔지만, 그러나 5개월 동안 거의 쉴 새 없이 전투를 해왔으며, 이에 따라서 정신적으로 피로해 있으며 신체적으로 지쳐있다고 지적했다. 더욱이 해병 제1사단을 제외하고 그 당시 한국에 있던 미군 사단들은 각각 적어도 5천 명 정도가 부족한 상태에 있었다. 이에 반해 중공군은 새로이 잘 조직되어 있으며 또한 훈련과 장비 면에서 잘 갖추어져 있었고, 그에 따라 실제 작전을 수행하기 위한 최적 조건으로 있었던 것으로 나타났다.[55)]

---

54) Ibid., p. 275.

맥아더 장군은 만약 그가 신속하게 대규모 지상군의 증강을 받지 않는 한 자신의 군대는 감소된 저항력을 가지고 계속 철수하거나 혹은 어느 정도 저항을 계속하면서도 다만 방어만을 할 수 있게 하는 교두보 진지를 구축해야 할 것이라고 결론지었다. 그는 그가 받은 훈령들이 현재로서는 완전히 쓸모없는 것이라고 비난했다. 북한군에 대항하기 위해 사용되었던 전략개념들이 강력한 중공군에 대항하기 위해 계속 적용하는 데는 적합하지 않았다. 구체적인 언급 없이 맥아더는 그가 작전수행의 권한을 부여받은 것보다도 더 강력한 조치를 요구했다. "이러한 사태는 현실에 적절히 대처할 수 있는 정치적 결정과 전략기획을 요구한다"고 그는 선언했다. "시시각각으로 적의 전투력이 증가되고 그 반면 우리의 전투력이 감소되고 있음을 볼 때 시간이 가장 본질적 문제이다"고 말하였다. 유엔군 사령관으로서 맥아더 장군은 명백하게 전황에 대해서 비관적 견해를 표명했다.[56]

미 육군 참모총장 콜린스 장군은 맥아더, 워커, 알몬드와의 회담 및 한국 전선을 시찰하기 위해 12월 4일 도쿄에 도착했다. 현지를 시찰하고 최종적인 회담을 위해 12월 6일 도쿄에 돌아온 콜린스 장군은 맥아더 장군, 조이 제독, 스트래트마이어 장군 그리고 주요 참모들을 만나 중공군에 대처하기 위해 어떠한 조치를 취할 것인가에 대해 토의했다. 회담의 테두리로서 그들은 다음 몇 주일 혹은 몇 개월간에 걸쳐 일어날 세 가지 가정적인 상황을 고려했다.

- 첫째 : 중공은 계속 전면적 공격을 가해 올 것으로 그들은 생각했다. 그러나 맥아더에게는 중공 본토에 대한 공중공격을 증대시키지 못하도록 금지시킨다. 중공에 대한 어떠한 봉쇄조치도 취해지지 않을 것이다. 장제스(蔣介石) 군대는 한국에 파견되지 않을 것이다. 1951년 4개의 주州 방위사단이 한국에 파견될 때까지 맥아더의 미국군에 대한 실제적인

55) Ibid., pp. 281~282.

56) Ibid., p. 282.

병력 증강이 이루어지지 않을 것이다. 그리고 북한에 원자탄도 사용될 수 있을 것이다. 이에 대해 맥아더 장군은 강경한 어조로 강력한 중공군의 공격을 받고 있는 상황에서 그에게 그러한 제한을 가한다는 것은 실제로 항복을 의미하게 될 것이라고 비난했다. 이러한 조건 하에서 휴전의 문제는 정치적 문제는 될지언정 군사적 견지에서 볼 때 확실히 필요요건은 되지 못한다고 보았다. 그의 병력은 여하튼 한국에서 철수해야 될 것이다. 그러나 미국은 현재의 조건 하에서 휴전을 모색하는 데 서둘러서는 안 될 것이다. 그는 유엔군이 휴전이 이루어지든 혹은 이루어지지 않든 간에 부산과 흥남으로부터 각기 안전하게 철수할 수 있다는 데 워커 및 알몬드 장군과 의견을 같이 했으며 이 점에서는 콜린스도 동조했다.

- 둘째 : 회의 참석자들은 중공의 공격이 계속되지만, 그러나 중공에 대한 효과적인 해양봉쇄가 실시되며 중국 본토에 대한 공중정찰과 폭격이 허용되고 자유중국의 병력이 최대로 활용되며 또 전술적으로 적합한 경우 원자탄이 사용될 수 있는 상황을 가정했다. 이러한 조건이 허용되는 경우 맥아더 장군은 그가 가능한 한 한국의 북쪽으로 진지를 고수하도록 지시를 받아야 한다고 말했다. 이런 경우 그는 알몬드의 10군단을 부산으로 이동시켜 육로로 8군과 결합하도록 할 수 있을 것이다.
- 셋째 : 중공이 38선 이남으로 내려오지 않을 것이라는 가정에서 맥아더 장군은 유엔이 휴전을 받아들여야 한다고 생각했다. 휴전조건에서는 중공군은 물론이요, 북한군도 38선 이남에로의 진격을 배제해야 한다. 북한 게릴라들도 자기들의 영토로 철수해야 하며, 8군은 서울과 인천지역을 포함하는 진지에 남아 있어야 한다고 판단했다. 그 반면 10군단은 부산으로 철수해야 하며 한국 유엔위원단이 휴전조건의 이행을 감시해야 한다고 가정했다.[57]

맥아더 장군은 유엔이 둘째의 가정처럼 행동할 것을 결정하지 않는 한 이러한 것은 한낱 가정 조건에 불과하다고 생각했다. 그는 자유중국이 지체

57) Ibid., pp. 283~284.

없이 한국에 군대를 파견해야 하며 유엔의 다른 강대국들도 한국에 보낼 군대를 증가시켜 적어도 전체 유엔군의 수가 75,000명에 달하도록 해야 한다고 확고한 신념을 되풀이했다. 그는 콜린스 장군에게 실제적인 증강이 신속하게 이루어지지 않는 한 유엔군은 한국으로부터 쫓겨나게 될 것이라고 말하면서 자신의 결론을 내렸다.[58]

콜린스 장군은 워싱턴으로 돌아오자 곧 합참본부에 다음과 같이 보고했다. "만약 유엔군이 한국에서 전면적 공격을 계속하지 않을 것을 결정하고 그에 반해 중공군은 계속 공격을 가해 온다면, 한국으로부터 최종적인 철수를 하여 아군이 파멸되는 것을 방지하도록 맥아더 장군에게 지시하여야 한다"[59]는 내용이었다.

맥아더 장군은 그의 손이 묶여 진 채로 싸우도록 강요당하고 있다고 느꼈다. 콜린스 장군과의 회담 중 나타난 그의 분노는 이미 공공통로公共通路를 통하여 전달되어 공식적 관심을 불러일으켰으며, 후에 논쟁을 위한 근거를 제공했다. 12월 6일 콜린스와 만나기 조금 전에 맥아더는 「유 에스 뉴스 앤드 월드 리포트」의 편집자들과의 회견에서 그의 사령부에 가해진 제한조치들을 통렬히 비판하였다. 그는 적에 대한 맹렬한 추격을 계속 금지하고 또한 만주에 있는 중공군의 기지를 폭격하는 것을 금지시키는 것을 "군사사상軍事史上 유례를 찾아볼 수 없는 놀라운 제한 사항"이라고 표현했다. 또한 그는 신문협회 회장 휴프 베일리에게 편지를 보냈다. 이 편지에서 맥아더는 그의 작전수행의 제한을 가하고 있는 국가정책을 또다시 비난했다. 12월 5일 트루먼 대통령은 맥아더의 행동에 자극되어 합참본부에 모든 통합군 사령부에게 외교정책에 관한 대외적 발표는 어떠한 것이든 공표하기 전에 국방성을 거쳐야 한다는 것을 통고하도록 했다.[60]

---

58) Ibid., p. 284.
59) Ibid., p. 285.
60) Ibid., p. 284.

맥아더의 견해에 따르면 중공은 자의적으로 모든 자원을 동원하여 전쟁을 행하고 있었으며 또한 병참 면에서 소련의 지원을 받고 있다고 판단했다. 12월 30일 그는 가능하다고 믿고 또한 군사력을 상대적으로 줄이게 될 네 가지 보복 조치를 제의했다. 첫 번째의 조치는, 중공 해안을 봉쇄하는 것. 두 번째는, 해군의 함포사격과 공중폭격을 통하여 중공의 군수산업을 파괴시키는 것. 세 번째는, 대만(Taiwan)에 있는 자유중국군의 일부를 동원하여 한국의 병력을 증강시키는 것. 그리고 네 번째는, 중국 본토의 취약지역에 대해 자유중국군이 견제작전을 전개하도록 허용하는 것이었다. 이러한 조치들은 한국에서 유엔군에 대한 압력을 벗어나게 할 뿐만 아니라 중공의 전쟁 잠재력을 크게 해칠 수 있고, 그 결과 그 이외의 다른 지역에 대한 공산주의자들의 침투로부터 아시아를 방어할 수 있게 할 것이라고 확신했다. 그는 그러한 조치들이 이미 중공을 대규모 전쟁 노력으로 끌어들이게 될 것이라는 판단으로 거부되었음에도 불구하고 맥아더 장군은 그러한 방향으로 수긍하지 않았다.[61]

맥아더는 또다시 한국에 병력을 증강해 줄 것을 합참본부가 거절한 데 대해 이의를 제기했다. 이와 같은 거절은 긴급사태가 발생하는 경우 한국보다 더 중요한 전략적 지역에 그들의 병력이 필요할 가능성이 훨씬 더 클 것이라는 데 기반을 둔 것이었다. 맥아더는 그의 사관들에게 극동에 추가병력을 파견하는 것은 특히 서구와 같은 전략적 지역에서의 군사자원의 개발을 저해하기보다는 오히려 조장할 것이라고 설명했다. "나는 유럽의 안전에 대한 요구를 철저하게 이해하고 있다. 그리고 또한 그러한 지역에서 가능한 모든 일을 하는 데 대해 동의한다. 그러나 그 이외의 지역에서 패배를 받아들이면서 그렇게 하는 데는 반대한다. 즉 내가 확신컨대, 후에 유럽에서도 패배하지 않을 것임을 보장할 수 없는 그러한 것을 받아들일 수 없다"고 맥

61) Ibid., p. 315.

아더는 계속 주장했다.[62]

아시아에서의 전투를 한국의 제한된 지역에 국한시키고 공산주의의 침략에 대해 미국과의 동맹국가들의 단결을 보전하는 것이 확립된 국가정책의 기본원칙이었다.[63] 따라서 미 행정부는 한국의 통일문제에 대해 관심이 소홀해졌다.

1951년 1월 9일 미 합참본부는 맥아더 장군에게 그의 제안(1950. 12. 30.)에 대한 잠정적 부정의 대답을 보냈다. 그들은 맥아더에게 그의 제안은 주의깊게 고려되었으나 최소한 현재로서 국가정책에 있어서의 변화를 필요로 할만한 사태 진전이 일어나지 않았다고 말했다.[64]

합참본부는 맥아더 장군이 그의 군에 대한 압력을 덜기 위해 한국 이외의 지역에서 중공에 공격행위를 취해야 한다고 주장한 것으로는 받아들이지 않았다. 그들은 맥아더에게 되도록 현 진지에서 방어하고 가능한 한 적에게 최대의 손실을 가하면서 또한 "우선적으로 귀하의 병력 안전과 일본을 보호하는 귀하의 기본임무를 고려할 것"을 지시했다. 동시에 그들은 맥아더에게 만약 그의 판단에서 한반도에서의 철군이 인력과 물자의 막대한 손실을 피하기 위해 필요하다고 생각되는 경우 한국으로부터 일본으로 철수할 수 있는 권한을 부여했다.[65]

이에 대해 맥아더는 1월 10일 그의 명령을 명백히 해 줄 것을 요청했다. 즉 "현재 편성된 유엔군이 한국에 있는 진지를 고수하고 동시에 외부의 공격으로부터 일본을 보호하기에는 충분한 힘을 갖고 있지 못하다는 것은 자명한 사실이다. 현재의 상황에서 취한 전략적 배치는 미국 이익의 상대성을 확립한 무의미한 정책에 기초하고 있음이 분명하다." 여기서 그는 합참본

---

62) Ibid., p. 316.
63) Ibid., p. 316.
64) Ibid., p. 321.
65) Ibid., pp. 321~322.

부가 그들이 가장 중요하다고 생각한 임무가 어느 것인가를 결정해 주도록 요구하고 있는 것 같았다.[66)]

맥아더 장군은 합참본부에 대해, 그의 사령부는 본래 북한군을 격퇴시키기 위해 한국에 파견되었던 것이라고 지적했다. 또한 유엔군이 중공군과 싸워야 할 아무런 의도가 없었다고 맥아더는 주장했다. 그는 만약 그의 군대가 중공군과 싸워야 할 것이라고 예상했더라면 아마 한국에 보내지지 않았을지도 모른다고 상당히 심각하게 생각했다.[67)]

그는 중공군과의 전투를 행하는 데 있어 요구되고 있던 제한조치, 즉 군사력 증강 중지, 국부군의 군사적 행동의 제한, 중공의 대륙적 군사 잠재력에 대한 조치의 불허 그리고 한국과 만주지역에 있는 중공의 군사력 집중 등을 인용하면서 맥아더는 한국에서 유엔군의 군사적 지위는 곧 지탱할 수 없게 될 것이라고 주장했다. 그는 이러한 조건 하에서 그리고 어떠한 정치적 고려가 없는 상황에서 그의 군은 전술상 가능한 한 신속히 한반도로부터 철수되어야 한다고 강력히 건의했다.[68)]

한국에 계속 남아 있을 것인가, 아니면 철수할 것인가를 결정하는 문제는 그가 결정할 문제가 아니라고 맥아더는 주장했다.

> 문제는 실로 미국이 한국에서 철수하려고 하는지의 여부에 관한 질문으로 귀착되며, 그것은 또한 야전사령관의 권한을 넘어 최고의 국가적 그리고 국제적 중요성을 갖는 결정이다. 이에 반해 야전사령관이란 주로 극히 제한된 행동영역에서 전개되는 전술적 상황에 영향을 미치는 문제들에 의해 주로 도출된다.[69)]

합참본부는 그가 지시내용을 이해하지 못하겠다는 불평에도 불구하고,

---

66) Ibid., p. 322.

67) Ibid., p. 322.

68) Ibid., pp. 322~323.

69) Ibid., p. 323.

맥아더 장군에 대한 그들의 지시를 변경하지 않았다.

> 한국에서 실제적으로 군사적 고려에 의해 강요되지 않는 한 철수하지 않는 것이, 그리고 공산주의 침략자들에게 최대한의 징벌을 가하는 것이 전 세계적인 미국의 위신과 유엔과 북대서양 조약기구의 장래 문제, 그리고 아시아에서 반공 저항反共抵抗을 조직화하기 위한 노력에 대해 매우 중요하다.[70]

사태가 여기에 이르자 트루먼 대통령은 맥아더 장군에게 국가 지도자의 입장에서 문제의 정치적 측면을 제시한 사신私信을 전하기로 결심하고 1월 13일 그에게 다음과 같이 썼다. 트루먼 대통령은 맥아더와 그의 군대의 전투행위에 대해 치하하면서, 간접적으로 중공에 대한 보다 더 직접적 행동을 취할 것을 요구하는 맥아더의 제안에 관해 주의를 환기시켰다. 즉 "우리의 국가적 힘을 증강시키기 위해 우리는 전투행위의 영역이 확대되는 데 대해 아주 신중하게 행동해야 한다. 스스로 정당화 될 수 있고 또한 한국의 전투에 어느 정도 도움을 줄 수 있는 조치들은, 그러한 것이 일본이나 서구를 대규모 전쟁으로 포함시키는 경우 이로운 것이 되지 못할 것이다."[71]

맥아더 장군이 그에게 내려진 지시내용을 이해하지 못하겠다는 공언公言과 군대의 사기가 극히 저하되었다는 보고로 인해 합참본부는 극동군 사령관과의 또 다른 직접 대화를 해야 할 시기가 왔다고 확신하게 되었다. 합참본부는 콜린스 장군과 반덴버그 장군을 파견했으며, 그들은 1월 15일 도쿄에 도착했다. 그날의 제1차 회의에서 맥아더 장군은 콜린스와 반덴버그에게 그의 지시에 대한 혼란이란 얼마 동안 그리고 어떠한 조건하에서 그가 그의 군대를 한국에 머물도록 해야 할 것인가를 분명하게 밝혀주지 못하기 때문에 일어난 것이라고 설명했다. 콜린스는 그들이 워싱턴을 떠나기 직전

---

70) Ibid., p. 323.

71) Ibid., p. 324.

에 트루먼 대통령과의 회담에서 한국에서의 철군에 관한 결정은 가능한 한 8군이나 일본의 안전을 위태롭게 함이 없이 오랫동안 지연시켜야 할 것이라는 데 전적으로 동의했음을 선언했다. 미국의 목적은 유엔에서 정치적 행동을 취할 수 있도록 가능한 한 오랜 시간을 허용하는 것이며 또한 중공군에 대해 최대한의 피해를 주도록 충분한 기회를 포착하는 것이라 했다.[72)]

콜린스는 맥아더에게 참모본부에서 작성한 '1월 12일 각서覺書'[73)]를 읽어주었다. 그는 콜린스에게 참모본부의 각서에 포함된 모든 제안에 의견을 같이 한다고 말했다. 후에 1951년 5월 맥아더 장군의 해임에 관한 청문회에서 이와 같은 제안은 오히려 '1월 12일 각서'로 유명하게 되었다. 여기서 맥아더 장군은 합참본부의 각서에서 표명된 견해들은 그 자신의 건의 내용과 일치하며 따라서 그와 합참본부는 중공에 대해 취해야 할 조치들에 관해 견해를 같이 하고 있었다고 주장했다.[74)]

1950년 12월 30일 맥아더 장군이 건의한 중공에 대한 조치와 주로 1951년 1월 12일의 각서 속에서 합참본부가 지지한 조치들을 검토하는 데서 국가안전보장회의의 고위 의원들 사이에 견해의 차이가 노출되었다. 각기 견해의 차이는 유엔의 지지에 관한 다양한 태도로부터 나왔다. 그리하여 그 회의에서 승인을 얻지 못했다. 1월 24일 대통령은 국가안전보장회의에 참석하여 합참본부의 건의안과 국가안전보장회의의 대안代案을 재검토했다. 그러나 아무런 결정에 도달하지 못했다. 그 후 트루먼 대통령은 국무성과 국방성에 대해 미국의 정치·군사전략을 다 함께 검토하면서 계속 연구할 것을 지시했다. 그러나 한국의 전세가 호전되어 '1월 12일 각서'는 각하되었다.[75)]

1951년 3월 22일 리지웨이 장군(8군 사령관)은 맥아더 장군에게 만약 허락

72) Ibid., p. 325.

73) 미국이 한국과 기타 아시아 지역에서 중공의 움직임에 대처하기 위한 방안의 연구. Ibid., pp. 328~329 참조.

74) Ibid., p. 329.

75) Ibid., pp. 329~330.

된다면 그는 서부를 약간 제외하고 38선을 바로 넘어 서해안으로는 한강과 예성강의 합류지점으로부터 동해안으로 양양읍에 진격해 들어갈 계획을 준비하고 있음을 알리고, 3월 22일 공격을 개시하고 점진적으로 진격을 하고 있었다.

한편 미 국무성은 대통령이 발표할 선언문을 초안하여 합참본부의 승인을 얻은 후, 한국에 군대를 파견하고 있는 다른 국가들에게 통보하기 시작했다. 대통령은 그 선언문에서 침략자들이 애초 불법적 침략을 감행했던 지역으로 격퇴되었으며, 그 결과 대한민국에 대한 북한과 중공의 공격을 격퇴시키는 주요한 목표는 달성되었음을 지적하고 있었다. 더 나아가 대통령은 한국의 통일과 전 지역에서 자유정부를 수립하려는 유엔의 목표가 앞으로 전투의 계속이나 유혈 없이도 달성될 수 있고 또 그렇게 되어야 한다고 주장되어 있었다. 결과적으로 중공은 휴전에 동의해야 하고 전반적인 문제해결을 위해 협상하도록 촉구하였으며, 만약 그들이 협상을 거부하는 경우 유엔은 계속 전투를 감행할 것이라는 경고를 포함시켰다.[76]

이런 내용의 대통령의 선언발표는 이루어지지 못했다. 대통령의 선언문이 준비되고 있는 동안 맥아더 장군은 3월 24일 워싱턴 관리들의 입장에서 볼 때 완전히 고려 중인 정치적 움직임을 손상시킨 공식성명을 발표했기 때문이었다. 이 성명에서 맥아더 장군은 최근 유엔군이 거둔 전술적 승리로 보아 인적 자원을 제외하고는 별것이 없는 중공을 지금까지 미국은 너무나 과대평가했다며, 그는 계속하여 다음과 같이 선언했다.

> 유엔군의 활동을 제약하고 그만큼 중공에게 군사적 이점을 주는 현재의 억압 조치 하에서도 중공은 무력武力에 의해 한국을 정복하는 데 있어서 무력함을 나타내었다. 따라서 적은 지금까지 유엔이 우리의 군사작전을 중공의 해안 및 내륙기지까지 확대함으로써 전쟁을 한국지역에만 국

76) Ibid., pp. 357~358.

한시키려는 관대한 노력에서 벗어나기로 결정한다면, 이는 중공으로 하여금 군사적으로 와해케 될 것이라는 점을 뼈저리게 깨닫게 할 것이다.…군사령관으로서 나의 권한에 속하는 지역 내에서는 여하한 국가도 이의를 제기할 수 없고, 한국에 있어서의 유엔의 목표를 더 이상의 유혈 없이 달성하기 위한 군사적 수단을 찾기 위해 본인이 언제라도 일선에서 적군 사령관과 협의할 용의가 있음은 두말할 필요도 없다.[77]

트루먼 대통령은 맥아더의 성명이 대통령의 대권大權을 묵시적으로 침범했으며 적어도 함축적인 의미로 국가정책을 비판했기 때문에 이에 대해 분노를 표했다. 맥아더의 성명발표가 있자 워싱턴은 미국의 우방들로부터 맥아더의 말이 국가정책에 있어서 극적인 변화의 전조前兆가 아닌가 하는 문의에 분주했다. 트루먼 대통령은 애치슨, 러스크 등을 불러 맥아더의 행위에 대해 어떤 조치가 적절한가에 대해 논의했다. 그들은 12월 5일 맥아더와 다른 지휘관들에게 보낸 지시에서 사전에 허가 없이 말할 수 있는 것과 말할 수 없는 것을 분명히 밝혔다고 말하였다. 더 나아가 그들은 맥아더가 이런 지시를 위반했다는 데 동의했다. 트루먼 대통령은 4월 10일 브래들리 장군(합참의장)에게 다음과 같은 내용의 메시지를 맥아더에게 보내도록 지시했다.

나는 대통령과 미국군의 최고 사령관으로서 귀하를 극동 및 유엔군 총사령관 그리고 극동 미군 사령관, 극동의 미 육군 사령관에서 해임시키는 나의 임무를 수행함을 매우 유감으로 생각한다. 귀하는 귀하의 지휘권을 가능한 한 즉시 리지웨이 중장에게 이양하기를 바란다.[78]

맥아더 장군은 그의 회상록에서 다음과 같이 말했다.

나는 두 번이나 적의 사령관에게 항복과 유혈 행동의 정지를 호소했다.

---

77) Douglas MacArthur, *Reminiscence*, pp. 387~388.

78) James F. Schnabel, *Policy and Direction*, p. 359. 및 p. 365.

그 첫 번째는 인천에서 승리를 거두었을 때이고, 다음은 평양을 점령한 후였다. 어느 때이고 비난 같은 소리는 들리지 않았고 오히려 반대의 방향이 있었다. 전쟁의 시초부터 야전사령관이 자기 지휘 하에 있는 병사들의 유혈을 최소한으로 줄이고, 자기 권한 내의 모든 조치를 취하는 것은 야전사령관의 권리일 뿐만 아니라, 의무이기도 하다.[79]

다. 전략적 논평

1) 중공군 개입에 대한 미 행정부의 오판

맥아더 장군의 인천 상륙작전이 대성공을 거두자 9월 22일 중공 외무성은, 중공은 항상 '조선 인민'의 편에 서 있다고 말하고, 9월 30일 외무부장 저우언라이(周恩來)는 "중공 인민은 절대적으로 외국에 의한 침략행위를 참고만 있지 않을 것이며, 중공 인민은 제국주의자들에 의해서 중공의 우방이 노예화되는 것을 결코 묵인하지 않겠다"고 공식적으로 경고를 했다. 10월 3일 오후 늦게 저우언라이는 베이징(北京)에 있는 주駐중공 인도대사 파니카를 방문하고 그의 성명을 미국 정부에 전달해 줄 것을 원했다. 즉 "유엔군이 북한에 침공한다면 중공은 만주로부터 병력을 투입할 것이나, 만약 한국군만이 38선을 넘을 경우 중공은 간섭하지 않을 것이다." 다음 날 파니카 대사는 저우언라이의 메시지를 베이징에 있던 영국대표를 통해 미국에 전달하였다.

그러나 조기의 위협은 없을 것이고, 설사 위협이 있다 하여도 별로 심각한 사태가 일어나지 않을 것이라는 가정하에 저우언라이의 경고는 맥아더 장군이 북진명령을 내리는 데 변화를 주지 못했다. 또 파니카 대사로부터 전달받았기 때문에 그 경고가 과연 신빙성이 있는가 하는 의심을 갖게 하였다. 왜냐하면, 파니카는 과거 친親공산주의자이고, 반미적反美的 감정을 지

---

79) Douglas MacArthur, *Reminiscence*, p. 389.

닌 사람이었기 때문이다. 그리고 더욱이 미국은 인도를 통해서 중공의 가장 최선의 이익은 한국 사태에 간섭하지 않는 것이라고 충고해 주도록 요청한 사실이 있었다. 파니카 대사는 중공은 한국 사태에 개입할 의사가 없다고 말하였다. 이러한 이유로 인해 미 정보관리들은 파니카 대사로부터 최근의 메시지를 믿지 않았다.[80]

한편 군사적 측면에서 본다면, 1950년 7월과 8월에 미 육군성은 많은 중공군이 남부 중공으로부터 만주로 이동하고 있다는 첩보를 받았다. 8월 말 윌로비 장군은 대략 9개 군, 합계 246,000명의 중공군 병력이 만주에 이동하여 왔다고 추산하였다. 극동군 사령부의 정보참모부는 중공군이 개입하여 전투를 수행할 가능성이 있다는 보고를 육군성에 보냈다. 인천 상륙작전 후에 중공이 한국전에 개입한다는 명확한 군사적 징후는 없었으나, 윌로비 장군은 대략 45만 명의 병력이 만주에 집결되어 있다고 추정하였다. 미국의 정책수립가들은 중공의 한국전 개입 가능성과 중공의 병력에 대해서 충분히 고려하고 있었다. 그러나 이들은 중공이 개입할 것인가의 여부보다는 소련이 어떻게 나올 것인가 하는 문제에 더욱 관심을 기울이고 있었다.

9월 27일 합참본부는 맥아더 장군에게 중공이 전쟁에 개입할 것인지 아닌지 하는 문제를 특별히 고려하여 결과를 보고하도록 지시했다. 다음날 맥아더 장군은 현재로서 중공군이 북한에 개입한 징후는 없다고 보고하였다. 저우언라이의 경고가 있은 다음, 10월 30일 유엔군 사령부 정보처는 20개 사단의 중공군이 9월 10일 이후부터 북한에 머물고 있다는 증거가 있었다고 보고하였다. 11월 5일 북한에 9개 사단의 중공군이 개입하였다는 믿을만한 자료를 제시하면서, 극동군 사령부 정보장교들은 최근의 보고서에서 불길한 징후를 관찰하여, 중공군은 만약 유엔군이 38선을 넘었을 경우 한국전에 공공연히 개입할 가능성이 있다고 보았다.[81]

---

80) James F. Schnabel, *Policy and Direction*, p. 198.

81) Ibid., pp. 198~200.

한편 10월 15일 웨이크 섬의 트루먼 대통령과의 회담 때, 대통령이 중공군의 한국전 개입의 가능성에 대해 질문하자, 맥아더 장군은, "나 자신의 군사적 평가로는 우리의 공군이 현재로는 우선 무적無敵의 상태에 있으며 압록강의 남·북 방면에서 상대의 공격기지나 병참선을 뜻대로 파괴할 수 있는 힘을 갖고 있는 이상 중공군의 사령관이 황폐된 한반도에 대부대를 투입하는 그러한 위험을 범하리라고는 생각되지 않는다. 그러한 행동은 보급 부족으로 전멸당할 위험성이 크게 있다"[82]고 했다.

맥아더 장군은 청문회에서 그 자신의 판단과 현지 정보장교들의 입장을 옹호하면서, "어떤 한 국가가 전쟁을 감행하려고 한다는 정보는 아주 좁은 전투지역에 한정된 지휘관에게는 유용한 정보는 아니다. 그러한 정보는 나에게 제공되었어야 했을 것이다"[83]고 했다.

맥아더 장군의 견해는 한 국가가 전쟁을 감행할 것인가 아닌가 하는 문제는 전략정보에 속하고, 그것은 행정부의 정보기관인 중앙정보부(CIA)나 육군성의 정보처에서 다루어야 할 문제이고, 야전사령관은 전술정보를 다루는 것이 본연의 입장이다. 따라서 중공군의 한국전 개입의 문제는 상부기관에서 야전사령관에게 제공되어야 한다는 견해인데, 이것은 군사이론상 타당한 견해로 생각된다. 그러나 과연 맥아더 장군은 중공군의 한국전 개입을 모르고 있었을까? 슈나벨(Schnabel)은 이에 대해 "G-2의 공개된 평가보고와 그의 사적私的 브리핑이 유사했다는 점을 가정해 볼 때, 맥아더는 분명히 적의 능력과 그러한 능력을 사용할 수 있다는 것을 알고 있었을 것이다. 그러나 그는 그러한 보고서가 혼돈을 일으키며 또한 모순적이라고 생각했을 것이다"[84]고 했다.

이 문제에 대해 정일권 장군의 회고록은 시사해 주는 바가 크며, 다음과

---

82) Douglas MacArthur, *Reminiscence*, p. 362.

83) James F. Schnabel, *Policy and Direction*, p. 275.

84) Ibid., p. 276.

같이 기록하고 있다.

과연 10월 25일 운산에서 나타난 중공군의 출현은 기습적이었다. 그런 가운데서도 워커 중장만은 기분이 좋은 듯했다. 그는 나에게 이런 말을 했다.

"제너럴 정, 맥아더 장군은 정말로 비범한 전략가입니다. 앞뒤를 자로 재는 듯 합니다."

워커 중장은 웨이크 회담 이야기를 꺼냈다.

"맥아더 장군은 그 회담에서 트루먼 대통령에게 중공군은 절대로 나타나지 않을 것이라고 못을 박았습니다. 맥아더 장군이 정말 그렇게 믿고 있다고 보십니까 ? "

워커 중장의 이러한 물음에 나는 처음엔 쉽게 대답할 수가 없었다. 나는 맥아더 사령부에서 그러한 판단을 내릴 만한 정보수집이 있지 않았겠느냐고만 대답했다. 그러면서도 나는 중공군의 개입 가능성을 내 나름대로 주장했다. 워커 중장은 내 의견에 적극 찬동했다.

"잘 보신 것입니다. 맥아더 사령부가 입수한 전략정보에 의하면 중공군의 개입은 확실해졌습니다. 중공 본토의 중공군 2개 야전군이 이미 만주로 이동 완료했습니다. 제3 야전군과 제4 야전군입니다. 중공군의 정예입니다. 무슨 이유이겠습니까?"

나로서는 처음 듣는 사실이었다. 내가 알기로는 중공군의 야전군은 최소한 9개 사단 규모이다. 10만을 웃도는 병력인 셈이다. 2개 야전군이라면 20만 이상의 대병력이었다. 나는 더 이상 궁금증을 달랠 수 없었다. 전략정보가 그렇다면 왜 맥아더 원수는 트루먼 대통령에게 중공군의 개입 가능성을 부정했느냐고 물었다.

워커 중장은 이렇게 분석했다.

첫째는 미국민들의 반전의식을 불러일으키지 않기 위해서이며, 둘째는 중공군을 끌어들이기 위한 것이라고 했다. 바로 그러한 점이 맥아더 장군의 비범한 착상이라고 그는 덧붙였다.…

워커 중장의 설명에 나는 수긍을 하지 않을 수 없었다.

"나온다 나온다 하면 중공군이 정말로 안 나올지도 모르므로 안 나온다고 강조하는 것입니다. 맥아더 장군은 누구보다도 중공군이 나와 주기를 원하고 있었습니다."

워커 중장은 끝으로 맥아더 전략은 장기적長期的인 구상이라고 요약했다.[85]

6·25전쟁에 있어서 북한군의 남침 그리고 중공군의 개입 등은 군사문제를 잘 알지 못하는 위정자, 예컨대 트루먼 대통령에게 있어서는 기습이요, 또한 중공군 개입의 여부를 야전지휘관에게 질문한다는 그 자체가 스스로 군사에 대한 능력의 한계를 나타낸 것이라 하겠다. 적국의 전쟁수행에 대한 능력의 의도를 정확한 첩보로 입수한다면, 즉 적의 병력과 배치, 보급물자의 이동상황, 훈련양상 등을 고려해서 판단하면 전쟁을 하려고 하는지의 여부는 곧 판명할 수 있다. 다만 어려운 것은 언제(시기), 어디서(장소) 전쟁을 할 것인가 하는 문제이다.

2) 맥아더 장군의 장기長期전략과 행정부의 제한전쟁

1950년 8월 초 낙동강의 방위선에서 한국군과 유엔군은 어려운 시련을 겪고 있었다. 그 어려운 시기에도 맥아더 장군은 한반도뿐만 아니라, 아시아 전체의 먼 장래 문제를 생각하고 있었다. 그는 도쿄에 회담차 내방한 리지웨이 장군에게 그의 솔직한 견해를 밝혔는데, 리지웨이 장군은 다음과 같이 기록했다.

그는 특히 대만(Taiwan)에 관해 열심이었다. 만일 중공이 어리석게도 대만을 공격하게 되면 그는 대만으로 달려가서 지휘권을 갖고 '적을 철저하게 격파하여 그 전투가 역사상 가장 결정적인 전투의 하나로 기록될 패배를 안겨주고, 그 결과 아시아의 평화를 굳히고 공산주의를 몰아낼' 것을 약속했다. 그러나 그는 중공이 그런 어리석은 짓을 하리라고는 생각하지

85) 정일권(1986), 전게서, pp. 222~223.

않는 것 같았다.[86]

인천 상륙작전 후 북한군이 와해 되고 위기에 몰리자 중공의 남부에 배치되었던 정예군이 속속 한·만 국경선으로 집결하고 있다는 정보에 맥아더는 내심 기뻐하고 있었으리라. 그는 중공이 전면개입에 대한 공식선언이 있기를 바랬다. 그러나 중공은 조심스럽게 의용군의 파견 정도로 사실을 숨기고 있었다. 이 허위의 사실을 벗기고 또 중공군의 전면적 개입이라는 새로운 사태를 미 행정부에 인식시키기 위한 것이 1950년 11월 24일의 총공격이었다. 그가 11월 28일 합참본부에 보낸 전문電文은 제한전쟁의 굴레를 벗겨 달라는 내용이었다. 그는 손이 묶여진 채로 싸우도록 강요당하고 있다고 생각했고, 따라서 병력 증강이 없으면 유엔군은 한국에서 철수해야 한다고 행정부를 위협했다. 특히 12월 30일 중공에 대한 그의 네 가지 보복조치는 그의 장기 전략의 핵심을 뜻하는 것이었다. 즉,

첫째 : 중공 해안을 봉쇄하는 것.

둘째 : 해군의 함포사격과 공중폭격을 통한 중공의 군수산업의 파괴.

셋째 : 대만의 자유중국군의 일부를 동원하여 한국의 병력 증강.

넷째 : 중국 본토의 취약지역에 대한 자유중국군의 견제작전.

이러한 조치를 통해 한국에서 유엔군에 대한 압력을 벗어나게 할 뿐만 아니라, 중공의 전쟁 잠재력을 파괴하여 다른 지역에 대한 공산주의자들의 침투를 저지하자는 것이었다.

리지웨이 장군은 이에 대해 다음과 같이 부연했다.

> 그가 미국을 아시아의 전면전에 말려들게 하려 했다는 말은 그의 의도와는 정반대의 것이다. 그는 언제나 온건한 정신을 가진 사람이라면 어느 누구도 지상군을 중국대륙에 파견하려 하지는 않을 것이라는 신념을 갖

---

86) Matthew B. Ridgway, *The Korean War* (New York : Doubleday & Company, Inc. 1967), p. 37.

> 고 있었다. 그는 지상군을 한국 국경 너머에서 사용하는 데 거듭 반대했다. 그가 열심히 일관하여 주장한 것은 중공을 고립시켜 '한 세대 동안' 중공의 무력 침략능력을 파괴하기 위해 미국의 막강한 해·공군력을 쓰자는 것이었다.[87]

맥아더 장군의 장기 전략은 미국의 해·공군력을 사용하여 중공의 무력 침략능력을 파괴함으로써, 한 세대동안 아시아의 평화를 확보해 보자는 것이었다. 그러나 미 행정부는 제3차 세계대전을 회피하기 위해서 또는 한국에서 미국의 자원을 낭비하는 것을 회피하기 위해 전쟁의 정치적 목적을 제한했고, 군사적 수단의 제한 그리고 지역의 제한을 고수하였다. 그렇다면 미 행정부는 과연 소련의 개입으로 일어날 전면전쟁의 위험성을 올바르게 판단하였던가?

> 회고하건대, 소련이－특히 그들이 강력한 공군력·핵 능력을 획득하기 전－그들의 인접한 세력권에 대해서 직접적인 공격을 함으로써 일부러 전면전쟁을 일으키는 경우가 될 행동을 다소나마 취하였을 것이라는 것은 극히 의심스럽다. 전면전쟁은 그들 본토의 사멸死滅을 의미하는 것이요, 또한 소련의 목적을 달성하는 데 보다 위험성이 적고 보다 유리한 기회를 상실하는 것을 의미하였다.…크렘린이 유엔군 사령부는 한국 저쪽의 영토적 목표를 탐내지 않는다고 믿는 한, 단순히 한국에서 중공의 입장을 북돋아 주기 위하여 전면전쟁을 일으키게 될 그러한 방법으로 일부러 간섭하였을 것이라는 것은 매우 있을 수 없는 일이다. 특히 크렘린이 만주 폭격에 대한 보복으로써 또는 맥아더 장군이 주장하는 어떠한 다른 수단에 대한 보복으로써 나토(NATO)지역을 공격하도록 택하였을 것이라는 것은 있을 수 없는 일이다.[88]

---

87) Ibid., p. 143.

88) Robert E. Osgood, *Limited War : The Challenge to American strategy* (Chicago : The University of Chicago Press, 1957), p. 180.

소련은 북한으로 하여금 남침을 위한 모든 전쟁수행에 참여하였고 또 군사 고문관들도 파견했으나 전쟁 중 그들을 소환했는데, 그것은 그들이 포로로 잡혀 소련이 개입했다는 증거를 없애기 위한 스탈린의 조치였다.[89] 그리고 중공군이 개입 후 소련은 상당수의 전투기 조종사를 파견해 유엔 공군기와 전투를 벌임으로써 전쟁에 직접 개입했으면서도 감추고 있었다.[90] 이것으로 미루어보아도 미국과의 전면전쟁을 가장 두려워한 것은 소련임에도 불구하고, 미 행정부는 오히려 더 두려워하여 맥아더의 전략을 수행하지 못하게 하였던 것이다.

미국이 단호하게 소련과의 핵 전면전쟁을 각오하고 취한 조치, 즉 1962년 10월 쿠바사태 그리고 베트남전쟁 때 소련의 수송선이 베트콩에 군수물자를 수송해주는 하이퐁 항에 대한 공중기뢰의 부설작전을 실시했을 때, 소련은 미국과 정면 대결을 회피했던 사실을 상기한다면, 트루먼 대통령이 그의 회고록에 쓴 내용은 무의미한 것이라 하겠다.

> 한국전쟁에 관해서 내가 한 모든 결정은 다음과 같은 한 가지 목적을 마음속에 가지고 있었다. 즉 제3차 세계대전과 가공할 파괴를 예방하고 문명된 세계를 가져오게 하는 것이다. 이러한 것은 우리가 완전 규모의 전면전쟁을 일으키도록 소련에 구실을 주거나 또는 자유국민을 이끌어 넣을 어떠한 일도 해서는 안 된다는 것을 의미하고 있다.[91]

미국이 4개 사단만 더 투입하였더라면 유엔군은 만주기지를 폭격하지 않고도 한국을 통일하는 데 성공했을지도 모른다. 왜냐하면, 중공은 그들의 최대의 병력을 투입하였기 때문이다. 그리고 그들이 1951년 여름 정전협상停戰協商에 드디어 동의하게 되었을 때, 그들의 훈련된 예비 병력은 거의

89) 『흐루시초프 회고록』(서울 : 한림출판사, 1971), p. 354.

90) 경향신문, 1988년 6월 28일자.

91) Harry S. Truman, *Memoirs* II (New York : Doubleday, 1956), p. 345.

없어지게 되었다.[92] 그러나 미 행정부는 한국보다 더 전략적 가치가 많은 서구를 위해 병력 증강을 거부했고 또 중공군을 패배시킨다는 군사목표도 거부했기 때문에, 그 후 중공으로 하여금 국제사회에서 대국으로서의 위신을 세워 주었고 또 베트남전에 개입하게 했다.

미 행정부의 잘못된 전쟁지도는 그 후 베트남전쟁을 통하여 값비싼 대가를 지불했을 뿐만 아니라, 군사적 패배를 안겨주었다. 맥아더 장군의 염려는 적중되고야 말았다. 일찍이 해리만은 1950년 8월 초 맥아더 장군과 회담한 후, "정치적, 개인적인 고려는 제쳐 놓고 우리 정부는 맥아더 장군을 국가의 위대한 인재라는 높은 차원에서 다루어야 한다"[93]고 말했지만, 트루먼 대통령은 그를 해임시키고 말았으니 애석한 일이었다.

맥아더의 수석 정보참모였던 윌로비 장군은 맥아더가 항명抗命 때문에 해임되었다고 생각하지 않았다. 윌로비는 자신의 회고록에서 "행정부가 내세운 일체의 이유들의 이면裏面에는 모종의 내밀한 사연이 은폐되어 있었다고 생각하지 않을 수 없다"고 신랄하게 꼬집었다. 윌로비가 암시하고자 했던 바는 맥아더가 미 국무성과 영국 외무성 내의 불순세력 때문에 그리고 트루먼 행정부의 정책에 영향력을 행사하던 잠입한 공산분자들 때문에 희생되었다는 것이었다.[94]

맥아더 장군의 해임뿐만 아니라, 그의 북진계획이 제한을 받을 것이라는 것과 중공군의 전쟁 개입과 깊은 관계가 있다. 즉 맥아더의 북진계획은 불행히도 공산측이 그의 지휘권에 가해진 제약과 38선 북쪽으로 진격하는 것을 워싱턴 당국이 우려하고 있다는 것을 정확히 알고 있었기 때문에 어려움을 안고 있었다. 이러한 정보의 출처는 영국 정부의 고위층에 잠입하고

92) Robert E. Osgood, *Limited War*, p. 183.

93) Matthew B. Ridgway, *The Korean War*, p. 37.

94) Joseph C. Goulden, *Korea : The untold story of the war* (New York : Mcgraw-Hill Book Company, 1982), p. 476.

있던 3명의 소련 첩보원들이었다. 워싱턴 주재 대사관 정보장교인 킴 필비(Kim Philby)와 동 대사관 2등 서기관 가이 버지스(Guy Burgess) 그리고 런던 외무성의 미국 담당 도널드 매클린(Donald Maclean)이 그 장본인이었다.[95]

트루먼 대통령과 맥아더 장군의 전쟁지도와 수행의 관계를 살펴보았을 때,『손자』의 다음 구절이 실감나게 한다. 즉 "대저 장수는 나라를 보좌하는 사람이다. 보좌하는 장수가 군주와 친밀하면 나라는 반드시 강해지고, 보좌하는 장수가 군주와 틈이 있으면 나라는 약해진다.… 장수가 유능하고 군주가 간섭하지 않으면 승리한다."[96]

5. 휴전회담

가. 휴전회담과 제한 공격

6·25전쟁이 발발한 후 유엔을 중심으로 하여 정전(停戰)을 성립시키기 위한 노력이 시도되었지만, 전세가 중공군에게 유리했기 때문에 거부당하고 말았다. 그러나 1951년 4월~5월 사이에 그들의 공격이 실패했을 뿐만 아니라, 인적 손실이 막심하였다. 이 기회를 활용하여 전 전선에 걸쳐 유엔군은 반격을 개시하여 캔사스-와이오밍 선까지 진출하고 작전의 주도권을 장악하게 되었다.

5월 10일 정보판단에 의하면 중공군의 지상 병력은 542,000명에 달했다. 수적으로는 열세하지만 아직도 위험스러운 존재인 북한군은 197,000명이었다. 압록강을 건너 만주에 있는 중공군의 예비 병력은 750,000명이 주둔해 있었다. 한편 밴 플리트 장군(8군 사령관)은 269,772명의 미 육군, 해병대, 연

95) Ibid., p. 245.

96)『孫子』第三, 謀攻.

합군 그리고 234,993명의 한국군을 지휘하고 있었다.[97]

적의 강력했던 공세가 패배와 혼란으로 바뀌고 중공군과 북한군이 다시 북한으로 후퇴함으로써 리지웨이 장군(미 극동군 사령관 및 유엔군 사령관)은 아주 자신 있게 5월 30일 합참본부에 다음과 같이 보고했다. 즉 적은 한국에서 크게 패배했다. 야전 지휘관들의 판단에 의하면 5월 말까지 적의 사상자 비율은 믿을 수 없을 정도로 컸다. 적의 사상자들의 대부분이 보병이기 때문에 적의 전술단위의 전투 효율성 상실이 단순히 수적인 감소 이상으로 크다. 대부분 중공군인 10,000명에 가까운 포로들이 8군에 의해 사로잡혔다. 거대한 양의 적의 물자를 노획하고 아직도 포획 중에 있다. 지금까지 한국전에서 얻어진 양을 훨씬 초과하는 많은 양의 대포, 박격포 및 자동 무기 등이 포획되었다. 이러한 적의 손실에 따라 중공군의 사기가 크게 떨어졌음은 이해할만 하다. 또한 식량 부족이 적의 사기를 크게 떨어뜨렸다. 포로가 된 중공군의 진술에 의하면 그들의 부대들은 레이숀 공급이 고갈되었기 때문에 풀과 그 뿌리를 먹어야 했다. 종합적으로 말해서 리지웨이 장군은 '확실히 중공군과 북한군은 현재 함께 해체될 상태에 놓였다'고 판단했다.[98]

한반도의 군사정세가 공산측에 대단히 불리해지자, 소련의 유엔 대표 말리크는 6월 23일 정규방송을 통한 연설에서 한반도에서의 무력충돌은 평화적으로 해결할 수 있다는 것을 시사함으로써 휴전협상의 기운이 감돌았다. 그리하여 1951년 7월 10일 개성에서 휴전회담이 개최되었다.

한편 미국의 대對한반도 정책은 어떻게 변했는가? 미 국무장관은 1951년 2월 23일 유엔이나 미국은 군사적 수단에 의해 한국을 통일시킬 아무런 의무를 갖고 있지 않다는 입장을 취했다. 이러한 관점에서 1950년 10월 7일자의 총회 결의안은 미국으로 하여금 유엔을 대신하여 행동하는 것을 허락한다는 것이지, 의무국義務國으로 해야 하는 것은 아니었다. 애치슨 장관은 미

97) James F. Schnabel, *Policy and Direction*, p. 387.

98) Ibid., pp. 389~390.

국의 주요 동맹국들을 포함하여 한국에 군대를 파견한 대부분의 정부들은 군사목표로서 통일을 지지하는 것이 아니라 정치적 목적으로 한반도의 통일을 지지할 것이라고 믿었다.[99]

4월 5일 미 합참본부는 한국에 있어서의 군사적 관점에 관한 그들의 견해와 미국이 유지해야 하는 군사적 위치에 대한 그들의 견해를 국방성에 제출했다. 이것은 다시 대통령과 국가안전보장회의에 전달되었다. 만약 소련이 '의용군'의 형태나 혹은 전면전全面戰의 일부로서 전쟁에 개입하는 경우 유엔군은 한국으로부터 철수되어야 할 것이라고 판단했다. 그리고 만약 소련군이 한국문제에 대한 해결에 앞서 전면전을 시작하지 않는다면 세계정세를 투시할 수 있는 두 가지 방법이 있었다. 합참본부는 소련 전략의 직접적 목표가 서구에 있다면 한국에서 유엔군을 최대한으로 묶어두는 것이 소련의 이익이 될 것이라고 보았다. 한편 소련의 직접적 목표가 극동에 있다면 그들은 유엔군이 한국에서 철수하도록 촉구할 것이라고 내다보았다.[100]

반대로 위에 인용한 두 가지 조건 중 어느 경우에 있어서도 공산주의자들은 그들의 군사력을 한국에 머무르게 함으로써 이득을 얻게 될 것이다. 한국에 공산군을 남겨두는 휴전은 유엔에 대단히 불리하게 될 것이며, 또한 한국에 미군을 보유케 함으로써 미국의 군사력을 크게 소모시키게 할 것이다. 그래서 합참본부는 군사적으로나 정치적으로 그 후 미국의 대한對韓정책의 기조를 발표했다. 그들은 국방성에 대해 "한국문제는 단순히 군사적 행동에 의해서 미국에 만족스러운 방식으로 해결될 수 없다"고 말했다. 한국문제는 세계의 긴장이 완화될 때 미국에 만족스러운 방식으로 해결될 수 있는 세계 긴장의 일부라고 말하였다. 그들은 4가지 주요한 건의안을 제기하고 결론지었다. 이들의 건의안은 후에 극동에서 공산주의의 위협에 대처하는 데 있어 미국의 목표와 절차를 규정한 것으로서 국가안전보장회의에

---

99) Ibid., p. 350.

100) Ibid., pp. 391~392.

의해 미국의 기본정책으로 통합되었다. 이들 건의안 내용은 다음과 같다.

(1) 한국에 있는 미군은 한국에 대한 정치적 목적이 소련과 대만 그리고 중공의 유엔 가입에 관한 미국의 입장을 곤란하게 하지 않고 달성할 수 있을 때까지 그곳에서 현재와 같은 군사적 행동방책을 추구해야 한다.

(2) 의존적인 한국군은 조속한 시일 안에 유엔군으로부터 상당한 정도의 부담을 넘겨받을 수 있도록 강력하게 발전되어야 한다.

(3) 중공 본토에 대한 해·공군에 의한 행동을 취할 수 있는 준비가 곧 이루어져야 한다.

(4) 한국과 극동에 대한 연합국들의 정책과 목표를 파악하고 그리고 현재의 군사적 행동이 한국에서 계속될 경우, 중국 본토에 대한 작전이 시도될 때 미국이 연합국으로부터 기대할 수 있는 지원의 정도와 성격을 발견해 내는 것이 긴급한 문제로서 조치가 취해져야 한다.[101]

이러한 정책안은 5월 17일 대통령에 의해 승인되었다. 대통령은 국가안전보장회의의 제안을 받아들이면서 미국은 군사적 해결이 아니라, 통일되고 독립된 민주한국民主韓國을 이룩할 정치적 해결을 궁극적 목적으로서 보유해야 할 것이라고 결정했다. 동시에 그는 모든 정부기관들에 대해 즉각 그러한 정책을 추구하는 데 필요한 모든 조치를 취하도록 지시했다.[102]

당시 유엔군 사령관 리지웨이 장군은 행정부로부터 권한을 부여받지 않고 중공 영토에 대한 군사적 행위를 취하는 것이 금지되어 있었고 또한 소·만蘇滿 국경지역에서 비한국군의 사용과 그의 병력이 그러한 국경선을 넘지 못하게 금지되어 있었다. 그리고 그에게는 나진에 대한 해·공군의 행동을 취하지 못하며 압록강 근처에 있는 수력발전시설을 공격하지 못하도록 금지되어 있었다. 그는 한반도 중간지역의 이북에 있는 지역을 일반 목표지

101) Ibid., p. 392.
102) Ibid., p. 393.

역으로 생각할 수 없으나, 다만 병력과 목표점에 대한 제한조치에 따라 38선 이북에서 작전을 수행할 따름이었다. 따라서 리지웨이 장군은 사전 허가를 받지 않고 캔사스-와이오밍 선을 넘어 총 공격을 하지 못한다는 합참본부의 지시를 받고 있었다.[103]

그리하여 5월 말에 밴 플리트 장군은 적의 방어선 깊숙이 들어가는, 즉 동해안으로 상륙하여 대규모의 중공군과 북한군을 포위·공격할 수 있도록 허가를 요청했으나 거절당했다.

나. 휴전회담의 교착과 유엔군 사령관의 확전건의擴戰建議

1951년 7월 10일 개성에서 휴전회담이 개최되었다. 유엔군 측은 정치적·경제적 문제는 토의하지 않을 것이며, 다만 6·25전쟁을 휴전케 하는 협상에만 국한되어야 한다는 태도를 밝힌 데 반하여, 공산군 측은 정치적인 문제, 예컨대 한국 내에 있는 모든 외국 군대의 철수에 관한 문제도 함께 다루자는 태도였다. 그러나 7월 26일 다음 항목의 의사 일정의 합의를 보았다.

(1) 적대행위 중지의 기초 조건으로서 비무장지대를 설정하기 위한 쌍방의 군사 경계선의 협정.

(2) 정전 및 휴전 실시를 위한 세목細目의 협정.

(3) 포로교환에 대한 여러 조치

(4) 전 한국 장래의 정치상태에 관해서는 남·북 양 정부에 권고할 것.

이러한 내용을 가진 의사일정 제1차인 비무장지대 및 군사 경계선에 관한 논의에서 협상은 다시 정돈停頓상태에 빠지고 말았다. 유엔군 측은 휴전 효력이 발생하는 그 순간의 양군 접촉선을 휴전 경계선으로 획정劃定해야 한다고 주장하는 데 반하여, 공산측은 38선을 경계선으로 해야 한다고 주장

103) Ibid., pp. 380~381. 및 p. 384.

했기 때문이다. 이리하여 4개월 동안 양보 없는 쌍방의 주장만 계속되었다. 그동안 공산군 측은 여러 번 개성 중립협정을 위반했다. 조이 제독의 추론推論에 의하면, 공산군 측은 시일만 오래 끌면 유엔군 측이 결국 38선을 군사 경계선으로 하자는 요구에 굴복할 것이라고 생각했지만 그들의 억측은 빗나가고 말았다.

군사 분계선 설정에 관하여 생각해 보면, 8월 23일부터 10월 24일까지 63일간 회담은 완전히 중단되었다. 유엔군 측은 개성에서의 회담 속행은 불가능하다고 생각하여 리지웨이 장군은 9월 6일 공산군 측에 서신을 보내 회담 속행을 위한 새로운 회담 장소의 선정 문제를 토의하기 위하여 즉시 판문점 다리에서 회합할 것을 제의했다. 그 후 어려운 고비를 넘기면서 결국 판문점에서 회담을 속행할 수 있게 되었지만, 공산군 측이 회담 장소의 이전에 대한 유엔군 측의 요구에 양보하게 된 것은 9월부터 개시된 유엔군의 강력한 군사적 공세가 결정적 역할을 하였던 것이다.

여러 번의 논의 끝에 11월 27일에야 비로소 현 접촉선을 기선基線으로 하는 휴전회담과 그 기선을 중심으로 하여 남북으로 각 2㎞ 폭의 비무장지대 설정에 합의를 보았다.

한편 포로교환 문제는 휴전회담이 개시되었을 때, 그것이 중대한 쟁점이 되리라고는 아무도 예상하지 못하였다. 왜냐하면, 그런 일은 지금까지의 전쟁사상戰爭史上 휴전회담에서는 한 번도 논란의 대상이 되지 않았기 때문이다. 그러나 6·25전쟁에 있어서 포로 문제는 2년여의 휴전회담 중 약 18개월에 걸쳐 양측이 토의대립討議對立을 거듭했던 최대의 난제難題로서 휴전의 조기 성립을 저지한 의안이었다.

I. 유엔군이 제시한 포로 수	
인민군	111,754명
중공군	20,720명
합 계	132,474명
II. 공산군이 제시한 포로 수	
한국군	7,142명
미국군	3,193명
기타 유엔군	1,216명
합 계	11,551명

포로문제가 정치문제로 변하여 휴

전회담을 혼란 및 지연케 한 주요 원인은 유엔군 측에 수용된 공산군 측 포로 중 반수 이상이 본국 송환을 원치 않는 데 있었다. 1951년 12월 11일에 개최된 포로교환 합동위원회에서 공산군 측은 모든 포로의 송환을 주장하였고, 유엔군 측은 공정한 감시하에 1대1의 비율로 교환할 것을 주장했다. 그러나 공산군 측은 억류된 모든 포로의 무조건 석방을 고집하므로 유엔군 측은 우선 국제적십자사의 포로수용소 방문과 포로의 성명 및 수용소의 위치를 명시하자고 제의하여 비로소 포로명부의 제출에만 합의를 보았다. 12월 18일 양측에서 제시한 포로 숫자는 다음과 같다.

이 숫자의 비교는 너무나 압도적인 차이이며 공산군 측이 많은 유엔군 측의 포로를 누락시키고 있다고 생각하였다. 그래서 수 차에 걸쳐 유엔군 측이 항의를 했지만, 공산군 측은 끝내 통계 숫자의 정확함을 고집하고 오히려 유엔군이 40,000명의 공산군 포로를 누락시켰다고 비난하였다.

1952년 초 유엔군 측은 포로의 송환은 각자의 자유의사에 따른다는 원칙을 세워 이것을 제안했으나, 공산군 측은 즉석에서 거부하고 모든 포로의 송환을 주장했다. 그 후 유엔군 측은 송환 여부를 조사한 결과 인민군 출신 포로 중 송환 희망자는 65,000명이고 중공군 출신은 불과 5,000명에 지나지 않았다.

포로송환 문제의 논쟁은 상호간의 이해관계利害關係가 얽힌 복잡한 것이었다. 유엔군 측이 포로의 강제송환을 거부한 첫째 이유는, 인도적 입장에서 취한 것이었다. 둘째 이유는 심리전의 성과에 관한 문제였다. 장차 소련 혹은 중공과 전쟁상태에 들어갈 경우를 생각하여 선전활동을 통해서 적을 대규모로 투항케 함으로써 그들의 사기를 꺾을 수 있을 것이라고 생각했다.

이에 반하여 공산군 측은 그들대로의 이해관계利害關係가 숨어 있었다. 중공군 의용병 출신의 포로 가운데 4분의 3이 송환을 거부함으로써 중공 정부를 싫어한다는 사실이 중공으로서는 큰 체면상의 문제였다. 따라서 중공은 자존심과 국제적 명예상 유엔군 측의 발표는 허위이며, 중공군 포로가 송환을 거부하게 된 것은 강박에 의한 결과라고 주장하고 이것을 입증하기 위하여 거제도 포로의 폭동 및 포로수용소 소장 돗드 장군의 납치사건을 음모했던 것이다. 인민군의 입장에서 본다면 전쟁에서 오는 인적 소모와 1·4 후퇴 결과로 많은 수의 인민의 남하로 어려움에 빠진 병력 및 노동력의 보충을 위하여 포로의 강제송환을 고집하게 되었다.

이렇게 회담을 지연시킴으로써 공산군 측은 귀중한 시간을 획득할 수 있었고, 그 시간을 활용하여 방어진지를 견고히 구축하였을 뿐만 아니라, 보급의 개선 및 와해되어 가던 그들의 군사력을 재정비했다. 한편 유엔군 측은 미국을 비롯하여 참전국 간의 이해관계利害關係 및 긴장을 증대시킴으로써 정치적 어려움을 겪게 되었다.

포로교환 문제로 판문점 회담이 결렬되어 무기한 휴회로 들어가고 전선의 교착이 계속되자, 클라크 장군은 휴전을 유리하게 조속히 성립시키기 위한 압력을 공산군에 가하기 위해 확전擴戰을 다음과 같이 건의했다. "한국군을 조속히 증강시킬 것, 대만의 국부군 사단을 한국에서 사용할 것, 그리고 진실로 전쟁에서 승리하고자 미국 정부가 결정을 내리는 경우에는 원자탄을 사용할 것."[104]

클라크 장군은 1952년 10월 초, 미 육군 참모총장 콜린스 장군에게 공산측이 유엔군 측의 휴전조건을 수락하도록 하기 위한 작전계획을 준비하고 있으며, 만약 미 합참본부가 이 계획을 승인하여 준다면 미 극동사령부에서 이에 대한 각종 지휘계획을 수립하겠다고 했다. 그의 계획은 약 20일간에 걸친 3단계 작전으로서 평양-원산 선을 목표로 한 지상군의 포위공격, 수륙양면 기습 및 공수작전 그리고 상황에 따라서는 중공 본토 내의 군사목표에 대한 유엔군 해·공군의 작전까지도 망라한 대규모 작전계획이었다. 이 계획을 성공적으로 수행하기 위해서는 미 극동군의 증편이 불가피했다. 현 유

---

104) Mark W. Clark, *From the Danube To the Yalu* (New York : Harper & Brothers, 1954), p. 3.

엔군 산하의 기존 부대 외에도 미군 기타 유엔군 3개 사단(보병, 공수, 해병 각 1개 사단), 국군 2개 사단, 자유중국군 2개 사단, 야포 12개 대대 및 대공포 20개 대대가 더 필요한 확전계획이었다.[105]

클라크 장군은 새로이 대통령에 당선된 아이젠하워 원수가 1952년 12월 2일~5일까지 방한訪韓할 때 설명할 계획을 준비하고 있었다. "나는 워싱턴 당국으로부터 아이크가 무엇에 관하여 토의할 것인가에 대해 아무런 지시도 받지 못했다. 그러나 나는 그가 관심을 가질 수 있는 과제를 준비했다. 여기에는 만약 신정부에서 한국전쟁의 승리를 획득하려고 결정한다면 이에 필요한 병력과 계획에 대한 상세한 판단서가 포함되었다. 대통령 당선자의 한국 방문 중 나로서 가장 잊을 수 없는 일은 이 판단서를 그의 고려로서 제출할 기회가 없었던 것이다. 전쟁의 승리를 위해 얼마나 더 필요한가는 논의되지 않았다. 우리의 많은 대화를 통하여 그는 명예스러운 휴전을 구할 것이라는 것이 분명해졌다."[106]

다. 중공군의 최후 공세와 휴전 조인

포로교환 문제에 있어서 송환을 거부하는 포로를 중립국으로 이관코자 하는 공산군 측의 제안이 나오고, 유엔군 측 안이 그 안을 약간 수정하여 수락하고자 하는 기색을 보이자, 이승만 대통령은 한국 청년을 어떠한 중립국으로도 이관함을 허용치 않겠다고 성명했다.

1953년 5월 25일 워싱턴으로부터 온 최종적인 유엔군 측 안이 공산군 측에 제시되기 전에 클라크 장군은 브릭스 주한 미 대사와 함께 이 대통령을 방문하고 미국의 휴전을 위한 최종안과 아이젠하워 대통령의 개인 서한을 전달했다. 그 자리에서 미국의 4개 항목의 주요 보장을 제시하고는 그 대가

---

105) 합동참모본부 편, 『韓國戰史』(서울 : 합동참모본부, 1984), p. 560.

106) Mark W. Clark, *From the Danube To the Yalu*, p. 233.

로서 한국이 휴전 반대운동을 자제할 것과 일단 조인되면 휴전조약을 준수할 것 그리고 한국군의 지휘권을 유엔군 사령관에게 그대로 존속케 하는 등을 요구했다.

휴전을 목전에 두고 정세는 숨 가쁘게 돌아갔다. 공산군 측은 최종안을 검토하기 위하여 휴회를 요구했으며, 이 휴회 중인 5월 말에 미국은 한·미 상호방위조약체결을 위한 협상을 할 용의가 있다고 통고해 왔다. 그러나 6월 18일 미명을 기하여 각지에 산재하고 있었던 포로수용소의 문이 이 대통령의 명에 의하여 개방되어 송환을 거부하는 한국인 반공포로 27,000여 명은 극적으로 탈출하게 되었다.

반공포로의 석방으로 눈앞에 다가온 휴전의 성립이 위기에 놓이게 되었다. 공교롭게도 휴전협정의 전 조문은 6월 18일까지 서명이 끝나고, 남은 것은 조인식의 일자와 여러 절차를 토의하는 것뿐이었다. 클라크 장군은 이(李) 대통령에 대한 비난적인 항의와 공산군 측에게는 포로의 석방에는 미국 당국이 전연 몰랐다는 변명의 서한을 발송했다. 공산군 측에서 몇 가지 주요 질의를 해왔지만, 당사국인 한국 정부가 휴전을 저해하지 않겠다는 사전 보장이 없이는 어떤 언질이나 회답도 줄 수가 없었다.

따라서 휴전회담은 재차 휴회되고 미국은 우리 정부를 설득시키기에 전력을 다하였다. 미 국무차관 로버트슨이 6월 25일 내한하여 18일간이나 체한滯韓하면서 매일 이 대통령을 설득하는 데 몰두했다. 미국 정부가 우리의 의사를 무시하고 일방적으로 휴전회담을 추진해 온 대가로 이 회담에서는 계속 우리의 주장을 수동적으로 받아들이지 않을 수 없게 되었다.

그래서 이 대통령은 미국의 휴전 정책을 방해하지 않는다는 조건으로 로버트슨으로부터 다음과 같은 것을 획득하였다.

(1) 휴전 성립 후 한·미 군사방위조약의 체결에 대한 확약.
(2) 장기간의 경제 원조와 2억 달러의 제1회 원조공여援助供與.
(3) 90일이 경과하여도 휴전 후의 정치회담에서 어떤 구체적인 성과도 이

루지 못 할 때에는 한미 양국은 동 회의로부터 물러나와 한국 통일에 관한 장차 행동을 토의할 것.

(4) 이미 계획된 바와 같이 한국군을 20개 사단으로 증강하고 이에 적당하게 해·공군력을 증강시킬 것.

(5) 정치회의가 개최되기 전에 공동목표를 토의하기 위하여 고위 한미회담의 개최.[107)]

이·로버트슨 회담이 진행되고 또 휴전회담이 계속되는 동안 중공군에 의한 6·7월 공세가 주로 한국군 방어 정면에 대해 실시되었다. 이 두 차례에 걸친 마지막 공세로 중공군은 중부전선에서 보다 유리한 방어선을 형성하게 되었고 반면 아군은 금성 돌출부를 상실하였다.

1951년 7월 10일부터 개최되었던 휴전회담은 25개월이라는 오랜 시일을 겪고서야 1953년 7월 27일 22시를 기하여 승리도 패배도 없이 다만 포화만 멈추게 되었다.

라. 전략적 논평

1) 미 행정부의 전쟁지도

1947년 9월 미국의 한반도에 대한 정책을 결정하는 데 대단히 중요한 두 가지의 정책 건의가 있었다. 하나는 『웨드마이어 보고서』로 알려진 것으로, 웨드마이어 장군은 "한국의 자유와 독립을 보장하기 위해 가능한 한 많은 안전보장 장치를 지원하는 데 충분한 군사원조를 공급해야 하며, 당분간 미군을 주둔시켜야 한다"[108)]고 했다. 한편으로 미 합참본부는 "미국의 군사적 안전의 입장에서 고려할 때 한국에 미군을 주둔시키거나 기지를 유지할

---

107) Ibid., pp. 287~288.

108) Albert C. Wedemeyer, *Wedermeyer Reports!* (New York : The Devin-Adair Company, 1958), pp. 478~479.

만한 전략적 가치가 없으며, 극동지역에서 적대상태가 야기되었을 경우 주한 미군은 군사적 부담이 될 것이다"[109]고 했다.

트루먼 대통령은 웨드마이어 장군의 정책건의를 비밀문서로 분류하여 공표하지 못하게 하고, 미 합참본부의 건의를 받아들여 주한 미군의 철수를 결정했을 뿐만 아니라, 6·25전쟁에 있어서 미 행정부의 전쟁지도의 기조를 이루고 있었다.

미 합참본부의 건의는 다음 이유에 의해 결정된 것으로 보인다. 첫째, 미국은 한국을 방위할 만한 충분한 군사적 이해관계를 가지고 있지 않다는 것, 둘째, 미국의 전면적인 병력 부족이 심하므로 한국에 주둔하고 있는 사단들은 다른 곳에서 보다 유용하게 사용할 수 있다는 것이었다.[110] 이러한 관점에서 미 행정부는 제한전쟁을 수행하였고 또 합참의장 브래들리 장군은 "우리가 소련을 주요 적대국으로 간주하는 한, 또한 서구를 주요 대상으로 하는 한, 맥아더가 주장하는 수단은 그릇된 적과 그릇된 시간에 그릇된 장소에서 그릇된 전쟁을 하게 하는 것이다"[111]고 했다.

6·25전쟁에 있어서 미 행정부의 전쟁지도에 관하여 몇 단계로 나누어 고찰해 보고자 한다. 그들의 첫 단계의 군사목표는 평화를 회복하고 38선의 국경선을 회복하는 것이었다. 이러한 목표는 6월 27일 유엔 결의로도 채택되었던 것이었다. 그래서 38선 이북의 군사작전은 병참선만을 파괴해야 할 것이라는 태도였다. 그러나 전쟁의 다음 단계, 즉 공세를 취하게 되었을 때 군사적 제한이 재평가되었다. 그래서 합참본부는 1950년 9월 15일 맥아더 장군에게 새로운 훈령을 내렸다. 즉 38선 이북의 지상군 작전을 허락하는 것이었다. 그러나 이 작전은 소련이나 중공의 무력간섭의 표시가 없을 때에만 한다는 것이었다. 인천 상륙작전이 성공되자 합참본부는 맥아더 장군에

---

109) Harry S. Truman, *Memoirs* II, p. 326.

110) Robert E. Osgood, *Limited War*, pp. 163~164.

111) Ibid., p. 175.

게 9월 27일, 같은 조건하에서 군사목표로 북한군의 격멸을 허락했다. 그러나 소·만 국경선 지역에서는 비非한국군의 사용을 금할 뿐만 아니라 만주에 대한 해·공군의 행동도 금한다고 했다.

인천 상륙작전의 성공으로 인하여 낙관적인 군사 전망에 입각하여 미 행정부는 정식으로 또한 명백하게 전쟁의 군사목표를 변경했다. 원래 1943년 카이로 선언에서 명시된 자유롭고 독립된 그리고 통일된 한국을 수립하려는 장기적인 목적을 달성함에 있어서 유엔군을 가로막을만한 장애는 없으리라 생각하여 10월 7일 유엔총회는 이런 정치목적을 달성하기 위해 맥아더 장군에게 그의 군대를 사용하도록 허락하자는 결의안을 통과시켰고, 실제로 한국군 및 유엔군은 38선 이북으로 진격하고 있었다.

실제로 중공군의 공공연한 한국전 개입은 10월 16일 이후이며, 이 사실을 맥아더 장군이 보고한 것은 11월 초였다. 이러한 보고에 입각하여 미 국무성은 압록강 양편에 각각 10마일의 완충지대 설치에 대하여 중공과의 협상 가능성을 찾으려고 서둘렀다. 맥아더 장군의 명령은 변경되지 않았다. 그러나 11월 24일 합참본부는 중공군 개입의 위험이 컸으므로 맥아더에게 그의 군대를 압록강 계곡 부근의 유리한 지점에서 머물도록 권고했다. 그러나 같은 날 맥아더 장군은 전쟁의 승리를 위해 총공세를 명했다. 4일 후 10군단은 막강한 중공군과 직면하게 되었고, 한국군 및 유엔군은 후퇴를 강요당하게 되었다.

유엔군은 다시 38선 이남으로 후퇴하였으나, 그 후 곧 저지되었다. 리지웨이 장군의 지휘하에 유엔군은 1951년 1월부터 반격을 시작했으며, 그 후 밴 플리트 장군에 의해 캔사스-와이오밍 선까지 진출했다. 군사적 상황의 변동에 따라 1951년 5월 17일 트루먼 대통령은 한국을 통일하려는 궁극적 목적은 그대로 남아 있는데, 미국은 이 목적을 군사적 수단으로 수행하는 것을 포기한다고 했다. 그리하여 미국은 최초의 유엔의 목표인 침략을 저지하고 남한을 회복하는 것에 만족한다는 것이었다. 그래서 7월부터 정전협상을 시작했다.

여기서 필자는 두 가지 점에 관해 논의해 보고자 한다.

첫째는, 트루먼 행정부의 전쟁지도는 앞에 얘기한 바와 같이 확고한 정치목적과 군사목표도 없었을 뿐만 아니라 시종 일관성이 결여되어 있었다는 점이다. 따라서 전쟁수행에 있어서 야전 사령관과 전쟁지도부 사이에 끊임없는 혼란과 오해를 가져왔고 또한 인명人命과 자원을 낭비했다는 것이다. 다음 내용은 이것을 단적으로 증명하고 있다.

> 특히 5월 3일 워싱턴에서 시작된 맥아더 장군 해임에 대한 공개된 청문회에 비추어 미국이 아시아 특히 한국에서 그의 군사목표와 정치목적을 분명하게 할 필요성이 날로 명백하게 되었다. 미국인은 그러한 문제에 관해 혼란을 일으켰을 뿐만 아니라, 미국이 왜 유엔 개입에 압력을 가했는지에 관해 이유를 충분히 이해하거나 평가하지도 못했다. 미국의 군사 및 정치 전략가들도 그들 자신이 적합한 목표설정에 일치하지 못했으며 더욱이 그러한 목표를 달성하기 위한 방법과 수단에 관해서도 마찬가지였다.[112]

이것은 군의 통수권자인 대통령(혹은 내각 수반)은 문·무를 겸비하고 있어야 한다는 것을 뜻하며, 만약 그렇지 않다면 직위와 보직에 구애받지 않는 군사전문가를 자문역으로 보임하여 수시로 군사문제에 대한 자문을 받아야 한다. 예컨대 2차 세계대전에 있어서 루스벨트 대통령은 이러한 제도를 활용했다.

둘째는, 만약 1951년 5월 말, 밴 플리트 장군의 대규모의 중공군 및 북한군을 포위·공격하는 작전을 허용하여 좀더 북상北上해서 안주-개천-덕천-영원-함흥 선[113]에서 멈추었더라면 오늘날의 남북한 관계는 동·서독 형태

112) James F. Schnabel, *Policy and Direction*, p. 392.

113) 1950년 10월 2일, 맥아더 사령부가 유엔군에 설정한 진격 한계선인 '맥아더 라인'은 이와 비슷

로 발전했을 가능성이 더 있었지 않았나 하는 아쉬움을 남긴다. 당시 미 행정부가 맥아더의 군사목표와 그것을 달성하기 위한 수단을 사용하는 것을 허용하는 경우라면, 압록강·두만강의 국경선까지 진격하여 국토 통일을 달성하는 것이 최선책일 것이다. 그러나 미 행정부가 제한전쟁을 수행하기로 정책을 결정했다면, 위에 말한 안·함선安咸線이 군사적·정치적 관점에서 가장 유리한 선이다. 그 이유는 한반도에서 가장 좁은 허리이기 때문에 방위하기가 용이하다. 안·함선의 거리는 약 200km이고, 현재의 휴전선은 약 250km 그리고 압록강·두만강의 국경선은 약 1,300km이다. 또한 안·함선 이남에는 평양, 원산, 함흥 등 주요 도시와 항구 및 공업지대를 포함하고 있기 때문이다.

2) 휴전회담의 성과

미국의 전략전문가 브로디 박사는 미국 측이 공산 측의 휴전 제의를 곧장 받아들인 것부터가 중대한 과오임을 다음과 같이 논평했다.

> 공산측이 휴전 협상에 관심을 표명하자마자, 우리가 공격을 중지한 것은 중대한 잘못이었다. 그 원인은 군사적 지도에서 보다는 정치적 지도에 있었던 것이며, 결국 전쟁을 제한하려던 우리의 기대에 아무런 도움도 되지 못하였다. 당시의 공산군 포로 신문의 보고에 의하면, 중공군은 대규모 집단 이탈사태가 벌어질 정도로 극한적인 절망상태에 빠져 있었다고 한다. 바로 이때에 말리크가 던진 몇 마디 말 때문에 우리는 공세를 중지했던 것이다. 그 후 뒤늦게 우리는 몇 차례의 제한된 공세를 감행하여 그들에게 압력을 가하려 하였으나, 이미 그 때는 시기적으로 그 효력을 기대하기에는 너무나 늦었던 것이다.[114]

우리는 당시 공산측이 휴전을 제의했을 때야말로 안·함선까지 쉽게 진

하나, 다만 西部가 定州로 되어있다.

114) 합동참모본부 편(1984), 전게서, p. 544에서 재인용.

격하고서 휴전 제의를 수락하여도 좋았을 절호의 기회를 놓치고 말았다. 그것은 바로 트루먼 행정부의 전쟁지도의 실책에서 비롯되었다.

유엔군 측의 휴전회담 수석대표였던 조이 제독은 1951년 6월에 내놓은 말리크의 제의에 대해서 미국이 즉각 응하였다는 것은 미국이 휴전을 몹시 갈망하고 있거나 그럴 필요에 쫓기고 있다는 인상을 주었으며, 이는 공산측에 하나의 약점으로 보였을 것이라고 생각했다.[115] 그 후 휴전회담 동안 연간 미군만의 사상자 수가 3만 명이나 되었다.[116]

당시 한국에 있었던 밴 플리트 장군과 기타 군사지휘관들은 평화협상으로 들어가는 정부를 비난하였다. 그들의 의견에 의하면 조금만 더 노력하면 공산군을 패배시킬 수 있다는 것이며, 적어도 우리의 위신을 회복하고 보다 좋은 의미의 평화를 이룩할 수 있다는 것이었다. 한편 리지웨이 장군은 만약 우리가 사상자를 낼 각오를 한다면 압록강까지 진격할 수 있다는 것을 시인했다. 트루먼 행정부나 아이젠하워 행정부나 한국에서 중공을 패배시킴으로써 얻는 정치적 이익은 군사적 비용에 비하여 가치가 없다는 것으로 생각했다. 이러한 조건에서 그들은 남한에 대한 침략만을 격퇴하는데 만족하였다. 군사적 대가와 보다 좋은 의미의 목적을 달성하려는 노력의 결과를 생각하지 않고 38선을 기준으로 해서 정전停戰에 동의하려는 행정부의 결정이 현명하였던 것인가를 평가하기는 어렵다. 아마도 정부가 인기 없는 전쟁을 종결하려 애쓰고, 보다 좋은 의미의 협정을 얻으려는 장기적인 정치적 이점을 경시하였다는 것은 앞으로의 역사만이 증명하게 될 것이다.[117]

6·25전쟁의 성과는 무엇인가? 이 전쟁을 적절하게 평가하기란 아직 시기상조이지만 눈앞에 나타난 결과는 어느 정도 식별하기란 어렵지 않다. 공산측이 제아무리 주장하더라도 한국전에서는 정치적으로나 군사적으로 승

---

115) Walter G. Hermes, *Truce Tent and Fighting Front* (Washington : G.O.P. 1966), p. 503.

116) Mark W. Clark, *From the Danube To the Yalu*, p. 317.

117) Robert E. Osgood, *Limited War*, pp. 185~186.

리를 거두지 못하였다. 결과는 잘 말해서 무승부였다.[118)]

휴전협정에 조인을 했던 당시 유엔군 사령관 클라크 장군의 견해는 깊은 혜지慧智와 통찰력이 담겨진 내용이라 말하지 않을 수 없다.

> 나는 승리가 심각한 손실을 수반한다는 것을 잘 알고 있다. 그러나 나는 또한 한국에서 승리를 획득하는 데 입는 손실은 만약 우리가 한국에서 군사적 승리를 거두지 못하고 공산측이 그들 자신의 조건에 따라 전투할 준비를 갖출 때까지 기다리게 되는 경우 궁극적으로 받아야 할 손실보다도 훨씬 적다는 확신을 가졌으며 또한 현재도 역시 그러한 확신에는 조금도 변함이 없다. 나의 견해로는 공격을 가하지 않고 다만 강력한 군사력을 극동에 집결하여 그것을 적에게 인식시킴으로써 이득을 취할 수 있었다. 전면공세의 위협 및 현재까지 금지구역으로 되어 있는 만주 내의 군사시설에 대한 공중공격은 아마도 훨씬 더 만족할만한 그리고 또 훨씬 더 조속한 휴전을 가져왔을 것이다. 내 견해로는 이것이 소련으로 하여금 한국전쟁에 개입하거나 또는 제3차 대전을 야기시키게 하지는 않았을 것이다. 소련은 그들 자신이 선택하는 장소 및 시간에 따라서만 전쟁을 야기시킬 것이기 때문이다.…휴전은 이루어졌으며 나는 협정에 조인하였다. 그러나 솔직히 말하면 나는 무거운 마음을 가지고 그 협정에 서명을 하였다. 적어도 당분간 살인이 중지된 것은 고마운 일이었으나 한국에서 공산군을 패배시키려는 결정을 하는 경우보다도 더 값비싼 피의 희생을 후일 우리 국민이 바치게 되리라는 심각한 불안을 나는 느꼈다.[119)]

불행하게도 클라크 장군의 예언은 적중하고 말았다. 미국은 그 후 베트남전쟁에서 그들 자신뿐만 아니라, 우리 젊은이의 피를 희생시켰고 많은 자원과 재력을 소비했다. 그러나 그 결과는 클라크 장군도 상상하지 못했던 이번에는 명백한 패배로 막을 내렸다. 그것은 국제무대에서 미국의 위신을

118) Walter G. Hermes, *Truce Tent and Fighting Front*, p. 498.

119) Mark W. Clark, *From the Danube To the Yalu*, p. 82 및 pp. 317~318.

추락시켰고, 또한 국력의 쇠퇴를 가져오는 원인이 되고 말았다. 정치가들의 전쟁지도력과 전략의 빈곤은 아무리 자원이 풍부하다 하여도 전쟁에서 패배한다는 교훈을 우리에게 남겼다.[120]

6. 맺음말

한반도에서 휴전이 성립된 지 35년간의 세월이 흘렀다. 지금 세계의 조류는 긴장 완화와 상호 협조의 물결이 치고 있지만, 유독 남·북한만은 긴장과 대결의 고삐를 늦추지 않고 있는 실정이다. 최근 한국은 북한에 대해 더 이상 경쟁대상이나 적대 상대로 대하지 않고 같은 민족 공동체의 한 부분으로 생각하고 상호 협력할 것을 제의했으나, 아직 북한은 대남對南 무력적화통일 노선을 견지하고 있다. 이러한 상황에서 북한으로 하여금 평화통일 노선으로 전환케 하는 유일한 길은 우리의 완벽한 임전태세臨戰態勢 뿐이다. 이것이 또한 평화유지의 최선의 방법이다.

우리가 6·25전쟁을 통하여 배워야 할 교훈은 국민의 생명과 재산 그리고 국가의 주권은 어떤 희생을 지불해서라도 스스로가 수호해야 한다는 자주국방 의식이다. 그리고 우리의 당면과제는 지휘권의 인수와 주한 미군의 철수에 대비하는 문제이다.

1950년 7월 이승만 대통령은 한국군의 지휘권을 유엔군 사령관에게 이양하였다. 그로 인해 한국군은 6·25전쟁과 베트남전쟁에서도 전투는 수행했어도 전쟁을 수행하는 경험을 갖지 못했다. 그런데 아무리 풍부한 자원과 거대한 국력을 가진 미국이라 하여도 정치가의 전쟁 지도력이 빈곤해서 겨우 전쟁을 무승부로 끝냈다고 하지만, 전쟁에 투입된 인명과 자원을 고려했

---

120) 미국의 베트남전쟁 수행에 대한 반성은 다음 저서가 좋은 참고가 된다.
　•해리 서머스, 『전략 : 미국의 월남전』, 민평식 역(서울 : 병학사, 1983)

을 때 그렇게 생각하기 어렵고 또한 아쉬움을 남겨 주었다. 거기다가 군사전략의 부재不在가 겹치게 되었을 때 강대국인 미국도 베트콩에게 패배한다는 사실을 베트남전쟁을 통하여 알고 있다.

우리는 한반도에서 한민족의 번영과 평화통일정책을 추구하기 위해서 전쟁 억제력을 구비하고 있어야 한다. 그리고 만약 억제가 실패하여 전쟁이 발발했을 경우, 우리의 정치적 목적을 달성하는 데 이바지하는 신속하고 손실을 적게 입는, 더 효과적인 한국 군사전략을 연구·개발하여 정립해야 한다. 환언하면 이것은 군사전략의 한국적 토착화를 뜻하는 것이며, 이로 인해 군의 구조와 부대구조, 병력의 수요, 무기체계와 장비의 연구·개발 방향 그리고 군수軍需 지원체제 등의 개선과 깊은 연관을 맺고 있다.♣

II

6·25전쟁의 역사적 고찰과 교훈

-북한은 남북통일을 위해 해방전쟁을 했다고 하지만,
우리 민족으로 하여금 소련의 실험동물인 모르모트
(morumotto) 역할을 하도록 강요한 데 지나지 않았다.-
풍석(1929~)

1. 머리말

무서운 동족상잔의 비극을 치른 지도 20여 년의 세월이 흐르고 보면 당시의 괴로움과 서러움도 잊어버리게 마련이다. 그러나 조국의 산하를 잿더미와 피투성이의 전장터로 만들었고, 형제와 부모가 서로 죽이며 증오하고 피비린내나는 살육을 거쳐 그 수가 수백만 명에 이르고 보면, 우리 민족사상 가장 비참한 전쟁을 치렀다고 하지 않을 수 없다. 그런데 6·25전쟁에서 대결하였고, 중공을 침략자로 낙인을 찍는데 주도적 역할을 담당했던 미국이 이제 중공과도 화해하고 있는 데도 불구하고 우리의 현실은 그렇지가 못하다. 즉 북한은 또 다시 전쟁 준비의 완료와 무력 적화통일을 호언하고 있으니 말이다.

우리 조상으로부터 물려받은 이 국토에 지금까지 주변 강대국들이 우리를 침공해 왔지만, 그들을 물리치고 오늘날까지 버티어 온 한민족이다. 그러니 앞으로도 무한히 번영되고 발전되어 나아가도록 그 터전을 마련해 주어야 하는 역사적 사명을 간직한 지금의 우리는 지난날의 과오를 들추어보고 반성함으로써 그런 과오를 다시는 반복하지 않도록 해야 할 것이다.

2. 6·25전쟁의 역사적 고찰

전쟁은 반드시 원인과 동기에 의해서 발발한다는 것이다. 원인이란 가스가 충만하는 작용이며, 동기는 점화點火의 작용이다. 예컨대 제1차 세계대전에 있어서 페르디난트 황태자에 대한 세르비아 청년의 한 발의 권총은 점화였으며, 이 점화가 전쟁을 확대하기 전에 유럽의 국제정세는 영국·프랑스 양국과 독일과의 대립을 중심으로 가스가 이미 천지에 충만하고 있었던 것이다. 마찬가지로 2차 대전 후 미국과 소련의 대립은 냉전冷戰이라는 가스를 세계에 충만 시켰으며, 1950년 1월 애치슨 장관의 성명은 북한의 군사적 총공세에 점화의 작용을 했던 것이다. 그렇다면 6·25전쟁의 원인은 어디에 있단 말인가? 이 문제에 대해서는 사람에 따라 견해를 달리하겠지만, 필자는 1945년 2월 11일의 얄타협정에서 비롯한다고 본다. 그것은 소련이 대일참전對日參戰의 대가로서 미국에 요구해서 획득한 것이다.

> 미·영·소 3대국의 지도자는 독일이 항복하고 또한 유럽전쟁이 종결된 뒤에 2개월 내지 3개월 내에 소련이 다음 조건으로 연합국에 가담하여 대일전쟁에 참가할 것을 협정한다.
> ① 외몽골의 현상은 유지한다.
> ② 1940년 일본의 배신적 공격으로 침해된 제정帝政러시아의 구권리舊權利는 다음과 같이 회복된다.…
>
> (「얄타 협정문」)

스탈린이 이 얄타협정에서 제정 러시아의 구 권리를 열거하면서도 한국에 대해서는 분명하게 기술記述하지 않았고 또 협상을 통해 별로 거론하지 않은 데는 복선이 있었던 것이다. 왜냐하면 올리버(Robert T. Oliver, 1909~2000) 박사가 주장하듯, 러시아는 적어도 75년간 한국점령을 그 외교의 기본 목표로 삼아 왔으며, 러일전쟁에 앞서 니콜라이 2세가 그의 외무장관에게 서한을 보내 "러시아는 부동항不凍港이 필요하며, 확실히 육로로서 러시아 영토와 연결되어야 한다"고 했다. 그리고 러일전쟁 직전에 제정 러시아는 극동총독에게 일본 함대가 만약 38도선 이북의 서해안에 진입해 오는 것을 발견하면 곧 발포하라는 비밀명령을 내림으로써 38선 이상은 자국自國의 세력권임을 시사하고 있다.

한반도 분단의 역사적 고찰을 하면, 러시아와 정면 대결할 실력이 없었던 일본은 1896년 5월 26일, 러시아 황제 니콜라이 2세의 대관식에 참석하는 야마가타 아리토모(山縣有朋)에게 한반도를 38도선에서 남북으로 분할 점령하자고 러시아에 비밀리에 제안케 했다. 이에 대하여 러시아는 한국의 운명은 러시아 제국 장래의 조직지역으로 정치적·지리적 조건에 기초하여 그들에게 예정된 판도라고 생각했다. 그래서 러시아는 한반도의 남단을 조약에 의해서 일본에 양도한다는 것은 전략적으로 가장 중요한 지역(부산, 인천 등의 항구)을 포기하게 되어 장래에 있어서 러시아의 행동자유를 스스로 속박하는 것이라 하여 거부하였다.

그리고 1899년 11월 청국清國의 의화단義和團사건을 계기로 러시아는 동청철도東清鐵道를 보호한다는 구실 아래 대병력을 만주에 진주시키고, 사건이 해결되었음에도 불구하고 철병撤兵할 기색을 보이지 않자, 그들의 태평양 진출을 저지코자 하던 영·일 양국은 청국 정부를 통하여 병력의 만주 철수를 강경히 요구했으나 그들은 시일만 끌었다. 그러고는 1900년 3월 조선정부를 위협하여 마산항을 조차租借한다는 명목으로 점거하고, 다시 1902년 그 부근을 해군기지로 조차코자 하다가 일본의 책동으로 실패했다.

한편 3국의 간섭 이후 가상 적국假想敵國을 러시아로 단정하고 국력이 허락하는 한, 최대의 군사력 증강을 거국적으로 실시해 온 일본은 군사력을 토대로 하고 또 영·미 양국의 후원을 얻어 러시아에 대하여 강경한 태도로 나왔다. 정세의 불리함을 알게 된 러시아는 한반도를 39도선에서 분할하여 그 이북을 중립지대로 할 것을 제안하였으나 일본은 이를 거부하고 1904년 2월 전쟁이라는 최후수단으로 자웅雌雄을 다투었다.

따라서 이 얄타협정은 소련이 러일전쟁 직전의 모든 권익을 복구시키는 것으로 스탈린의 외교정책은 제정 러시아의 남하정책을 그대로 답습하였다. 뿐만 아니라, 그는 중국과 직접 이해관계利害關係가 있는 문제도 협정문서의 한 구절, 즉 "확실히 이행할 것을 협정한다"고 못을 박았다. 이 문구는 만약 중국 정부가 그 요구의 이행을 거부할 것 같으면 조인국은 그들 요구를 중국에게 이행할 것을 강요할 의무가 있다는 시사를 인정하였으니, 그의 능글맞고 교활한 외교술은 당시 영·미의 수뇌를 앞지르고 있었다.

소련은 일본이 미국의 원자폭탄 세례를 받고 이제 그 여명餘命이 얼마 가지 않을 것을 확신하고 또 대일對日전쟁의 대가를 획득하기 위해 1945년 8월 9일 군사력을 동원하여 만주와 한국에 침공을 개시했다. 8월 13일 소련군 1개 사단이 청진에 상륙했고 또 계속하여 기갑부대도 상륙했다. 만약 이와 같은 속도로 군사행동을 계속한다면 아무런 방해도 받지 않고, 수일 내에 전 한국을 점령할 수 있는데 반하여 미국의 전투부대는 남한에서 600마일이나 떨어진 오키나와에 있었다. 당황하게 된 것은 미국의 군사지도자들이었다. 그래서 그들은 소련군의 전 한반도 점령을 저지하고 또 일본을 비무장화시킬 목적으로 「일반명령 제1호」, 즉 한국은 38도선을 분단선으로 하여 그 이북의 일본군은 소련군 사령관에게 항복할 것이며, 이남에 있는 일본군은 미군 사령관에게 항복할 것을 규정한 미·소 양군의 군사행동의 범위에 관한 문서를 트루먼 대통령의 결재를 얻어 8월 15일 스탈린에게 송부하였다.

이튿날인 8월 16일 스탈린은 "그 명령의 내용에는 대체적으로 이론異論이 없지만, 이러한 경우 요동반도는 만주의 일부이며 소련군에 의한 일본군의 항복구역降伏區域에 쿠릴열도(지시마 열도千島列島)의 전부와 홋카이도(北海道)의 북반부를 포함시킬 것…" 등의 일본 영토의 일부를 점령한다는 조건을 내세우고, 그 대신에 한반도의 38도선 이북만을 점령한다는 것을 수락하기에 이르렀다. 스탈린이 미국의 제안대로 소련군의 진격을 38도선에 멈추게 한 것은 한반도의 북반부에 발판을 구축한 이상 남반부의 공산화는 시간문제로 보고 남반부를 대신할 만한 것으로 일본 본토 내의 일부 지역의 점령을 꾀하였던 것이다. 스탈린의 외교 전략은 외관상 미국과 협조하는 듯이 위장하였지만 사실에 있어서는 얄타협정에 들어있지도 않은 홋카이도의 일부 지역을 점령함으로써 일본을 지배하려는 의도였다.

아무튼 소련군은 한반도에 주재하는 즉시로 소련에 거주하고 있었던 정치적 피난민 혹은 한국인 제2세를 선두에 내세워서 북한 각지에 인민위원회를 조직케 했으며 또 치스차코프 사령관은 「조선인민에게」라는 달콤한 포고문을 발표했다. 그리고 1945년 10월 14일, 김일성을 평양의 시민대회에서 민족 영웅으로서 대중들에게 소개시켰으며, 그 후 소련 군정당국이 그에게 정치권력의 핵심인 당의 조직사업을 위임하였으며, 북한 인민에게는 절대 권력자로 등장하였고 소련에 대해서는 철저한 추종자가 되었다. 그가 수반으로 있는 북조선 인민위원회는 1948년 2월 8일, 조선인민군의 창건을 세계에 선포하였으며, 특히 남북한의 병력 차이의 계기를 만든 것은 중공군 내의 조선인민부대의 귀환이었다. 그리고 소련은 적극적으로 전차, 항공기 및 중포重砲 등 신장비를 북한에 공급해 주었다.

한편 미국의 대한對韓군사정책은 소련과는 대조적으로 일관성이 없었고, 또 소극적인 것이었다. 즉 1947년 9월, 미 합동참모본부는 한국의 군사적 안전의 입장에서 고려할 때, 한국에 미군을 주둔시키거나 기지를 유지할 만한 전략적 가치가 없으며, 극동지역에서 적대 상황이 야기되었을 경우,

주한미군은 군사적 부담이 될 것이라고 했다. 그리고 1949년 3월, 미군이 한국으로부터 완전히 철수하더라도 한국에서의 미국의 지위에 악영향을 미치는 일이 없다는 판단으로 동년 6월, 500명의 미 군사고문단원만 남겨 두고 철수하고 말았다.

이에 앞서 이승만(李承晩) 대통령은 미군 철수에 즈음하여 한국군이 보유하고 있는 군수물자는 3일분밖에 되지 않는다는 것을 경고하고, 조병옥(趙炳玉) 특사의 군원 요청을 재고할 것을 미 정부에 촉구했다. 미국은 이미 정한 방침대로 한국에서 미군을 철수시키는 데만 관심을 두고 힘의 공백 상태에서 오는 인민군의 위협에 대한 대책에는 관심이 없었다. 사태가 급해지자 이승만 대통령은 1949년 6월 마침내 해군기지인 진해를 미국의 해군기지로 제공할 것을 간접적으로 제안했으나 이것도 거절되고 말았다.

1950년 1월 12일, 애치슨 국무장관은 워싱턴의 전국기자클럽(National Press Club)에서 행한 「아시아의 위기」(Crisis in Asia)라는 연설에서 극동방위에 대한 미국의 공식적인 태도를 밝혔다. 즉

> 미국의 극동 방위권은 알류산 열도에서 일본 본토를 거쳐 오키나와로 연장되는 선에서 다시 필리핀을 연결하는 선으로 결정한다. 이 방위권 외의 태평양 지역의 군사적 안전보장에 관한 한, 방위권 외에 속하는 여러 지역에서 야기되는 군사적 공격에 대해서는 아무도 이를 보장할 사람이 없다.

이러한 애치슨 장관의 충격적인 발언 내용은 대만(臺灣, Taiwan)이나 한국을 미국의 극동방위권에서 제외시킴으로써 북한 공산주의자들의 침략 야욕을 자극하였는데, 당시 북한 기관지 「민주조선」의 주필을 담당하고 있었던 한재덕(韓載德) 씨의 회고담에 역력히 나타난다. 남북한의 군사적 불균형과 남한에는 혁명 기운이 감돌며 20만의 남로당원이 건재하다는 박헌영의 주장, 거기다 애치슨 장관의 선언은 김일성에게 무력통일의 절호의 기회로

판단되었으리라.

6·25전쟁에 있어서 전면적인 인민군의 무력남침은 1950년 6월 25일부터 시작하여 1953년 7월 27일 판문점에서 휴전협정이 성립될 때까지 3년 1개월을 통하여 조국의 산하를 피로 물들게 했다. 그동안 미국을 위시한 서방측 16개국이 참전했고 또 중공군도 개입했다. 그리고 분단선인 38선은 휴전선으로 변경되었으며, 길이 250㎞를 사이에 두고 남북한은 다시 대치하게 되었다. 이 전쟁을 북한은 "조선인민의 정의의 조국해방전쟁"이라고 부른다 하여도, 그것은 소련의 스탈린이 제2차 대전 후 미국과 대립하여 냉전冷戰을 실시하여 오다가 좀 더 적극적인 방책으로 세계적화世界赤化를 하기 위해 미국의 태도를 시험해 보려고 북한으로 하여금 전쟁을 도발케 했던 것이다. 그러니 북한은 남북통일을 위해 해방전쟁을 했다고 하지만, 사실에 있어서는 우리 민족으로 하여금 소련의 실험동물인 모르모트(morumotto) 역할을 하도록 강요한 데 지나지 않았다.

3. 6·25전쟁의 원인

6·25전쟁을 통하여 우리가 배워야 할 교훈은 너무도 많다. 그 가운데서도 가장 중요한 것은 분단된 조국과 민족의 통일을 어떻게 할 것인가를 결정하는 과제이다. 지난날 이승만 대통령은 심심찮게 '북진통일'을 자기의 신념같이 여기고 때때로 호전적好戰的인 언사를 솔직하게 표명하기도 했다. 이것이 미국 고위 정책가들로 하여금 한국군에 중무장과 공격용 무기를 공급해 주지 않는 중요한 이유이기도 했다. 그는 1950년 6월 14일 올리버 박사에게 보낸 편지에서 "여러 가지 한국정세에 대하여 간단히 한 말씀합니다. 나는 지금이 우리가 공격하여 평양에 있는 잔당을 소탕하는데 절호의 시기라고 생각합니다. 우리는 김일성 도당을 산악지대로 구축하여 그 자들을 아

사餓死케 하고 우리의 방어선을 두만강과 압록강으로 만들 심산이오. 우리 국민은 북벌을 갈망하고 있소. 북한에 있는 우리 국민은 우리의 북벌을 애타게 기다리고 있는 상태요."라고 하였다.

그리고 육군 총참모장 채병덕 장군도 "국군이 한번 움직이는 날에는 조반은 서울서 먹고, 점심은 평양에서 먹고, 저녁은 신의주에서 먹는다.", "우리 국군은 대통령의 진격 명령만 내리면 일제히 쳐들어갈 수 있도록 만반의 태세를 갖추고 있다"고 언명하였다. 이승만 대통령의 서간문을 보면 항상 북벌을 계획하고 있었고, 북벌을 실천으로 옮기는 총참모장은 만반의 준비를 갖추었다는 얘기이다. 그러나 당시의 우리 국군에는 전투기와 전차도 없었고, 병력 및 훈련 그리고 장비에 있어서 월등하게 열세하였으니 도저히 전쟁을 도발할 형편이 되지도 않았다. 그러나 북한은 이러한 것을 증거물로 한국군이 먼저 공격했다고 전 세계에 선전하였다. 그들의 호언장담은 결국 북한에게 귀중한 선전宣傳 자료를 제공한 결과에 지나지 않았다.

일찍이 중공의 마오쩌둥(毛澤東)은 그의 논문 「전쟁과 전략의 문제」(1938년)에서 "혁명의 중심 임무와 최고 형태는 무력武力으로 정권을 탈취하는 것이며, 전쟁으로 문제를 해결하는 것이다. 이 마르크스·레닌주의의 혁명원칙은 보편적으로 바르며, 중국에서나 외국에서나 모두 바르다. 그러나 같은 원칙이라도 프롤레타리아 정권이 여러 가지 조건하에서 이 원칙을 실행하는 표현 형태에 대하여 말하면, 그것은 조건의 상위相違에 의하여 달라진다"고 주장했는데, 북한은 충실하게도 이 원칙을 추종하였다. 왜냐하면, 북한의 정권수립이 1948년 9월 8일인데, 인민군 창설을 선언한 것은 1948년 2월 8일이기 때문이다. 하물며 그들에게 지도원리指導原理를 가르쳐 준 레닌도 "사회주의자가 전쟁에 반대한다면 벌써 사회주의자는 못 된다"고 갈파했으니, 그들은 무력 외는 믿지 않는다. 그리고 입으로는 언제나 평화를 얘기하지만 우리들이 생각하는 평화와는 그 개념이 다른 평화이다.

북한은 6·25전쟁을 통하여 무력통일을 시도했으나 유엔군의 개입으로 실패하였다. 그러나 그들은 또 다시 무력통일을 감행하려고 하니 우리 민족의 앞날에 어두운 그림자를 던져주고 있다. 즉 북한은 이미 1962년부터 적극적인 무력남침을 위한 4대 군사 노선을 실천해 왔고, 요즘은 전쟁 준비완료를 호언하고 있으니 말이다. 값비싼 대가를 지불한 6·25전쟁에서 우리들이 배워야 할 최대의 교훈은 이데올로기의 차원에서 무력통일을 의도해서는 안 된다는 것이다. 그 이유는 다음과 같다.

·첫째, 한반도의 지정학적 위치는 지금 미·일·중공 및 소련 등 강대국 사이의 이해관계利害關係가 얽혀져 있기 때문에 무력에 의한 남북통일은 6·25전쟁의 재판再版을 초래한다는 것이다. 왜냐하면 한반도의 공산화는 일본과 미국에 위협을 줄 것이며, 반면에 민주화는 중공과 소련의 국가안보에 위협을 가하기 때문이다. 뿐만 아니라, 그러한 위협을 제거하기 위해서는 자기네의 국내에서가 아니라 외국을 전장으로 택하기를 즐겨온 것이 이들 강대국의 생리이다.

·둘째, 따라서 우리의 강토는 강대국의 최신 무기의 시험장으로 변할 것이며, 우리 민족은 또 한 번 모르모트(morumotto)가 된다는 것이다. 가장 좋은 실례가 지금의 베트남전쟁이다. 베트콩 지도자들의 선견지명을 잃은 헛된 공산화 정열은 그들 민족을 강대국의 최신무기를 시험하는 모르모트로 만들고 있는 현실이다.

·셋째, 이렇게 된다면 우리 배달민족은 영영 융합할 수 없는 원수가 되어버릴 가능성이 짙다는 것이다.

·넷째, 오늘의 세계조류世界潮流는 1950년대처럼 이데올로기 만능의 시대가 지나고 이미 국가이익과 민족주의 시대로 접어들었다는 사실이다. 같은 공산주의 국가인 소련과 중공의 국경분쟁, 또 중공과 미국의 교류는 이것을 단적으로 제시하고 있다.

이제, 우리는 우리의 민족통일을 이데올로기 차원에서의 무력통일이 아니라, 한층 그 단계를 높여서 국가이익과 민족주의의 차원에서 평화적인 수단에 의하여 달성해야 한다는 것이다. 비록 그 방책이 여러 가지 난관을 내포하고 또 오랜 시일이 소요된다 할지라도 꼭 우리가 성취하여 후손들에게 물려주어야 하며, 그것이 오늘날의 우리의 역사적인 사명일 것이다. 이 점에 대해 1972년 4월 30일 박정희 대통령은 북한이 만약에 평화통일을 바란다면 남침야욕을 버린다는 것을 실증하는 조건으로 먼저,

① 4대 군사 노선의 강행으로 표시된 무력적화의 통일야욕을 즉각 철회할 것
② 비무장지대 내의 불법 병력 및 무기의 철수
③ 무장간첩 남파 중지와 비정규군의 완전 해체
④ 납북된 KAL기의 승무원과 어부·어선의 즉각 송환
⑤ 대한적십자사의 제의 수락과 가족 찾기 운동 등에도 성의를 보여야 한다.

고 거듭 촉구하였다. 이러한 구체적 방책의 수락 여부는 평화통일을 향한 성패成敗의 길잡이가 될 것이다.

4. 6·25전쟁의 교훈

평화통일에 대한 우리의 희망과 현실 사이에는 엄청난 차이가 있다는 것을 직시하고 이에 만반의 준비태세를 갖추어야 한다. 외국인들은 지금의 남북한의 긴장상태를 가리켜 베트남전의 다음 화약고로 간주하고 있으니 말이다. 우리의 국가안보를 위해 우방국과의 우호관계와 방위조약 그리고 비적대적 공산국가와의 관계개선도 중요하다. 그러나 자국의 국가안보를 외국과의 조약문에만 매달린 국민에게는 언제나 시련이 닥쳐온다는 역사적 교훈을 잊어서는 안 될 것이다.

예컨대 한국은 미국과 1882년 5월 조선·미국 수호조약을 체결했으며, 제1조에 "조선국과 미국 간에는 영구한 평화와 우호관계를 유지할 것이다. 한편 제3국으로부터 불공경모不恭輕侮를 당하여 이를 통지하는 경우에는 타방은 조력보호助力保護하고 조정하여 우의를 표시할 것이다"고 되어 있었다. 러일전쟁으로 우리의 국권이 위태롭게 되자, 조·미 수호조약의 제1조를 믿고 윤병구·이승만 양인이 루스벨트 미 대통령에게 구원을 청하러 갔다.

그러나 루스벨트 대통령은 그의 주선으로 개최될 포츠머스 회담에 앞서 육군장관 태프트를 일본에 파견하여 일본 수상 가쓰라 다로(桂太郎)와 더불어 미·일 비밀협약을 체결케 했다. 이것이 소위 「태프트·가쓰라」 협약으로 미국의 필리핀에 대한 권익과 일본의 한국에 대한 권익을 상호간 교환조건으로 승인하는데 동의했던 것이다.

1939년 폴란드는 나치독일의 위협에 대해 강경일변도로 나아가니 히틀러는 드디어 9월 1일, 신예 폭격기와 기계화 부대 및 보병 등의 군사력을 총동원하여 소위 전격전電擊戰을 전개해서 1주일 만에 폴란드군의 주력부대를 격멸하였다. 폴란드는 무기력하게 참패를 당했는데, 그들이 믿었고 또 강경하게 나간 이유가 바로 8월 25일에 조인한 영국·프랑스와의 동맹조약 때문이었다. 즉 "폴란드가 공격을 받으면 모든 수단으로 폴란드에 대해 군사원조를 부여한다"고 했으며, 또 3개월 전 파리에서 열렸던 프랑스·폴란드의 양군 수뇌에 의한 작전회담에서도 "개전 첫날 프랑스 공군은 즉시 독일을 폭격한다. 3일째는 지상병력에 의한 소규모의 공격을 가한다. 15일째는 대규모의 공격을 개시한다"고 약속했지만 그 약속은 공약空約으로 끝났다.

1954년 11월에 발효된 「대한민국과 미합중국 간의 상호방위조약」의 제2조를 보면, "당사국 중 어느 나라의 정치적 독립 또는 안전이 외부로부터의 무력 공격에 의하여 위협을 받고 있다고 어느 당사국이든지 인정할 때에는 언제든지 당사국은 서로 협의한다"고 되어 있는데, 연전年前에 한동안 '협의'를 '즉각 개입'으로 고쳐야 한다는 견해가 나왔다. 그러나 원래 조약이라는 것은 당사국으로서 지키는 것이 국가이익이 될 때만 지켜지는 것일진대, 우리들이 미국 정부에 대해 조약 문구의 수정을 운운한다는 그 자체가 무의미한 일로 여겨진다.

오늘날까지 대륙국가와 해양국가의 분쟁교섭의 접촉점인 한반도는 언제나 중요한 역할을 담당해 왔고 또 한편으로는 열강국의 이권利權개입으로 복잡한 처지에 놓여 타의에 의해 국가의 운명이 좌우되기도 했다. 그러나 이러한 원인을 한반도의 지정학적 위치로만 돌린다면 큰 잘못이다. 만약 우리가 우리의 민족적 주체의식과 역사적 사명을 깨닫고 또 국력을 배양한다면 우리는 대륙이나 해양으로 얼마든지 신장할 수 있는 요충지에 자리 잡고 있다는 것을 알아야 한다. 그리고 오늘날 남북한의 대립으로 부득이 군사력을 증강하지 않을 수 없는 어려운 고비에 서 있기는 하지만, 그러나 긍정적 관점에서 이것을 계기로 하여 수백 년 동안의 숭문억무정책崇文抑武政策으로 잃어버렸던 상무정신을 다시 찾는다면 오히려 민족통일과 국가발전을 위해 전화위복轉禍爲福이 될 수도 있다는 것이다.

지금 전쟁준비 완료를 호언하면서 재남침을 꿈꾸고 있는 북한의 침략의도를 어떻게 저지할 것인가 하는 문제는 우리가 당면한 가장 중대한 과제일 뿐만 아니라, 그것의 성취는 곧 전쟁 재발을 막고 평화스러운 속에서 나라를 건설하고 나아가서는 평화적인 남북통일의 터전을 마련하는 길이기도 하다. 그런데 어떤 사람은 지금 세계는 이른바 화해 무드로 새로운 세계질서를 형성해 나아가고 있는 이 마당에 우리는 왜 그러한 사조에 역행하는가, 혹은 한반도에 진정한 평화와 민족적 통일을 이룩하기 위해서는 미·일·소 및 중공 등 4개국의 전쟁억제보장안戰爭抑制保障案 강구가 선결문제라고 주장한다.

그러나 필자는 이러한 사람들과는 견해를 근본적으로 달리하고 있다. 즉 우리의 국가안보는 동맹이나 조약처럼 믿을 수 없는 불확실성 위에 두어서는 안 되며, 또 우리의 자주독립과 평화를 누리기 위해서는 외부의 어떠한 도전에도 대응할 수 있는 군사력을 갖추고 있어서, 적이 함부로 넘겨다보지 못하도록 해야 하며, 만약 불행하게도 전쟁이 발발하면 효과적인 군사력 운용으로 정치적 목적을 신속하게 달성해야 한다.

그리고 나라를 부강하게 만들려면 인재양성에서 반드시 문무文武는 병중竝重되어야 한다는 것이야말로 우리들이 배워야 할 역사적 교훈이다.♣

(『國際問題』, 1972년 6월)

III

진실의 6·25전쟁※

– 자기의 안전을 자기 힘으로 지킬 의지를 갖지
않는다면, 어느 나라든지 독립과 평화를
기대할 수 없다.–
마키아벨리(Machiavelli, 1469~1527)

1. 머리말

오늘 발표하고자 하는 이 내용은 서울에서 해야지, 도쿄(東京)에서 발표하기에는 아까운 것이지만, 하야시 요시나가(林吉永) 전사부장戰史部長이 일부러 경주까지 와서 요청했기 때문에 여기서 발표하기로 결심했다.

"역사란 자유로운 나라에서만 훌륭하게 쓸 수 있다"고 프랑스의 사상가 볼테르(Voltaire, 1694~1778)는 말했지만, 필자는 좀더 부연한다면, "역사란 자유로운 나라에서 자유로운 신분에 놓인 사람만이 훌륭하게 쓸 수 있다"고 말하고 싶다. 그 이유는 역사의 진실을 솔직하게 기록할 수 있기 때문이다.

6·25전쟁은 한반도를 무대로 하여 20개국의 군대가 1950년 6월 25일부터

※ 본고는 「朝鮮戰爭史觀」 이란 제목으로 2000년 1월 27일 日本防衛廳防衛研究所 戰史部에서 발표한 내용이다.

1953년 7월 27일까지 3년 1개월여에 걸친 전쟁이었다. 이 전쟁은 한민족韓民族에게 심각한 인적·물적·정신적 피해를 안겨다 주었고, 그 후유증은 휴전을 하여 반세기가 지난 오늘에 이르기까지 남겨져 있다. 한민족韓民族이 평화적 통일을 달성하기 위해서는 이 6·25전쟁의 진실을 밝히고, 거기서부터 교훈을 찾아야 비로소 치유가 가능하리라. 이러한 관점에서 몇 가지 문제점을 규명하고자 한다.

2. 6·25전쟁의 기원

지금까지 6·25전쟁에 관한 많은 저서·논문이 발표되었지만, 문제점은 소련·북한·중공의 비밀자료가 공개되지 않았기 때문에 억측臆測의 부분이 많았다. 그러나 1991년 소련의 붕괴로 인하여, 그 자료가 공개됨에 따라 상당한 수준에 이르기까지 진상을 밝힐 수 있게 되었다.

6·25전쟁사 연구에 있어서 많은 비중을 차지하는 것은, 6·25전쟁의 기원, 즉 누가 6·25전쟁을 일으켰는가, 하는 것이다. 이 문제는 제2차 세계대전 후의 미·소 양 대국에 의한 냉전冷戰이 어느 쪽에 의해 시작됐는가 하는 논쟁선 상에서 6·25전쟁의 기원의 논쟁이 비롯되었다는 점에 유의해야 한다.

냉전의 기원에 관한 최초의 학설은 전통주의 학파傳統主義學派에 의해 정립되었다. 그들은 기본적으로 냉전의 책임은 소련에 있다고 생각하며, 종전終戰과 더불어 스탈린은 동유럽에서 중동지방을 거쳐서 동아시아에 걸쳐 팽창정책을 추구했고, 소련은 마르크스시즘·레닌주의에 따라 세계적화의 목적달성을 위해 모든 수단, 특히 무력수단도 사양하지 않는 거대한 제국주의 국가라고 주장했다.

한편, 이와 같은 전통주의 학파의 주장에 도전한 것이 수정주의 학파修正主義學派이며 그들의 주장에 의하면, 미국의 대외정책은 더 제국주의적이며,

팽창주의적이라는 것이다. 마르크스주의자라고 자칭하는 수정주의자들은 미국이 자신의 자본주의 체제를 유지·발전시키기 위해, 전후의 국제질서를 미국을 중심으로 하는 자본주의 국가의 통합이라는 방향으로 개편한다는 것을 전제로 하여, 미국의 대외정책은 자연히 소련을 압박함으로써 소련의 대응을 불러일으켰다고 분석·해석했던 것이다.

6·25전쟁의 기원을 규명함에 있어서, 전통주의자나 수정주의자들은 당초 냉전의 기원에 관한 자기네들의 이론을 그대로 적용했던 것이다. 구체적으로 얘기한다면, 전통주의자들은 마치 냉전이 소련에 의해 시작된 것처럼 6·25전쟁도 소련에 의해 시작되었다고 해석했고, 수정주의자들은 마치 냉전이 미국에 의해 시작된 것과 마찬가지로 6·25전쟁도 미국에 의해 시작되었다는 것이다.

따라서 지금까지 6·25전쟁은 남침·북침 어느 쪽인가? 국내전, 국제전, 민족해방전쟁 등 어느 쪽인가도 해결하지 못하고 논쟁이 계속되어왔으나, 이것은 연구방법에 문제점이 숨겨져 있는 것이 아닌가? 그 이유는 연구대상의 본질에 따라 연구방법도 달라져야 할 것이다. 그것은 냉전과 전쟁은 본질적으로 서로 다른 연구대상이며, 전쟁은 군사이론에 의해 분석·해석되어야 한다는 것이 필자의 관점이다. 주로 사용한 자료는 다음과 같다.

(1) 大韓民國國防部戰史編纂委員會編, 『韓國戰爭史』(1·2卷, 1967, 1968)
(2) Roy E. Appleman, *South to the Naktong, North to the Yalu*, Office of the Chief of Military History, Department of the Army, Washington, D. C., 1961.
(3) 朝鮮人民共和國科學院歷史硏究所編纂, 『朝鮮人民の正義の祖國解放戰爭史』(平壤 : 外國文出版社, 1961)
(4) 예프게니 바자노프/나딸리아 바자노바著, 김광린譯, 『소련의 자료로 본 한국전쟁의 전말』(서울 : 열림, 1998). 공저인데 예프게니는 1991년 이후 러시아 외교 아카데미 부원장이며, 부인인 나딸리아는 러시아 동

양학 연구소 연구위원이다. 이 책은 공개된 비밀문서를 활용한 내용이나, 러시아에서는 아직 발간되지 않았고, 한국어로 최초로 번역·발간되었다.

가. 한국군과 인민군의 전력戰力과 배치

한국의 육군본부 정보국의 절박한 정세판단에 바탕을 두고, 작전교육국장 강문봉(姜文奉) 대령은 1950년도의 군사 보충예산에 38도선 축성공사비를 계산하여 긴급 건의서를 국회에 제출했다. 양편의 전력비戰力比와 공방攻防의 기본적 입장의 차이 및 미국이 무관심한 이상, 축성 외는 방위수단이 없다고 판단했다. 이 건의서는 다음 네 가지 사항으로 구성되어 있으며, 당시 남·북한의 전력戰力의 격차를 단적으로 표시하고 있다.

(1) 병력 : 북한의 병력은 인민군, 38경비여단, 게릴라 부대, 민청훈련소, 해·공군으로 구성되어 있으며, 총계 18만 4천 명에 달한다. 이에 비해 우리는 국군 10만, 국립경찰 4만 등 총계 14만 명이나, 경찰의 장비는 소총뿐이며, 행정경찰의 병력도 포함되어 실질적인 전투력은 10만 명에 지나지 않는다. 더욱이 징병제는 실시되었으나 전시동원에 필요한 법령이 정비되지 않았기 때문에 실행에는 어려움이 있다.

(2) 양편의 물적 격차는 다음과 같다.

북한인민군	국 군
각종 대포 수 …… 609문	105mm 포 ……… 91문
전차·장갑차 …… 272대	장 갑 차 ……… 27대
항 공 기 ………… 168대	연 습 기 ……… 10대

(3) 교육훈련 : 북한은 폭동이나 다른 장애를 받지 않고 수 년에 걸쳐 예정된 훈련을 계속할 수 있었다. 따라서 제일선이나 후방을 불문하고 착실하게 전투력을 향상시켰고, 대부대의 훈련도 끝마쳤다. 이에 반하여 국군은 여수·순천 반란군의 토벌, 남파된 게릴라 부대의 소탕 등에 쫓

기어 병력의 소모뿐만 아니라, 중대 훈련의 단계에 이르는 정도이다.

(4) 후방지원 : 북한은 재래의 군수공장을 이용하여 무기생산(소화기 수준)을 증강하고 있었지만, 우리 편은 권총의 시작단계試作段階에 있다.

미국의 전사가, 애플만은 남북한의 군사력을 다음과 같이 평가했다.

> 1950년 6월, 인민군은 한국군보다 분명히 몇 가지 관점에서 본다면 우세했다. 예컨대, 인민군은 85㎜ 포를 가진 우수한 중형 전차 150대를 보유하고 있는 반면, 한국군에는 없었다. 인민군에는 세 가지 종류의 포, 즉 최대사정最大射程 14,000야드의 122㎜ 곡사포, 76㎜ 자주포, 76㎜ 사단포를 가지고 있었지만, 한국군은 최대 사정 8,200야드의 105㎜ 곡사포(M3)를 보유하고 있었고, 사단포의 수에 있어서도 3대1로 북한이 우세했다. 북한군은 소규모이기는 하지만 전술공군(180대)을 가지고 있었지만, 한국군에는 없었다. 65,000명의 한국군은 89,000명의 북한군에 대항해야만 했다.…

현대전을 수행함에 있어서, 전투기·전차도 없고 사정射程이 짧은 소수의 대포만 보유하고 있는 군대가 전면적 전쟁을 도발할 수 있을까? 특히 1950년 6월 25일의 양군 배치는, 북한의 『해방전쟁사』에는 38도선에 연하여 각 사단의 배치현황을 구체적으로 명기하고 있지 않다(〈그림 3〉). 이것 자체가 인민군의 남침을 증명하는 증거이리라. 그 이유는 공세攻勢를 하자면 병력을 집중해야 하고, 수세守勢를 하자면 병력을 분산하는 것이 군사원칙이기 때문이다. 당시 한국군의 배치는 38도선에 연하여 제1·7·6·8사단이 배치되고, 후방에 제2·3·5사단이 배치되어 있었다(〈그림 1, 2 참조〉).

나. 전쟁발발의 보도報道

6월 25일 11:00시, 국방부 정훈국장 이선근 대령은 다음과 같이 전황戰況에 대한 담화문을 발표했다.

> 오늘 25일 아침 5시부터 8시 사이에 38선 전역에 걸쳐 이북 괴뢰집단은 대거하여 불법 남침하고 있다. 즉 옹진 전역으로부터 개성·장단·의정부·동두천·춘천·강릉 등 각지 전면의 괴뢰집단은 거의 동일한 시각에 행동을 개시하여 남침하여왔고, 동해안에는 괴뢰집단이 선박을 이용하여 상륙을 기도하였으므로, 목하 각지의 우리 국군부대는 이를 요격하여 적절한 작전을 전개하고 있다.…

한편, 북한의 평양방송은 6월 25일 10:00시에 보도하고, 26일 김일성이 다음과 같은 방송연설을 했다.

> 매국 역적 리승만 괴뢰정부의 군대는 6월 25일에 38선 전역에 걸쳐 38 이북지역에 대한 전면적 진공을 개시하였습니다. 용감한 공화국 경비대는 저들의 진공을 항거하여 가혹한 전투를 전개하면서 리승만 괴뢰정부 군대의 진공을 좌절시켰습니다.
>
> 조선민주주의 인민공화국 정부는 조성된 정세를 토의하고 우리 인민군대에게 결정적 반공격전을 개시하고 적의 무장력을 소탕하라고 명령을 내리였습니다. 인민군대는 공화국 정부의 명령에 의하여 저들을 38 이북지역으로부터 격퇴하고, 38 이남지역으로 10~15㎞까지 전진하였습니다. 인민군대는 옹진·연안·개성·백천 등 여러 도시들과 많은 부락들을 해방시켰습니다.… (『김일성 선집』3, 1954.)

김일성의 방송내용은 북한에서 발간되는 공사公私를 불문한 모든 책과 일부의 연구자들에 의해, '남선공南先攻'설의 논거가 되어왔으나, 그 내용 자체가 허위이고 또 군사지식이 얄팍하거나 혹은 거의 없다는 것을 증명하고 있는 것이리라.

선공논쟁先攻論爭은 전쟁이 발발한 6월 25일, 양군의 배치와 그 움직임에 초점을 두어야 하는데, 위에 말한 내용은 전연 거기에 관한 기술記述이 없는 것이다. 즉 '현 정세를 검토하여 반격전을 개시'했다면, 한국군이 어디를 몇 시에 공격했기 때문에 반격은 몇 시에 개시되었다는 것일까? 과연 반격에 옮긴 인민군이 6월 28일 11시 30분경 서울을 완전히 점령했고, 뿐만 아니라, 그와 같은 대병력(13개 보병사단과 1개 전차사단 등)을 40여 일간에 걸쳐 대구의 전면에까지 남하 침공할 수 있었을까? 동해안의 강릉 남쪽 15㎞ 지점에 인민군 제766부대(병력은 약 1개 연대 규모)는 06:00시경에 상륙작전을 개시했는데, 그들은 몇 시에 북한을 출발했던가? 김일성의 방송내용은 기초적 군사지식을 가지고서도 전연 이치에 맞지 않는 주장이다.

〈그림 1〉 북한군의 남침 (1950. 6. 25.)

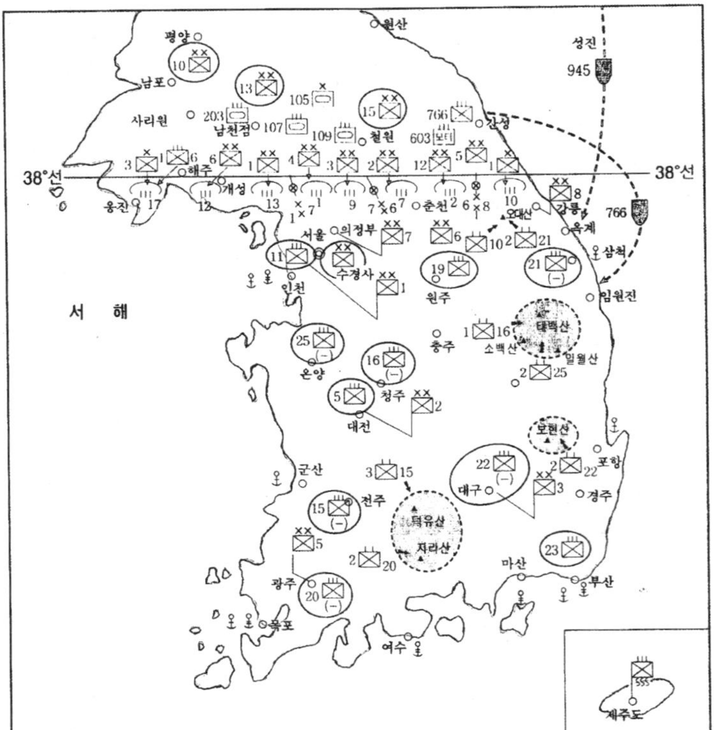

*자료 : 國防部戰史編纂委員會 編輯, 『韓國戰爭史』 第2卷 (1968)

〈그림 2〉 북한군의 침략(1950. 6. 25.~28.)

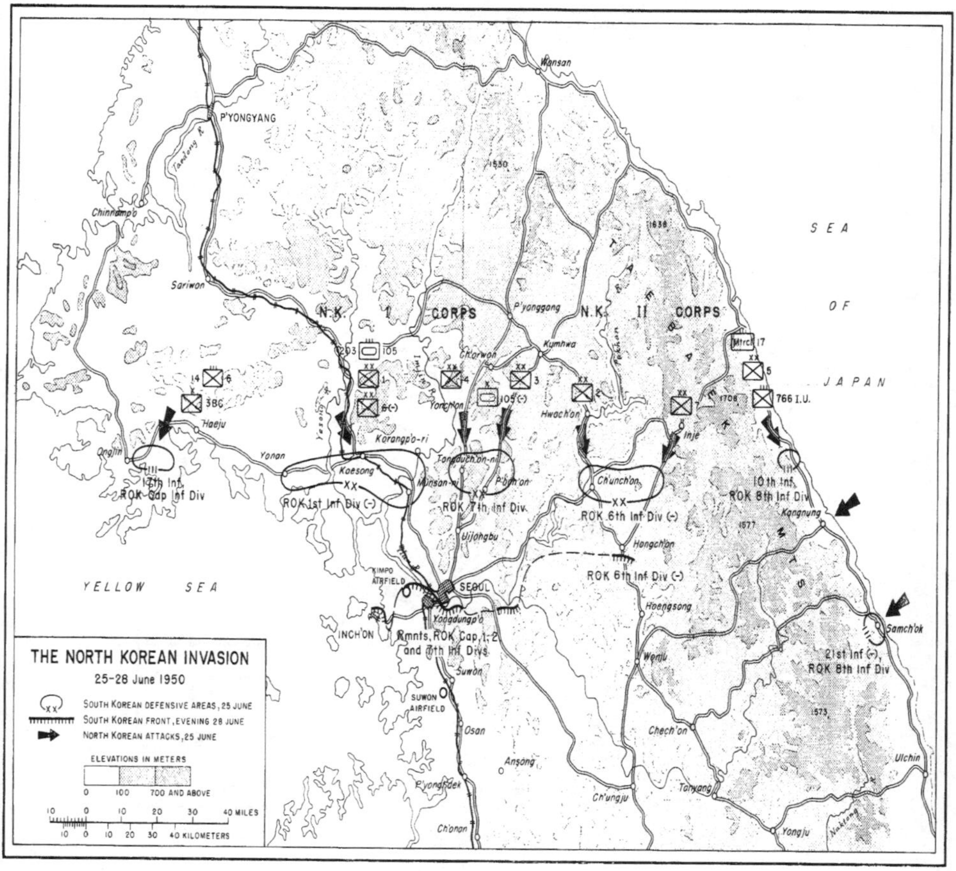

*자료 : Roy E. Appleman, *South to the Naktong North to the Yalu*, 1961.

〈그림 3〉 해방전투 약도(1950. 6.)

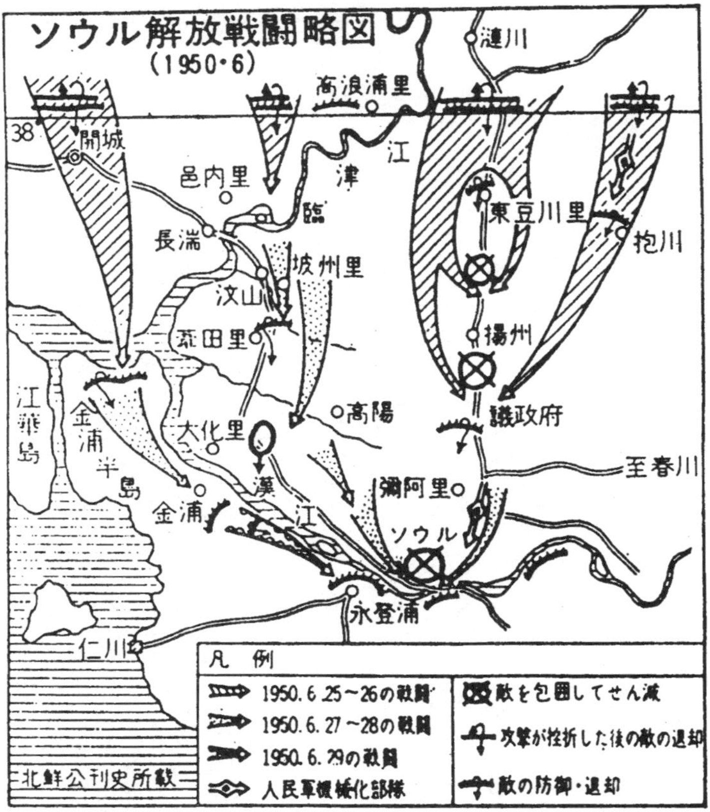

*자료 : 朝鮮人民共和國科學院歷史研究所 編纂,
『朝鮮人民の正義の祖國解放戰爭史』(1961)

다. 남·북한의 현대전現代戰 수행능력

지금까지 6·25전쟁의 연구자들은 정치가의 선언·주장이나, 신문·잡지 등의 기사 속에서 자기의 이데올로기나 주장에 적합한 내용을 인용하는 것이 보통이며 또 냉전 연구방법에 의해 전쟁사戰爭史를 연구했기 때문에 문제점이 도사리고 있었던 것이 아닐까? 두 가지의 중요한 문제, 즉 사료비판과 남·북한은 과연 10만 명 이상의 병력을 동원하여 현대전을 수행할 수 있는 능력을 구비하고 있었던가 하는 문제를 소홀히 했기 때문에 논쟁해야 할 문제도 아닌 문제에 많은 시간과 노력을 낭비한 것이 아닐까?

전쟁준비는 대단히 복잡하다. 예컨대, 전략·작전계획의 수립, 전투부대의 편성·정비, 교육훈련, 병참의 정비, 기도企圖의 비밀 등은 불가결의 준비사항이다. 특히, 전쟁에는 군사전략계획이 전제가 되어야 한다. 이것은 군사목표, 군사전략개념 그리고 군사자원으로 구성되어 있다.

남·북한에는 군사자원, 즉 현대전에 필요한 무기, 장비, 탄약, 유류 등을 공급할 능력이 전연 없었던 것이다. 예컨대, 한국군은 병원兵員과 그들의 주식인 쌀을 공급할 수 있었을 뿐이고, 그 외는 탄약 한 발도 미 군사고문관의 서명이 없으면 사용할 수 없는 체제였기 때문에, 이승만 대통령이 아무리 위세 있게 북진통일을 외쳐도 헛소리에 지나지 않았으며, 이것은 김일성도 같은 입장이었다.

남·북한에는 전략계획을 수립하고, 그것을 수행할 인재가 존재하고 있었을까? 예컨대 한국군의 육군 총참모장 채병덕(蔡秉德, 1916~1950) 소장은 32세이고 일본 육사(49기)를 나온 병기장교 소령출신이었으며, 육본의 작전국장 장창국 대령은 26세이고 일본 육사를 1945년에 졸업했다. 인민군의 총참모장 남일 중장은 35세로 소련군 대위, 작전국장 유성철 대령은 33세로 소련군 중위(?)출신이었으니, 10만 명 이상의 병력을 동원한 현대전의 전략·작전계획수립이나 전쟁체험은 전연 없었다. 한국군은 방어계획을 작성했다고 했으나, 군사자원을 수반하지 않은 탁상계획에 지나지 않았고, 인민군은 1950년 5월 바실리예프 중장 외 10여 명의 작전고문단이 와서 전면적 남침공격의 전략·작전계획을 작성하여, 유성철 대령이 그것을 번역했던 것이다. 그런 작전계획을 수행했던 남북 양군의 사단장 등은 30세 전후였으니 실전경험은 소부대에 의한 전투였지, 전쟁은 아니었다.

바자노프의 저서에 의하면, 1950년 6월 21일 스티코프 대사는 스탈린에게 다음과 같이 보고했다.

> 김일성은 '남조선의 라디오 방송 및 정보보고에 의하면, 남조선 측이 곧 있을 인민군의 공격에 관한 세부 사실들을 알고 있다'고 본 대사에게 말하였음. 그 결과 남조선은 군대의 전투능력을 강화하기 위한 조치를 취하고 있다 함. 방어선이 강화되고 있으며, 부대들이 옹진방면에 추가적으로 배치되고 있음. 이러한 상황발생으로 김일성은 본래 공격계획이 수정되어야 한다고 믿고 있음. 총공세의 서막으로 옹진반도에 대한 국지작전 대신에 김일성은 6월 25일 전 전선에 걸쳐 전면 공격을 가하자고 제안하였음.

이것은 공격방법에 관한 수정을 하자고 김일성이 제안했는데, 그가 1950년 4월 스탈린을 만나, 주어진 공격방법은, '옹진반도에서 인민군이 공격하여 한국군이 반격한 후에, 전선을 확대하는 기회가 주어진다'는 방법을 처음부터 총공격으로 변경할 것을 김일성이 수정제안을 했던 것이다. 6월 21일 스탈린은 다음과 같이 회답했다.

"…전 전선에 걸쳐 직접적인 공격을 가하자는 김일성의 견해에 동의함."

이처럼 김일성은 스탈린에게 공격방법의 변경까지 승인을 얻어 6월 25일 04:00시부터 38도선의 전 전선에 걸쳐 총공격을 개시했다. 따라서 6·25전쟁은 한국군의 북침이나, 혹은 국내전, 민족해방전쟁이라는 주장은 전연 논거가 없을 뿐만 아니라, 이 전쟁은 스탈린의 승인을 얻어 김일성이 일으킨 침략·대리전쟁代理戰爭이었다.

3. 미·소의 대對한반도 정책

적대적인 정치집단 사이에 군사력의 불균형 상태는 분쟁·전쟁이 야기된다는 것은 당연하며, 그것은 마치 물이 높은 곳에서 낮은 곳으로 흐르는 이치와 동일한 것이다. 바자노프의 저서에 의거, 스탈린·김일성·마오쩌둥(毛澤東)의 인민군에 대한 군사력 증강과정을 규명해 보고자 한다. 김일성은 1949년 3월 7일 크렘린의 회담에서 최초로 스탈린에게 남침의 허가를 공식적으로 요청했다.

김일성 : 스탈린 동무, 현재의 정세에 비추어 볼 때, 군사적 수단을 통하여 전국을 해방하는 것은 필연적이고 또 가능하다고 우리는 믿고 있습니다.…현재 우리는 주도권을 장악할 수 있는 최선의 기회를 맞고 있습니다. 우리의 군대가 보다 강하며, 이에 덧붙여 우리는 남측 내의 강력한 유격대 운동으로부터 지원을 받고 있습니다. 친미정권을 경멸하는 남쪽 주민들도 분명 우리를 도울 것입니다.

스탈린 : 남쪽으로 진격해서는 안 됩니다. 우선, 조선 인민군은 남쪽 군대에 대하여 압도적 우위를 확보하고 있지 못합니다. 둘째, 남반부에 미군이 여전히 존재하고 있어 적대행위가 발생하는 경우 개입할 것입니다. 셋째, 38도선에 관한 소·미간 협정이 유효하다는 사실을 잊어서는 안 됩니다.

김일성 : 그것은 가까운 장래에 조선을 통일할 기회가 없다는 의미인가요? 우리 인민들은 다시 합쳐지기를, 그리고 반동정권 및 그 미국 주인의 멍에로부터 벗어나기를 매우 열망하고 있습니다.

스탈린 : 적이 공격 의도를 갖고 있다면 조만간 공격을 시작할 것입니다. 공격에 대응하여 반격을 개시할 좋은 기회를 갖게 될 것입니다. 그렇게 되면, 동무 측의 행동은 모두에 의해 이해되고 지지받게 될 것입니다.

이것은 김일성의 남침 승인 요청에 대한 스탈린의 반대 의견이지만, 『흐루쇼프 회상록』의 1949년 12월의 내용은, 이때의 일을 기록한 것이리라. 원문에는 '달과 날짜는 명확하지 않지만'이라 되어 있다. 김일성은 그 후 기회가 있을 때마다, 남침의 필연성을 크렘린 당국에 표명해 왔던 것이다. 김일성은 그의 대표단을 인솔하여 1950년 3월 30일부터 4월 25일까지 소련에 체재하며 이 기간에 스탈린과 3회에 걸쳐 회담했고, 그 대화내용을 바자노프의 저서에 의해 요약하면 다음과 같다.

> 스탈린 동무는 김일성에게 조선통일 문제에 대하여 보다 적극적인 자세를 취할 수 있도록 국제환경이 충분히 변화하였다고 언급하였음.…그러나 우리는 조선의 해방에 관한 모든 찬반 의견을 다시 한번 신중하게 고려해야 함. 우선 미국이 결국 개입할 것인지 아닌지를 고려해야 하고, 둘째, 조선의 해방은 중국 지도부가 이를 찬성할 때만 개시될 수 있다는 것임.
>
> 김일성은 미국은 개입하지 않을 것이라는 의견을 개진하였음.…
>
> 스탈린 동무는 철저한 전쟁준비가 필수적이라고 강조하였음.…
>
> 그 다음 구체적인 공격계획이 수립되어야 한다는 것임. 기본적으로 그것은 3단계로 구성되어야 함. 첫째, 38선에 인접한 특정 지역에 병력이 집중 배치됨. 둘째, 북한의 최고 권력자가 새로운 평화통일 제안들을 제시함. 분명 이러한 제안들은 상대방에 의해서 거부될 것임. 거부가 이뤄진 후, 이에 대해 반박이 이루어져야 함. 어느 측이 전투를 시작했는지 위장하는 데 도움을 줄 것이므로 옹진반도에서 적과 교전한다는 동무의 생각에 동의함. 귀측이 공격하고 남측이 반격한 후에 전선을 확대할 기회가 마련될 것임. 전쟁은 속전속결을 지향해야 함. 남조선과 미국이 정신을 차릴 시간을 주어서는 안 됨.…
>
> 북한사람들은 소련이 전쟁에 직접 참여해 줄 것으로 기대해서는 안 된다고 덧붙였음. 그는 재차 마오쩌둥(毛澤東)과 상의하도록 김일성에게 촉구하였으며, 마오쩌둥이 동양의 문제에 대해서 잘 이해하고 있다고 언급하였음. 특히 미국이 조선에 군대를 파견하는 모험을 하는 경우, 소련은 조선 문제에 직접 개입할 준비가 되어 있지 않다고 반복하였음.
>
> 김일성은 미국이 개입하지 않을 이유에 관하여 보다 상세히 분석하였음. 공격이 신속히 전개될 것이며, 전쟁은 3일 내에 승리를 거두게 될 것이라는 것이었음.…
>
> 북조선군의 동원을 여름까지 완료하고, 이때까지 소련 고문관들의 도움

을 받아 조선군 참모들이 구체적인 작전계획을 수립하기로 합의하였음.

거의 1개월에 걸린 김일성의 모스크바 방문에 의한 회담으로 6·25전쟁에 관한 전반적인 문제가 빠짐없이 토의·결정되었다. 특히 스탈린은 만약 미국이 전쟁에 개입해도 소련은 미국과 대결하지 않는다는 것, 그런 경우가 있다면 중국과 대결시키기 위해 마오쩌둥의 동의가 절대 필요하다고 강조했다는 것은 그가 얼마나 신중하고 교묘한 정치가인가를 표명한 내용이리라. 그리고 소련의 고문관들이 구체적인 작전계획을 수립하기로 합의했다는 데 유의해야 한다.

1950년 5월 15일 김일성·박헌영은 베이징(北京)을 방문하여, 마오쩌둥·저우언라이(周恩來)와 남침에 관하여 상세히 의견을 교환했다. 그 후 저우언라이·박헌영은 그 결과를 주중국駐中國 소련대사 로쉰(Roshin)에게 설명했고, 이 내용은 로쉰 대사가 스탈린에게 보고했다.

> 마오쩌둥과의 대화 도중 김일성은 자신과 스탈린 간에 이미 모스크바에서 합의한 남침계획에 대해 설명하였음.…마오쩌둥은 이러한 계획에 전적으로 동의하였음.…마오쩌둥은 인민군이 신속히 행동하고, 대도시를 점령하는 데 시간을 낭비하지 말고 우회하여 진격하며, 적의 무장한 군사력을 파괴하는데 노력을 집중해야 한다고 강조하였음.
>
> 마오쩌둥은 김일성에게 일본군의 전쟁 개입 여부에 관해 물어보았음. 김일성은 그러한 일이 발생될 가능성은 거의 없다고 말하였음.…

6·25전쟁의 기원에는 스탈린, 김일성, 마오쩌둥 세 사람이 토의·결정했다는 것이 밝혀졌다. 물론, 전쟁의 방아쇠를 당긴 것은 김일성이지만, 개전 책임을 백분율로 표시할 수 있다고 한다면, 스탈린이 50%, 김일성이 30%, 마오쩌둥이 20% 정도가 되지 않을까.

한편, 미국에서는 1950년 11월에 미네소타의 하원의원 주드(Walter H. Judd)는 민주당 행정부의 외교정책이 실제로 한국을 공산주의자들의 수중에 내

놓고 말았다고 비판하면서 북한의 남한 침략을 유인한 미국의 6대 과오를 다음과 같이 지적한 바 있다.

(1) 얄타회담에서 만주에 대한 권리를 소련에 양보한 것.

(2) 한반도를 38도선으로 분할하기로 한 결정.

(3) 한국의 정규군을 준비하지 아니한 실책.

(4) 1949년의 미 점령군의 대안 없는 철수.

(5) 대만(Taiwan)에 대한 군사원조 중단의 선언(1950. 1. 15.)

(6) 애치슨의 '방위선'선언—한국과 대만 제외.

당시의 행정부 정책을 비판한 하들리(Hardley)는 선거 유세 중, "미국은 스탈린의 남침을 자초하였다"고 혹평까지 했다. 그러나 트루먼 대통령과 그의 수뇌들이 '스탈린의 남침을 자초'한 것은 과오로 인한 것인가, 아니면 함정으로써 불러들인 것인가에 관해서는 밝히지 않았다. 필자는 이 문제점을 규명해 보고자 한다. 트루먼은 그의 『회고록』(1955)에서 다음과 같이 기록했다.

> 합동참모본부는 한국으로부터의 군대 철수문제에 대해 군사적 견지에서 신중한 검토를 하고, 1947년 9월, 미국이 부족한 병력의 점령부대를 한국에 유지함으로써 얻는 전략상의 이익은 거의 없다고 보고했다.…합동참모본부가 이 보고서를 작성했을 때, 그들은 내가 요청한 알버트 C. 웨드마이어 육군 중장의 연구 여행의 결과를 참고할 수 있었다. 웨드마이어 장군은 1947년 여름의 상황을 직접 연구하고 미군 철수문제에 대해 다음과 같은 결론을 내렸다.
>
> "…한국에 있는 미 점령군에 대한 조치에는 세 가지의 가능한 방법이 있습니다.
>
> 첫째는, 당장 철수하는 일입니다.…
>
> 둘째는, 점령을 무기한으로 계속하는 일입니다.
>
> 셋째는, 소련군과 동시에 미군을 철수하는 일입니다.…"
>
> 그러면서 웨드마이어 장군은 이 셋째 안을 따를 것과, 차라리 소련과의

협정의 기초 위에서 이를 시행하되, 미국은 군대철수 전에 남한의 국방력의 창설과 훈련을 원조할 것을 건의했다.

1970년 초, 필자는 웨드마이어의 보고서가 처음에 발표 금지되었다는 것이 좀 의문시되어 웨드마이어 대장(퇴역)에게 편지를 보냈더니 그의 저서 『웨드마이어는 보고한다』(1958)를 보내주어 검토했던 바, 트루먼의 위의 내용은 일부를 제외하고는 개찬改竄되어 있다는 것을 발견했다. 그의 보고서, 제5부의 건의는 다음과 같다.

> 미국의 한국에서의 철수는 소련도 이와 비례해서 철수를 실시한다는 협정에 기반을 두고 시행되는 동시에 한국의 자유와 독립을 보장하기 위해 가능한 한 많은 안전보장 조치를 지원하는 데 충분한 군사원조를 공급하고, 또 이 군사원조의 공급에 관해서는 다음 사항을 고려해야 한다.
> ① 한국 국립경찰대와 한국 해안경비대에 대해 무기와 장비를 계속 미국에서 공급한다.
> ② 북한으로부터의 위협에 대처하기 위해 현재의 경비대 대신 미국인을 장교로 한 충분한 병력의 한국 의용단부대를 창설할 것.
> ③ 한국에는 미 육군이 당분간 계속 주둔할 것.
> ④ 기술 전문가와 전술부대의 훈련에 대해 조언을 할 것.

트루먼 대통령에게 제출된 이 보고서의 내용은 묵살되었을 뿐만 아니라, 그의 행정부는 이 보고를 '공표 금지'시켰던 것이다. 그 이유는 마셜 국무장관이 말한 것처럼 '비밀내용이 있기' 때문이 아니라, 웨드마이어의 건의를 수용하게 된다면, 한반도에서 전쟁이 일어나지 않기 때문이리라.

한편, 1949년 3월 이승만 대통령은 한국에서의 공산주의의 위협은 미국의 점령정책에 기인하는 결과이기 때문에, 미국은 북한의 침입에 대항하는 데 필요한 무기를 한국에 공급할 의무가 있다고 주장했다. 당시 유엔에 파견되어 있었던 조병옥 단장을 대통령 특사로 임명하여 군사원조를 미 정부에 재청再請토록 했는데, 이 재청은 실패했을 뿐만 아니라 예정한 대로 1949년 6월 29일 500명의 군사고문단을 남기고 미군을 한국에서 철퇴시켰다.

트루먼 대통령은 웨드마이어의 건의를 무시하고 공표 금지의 조치를 취했고, 이승만 대통령의 군사원조 재청의 거부, 인민군보다 훨씬 열세한 한국군을 그냥 두고 미군철수를 실시한 것, 1950년 1월 12일 애치슨 국무장관의 방위선 선언은 왜 했을까? 제2차 세계대전이 끝나자 동원했던 병력을 복귀시키라는 국민들의 언론압력이 일어났고, 트루먼은 그의 『회고록』에서 지적한 것처럼, "우리들이 추진하고 있는 계획은 동원해제動員解除가 아니라, 우리들의 군대를 해체하는 것이다"고 언명했던 것이다. 구체적으로 말한다면, 1946년 6월까지 육군은 800만 명에서 189만 명으로, 해·공군도 이와 같은 비율로 감원한다고 발표했다. 또한 종전 당시의 총군사비는 약 900억 달러였던 것이 1946년에는 485억 달러로 반감되었고, 1949년에는 181억 2600만 달러로 삭감되었다. 이러한 조치는 트루먼 대통령이 1948년 대통령 재선에 출마해서 당선을 목표로 하는 이상 그렇게 실시하지 않을 수 없었으리라.

미군의 재건을 위해서는 전쟁이 필요했고, 웨드마이어 보고서에 의해 한반도가 최적지역最適地域으로 선정되었을 것이다. 1950년 6월 25일 인민군에 의한 전면적 남침이 개시되자, 트루먼 행정부는 25일에 유엔 안보리에서 인민군의 공격을 '침략'이라 규정하고, 38선 이북으로 철퇴할 것을 요구했으며, 27일에는 극동 미 공군을 출동시켰고, 30일에는 미 육군을 참전케 지시했다. 트루먼 대통령은 선전포고의 동의를 가지고 있는 의회와도 협의하지 않았고 또 야전사령관과도 의논할 생각을 하지 않고 전쟁에 개입했던 것이다.

이와 같은 신속한 대응책은 전쟁을 예기치 않고 가능할까? 3년간의 전쟁에 의해 미국은 새롭게 세계 최강의 군대를 재건했고, 또 군사예산의 획득도 가능해졌다. 그리고 세계전략의 관점에서 「반소反蘇·반좌익 혁명로선反左翼革命路線」(NSC-68 문서)의 추진도 가능해졌기 때문에, 후일 애치슨은 "6·25

전쟁이 일어나서 미국을 살려주었다"고 본심을 털어놓았던 것이리라.

트루먼은 루스벨트 대통령 아래에서, 그의 정책수행 기법을 배운 것이 아닐까? 즉, 애치슨의 '방위선 선언'은 '헐 노트'(일본정부에 수락하기 어려운 조건을 강요하여 태평양 전쟁을 유발케 한 문서), 38도선의 기습은 하와이 기습(일본군의 하와이 공격을 알면서도 일부러 대책을 강구하지 않았다)을 받은 것과 유사한 내용이리라. 따라서 스탈린·김일성은 트루먼의 함정에 빠져 6·25전쟁을 일으켰다고 해석한다. 그 이유는 이들 정치가들은 이탈리아의 마키아벨리(1489~1527)의 주장을 신봉하고 있기 때문이다. 즉 "조국의 존망이 걸렸을 때는 그 목적에 유효하다면, 어떤 수단도 정당화된다. 이 한 가지는 위정자뿐 아니라 국민 모두가 명심해야 할 일이다.…무엇보다도 우선되어야 할 목적은 조국의 안전과 자유의 유지이기 때문이다."

그리고 자본주의 경제체제 하의 방위산업 체제는 5, 6년마다 재고정리를 하지 않으면 살아남기 어려우리라.

4. 인민군의 서울점령과 한강교漢江橋 폭파

북한은 1950년 6월 25일 오전 4시경부터 38도선 전역에 걸쳐 인민군 7개 사단(보병), 1개 기갑여단 등의 총병력 11만여 명과 전차 240여 대를 가지고 전면적인 기습남침을 개시했다. 한편 일선 지역의 한국군 4개 사단 3만 6천여 명의 병력과 미 군사고문단의 장병들은 주말의 휴가와 외출을 즐기고 있었다. 예컨대, 인민군의 주공방향主攻方向인 의정부 방면에는 제3·4 보병사단, 제105 전차여단의 전차 150대와 병력 34,000명을 집중 투입한 데 대해, 한국군의 제7사단 2개 연대(25연대는 배속 변경으로 미도착) 7,500명의 병력밖에 없었다. 문제는 57㎜ 대전차포, 바즈카포, 105㎜ 곡사포를 가지고도 적의 T-34 전차를 파괴할 수 없어서 장병들은 전차 공포증에 휘말려 방위선이 붕괴되어, 6월 28일 오전 11시경 서울은 완전히 인민군의 점령 하에 들어갔다.

당시 한강에 걸려 있었던 다리는 한강대교와 동쪽의 광장교 및 3개의 철도교가 있었는데, 특히 한강대교는 가장 중요한 다리였다. 28일 02:00시, 강문봉 대령은 전차가 시내로 침입했다는 것을 채병덕 총참모장에게 보고하니, 그는 전화를 들어 공병감 최창식 대령에게 폭파 명령을 내렸다. 28일 02:30분경, 한강대교와 철도교 두 개가 다리 위의 사람과 차와 함께 폭파되었다. 한국군의 주력과 장비 등을 한강 이북에 남겨둔 채 한강대교를 너무 서둘러 일찍이 폭파함으로써 퇴로를 차단하여 스스로 붕괴작용을 일으키게 했다. 다음 날 29일 한강변의 언덕에 선 맥아더 원수는, "이미 한국에는 방위력이란 껍질도 남지 않았다. 만약 한국을 공산주의자의 마수에서 구하고자 한다면, 미 육군을 투입하는 외의 방법은 없다"고 판단하여 워싱턴에 그 취지를 보고했다.

인민군 제4사단이 한강을 도하하기 시작한 것은 7월 1일 새벽이었다. 인민군이 서울을 점령하고 3일간을 허송했는데, 그들은 부산 공략작전의 첫 단계에 지나지 않았던 서울점령 후, 왜 한국군을 추격하지 않았을까? 만약 추격했다면 미 육군이 본격적으로 전쟁에 개입하기 전에 부산을 점령할 가능성도 있었는데…. 이것은 큰 수수께끼가 아닐 수 없다. 당시 인민군 작전국장 유성철(兪成哲) 대령의 수기, 『나의 증언』(한국일보, 1990. 11. 1.~11. 30.)을 소개한다.

> ① 나는 김일성의 스탈린 방문사실을 어렴풋이 눈치 채고는 있었으나, 방문 목적은 당시 김일성을 수행했던 비서 문일文日을 통해 51년경에야 뒤늦게 알게 됐다. 문일은 그 때 김일성이 스탈린을 만나 남침계획을 설명하자, 스탈린은 "나 혼자는 결정할 수 없으니 당 정치위원회에 당신의 전쟁계획과 군사협조 요청안건을 회부해 결정하겠다"고 말했다. 때문에 김일성은 그냥 돌아왔고 그가 귀국한 얼마 후 소련에서 남침 승인 통보가 내려왔다는 것이다.

소련은 이어 그해 5월 북한에 파견된 군사고문단을 전쟁경험이 풍부한 인물로 전원 교체했다. 수석 군사고문은 스미르노프 소장에서 독·소전쟁獨蘇戰爭 영웅인 바실리예프 중장으로 바뀌었다.

6·25 남침계획은 바로 이 소련 군사고문단이 직접 초안을 작성한 것이며, 그 명칭은 「선제타격 작전계획」이었다. 김일성은 이 작전 계획서를 넘겨받아 총참모장 강건姜健에게 주었고, 강건은 다시 나에게 이 계획서를 주면서 "당신이 우리말로 번역 계획을 수립하라"고 지시했다. 50년 5월 초쯤의 일이었다.…1개월여에 걸친 작업 끝에 작전계획을 수립했으며, 내가 이를 최종 종합했다.…

나는 최종 확정된 작전 계획서를 김일성에게 올렸고, 김일성은 '동의함'이란 사인을 한 뒤 다시 내려보냈다. 이 한마디 말로 김일성은 전쟁의 방아쇠를 당긴 것이다.

② 6월 28일 탱크사단을 앞세운 제4사단이 마침내 서울에 입성했다는 보고를 받고 나는 "이제 전쟁이 끝났구나." 하고 생각했다. 하지만 이 같은 감격은 잠시 뿐이고 우리는 선제타격작전의 치명적 허점을 발견하고 당혹해야 했다.

앞에서도 말했듯이 우리의 남침계획은 사흘 안에 서울을 점령하는 것으로 끝나게 돼 있었다. 이러한 작전개념은 우리가 남한 전역을 장악할 의도가 없었기 때문은 아니다. 단지 우리는 남한 수도를 점령하면 남한 전체가 우리 손에 들어오는 것으로 '착각'했던 것이다.…우리는 일단 서울을 점령하면 남한 전역에 잠복해 있는 20만 남로당 당원이 봉기, 남한 정권을 전복시킬 것이라는 박헌영의 호언장담을 철석같이 믿고 있었다.

③ 전선사령부는 서울점령에도 불구하고 이승만 대통령 등 남한정부가 대전으로 이동하고, 국방군의 항전이 계속된다는 보고를 받고 화급히 계속 남진하라는 명령을 하달했다.…만약 이때 인민군이 쉬지 않고 진격을 계속했다면, 6·25의 역사는 전혀 달라졌을지도 모른다. 그러나 인민군은 3일간 계속된 전투로 몹시 지친 상태였고, 승리의 기쁨에 들떠 서울에서 멈춰버렸다.

④ 38선을 넘어 서울로 진격할 때, 인민군은 전략적으로 중요한 다리에는 주민으로 가장한 유격대를 사전에 보내 국방군이 다리를 폭파하지 못하도록 했으나, 한강다리는 신경을 쓰지 않았다.…인민군은 이틀간(3일간임)이나 서울에 머무름으로써 전술상의 호기를 스스로 놓쳐 버렸다.

⑤ 6·25는 사흘을 예정했으나, 실제로는 무려 3년이 걸린 전쟁이었다. 이 말은 뒤집어 말해, 인민군이 3일을 제외한 전 기간 동안 각본에도 없는 전쟁을 치렀다는 것을 의미한다.

6·25전쟁의 작전계획을 번역해서 최종 종합한 유성철 작전국장은 그 후 중장까지 역임했으나, 김일성에게 추방을 당하여 소련에 망명하여 살고 있었다. 그는 북한의 초청으로 그곳을 방문했고 또 한국의 MBC TV에서 '6·25 40주년 기념행사'를 위해 초대되어 1990년 10월 15일~11월 5일까지 20일간 체재했으며, 그는 방한訪韓의 이유를 다음과 같이 밝혔다.

> 이런저런 번민 끝에 나는 남한방문을 결정했다. 여기에는 북한방문에서 허위와 과장으로 분칠한 북한 역사를 보고 그 왜곡된 역사를 바로잡아야 한다는 사명감이 크게 작용했다. 더욱이 내 나이가 이미 고희를 넘어섰고 몸도 온전치 못하기 때문에 이번이 아니면 다음 기회를 기약할 수 없다는 초조감도 느꼈다.

그가 신문에서 발표한 내용과 소련의 비밀문서를 비교·검토했을 때, 신빙성이 있다는 것과 지금까지 의문으로 남겨졌던 문제점이 밝혀졌다.

첫째 : 인민군의 남침계획은 소련의 바실리예프 중장 이하의 군사고문단이 작성하여 이를 번역했다는 것은, 朱榮福著『朝鮮人民の南侵と敗退』(東京 : コリア評論社, 1979) 속에서 상세히 소개되어 있었는데, ①에 의하여 확인되었다.

둘째 : 인민군은 왜 서울을 점령하고 3일간이나 허송했을까 하는 이유는 ②, ③, ⑤에 의해 남김없이 분명하게 해명되었다고 생각한다. 김일성과 그의 수뇌들은 유격전의 전투를 했던 체험은 있었으나, 대

규모 전쟁의 준비·수행을 체험하지 않았기 때문에 이와 같은 실책을 범한 것이리라.

이 문제에 관하여, 1950년 7월 1일 소련군 참모본부의 루트를 통하여 평양주재 소련대사에게 발송된 긴급전문에서 스탈린은, "동무는 북한 군사당국의 계획이 무엇인가에 관하여 전연 보고하지 않았다. 북한 군사당국은 전진할 의지를 가지고 있는가? 또는 진격의 중지를 결정했는가? 우리들의 견해에 의하면, 진격은 의문의 여지가 없이 계속되어야 하며 또 남한이 빨리 해방될수록 미국의 개입 가능성도 줄어든다"고 꾸짖었다. 인민군의 그 후의 작전을 보아도 클라우제비츠의 『전쟁론』(1832)에, "무엇보다도 적의 완전한 타도, 따라서 적 전투력의 격멸이야말로 모든 군사적 행동의 주요 목표이다."라고 하는 것을 알지 못한 것 같다.

셋째 : 북쪽에서 서울에 이르는 다리, 즉 임진교, 의정부교, 창동교 등의 교량폭파의 실패는 지금까지 한국군 공병대의 판단 과오 혹은 기술·자재의 부족으로 인한 실패로 생각해 왔으나, ④에 의해 그 원인이 밝혀진 것이다.

넷째 : 한강대교의 폭파를 명령한 것은 누구인가? 명령권자인 총참모장 채병덕 소장은, "군사 지식이 있는 자가 그런 경우에 점화를 명할 이유가 있겠는가." 하며 발뺌을 하고는, 7월 27일 하동 마루고개의 전투에서 전사(?)하고 말았다. 너무 일찍이 다리를 폭파한 책임을 공병감 최창식 대령 한 사람에게 뒤집어씌워, 1950년 9월 21일 부산 교외에서 처형했다.

1960년대, 필자는 공군사관학교 교수부의 교관·과장(중령)으로 생도들에게 6·25전쟁을 가르치면서, 민간대학교에 가서 역사학을 공부하기로 했다.

그 이유는 역사학 연구방법을 통해 한국군이 초전에서 완전히 참패한 원인을 규명하고 싶었다. 그래서 이선근(李瑄根) 박사(경희대학교 대학원장, 6·25전쟁 당시 국방부 정훈국장, 대령)의 지도를 받아 「初期韓國戰爭의 戰史的 硏究」(1968)로 석사학위 논문을 집필하면서 참패의 원인을 규명하기 위해 연구했지만, 오히려 의문이 더 많아졌다. 1968년 10월경, 국방부 전사편찬위원회의 문희석(文熙奭, 해병대 준장 출신) 위원장을 찾아가서 다음과 같은 질문을 했다.

"채병덕 총참모장의 모순된 여러 조치, ① 방어진지의 건설 건의를 묵살한 것, ② 6월 10일에 군수뇌·사단장들의 인사이동의 실시, ③ 계속되었던 비상경계가 6·25전쟁 직전에 해제된 것, ④ 6·25전쟁의 주말에 3분의 1의 병력을 외출·외박시킨 것, ⑤ 1개월 전, 각 연대에 4문의 대전차포를 수리한다는 명목으로 회수한 것, ⑥ 전방사단의 예속변경, ⑦ 6월 24일·25일의 심야파티 등인데, 아무리 연구해도 이해가 가지 않습니다."

고 말하고, 나는 문 위원장을 바라보았다. 그 분도 나를 바라보면서 말문을 열었다.

"2차의 심야 파티는 국일관에서 25일 오전 2시까지 진행되었으며, 그 비용은 정국은(鄭國殷)이 지불했으며, 더 큰 사건이 있지만."

하고 입을 다물고 말았다. 나는 지금까지의 의문이 풀린 것에 만족하고는, "그 사건의 내용은 기록으로 남겨주십시오." 하고 돌아온 것을 지금도 후회스럽게 생각한다. 그 이유는 더 구체적인 내용을 들어 두었어야 하는데 하고.

정국은은 전쟁 당시 신문기자로 활동했으며, 그는 '거물 간첩'으로 1954년 2월 19일 사형을 당한 인물이고, 채병덕 총참모장의 부관 나최광(羅最絖) 중위는 한국군의 군적에도 없는 인물이며, 전쟁발발 직후 행방불명이 되었는데, 아마도 인민군에 원대복귀 했으리라.

한국군의 패인, 이러한 여러 문제점, 채 장군의 사인死因 등은 지금부터 새로운 시각에서 규명되어야 할 과제이리라. 군대가 존재하는 유일한 이유는, 언제 일어날지 누구도 예측할 수 없는 돌발적인 비상사태에 대비하여 언제나 대응할 수 있는 태세를 갖추는 데 있다. 이렇게 함으로써 비로소 전쟁의 억지抑止도 가능하리라.

5. 중공군의 전쟁 개입

1949년 10월 중공은 건국선언을 하고 국내문제가 산더미처럼 많은데도 불구하고, 1950년 10월 왜 6·25전쟁에 개입했을까? 지금으로서는 마오쩌둥·저우언라이의 문서가 미공개이기 때문에 문제점은 있으나, 앞에 말한 바자노프 부부의 공저共著를 통해 규명을 시도해 보고자 한다.

1950년 7월 2일 저우언라이는 소련대사 로쉰에게 한반도 정세에 대한 중공의 평가를 전했고, 로쉰은 소련 정부에 전문을 보내 다음과 같이 보고했다.

> …마오쩌둥은 서울을 방어하기 위하여 인천지역에 강력한 방어망을 구축할 필요가 있다고 믿고 있음. 왜냐하면, 미군이 그곳에 상륙할 수 있기 때문이라는 것임. 본 대사가 저우언라이에게 일본군이 6·25전쟁에 참전할 태세를 갖추고 있다는 것이 사실인지 여부를 물어보자, 그는 중국은 그에 관한 정보를 갖고 있지 않다고 대답하였음.
>
> 저우언라이는 또한 미군이 38도선을 넘는다면, 중국은 이에 대항하여 조선인으로 위장한 의용군을 투입할 것이라고 강조하였음. 이를 위하여 중국 지도부는 이미 무단(木壇)지역에 3개 군 13만 명의 병력을 집결시켜 놓았다 함. 저우언라이는 소련 공군이 이들 중국 군대에 공중엄호를 제공해 줄 수 있는지 물었음.

1950년 7월 13일 스탈린은 다음과 같은 전문을 베이징에 발송했다.

> …우리는 중국이 중·소 국경지역에 9개의 사단을 배치하기로 결정하였는지 알지 못함. 중국이 그와 같은 결정을 내렸다면 우리는 124기의 제트 전투기로 이들 중국 사단을 엄호할 준비가 되어 있음.…

중국 측은 미군이 38도선을 넘는다면 참전할 예정이지만, 소련은 중국을 원조할 의지가 있는가 하는 질문이고, 이에 대해 스탈린은 지원할 준비가 되어 있다는 응답이었다. 그러나 9월 15일 한미 연합군의 인천상륙작전의 성공으로 인민군은 패퇴하고 있었다. 10월 1일 스탈린은 중국이 김일성 정권을 붕괴에서 구원해야만 한다는 결론을 내렸다. 그리하여 중국주재 소련대사에게 다음과 같은 전문을 보내며, 이것을 마오쩌둥·저우언라이에게 곧 전하라고 지시했다.

> 본인은 현재의 상황에서 조선에 병력을 파견, 원조를 제공하는 것이 가능하다면, 조선 동무들에게 중국군의 엄호 하에 예비부대를 편성할 기회를 주기 위하여, 지체 없이 최소한 중국군 5~6개 사단병력을 38도선으로 파병해야 한다고 생각합니다. 중국군 사단들은 자체적으로 지휘되는 의용군으로 구성할 수 있을 것입니다.…

마오쩌둥은 곧 이에 응답했으며, 1950년 10월 3일 소련대사는 스탈린에게 마오쩌둥의 서신을 다음과 같이 보고했다.

> 동무의 1950년 10월 1일자 전문은 잘 접수했습니다. 우리는 적측이 38도선을 넘어 북쪽으로 진격하기 시작하는 경우 북한 동무들에게 원조를 제공하기 위하여 몇 개의 의용군 사단을 편성하려고 처음부터 계획하고 있었습니다. 그러나 철저히 심사숙고한 후 우리는 현재 그러한 행위가 극도로 심각한 사태를 초래할 수 있다고 생각하게 되었습니다.
>
> 첫째 : 몇 개의 사단으로—우리 군대의 장비가 매우 취약하고 미군을 상대로 하는 군사작전의 성공을 보장할 수 없으므로— 조선 문제를 해결한다는 것은 매우 어려우며, 오히려 적군이 우리 중국군을 격퇴시키게 될 것입니다.
>
> 둘째 : 이는 미국·중공 간 공개적인 충돌을 유발, 그 결과 소련도 전쟁에 말려들게 될 가능성이 매우 높습니다. 그러므로 해서 문제가

> 극도로 확대될지 모릅니다.
>
> 중국 공산당 중앙위원회의 대다수 동무들은 따라서 신중하게 행동해야 한다고 생각하고 있습니다.…현재의 북조선은 패퇴 중인 바 투쟁의 방법을 변화시켜 게릴라전에 의존해야 할 것입니다.…
>
> 이 문제에 관하여 아직 최종적인 결정이 채택되지 않았습니다. 이것은 참고로 미리 알려드리는 것이며, 추후 동무와 상의하기를 원합니다. 동무가 동의한다면, 항공편으로 저우언라이와 린뱌오(林彪)를 파견할 준비가 되어 있습니다.
>
> 1950년 10월 2일
>
> 毛澤東

이 회답문의 뒤에 로쉰 대사는 다음과 같은 주석註釋을 달았다. 즉 "우리의 관점에서 볼 때, 이상과 같은 마오쩌둥의 반응은 조선 문제에 관한 중국 지도부의 초기 입장이 변화되었음을 나타내 주고 있음.…중국이 입장을 변경시킨 이유는 아직 분명하게 알 수 없음. 현재의 국제정세와 악화되고 있는 조선 정세가 영향을 미친 것으로 추측해 볼 수 있음. 파국을 피하기 위해서는 중국이 자제해야 한다고 영·미 진영이 네루를 통해 전개한 계략도 영향을 미친 것 같음." 그러나 10월 13일 중국에서 새로운 정보가 들어왔다고 로쉰 대사는 스탈린에게 보고했다.

> 마오쩌둥은 중국 공산당 중앙위원회가 조선 문제를 재차 논의하였으며, 중국 군대의 충분하지 못한 무장에도 불구하고 조선동무들에게 군사원조를 제공하기로 결정하였다고 본 대사에게 알려 주었음.…
>
> "소련 측으로부터 무기원조 문제, 항공엄호 문제는 물론, 국제정세에 대하여 분명히 알고 있지 못하기 때문에 우리 당의 동무들은 여전히 망설임을 갖고 있다"고 하였음.
>
> 마오쩌둥이 가장 필요한 것은 엄호해 줄 항공 전력이라고 말하였음. 가능한 한 빨리, 늦어도 2개월 이내에 항공엄호 부대가 도착하기를 희망하였음. 이에 덧붙여 마오쩌둥은 제공된 무기에 대하여 현시점에서는 현금

으로 지불할 수 없다고 언급하였음. 신용으로 무기를 획득하기를 희망하고 있음.

중국이 10월 1일 스탈린의 전문을 받고 파병을 주저 내지 거부하게 된 동기는 소련이 공중엄호에 대해 확답을 해주지 않았기 때문인지, 아니면 중공의 최초 입장이 변했기 때문에 스탈린도 마음이 변했기 때문인지 전후 상호관계는 분명치 않다. 아마도 10월 2일 마오쩌둥의 회답전문의 뒤에 로쉰 대사의 주석에 스탈린의 마음이 흔들렸다면, 후자의 경우가 되리라. 아무튼 10월 13일의 전문에서 마오쩌둥이 파병을 결정한 것은 공중엄호와 무기원조에 대한 스탈린의 확답을 받기 전에 내린 것 같다. 마오쩌둥의 결정은 스탈린의 마음을 움직여, 그 후 소련 공군을 중국에 파병했으리라.

여기서 주의할 사항은, 1950년 10월 25일 스탈린과 긴밀한 유대를 갖고 있는 중국의 지도급 인사 중 한 사람인 가오강(高崗)은 레드포스키 무단주재 소련 총영사와 바즈노프 장군에게 중국군의 북한 파병문제를 놓고 중국 공산당 중앙위원회 정치국에서 전개된 논평에 대해 말해 주었다. 총영사관은 모스크바 당국에 다음과 같이 보고했다.

> 가오강(高崗)의 설명한 바에 의하면, 모스크바에서 저우언라이가 조선전쟁에 관한 전문을 보낸 후, 중국 지도부 내에서 조선전쟁 참전 여부를 놓고 열띤 논쟁이 전개되었음. 이 문제를 놓고 개최된 정치국 특별 회의에서 가오강은 중국 의용군의 파견에 반대하는 저우언라이와 심각한 언쟁을 벌였음.
>
> 가오강은 조선으로 즉각 파병할 것을 마오쩌둥에게 함께 요구하자고 펑더화이(彭德懷)를 설득하였음. 이들은 그렇게 하지 않으면 중국과 국제정세에 중대한 위험이 발생하게 될 것이라고 강조하였음. 왜냐하면, 미국이 조선반도 전체를 결정적으로 점령해 버릴 것이기 때문이라는 것임. 가오강과 펑더화이는 두 가지 점을 강조하였음.
>
> 첫째, 만약 미국이 조선 전체를 점령한다면, 중국은 군대를 파견할 명분

을 상실하게 될 것임.

둘째, 미국은 국민당을 무장시켜 궁극적으로 중국을 공격할 것임. 미국의 침략에 즉각적으로 대응하지 않고, 미 제국주의자들이 중국을 공격할 때까지 가만히 기다린다면, 중국혁명의 승리에 어떤 도움이 된다는 것인가?

가오강과 펑더화이의 입장은 중국 공산당의 다른 지도자들로부터 지지를 받았고, 정치국은 조선에 파병하기로 결정하였음.

한편, 로쉰 대사는 1950년 10월 25일 스탈린에게 다음과 같이 보고했다.

1950년 10월 24일 여러 민주 정당들의 지도자들이 참석한 가운데 중국 정부의 특별 회의가 개최되었음. 이 회의에서 조선사태에 대한 중국의 입장에 관한 논의가 진행되었음. 저우언라이가 공식보고를 행하였음.

여러 민주 정당들의 대표들은 연설을 통하여 대체로 정부의 입장을 승인하였음. 그러나 일부 사람들이 '미국은 강력하며, 따라서 중국이 패배'하게 될지 모른다는 우려를 표명하였음. 심지어 중국은 미국이 조선을 점령하는 것을 받아들여야 한다는 의견도 제시되었음.

일부 사람들은 미국이 만주를 점령하는 것조차도 용인해야 한다고 주장하였음. 왜냐하면 이 경우 소련과 미국 간에 전쟁이 개시될 것이고, 중국은 이를 일정한 거리를 유지한 채 관망할 수 있을 것이기 때문이라는 것임.

소련은 왜 중국과 함께 조선에 파병하지 않는가, 하는 질문들도 제기되었음.

회의가 끝날 무렵 마오쩌둥이 발언하였음. 그는 조선은 중국으로 가는 관문이라고 설명하였음. 과거 일본은 조선을 점령하고 이를 교두보로 삼아 후일 중국을 공격하였다는 것임. 중국 정부는 미국의 조선점령을 용인할 수 없다는 것임. 왜냐하면, 중국의 안보에 심각한 위협이 초래되기 때문이라는 것임.

마오쩌둥은 또한 조선 문제에 소련이 참여할 필요가 없다고 설명하였음. 중국과 소련은 동맹국이며 매우 정중하고 정직한 관계를 갖고 있다는 것임. 만일 미국이 중국을 공격한다면, 소련은 1950년 2월 14일 조인된 중·소 조약상의 의무를 이행해야 한다는 것임.

1950년 4월 스탈린·김일성 회담에 있어서, 김일성은 미국이 전쟁에 개입하지 않을 이유와 또 전쟁은 3일 이내에 끝나기 때문에 미국이 전쟁에 개입할 시간적 여유가 없다고 주장했다. 이에 대해 스탈린은 미국의 전쟁개입 문제와 중국 지도부가 이에 찬성을 해야만 전쟁을 개시할 수 있고 또 북조선은 소련이 직접 참가하는 것을 기대하지 말라고 재차 얘기한 것에 유의해야 하리라.

스탈린의 기본전략은, 만약 미국이 전쟁에 개입해도 미국·중국을 대결시킨다는 것이었다. 그런데 로쉰 대사가 스탈린에게 보낸 보고서(1950. 10. 25.)에 의하면, 중국의 일부 인사들은 미국의 만주점령을 허용하여 소련·미국의 대결을 주장하는 견해도 나왔다고 했다. 그러나 마오쩌둥은 6·25전쟁에 개입하는 이유는 위에 말한 바와 같이 '과거 일본이 조선을 점령하고 이를 교두보로 삼아 후일 중국을 공격하였으니 미국의 조선점령은 용인할 수 없다'고 주장했다.

마오쩌둥·저우언라이의 문서가 미공개인 오늘날에 있어서, 로쉰 대사의 보고문은 신빙성이 있는 것이리라. 지금까지 이 문제에 대한 학자들의 견해는 다음과 같다.

- 중국은 압록강 수풍 댐, 동북 공업시설의 보호를 우선으로 생각하여, 이를 위해 완충지대를 설치할 목적으로 참전했다.(I. F. 스톤)
- 중국의 참전 요인은 ① 만약 한반도 전체가 미국에 의해 점령되면, 아시아지역에서의 중국의 위신이 손상되고, ② 그런 경우, 미국은 장제스(蔣介石)과 더불어 중국대륙으로 진공할 가능성이 많아지고, ③ 세계에, 새로운 중국의 존재를 선전하고, 중국의 국제적 지위를 높인다.(화이팅)
- 중국이 참전한 정치목적은, 궁극적으로 중국의 주도하에 한반도를 통일하는 데 있었다.(히라마츠 시게오(平松茂雄))
- 중국의 군사개입은, 압록강의 발전시설이라든가, 만주의 공업 등 특정

한 제한적 목적이 이유가 아니고, 보다 넓은 관심의 소산이다.… 일본·미국관계의 새로운 경향, 아시아에서의 중국의 역할, 신정권의 대내적·대외적 안전보장 등.(가미아 후지(神谷不二))

- 중국 참전의 주요 원인은 한반도를 전장으로 선택하여 미국의 '대對중국침략의 계획'을 타파하고자 했던 베이징(北京) 지도부의 결의였다.(주지안룽(朱建榮))

당시 중국의 군사력·경제력이 극히 빈약하여 대부분의 지도자들은 신중한 태도를 취하고 있었음에도 불구하고, 마오쩌둥은 미국의 '대對중국침략'에 과잉반응을 보여 앞날이 분명하지 않은 전쟁에 개입하는 것을 결단해서, 최종적으로 그의 생각을 중앙 내부의 반대자·회의론자에게 받아들이게 한 직접적 동기는 과연 무엇이었을까? 만약 중국이 참전하지 않았을 경우, 스탈린은 어떻게 했을까?

스탈린이 그와 긴밀한 관계를 가지고 있고 또 참전을 주장하는 가오강(高崗, 부주석, 만주滿州의 군벌軍閥이고, 만주의 독립왕국을 꿈꾸며 마오쩌둥과 대립했으나, 스탈린 사망 후, 1955년 3월 마오쩌둥에 의해 '반당분자'로 단죄되어 1956년 '자살'로 발표됨)에게 참전을 지시하고, 만주를 북한처럼 위성국으로 만들어 지배하는 것과 자신의 지도력 약화 내지 실각을 염려하여 마오쩌둥은 가장 심각하게 생각해서 참전을 결단했으리라.

미국의 '대對중국침략'이 아니라, 소련의 '대對만주침략'과 자신의 지도력 약화가 마오쩌둥의 참전의 직접적 동기라는 것이 필자의 견해이다.

6. 한·미동맹의 역사

1871년 주청駐淸 미국 공사美國公使는 아시아 함대사령관 로저스 제독과 더불어 군함 5척을 이끌고 강화도에 와서 통상을 요구했으나, 서로의 국정國情도 모르고 또 말이 통하지 않아 무력충돌만 하고 돌아갔다(신미양요). 그러나 1882년 5월 한미조약韓美條約이 체결되었고, 제1조는 제3국으로부터 불공정한 억압이나 모욕을 받았을 때는 '반드시 서로 도와 잘 대처한다'는 문구가 들어있었는데, 이것은 다른 나라와의 조약에 비하면 대단히 우호적인 내용이었다. 그러나 주지하는 바와 같이 1905년 7월의 「태프트·가쓰라 협정」(미국은 필리핀을, 일본은 조선을 식민지로 삼는데 서로 양해한다는 비밀협약)에 의해, 한미조약은 파기되었다 해도 과언이 아니리라.

1945년 9월 이후, 미군에 의한 군정을 거쳐 1948년 8월 대한민국이 탄생했다. 1950년 1월 12일 미 국무장관 애치슨은, "미국의 극동방위선은 알류산열도~일본~오키나와~필리핀 선이다. 일본은 미국의 한 주州와 마찬가지로 확보한다.…한국은 일본 정도는 아니지만, 가능하면 유엔의 여러 나라와 협동해서 이를 방위하는 책임을 가진다.…"는 성명을 발표했다. 이것은 한국인에 있어서 사활死活의 문제로 받아들여졌다.

그러나 '미국은 한국을 버리는 것이 아니다.'라는 견지에서 애치슨 성명이 있은 14일 후, 1월 26일에 「한·미 상호방위원조협정」과 주한 미국 군사고문단(KMAG) 설치에 관한 '한미협정'을 체결했다. 상호방위원조협정은 전문 8개 조항으로 구성되어 있고, 이 협정은 1949년 10월에 미국이 제정한 「상호방위원조법」(Mutual Defense Assistance Act)에 바탕을 둔 것이었다. 그러나 그 내용은 명칭과는 전연 다른 것으로, 제3국의 침입이 있다면 자동적으로 개입(NATO조약처럼)한다는 조항은 없고, 한국의 부흥과 안정을 원조하기 위한 경제기술 원조가 주류를 형성하고 있었다.

따라서 이 협정에 의한 한국에 대한 원조액은 미국이 대외 무기원조 법안이 요구했던 1억 달러 가운데 1200만 달러에 지나지 않았다. 더욱이 미 의회에서는 공화당의 반대로 1097만 달러로 삭감하는 데 4개월이 소비되었고, 그 발효는 5월 말로 되어 있었다. 인민군의 남침이 시작되었을 때, 한국에 도착한 원조품은 1000달러 정도에 지나지 않았고, 35만 달러는 수송 중에 있었다. 그리고 그 원조 품목은 무기와 차량 부분품, 통신선 및 전화기가 주主였다.

또 주한 미국 군사고문단 협정은 전문 14조로 구성되어 있었는데, 이것은 한국이 독립한 직후, 잠정협정에 바탕을 두고 설치된 임시 군사고문단의 설치를 거슬러 공식화한 것으로, 그 정원은 장교 181명, 준사관 이하 291명 합계 472명으로 정했다. 이러한 협정은 닥쳐오고 있었던 38도선의 위기에 대해 아무런 효과도 가져오지 못했다.

앞에 말한 바와 같이 인민군의 남침이 개시되었을 때, 예상외로 미국은 신속히 개입하여 한국을 구원했다. 1951년 7월경의 군사정세로 미루어 보아, 쌍방은 휴전에 의해 문제를 해결하는 방도 외는 없었다. 유엔군 측은 보조가 맞지 않았고, 미국의 여론도 1952년 10월의 대통령 선거를 고려해야만 했기 때문에 휴전의 기운이 촉진되었다. 공산군 측도 군사력의 한계를 인식하여 정치적으로 타협하지 않을 수 없었다.

그러나 한국 정부의 기본방침은 전쟁을 계속하여 북진통일을 성취하는 데 있었기 때문에 휴전회담에 절대반대의 입장을 취했다. 따라서 이승만 대통령은 얼핏 보아 무모할 정도의 반대투쟁을 전개했다. 그의 투쟁은 현실적인 모든 조건을 고려해서 치밀한 국가전략에서 비롯된 것이며, 그것은 대단히 고차원의 단계적인 외교였다. 예컨대, 반공포로의 석방이었다. 이것으로 휴전회담 그 자체가 위기에 빠지기도 했다. 로버트슨 국무차관이 6월 25일 방한하여 정력적으로 이 대통령과 교섭해서, 결국 한국의 안전과 부흥에 대한 5개 조항의 약속을 맺게 되었다.

① 상호 안전보장조약의 체결
② 장기 경제원조에 대한 보장과 당초 2억 달러의 원조자금의 제공.
③ 미국과 한국 정부는 휴전회담의 정치회담에 있어서, 90일간 논의하여도 실질적인 성과가 없을 경우, 여기서 손을 뗀다.
④ 계획 중인 한국군의 확장에 있어서, 육군 20개 사단과 상응하는 해·공군의 건설을 원조한다.
⑤ 정치회담에 앞서, 공통목적에 대하여 한·미 수뇌회담을 개최한다.

7월 12일(휴전조약 조인 15일 전) 로버트슨이 한국을 떠날 때, 그는 "한국은 휴전조약의 설정에 있어서 결코 방해하지 않는다는 취지를 명기한 아이젠하워 대통령에게 보내는 이승만 대통령의 서한을 휴대했다"고 기술했다.

이때에 체결된 「한·미 상호안전보장조약」(1954. 1. 17. 발효)의 특성은 아래와 같다.

첫째, 어느 한 나라가 외부로부터 무력공격에 의해 위협을 받았을 때, 양국은 '상호 협의한다'고 되어 있었고, 자동적으로 전쟁 개입은 아니라는 점.

둘째, 상호 합의에 의해, 미국의 육·해·공군을 대한민국의 영토에 배치하는 권리를 한국은 허용하며 미국은 이를 수락한다는 점.

셋째, 본 조약은 무기한으로 유효하지만, 한 나라가 통고하면 일 년 후에 종지終止한다는 것.

1970년대에 카터 대통령에 의해 주한 미군철수의 문제가 대두되었으나, 결국 불발로 끝나고 오늘에 이르기까지 미군은 한국에 주둔하고 있다. 문제는 한반도가 통일되었을 때, 주한미군을 어떻게 할 것인가 하는 것이 최근 중국인의 관심사이나, 이것은 한국과 미국 정부 간의 회담에 의해 해결해야 하는 문제일 것이다. 미국은 주둔에 의한 이익과 비용을 비교하여, 이익이 많다면 당분간 철수하지 않을 것이다. 그리고 지정학적으로 보아 통일된 한국이라 할지라도 일본·중국·러시아에 둘러싸여 있으니, 미국을 맹방으로 삼고 있어야 하리라.

7. 맺음말

6·25전쟁은 남침·북침, 국내전·국제전·민족해방전쟁 등 어느 것인지 미해결로 지금까지 논쟁이 계속되었는데, 이것은 연구방법에 문제점이 도사리고 있는 것이 아닐까? 그 이유는 연구대상에 따라 연구방법도 달라져야 하기 때문이다. 냉전과 전쟁은 본질적으로 서로 다른 연구대상이며, 전쟁은 군사이론에 의해 분석·해석되어야 한다. 이와 같은 관점과 스탈린의 비밀문서에 의해, 6·25전쟁은 스탈린의 승인하에 김일성이 일으킨 침략·대리전쟁이었으며, 한국군의 북침, 국내전·민족해방전쟁 등의 주장은 전연 근거가 없는 것이다.

한편, 1947년 9월 웨드마이어 중장이 제출한 보고서에 의하면, 미군의 철수 건에 대하여 한국의 군사력 창설과 미군은 당분간 계속하여 한국에 주둔해야 한다는 것을 건의했다. 이 보고서는 공표 금지가 되었고, 트루먼 대통령의 『회고록』에는 위에 말한 부분이 개찬改竄되어 있다는 것에 주목하였다. 그 후의 트루먼 행정부의 정책·신속한 전쟁 개입·미 군사력의 재건 등을 분석함으로써, 스탈린·김일성은 트루먼의 함정에 빠져 6·25전쟁을 일으켰다고 해석했다.

인민군의 남침계획은 소련의 바실리예프 중장 외의 고문관들에 의해 작전계획이 작성되었고, 작전국장 유성철 대령에 의해 번역·종합되었다. 그 작전계획은 3일 내에 서울점령으로 끝남으로써, 결정적인 약점을 가지고 있었다. 인민군은 군사작전의 주요 목표는 적 전투력의 격멸이라는 군사원칙을 범하고 말았던 것이다.

중국의 6·25전쟁 개입의 직접적 동기는 중국 측의 문서 미공개로 인하여 아직까지 분명하게 밝히기는 어렵지만, 이 문제에 관한 연구자들의 견해는 다양하다. 마오쩌둥(毛澤東)은 미국의 '대對중국침략'이 참전의 주요 원인이라 했지만, 속사정은 소련의 '대對만주침략'과 자신의 실각 가능성에 대한 우려가 그의 직접적인 참전 동기라 추정한다.

무력에 의한 한반도의 통일은 다시 국제전쟁을 불러일으킬 것이리라. 예컨대, 1,300여년 전, 신라의 삼국 통일전쟁에 있어서도 당나라와 왜국이 개입했던 것이다. 만약 이승만·김일성 그리고 남북 수뇌들이 신라의 삼국 통일전쟁의 교훈※을 알고 활용했다면, 6·25전쟁은 일어나지 않았을 것이다.

남북통일이 한민족의 숙원이고 또 시간이 오래 걸린다 할지라도, 결코 무력에 의한 통일만은 배제해야 한다는 것이 필자의 견해일 뿐만 아니라, 소망인 것이다.♣(『海洋戰略』 제107호, 해군대학, 2000년 6월)

※ 648년 위기에 빠진 신라의 김춘추는 당나라에 파견되어 당 태종에게 원병을 요청했다. 당 태종은 김춘추에게 후한 대접을 했을 뿐만 아니라, 백제와 고구려를 평정하면 평양 이남과 백제의 토지는 신라에게 주어서 영원히 편안하게 하려 한다고 했다. 그러나 당 태종의 흉계는 한반도의 정복에 있었다. 당나라는 백제를 멸망시키고는 도독부를, 고구려를 멸망시키고는 도호부를 설치하여 지배하기 시작했다. 신라군과 백제·고구려 유민들은 힘을 합쳐 675년 9월 매소성 전투에서 당군 20만을 격파함으로써 당군을 한반도에서 축출했고, 그리고 676년 11월 기벌포 해전에서 당의 수군을 격멸함으로써 서해의 제해권을 신라가 장악했기 때문에 당의 신라에 대한 침공은 영원히 불가능하게 만들었다.

– 주요 참고문헌 –

(1) 김일성,『김일성 선집』3, 평양 : 조선노동당출판사, 1953.

(2) 安龍鉉,『한국전쟁의 허와 실』, 서울 : 고려원, 1987.

(3) 李鍾學,『韓國戰爭史』, 서울 : 正音社, 1969.

(4) 朝鮮民主主義人民共和國科學院歷史硏究所編纂,『朝鮮人民の正義の祖國解放戰爭史』, 平壤 : 外國文出版社, 1961.

(5) 國防部戰史編纂委員會編,『韓國戰爭史』제1권, 서울 : 1967.

(6) ____________________,『韓國戰爭史』제2권, 서울 : 1968.

(7) 中央日報社編,『民族의 證言－韓國戰爭實錄』1, 서울 : 乙酉文化社, 1972.

(8) 예프게니 바자노프/나딸리아 바자노바著, 김광린譯,『소련의 자료로 본 한국전쟁의 전말』, 서울 : 도서출판 열림, 1998.

(9) 朱榮福,『朝鮮人民軍の南侵と敗退』, 東京 : コリア評論社, 1979.

(10) 佐々木春隆,『朝鮮戦争』上·中·下, 東京 : 原書房, 1976.

(11) 朱建栄,『毛沢東の朝鮮戦争』, 東京 : 岩波書店, 1999. 3刷.

(12) Appleman, Roy E., *South to the Naktong, North to the Yalu*, Washington, D.C. : Department of the Army, 1961.

(13) Truman, Harry S., *Years of Trial and Hope, Memoir*, New York : Double Day & Co., 1955.

(14) Wedemeyer, Albert C., *WEDEMEYER REPORTS!*, New York : The Devin-Adair Company, 1958.

(15) 유성철,「나의 證言」,「한국일보」, 1990. 11. 1~ 11. 30.

Ⅳ

6·25전쟁의 전략·전술적 평가

-평화를 잠식하고 말살하는 폭력(군사력)에
대한 연구와 대비책만이 평화를
가져온다는 것을 알아야 한다.-
풍석(1929~)

1. 머리말

6·25전쟁이 발발한 지 40년의 세월이 흘렀고, 세계의 조류는 냉전의 종식을 알리면서 화해와 상호의존의 새로운 물결이 구비 치고 있지만, 한반도만은 아직도 휴전선을 사이에 두고 군사적 대결을 지속하면서 민족적 자원과 힘을 낭비하고 있는 안타까운 현실이다. 전쟁의 재발은 한민족뿐만 아니라, 온 지구촌에도 그 참화가 확산될 가능성이 짙기 때문에 우리는 북한으로 하여금 무력 적화통일의 노선을 포기하게끔 유도해야 한다.

그런데 지금까지의 경험에서 비추어 본다면, 북한으로 하여금 그들의 무력 적화통일의 노선을 포기케 하는 유일한 방법은 우리의 임전 태세의 완비밖에 없는 실정이다. 이러한 관점에서 6·25전쟁에 대한 전략·전술적 평가와 아울러 교훈을 살펴보고자 한다.

2. 정보에 대하여

정보의 중요성은 비단 군사분야 뿐만 아니라 산업·기술·무역분야에 있어서도 마찬가지이다. 병서兵書 가운데 정보의 중요성을 가장 역설한 것은 『손자孫子』일 것이다. "적의 능력과 의도를 알고, 이편의 그것을 알면, 백 번 싸워도 위태롭지 않다…이런 상황에서 국록으로 지급되는 백금白金 정도의 예산을 아껴 적정敵情을 알지 못하여 전쟁에서 패배, 나라가 멸망한다면 이보다 더 큰 죄악은 없다. 그러한 사람은 국민을 위한 장수라 할 수 없고, 군주에 대한 보좌도 되지 않으며 승리의 주체가 될 수도 없다. 총명한 군주나 현명한 장수가 행동만 하면 적에게 승리하고 여러 사람들보다 출중하게 공을 세우는 것은 먼저 적의 의도와 능력을 알기 때문이다."

정보의 중요성은 누구나 잘 알고 있다고 하지만, 실제로 정보를 획득하기 위한 투자(인력과 자금)의 규모를 본다면, 과연 정보의 중요성을 어느 정도 알고 있는가를 측정하는 기준이 될 것이다.

한국군은 1950년 4월부터의 정보비 예산이 1949년도의 3분의 1로 삭감되어 불과 몇백만 원밖에 되지 않았다. 한편 북한의 한 첩보 공작대는 1억 수천만 원(범인 체포에 의한 조사 결과)의 거액을 가지고 활동을 하고 있었다는 사실을 보았을 때 반성할 필요가 있다.

육군본부 정보국에서 작성한 1949년 12월 말의 정보보고서 그리고 여러 차례에 걸친 참모회의를 통해 적정에 관한 세밀한 종합보고가 채병덕 총참모장을 비롯한 여러 참모들에게 알려졌다. 특히 1950년 6월 20일을 전후하여 38선에서 귀순한 인민군이 화천지구에 전차부대가 집결하고 있으며, 포진지가 구축되고 대포가 남으로 향해 배열되었으며 야간에도 차량이 라이트를 켠 채 빈번히 왕래하고 있다고 진술했다.

또 6월 24일 제9 연대의 포천 대대에서도 전방 2㎞ 지점의 고지에서 인민군 군관들이 지도를 펴놓고 남쪽을 가리키면서 현지 지시를 하고 있다는 등의 첩보가 직접 육군본부에 보고되었으나 아무런 조치가 취해지지 않았다.

아무리 훌륭한 첩보가 수집되어 보고되어도 그것을 활용할 총지휘관이 없다면 그 정보는 소용이 없다는 것을 알 것이다.

3. 지휘관의 자질에 대하여

남·북한은 건국한 지 2년도 되지 않았고, 10만 이상의 병력을 동원한 전면전쟁의 준비와 수행을 담당할 인재와 군수물자가 없었을 뿐만 아니라, 1개 사단을 지휘하여 전투를 수행한 경험을 가진 지휘관도 없었다.

그런데 소련은 북한에 대해 전차·항공기 및 대포 등의 다량의 군수물자를 제공했고 또 바실리예프 중장 외 10여 명의 고급 군사고문관을 파견하여 북한의 전면적 남침공세를 위한 전략계획을 수립해 주었으며 동시에 작전수행을 지휘·감독했다.

한편 미국은 한국의 전략적 가치에 대한 부정적 평가에 따라 군사원조에 소극적 자세를 취했고 또 한국 정부가 요청한 중무기도 공급해 주지 않았다. 그리고 6·25전쟁의 초기작전에 있어서 한국군의 패인은 여러 가지 많은 요인이 겹쳐지지만, 아무래도 채병덕 육군 총참모장에게 많은 비중의 책임을 돌리지 않을 수 없다.

일찍이 나폴레옹은 “고울을 정복한 것은 로마의 군대가 아니라 카이사르였다. 로마를 전율케 한 것은 카르타고의 군대가 아니라 한니발이었다. 멀리 인도에 도착한 것은 마케도니아의 군대가 아니라 알렉산드로스였다”고 말했다. 임진왜란 당시 이순신과 원균의 양 지휘관이 거느린 수군은 똑같은 우리의 수군이었지만, 그 전과戰果의 결과는 천지의 차이였다.

채병덕 총참모장은 실전뿐만 아니라, 야전부대의 지휘에 전연 경험이 없었다. 그는 인민군이 보유하고 있는 122㎜ 곡사포와 T-34 전차의 존재를 시인하려고 하지 않았으며, 특히 1950년 6월 24일 육본 작전정보실에서의 긴급회의 시 "북괴는 38도선 모든 전선에 걸쳐 6월 24일 밤이나 25일 아침에 공격할 것이다"는 보고를 받았으나 묵살하고 대책을 강구하지 않았다.

우리를 더욱 놀라게 하는 사실은 채 총참모장이 6월 26일 국회에서 "사흘 안으로 평양을 함락시키겠다"고 호언하였고, "적을 의정부 밖으로 격퇴했다"고 말했으나, 황성수 의원이 맞은 편에 살던 채 총참모장을 직접 집으로 찾아가서 물으니, 그는 대뜸 "빨리 떠날수록 좋다"면서 "어제 국회에서 한 보고는 군기軍機라 할 수 없이 거짓말을 했다"는 것이었다.

초기작전과 관련하여 채 총참모장은 여러 가지 모순된 조치를 취했다. 즉 방어진지 건설의 건의를 묵살한 것, 6월 10일 군 수뇌·사단장의 대인사이동을 실시한 것, 6·25전쟁 3일 전 그동안 계속된 비상경계를 해제한 것, 24일 주말에 외출·외박을 실시한 것, 한 달 전 각 연대에 4문씩 있던 대전차포를 수리 차 거둬들인 것, 그리고 24일 밤의 파티 등이다.

신흥우 씨는 이승만 대통령으로부터 국방부와 군 고위층의 일부 인사가 좀 이상한 것 같으니 조사해 보라는 분부를 받고, 미처 조사해 볼 사이도 없이 큰일을 당했다고 말했다.

6월 24일 밤 2차의 심야파티는 국일관에서 25일 새벽 2시경에 끝났다. 이러한 것은 앞으로 진위가 규명되어야 할 것이다.

열세한 무기와 장비 그리고 중대 내지 대대훈련 밖에 하지 못한 부대를 지휘하여 불리한 초기작전을 수행한 한국군 사단장을 비롯하여 예하 지휘관들의 노고에 대해 아무리 치하하여도 지나치지 않을 것이다. 그러나 초기작전의 패인을 전적으로 T-34 전차에 대적할 대전차포가 없었고 또 화력의 열세에만 있다고 한다면, 당시 춘천방면의 제6사단의 선전善戰은 어떻게 설명할 것인가.

한국군이 보유하고 있었던 105㎜ 곡사포 및 2.36인치 대전차포도 T-34 전차를 파괴할 수 있었다고 애플먼은 그의 저서 『낙동강에서 압록강까지』(1961)에서 밝혔으며, 당시 제1 사단장이었던 백선엽 장군도 다음과 같이 회고했다.

> 당시 국군의 대전차포가 전차에 대해 전혀 무력한 것은 아니었다. 파괴는 못했지만 이를 잘 활용하면 저지할 수는 있었다. 또 포병을 활용하여 전차를 파괴할 수도 있었다. 제1 사단은 도합 11대의 적 전차를 파괴했다…특히 대전차 중대가 철판 관통력이 큰 철갑탄을 보유하지 못했던 점이 치명적이었다. 더구나 병사들은 전차를 본 적도 없거니와 대전차 훈련을 한 번도 치러 본 적이 없었다. 병사들은 첫 날부터 소위 '전차 공포증'에 시달리게 됐다.

1950년 3월에 작성되어 배포된 「육본 작전명령 제38호」 및 「별지 부록 제4호」에 "적의 전차를 수반하는 주공主攻을 보步·포砲의 저항으로써 소모시키며 이를 진전陣前에서 섬멸"시키라는 부대임무가 일선 사단에 부여되어 있었는데 왜 전차에 대한 대항책과 훈련을 실시하지 않았던가.

「육본 작전명령 제38호」의 작성자였던 강문봉 작전국장은 그 실재를 주장했으나, 6월 10일의 인사이동으로 임명된 정래혁 작전과장, 장창국 작전국장, 이종찬 수도경비사령관 등은 그런 문서를 보지 못했다고 했다.

이것은 업무의 인수·인계가 잘못 이루어졌고 또 과잉 보안조치로 인해 읽고 알아서 임무를 수행할 간부들에게까지 그 기회를 앗아가 버렸기 때문에 야기된 문제였다.

전세戰勢가 불리해졌을 때야말로 일선 지휘관들은 진두에서 지휘·통솔력을 발휘해야 하는데, 과연 어느 정도였을까.

초기작전에서 일선 지휘관들의 사상자는 얼마나 되었는가 하는 문제에 대한 실패의 원인분석이야말로 오늘날에 있어서도 각급 지휘관들에게 귀중한 교훈이 될 것이다.

지휘관들은 그 계급과 직책에 상응하는 군사 전문지식을 연구하여 그것을 능력화해야 하고, 군의 임무 수행에 사명감을 가져야 한다는 것은 재론할 필요가 없을 것이다.

4. 지키느냐, 아니면 죽음이냐

1950년 7월 26일, 인민군이 대구에 대해 압력을 증가시키자 대치代置시킬 수 없는 통신장비 때문에 워커 장군은 그의 사령부(미 제8군)를 부산으로 철수시킬 것을 주일駐日 미군 사령부에 요청했다. 그러나 그는 그의 사단을 항구도시로 후퇴시키겠다는 의사는 아니었다. 이에 알몬드 장군은 개인적으로 이러한 사령부의 이동에 대해서 반대의사를 표명했다.

사령부를 부산으로 옮긴다는 것은 군의 사기를 떨어뜨릴 우려가 있으며, 제8군이 더이상 한국에서 지탱을 못 하고 철수를 개시할 수밖에 없다는 인상을 안겨주기 때문이라고 말했다.

워커 장군이 전화를 끝내자마자 알몬드 장군은 맥아더 원수에게 달려가 그가 직접 한국에 가서 워커 장군에게 분명한 극동사령부의 의사를 전해 줄 것을 건의했다.

7월 27일 오전 10시에 맥아더 원수는 대구에 내렸다. 맥아더 원수는 전날 장군의 요청에 대해서도 또 그의 어떠한 행동에 대해서도 아무런 말도 하지 않고 비평도 하지 않았다. 그는 다만 8군이 현진지를 고수해야 한다고 강조하면서 일반적인 전술 상황에 대해서만 서로 주고받았다. 그는 워커 장군에게 철수는 종식되어야 한다고 말했다. 그런 후에 8군의 참모들과 만난 자리에서 맥아더 원수는 한국에서 철수란 있을 수 없으며, 제2의 뒹케르크가 재연되어서는 안 된다고 말했다.

7월 29일, 맥아더 원수의 방문 결과를 워커 장군은 미 제25 사단 참모들에게 훈시하는 가운데 일반 명령 형식을 통하여 하달했다. 워커 장군은 8군은 이제 더이상 후퇴하지도 않을 것이며 또 후퇴할 수 있는 방어선도 없다. 요컨대 8군의 모든 장병은 현 전선에서 "지키느냐, 아니면 죽음이냐"는 그의 결의를 말했다.

> 다부동 전투 때의 일이다. 미 27연대의 좌측 능선을 엄호하던 11연대 1대대(대대장 김재명 소령)가 출격의 초동初動에 기선을 제압당해 고지를 탈취당하고 다부동 쪽으로 후퇴하고 있다는 보고가 들어왔다. 8군 사령부로부터 전화가 걸려왔다. "한국군은 도대체 어떻게 된 거냐. 싸울 의지가 있느냐"는 노한 음성의 힐책이었다.
>
> 연대의 측면이 뚫리자 마이켈리스 대령이 즉각 미 8군에 "한국군이 후퇴했다. 퇴로가 차단되기 전에 철수해야겠다"고 보고한 것이었다. 마이켈리스는 내게도 전화를 해 "후퇴하겠다"고 통고했다.
>
> "후퇴하지 말고 잠깐 기다려라. 내가 현장에 나가 확인하겠다."
>
> 나는 동명학교에서 다부동으로 지프를 몰았다. 과연 진목동 도로 서쪽의 11연대 병사들은 피로에 지친 모습으로 후퇴하며 산을 내려오고 있었고 고지를 점령한 적은 산발적으로 미군의 포병진지를 향해 측면 사격을 가하고 있었다.
>
> 김재명 대대장을 불러 "어떻게 된 것이냐"고 물으니 그는 "장병들이 계속된 주야의 격전에 지친 데다 고립된 고지에 급식이 끊겨 이틀 째 물 한 모금 먹지 못했다"는 대답이었다.
>
> 나는 후퇴하는 병사들 앞으로 달려나갔다.
>
> "모두 앉아 내 말을 들어라. 그동안 여러분 잘 싸워주어 고맙다. 그러나 우리는 여기서 더 후퇴할 장소가 없다. 더 후퇴하면 곧 망국亡國이다. 우리가 더 갈 곳은 바다밖에 없다. 저 미군을 보라. 미군은 우리를 믿고 싸우는데 우리가 후퇴하다니 무슨 꼴이냐. 대한 남아로서 다시 싸우자. 내가 선두에 서서 돌격하겠다. 내가 후퇴하면 너희들이 나를 쏴라."
>
> 나는 부대에 돌격 명령을 내리고 선두에 서서 앞으로 나아갔다. 곧 병사

들의 함성이 골짜기를 진동했다. 김재명 소령도 용감하게 앞장서서 부대를 지휘했다. 대대는 삽시간에 고지를 재탈환했다. 적은 증원부대가 공격하는 줄 알았을 것이다.

마이켈리스 대령은 내게 다가와 미안하다고 말하고 "사단장이 직접 돌격해 나서는 것을 보니 한국군은 신병神兵이다"고 감탄했다.

—백선엽白善燁, 『軍과 나』에서—

손자孫子에 의하면, "장수가 병사들을 지휘하여 결전할 경우 마치 사람을 높은 곳에 오르게 하고 사다리를 떼어버리는 것처럼 하라"고 했고, 오자吳子도 "무릇 전쟁터란 시체가 뒹구는 비참한 곳이다. 필사적인 결의로 싸우면 살아날 수 있고, 요행의 삶을 꾀하면 죽음을 당하는 곳이다"고 했다.

이것은 전장에서 장수의 부하들에 대한 지휘 통솔법을 설파한 실로 오묘한 내용이다. 워커 장군이 말한 "더 후퇴할 방어선이 없다. 진지의 고수냐, 아니면 죽음이냐" 그리고 백선엽 장군의 "더 후퇴하면 곧 망국이다. 우리가 더 갈 곳은 바다밖에 없다"는 것은 위에 언급한 병리兵理와 통솔법의 실례實例라 하겠다.

신라의 화랑과 젊은이들의 가치관은 충忠·효孝·신信 그리고 임전무퇴(臨戰無退 : 전쟁터에서는 물러서지 않는다)였다. 그들은 싸움터에서 물러서지 않고 죽음을 무릅쓰고 싸웠기 때문에 살아날 수 있었고, 삼국을 통일하여 한민족韓民族의 원형을 창출했으며, 그 후 민족문화의 꽃을 피우기도 했다.

군인은 작전상 후퇴할 줄도 알아야 한다. 그러나 후퇴밖에 모른다면 그것은 곧 죽음과 망국으로 직결된다. 따라서 임전무퇴와 적을 격파하여 승리하기 위해서는 왕성한 공격 정신을 갖추어야 한다는 것은 군인의 기본자세이다. 이것은 동서고금을 막론하고 군인들에 있어서 진리이다. 아무리 훌륭하고 기발한 전략·전술을 가졌다 해도 장병들이 싸우려는 의지가 없다면 모든 것은 소용이 없는 것이다.

제2차 세계대전을 승리로 장식했던 세계 최강의 미군이 불과 5년 후 6·

25전쟁에 참전하여, 특히 대전전투에서 미 제24 사단이 패배하자 놀라워했고 또한 그 패인을 다음과 같이 분석했다.

> 점령 근무 중인 전투사단은 전투를 위해 훈련도 하지 않았고 장비도 갖추지 않았으며 싸울 준비가 되어 있지 않았다는 것이 기본적 사실이었다. 대다수의 병사들은 너무 젊었고 거기에다 군인이 되겠다는 생각에 흥미가 없었다. 육군 입대를 권유하는 모병 광고는 생각할 수 있는 모든 이점과 많은 장점을 약속했을 뿐이고, 육군의 기본 임무는 싸우는 데 있다고는 말하지 않았다.
>
> 최초의 미군부대가 한국의 여름 더위와 습기 속에서 산에 올라가 적군과 싸우거나 혹은 포위되어 도망칠 때, 어느 주간지의 공식보고처럼 그들은 파리처럼 떨어졌다.
>
> —애플먼, 『낙동강에서 압록강까지』—

5. 공군력 없이 지상전의 주도권은 잡을 수 없다

6·25전쟁 그리고 베트남전쟁을 통하여 한국군은 많은 전투 경험을 쌓았다. 그러나 거의 적기敵機를 보지 못한 제공권을 장악한 상황에서 자유로운 지상 및 해상작전을 수행했다. 따라서 6·25전쟁과 같은 전면전쟁(미국은 제한전쟁이라 하지만)에 있어서 항공세력의 중요성과 가치에 대해 과연 우리는 어느 정도 인식하고 있을까?

북한은 6·25전쟁 실패의 주요 원인의 하나는 공군력의 열세로 인한 제공권制空權의 상실로 평가했다. 그리하여 휴전 이후 계속 공군력의 증가에 박차를 가하여 이제는 그 숫자상으로 보아 한국 공군에 비해 우세를 보이는 실정이다. 북한이 6·25전쟁에서 어떤 체험을 했는가는 1950년 12월 21일 김일성의 연설문에서 찾을 수 있다.

우수한 공군과 해군과 포화를 소유한 적들과 싸우는 특수한 조건에서 전투를 진행할 줄 몰랐습니다.…특히 적들의 공습이 심한 조건 하에서 산악전과 야간전투에 능숙하지 못하였습니다.…우리 군대의 장비가 적보다 그리 약하지 않음에도 불구하고 비행기 없이는 적들과 싸울 수 없다는 패배주의 경향들과 강력한 투쟁을 전개하지 않았을 뿐만 아니라…

김일성은 항공기 없이 싸울 수 없다고 하는 장병들의 호소를 패배주의자로 몰아붙였지만, 그는 전장의 실상을 알고 있었기 때문에 휴전 후 막대한 병력과 자원을 투자하여 북한의 공군을 재건했을 뿐만 아니라, 한국 공군보다 우세하게 만들려고 노력을 기울였다.

한편 낙동강 방어작전에 있어서 항공지원은 지대한 영향을 미쳤다. 1950년 9월 2일 심각한 전투단계에서 미 제2 및 25사단은 공군과 해군으로부터 3백 회의 근접 항공지원을 받았다. 미 제25 사단장 킨 소장은 "제5 공군에서 출격한 근접 항공지원 출격 횟수가 이전에도 수없이 그러한 바와 같이, 이번에도 또다시 우리 사단을 구해 주었다"고 말했다.

정일권 장군도 그의 회고록 『전쟁과 휴전』(1986)에서 다음과 같이 밝혔다.

공군의 근접 지원은 절대적이었다. 참모총장 때에는 자주 볼 수 없었던 전투장면을 실제로 가까운 거리에서 지켜볼 수 있었다. 나에게는 소중한 실전 지휘 경험이었다. 공군력 없이는 지상전의 주도권을 잡을 수 없다는 사실을 절감했다.

남·북한 항공전력 비교

구 분	한 국	북 한
병 력	40,000	70,000
전 술 기	447	650
무장헬기	육군에서 운용	115

*자료 : *The Military Balance 1989~1990*, IISS

6. 미국의 전쟁지도는 어떠했는가

한국군은 6·25전쟁 및 베트남전쟁을 통하여 전투(전술적 차원)는 많은 실전 경험과 실적을 쌓았다. 그러나 아직 전쟁(전략적 차원)을 수행한 경험이 없다는 사실을 겸허하게 받아들여야 하고, 더욱이 전쟁지도의 문제는 정치와 군사가 엉키는 문제이기 때문에 신중히 연구해 두어야 할 과제일 것이다.

1950년 8월 초, 낙동강 방위선에서 한국군과 유엔군은 많은 어려움을 겪고 있었다. 그 어려운 시기에도 맥아더 원수는 한반도뿐만 아니라 아시아 전체의 먼 장래 문제를 생각하고 있었다.

인천 상륙작전 후 인민군이 와해되고 위기에 몰리자 중공의 남부에 배치되었던 정예군이 속속 한·만 국경선으로 집결하고 있다는 정보에 맥아더는 내심 기뻐했을 것이다. 그는 중공군이 전면 개입에 대해 공식선언을 하길 바랐으나, 중공은 조심스럽게 의용군의 파견 정도로 사실을 숨기고 있었다.

이 허위의 사실을 벗기고 또 중공군의 전면적 개입이라는 새로운 사태를 미 행정부에 인식시키기 위한 것이 1950년 11월 24일의 총공격이었다.

그가 11월 28일 합참본부에 보낸 전문은 제한전쟁의 굴레를 벗겨 달라는 내용이었다. 그는 손이 묶여 진 채로 싸우도록 강요당하고 있다고 생각했고, 따라서 병력 증강이 없으면 유엔군은 한국에서 철수해야 한다고 행정부를 위협했다. 특히 그가 12월 30일 중공에 대한 네 가지의 보복 조치는 그의 장기전략의 핵심을 뜻하는 것이었다. 즉,

첫째, 중공 해안을 봉쇄하는 것

둘째, 해군의 함포사격과 공중폭격을 통한 중공의 군수산업의 파괴

셋째, 대만의 자유 중국군의 일부를 동원하여 한국의 병력 증강

넷째, 중국 본토의 취약지역에 대한 자유 중국군의 견제작전

이러한 조치를 통해 한국에서 유엔군에 대한 압력을 벗어나게 할 뿐만 아니라, 중공의 전쟁 잠재력을 파괴하여 다른 지역에 대한 공산주의자들의 침투를 저지하자는 것이었다.

그러나 트루먼 행정부는 제3차 세계대전을 회피하기 위해서 또는 한국에서 미국의 자원을 낭비하는 것을 회피하기 위해 전쟁의 정치적 목적을 제한했고, 군사적 수단의 제한 그리고 지역의 제한을 고수했다. 그렇다면 미 행정부는 과연 소련의 개입으로 일어날 전면전쟁의 위험성을 올바르게 판단했던가.

> 크렘린이 유엔군 사령부는 한국 저쪽의 영토적 목표를 탐내지 않는다고 믿는 한, 단순히 한국에서 중공의 입장을 북돋아 주기 위하여 전면전쟁을 일으키게 될 그러한 방법으로 일부러 간섭하였을 것이라는 것은 매우 있을 수 없는 생각이다. 특히 크렘린이 만주 폭격에 대한 보복으로서 또는 맥아더 장군이 주장하는 어떠한 다른 수단에 대한 보복으로서 나토 지역을 공격하도록 택할 것이라는 것은 있을 수 없는 일이다.…
>
> 미국이 4개 사단만 더 투입하였더라면 유엔군은 만주 기지를 폭격하지 않고도 한국을 통일하는 데 성공했을지도 모른다. 왜냐하면, 중공은 그들의 최대의 병력을 투입했기 때문이었다. 그리고 그들이 1951년 여름 정전협상에 드디어 동의하게 되었을 때, 그들의 훈련된 예비병력은 거의 없어지게 되었다.
>
> -로버트 오스군, 『제한전쟁』(1957)-

트루먼 행정부의 전쟁지도는, 진정한 정치적 목적은 깊숙이 감추고 군사목표는 승리가 아니었기 때문에 시종 일관성이 결여되어 있었다. 따라서 전쟁 수행에 있어서 야전사령관과 전쟁지도부 사이에 끊임없는 혼란과 오해를 가져왔고 또한 인명과 자원을 낭비했다.

제임스 슈나벨의 논평은 다음과 같다. 즉 "미국의 군사 및 정치전략가들은 그들 자신 적합한 목표 설정에 일치하지 못했으며, 더욱이 그러한 목표를 달성하기 위한 방법과 수단에 관해서도 마찬가지였다."

1953년 7월 휴전협정에 조인을 했던, 당시 유엔군 사령관 클라크(Mark W. Clark, 1896~1984) 장군의 견해는 깊은 지혜와 통찰력이 담겨진 내용이라 말하지 않을 수 없다.

> 나는 승리가 심각한 손실을 수반한다는 것을 잘 알고 있다. 그러나 나는 또한 한국에서 승리를 획득하는 데 입는 손실은 만약 우리가 한국에서 군사적 승리를 거두지 못하고 공산 측이 그들 자신의 조건에 따라 전투할 준비를 갖출 때까지 기다리게 되는 경우 궁극적으로 받아야 할 손실보다도 훨씬 적다는 확신을 가졌으며 또한 현재도 역시 그러한 확신에는 조금도 변함이 없다.
>
> 나의 견해로는 공격을 가하지 않고 다만 강력한 군사력을 극동에 집결하여 그것을 적에게 인식시킴으로써 이득을 취할 수 있었다. 전면공세의 위협 및 현재까지 금지구역으로 되어 있는 만주 내의 군사시설에 대한 공중 공격은 아마도 훨씬 더 만족할 만한 그리고 또 훨씬 더 조속한 휴전을 가져왔을 것이다.
>
> 내 견해로는 이것이 소련으로 하여금 한국전쟁에 개입하거나 또는 제3차 대전을 야기하게 하지는 않았을 것이다. 소련은 그들 자신이 선택하는 장소 및 시간에 따라서만 전쟁을 야기할 것이기 때문이다.…
>
> 휴전은 이루어졌으며 나는 협정에 조인하였다. 그러나 솔직히 말하면 나는 무거운 마음을 가지고 그 협정에 서명을 하였다. 적어도 당분간 살인이 중지된 것은 고마운 일이었으나, 한국에서 공산군을 패배시키려는 결정을 하는 경우보다도 더 값비싼 피의 희생을 후일 우리 국민이 바치게 되리라는 심각한 불안을 나는 느꼈다.
>
> -클라크, 『다뉴브강에서 압록강까지』(1954)-

불행하게도 클라크 장군의 예언은 적중하고 말았다. 미국은 그 후 베트남전쟁에서 그들 자신뿐만 아니라, 우리 젊은이의 피를 희생시켰고 많은 자원과 재력을 소비했다.

그러나 그 결과는 클라크 장군도 상상하지 못했던 이번에는 명백한 패배로 막을 내렸다. 그것은 국제무대에서 미국의 위신을 추락시켰고 또한 국력의 쇠퇴를 가져오는 원인이 되고 말았다. 정치가들의 전쟁지도력과 전략의 빈곤은 아무리 자원이 풍부하다 해도 전쟁에서 패배한다는 교훈을 우리들에게 남겼다.

7. 맺음말

필자의 지금까지의 연구 결과에 의하면, 오늘날의 세계에 있어서 인명·자원 및 무기체계의 고가高價로 인해 10만 명 이상의 병력을 동원하여 "국가목적을 달성하기 위한 수단으로서의 전쟁"은 그 어떠한 명분名分이나 실리實利로도 타산의 불균형을 조화시킬 수 없는 것으로 생각한다.

한국 측은 북한에 대해 더 이상 경쟁 대상이나 적대 상대로 대하지 않고 같은 민족 공동체의 한 부분으로 생각하고 상호 협력할 것을 제의했으나, 아직 북한은 대남 무력 적화통일 노선을 견지하고 있는 것으로 평가되며, 당분간 그 노선을 변경하기 어려울 것으로 예상된다. 그러나 북한의 무력통일 노선의 변경은 북한 측에만 그 책임이 있는 것이 아니라, 그 일부는 우리들의 자주국방 태세에 있다는 것을 알아야 한다.

상대편이 침공해 오지 않으리라는 망상을 버리고, 언제 어떤 형태의 도발에 있어서 거기에 대한 우리의 대응책을 믿어야 하며, 이것을 북한이 인식하게 되었을 때, 그들은 그들의 무력 통일 노선을 포기하게 될 것이다.

평화! 평화! 하고서 길거리나 강당에서 외친다고 해서 결코 평화의 여신은 찾아오지 않는다. 평화를 잠식하고 말살하는 폭력(군사력)에 대한 연구와 대비책만이 평화를 가져온다는 것을 알아야 한다.

1950년 7월 이승만 대통령은 한국군의 지휘권을 유엔군 사령관에게 이양했다. 그로 인해 한국군은 6·25전쟁과 베트남전쟁에서도 전투는 수행했지만, 전쟁을 수행하는 경험을 갖지 못했다.

아무리 풍부한 자원과 거대한 국력을 가진 미국이라 하여도 정치가의 전쟁지도력의 빈곤으로 인하여 6·25전쟁은 겨우 무승부로 끝났다는 견해도 있다. 그러나 전쟁에 투입된 인명과 자원을 고려했을 때, 우리에게 아쉬움을 남겨 주었다.

거기다가 군사전략의 부재不在가 겹치게 되었을 때, 초강대국인 미국도 베트콩에게 패배한다는 사실을 우리는 베트남전쟁을 통하여 배웠다. 이것이 바로 6·25전쟁에 대한 전략·전술적 평가이며 교훈이라 생각한다.♣

(『國防』, 國防部, 1990년 6월)

V

한반도의 위기와 6·25전쟁의 교훈

-용병의 원칙은 적이 오지 않으리라고 믿어서는 안 되며,
언제 와도 대적할 수 있는 자신의 대비를 믿어야 한다.-
손무(孫武, 『손자병법』(구변九變))

1

이기백 국방장관은 3월 20일 내외신 기자회견을 통해 북한의 군사동향, 남·북한 군사력 실태, 도발 대응전략 등에 대해 다음과 같이 밝혔다. 즉,

"북한은 1985년 여름 이후 갑자기 공격 위주의 최신 장비를 증강했다. 그 중 평남 개천부근의 북창기지에 배치된 미그-23 전투기는 수도권 도달 시간이 17분밖에 소요되지 않으며, 지대지地對地 미사일은 사정거리가 270㎞로 평양에서 수도권 공격이 가능하다. 그들은 1985년 말까지 총 전력의 65% 이상을 전방에 이동배치, 언제라도 기습공격을 할 수 있게 되었다. 뿐만 아니라 10만의 특수부대는 우리 후방의 방어체제 등을 교란하려고 시도할 것이다. 이 밖에도 그들은 180~250톤으로 추정되는 화학무기를 비축하고 있다."

이상과 같은 능력을 갖춘 북한은 우리의 예비전력이 동원되고 미국의 증원군이 도착하기 이전인 5~7일 이내에 침투시킬 특수부대와 연결해 초전初

戰에 전세戰勢를 결정지으려는 이른바 「5~7일 작전계획」을 수립하고 공격훈련을 더욱 강화하고 있다. 현 정세로 볼 때 휴전 이후 군사적 긴장과 도발위험이 최고로 고조돼 있어 앞으로 2~3년이 가장 위험한 시기가 될 것으로 판단된다.

북한은 우리보다 12년이나 앞서 군비증강에 착수한 데다 우리가 국민총생산(GNP)의 약 6%를 국방비에 투입하는 데 비해 북한은 무려 24%를 군사력 증강에 사용하여 남·북한의 군사력 격차는 좀처럼 좁혀지지 않고 있다. 게다가 소련은 북한에 각종 신형무기를 공급해 준 대가로 북한 상공 비행권을 획득하여 휴전선을 따라 정찰활동을 하는 등 북한에 대한 군사력을 새로운 차원으로 강화했다. 소련과 북한의 이 같은 군사적 유대강화는 북한의 남침도발 의욕을 고무하고 한반도의 긴장을 가속화 시키는 것으로 분석된다.

한편 제18차 한·미 안보회의에 참석하기 위해 4월 1일 내한來韓한 와인버거 미 국방장관은 도착성명을 통해 다음과 같이 말했다.

"미국은 서울에서 열리는 한·미 안보협의회를 통해 한국의 안보가 극동의 안전과 평화를 위해 매우 중요하며, 나아가 미국의 안보에도 결정적 역할을 한다는 사실을 확인하게 될 것이며, 한국의 자유와 안전에 대한 미국의 공약은 완벽하고 절대적이다.…북한은 최근 그들의 병력을 휴전선 가까이 전진 배치시켰으며, 소련으로부터 가공할 무기를 대량 획득했는데, 바로 이 점이 이번 회의에서 공동으로 관심 깊게 논의해야 할 문제이다.…미국은 한국 정부의 주요 관심사인 86아시아 경기대회와 88올림픽 등 양대 국제행사를 안전하게 치르도록 하기 위해 한국이 원하는 대로 가능한 한 모든 협조를 아끼지 않을 것이다."

한·미 양 국방장관의 한반도 군사정세에 대한 견해는 일치되며, 양국의 유대관계는 어느 때보다 공고하다는 것을 「한·미 공동성명」에서 밝히고 있다.

그러나 30여 년 전, 6·25전쟁이 발발한 해(1950년)의 한미관계는 미묘했다. 그것은 1976년 미국의 외교·군사의 비밀문서, 즉 『미국의 대외관계』(*Foreign Relations of the United States*, 1950 Vol. Ⅶ, Korea, 1976)가 공표됨으로써 당시의 상황을 알 수 있게 되었다.

1950년 1월 28일 무초 한국주재 대사가 미 국무장관에게 보낸 보고에 의하면, "로버트 장군(KMAG단장)은 한국 육군은 현재의 북한군을 봉쇄할 수 있는 능력을 가지고 있으나, 공군과 해안 경비대가 추가로 미국 원조의 필요성을 지적했다.…이승만 대통령이 제섭(Philip C. Jessup, 1897~1986 : 특사로 활동) 박사에게 전달한 각서에 열거된 문제들이 논의됐다. 논의된 문제 가운데 첫 번째는 미국의 한국에 대한 원조로서 미국은 원조를 계속할 뿐만 아니라, 공산주의자들에 의한 남한의 정복을 허용하지 않을 것이라고 보장하거나, 아니면 미국은 공산침략에 맞서서 한국을 지원하지 않을 것이라는 태도를 명백히 하라고 요구했다."

1950년 5월 10일 오후 3시 신성모 국방장관은 급히 소집한 외신기자들과의 회견에서 다음과 같은 성명을 발표했다.

> 한국 국방부는 오늘 세심하게 산출한 북한의 군사력 평가를 공개하면서, 작년 8월에 중공군 2개 사단이 북한에 도착한 후로 완전 무장한 유효 전투력은 183,100명이라고 했다.
>
> 인민군 6개 사단과 보안대 3개 여단의 총병력은 118,000명인데, 이 밖에도 북한이 최근에 모집하기 시작한 여군을 포함한 37,000명의 혼성부대가 있다.
>
> 북쪽에 있는 1개의 전차 여단은 1만 명으로 구성되어 있다. 해군 병력은 15,000명, 공군 2,500명이다.
>
> 북한의 기갑부대는 중형전차 155대, 소형전차 18대로 도합 173대와 장갑차 30대와 오토바이 300대로 구성되어 있다.
>
> 대포에 있어서 인민군은 76㎜ 포와 122㎜ 포 609문, 82㎜와 122㎜ 박격포 1,162문, 대공포對空砲 54문, 대전차포對戰車砲 627문, 경기관총과 중기관

총 9,728정을 보유하고 있다.

북한 해군은 대형 및 소형의 경비정 32척을 보유하고 있다.

북한 공군은 항공기 195대로 1개 사단을 이루고 있다.

다음 날 5월 11일, 드럼라이트 한국주재 미 대리대사는 비밀 전문電文을 통해 미 국무장관에게 다음과 같이 보고했다.

> 만약 대사관의 추계가 정확한 것이라면, 한국 정부가 발표한 숫자들이 과장된 것이라는 결론을 내려야 하는데, 아마도 고의적으로 그처럼 과장해서 발표한 것이 아닌가 생각된다. 그처럼 과장하는 의도는 우방, 그중에서도 특히 미국에 남·북한 간의 군사력이 불균형을 이루고 있다는 것을 인식시켜 추가적인 군원軍援을 얻어내려는 데에 있음이 분명하다. 이 점과 연관시켜 오늘에 있었던 것을 비롯하여 최근에 있은 대통령과의 면담 시에 추가 군원軍援의 필요성이 사뭇 강조되고 있다는 사실을 여기에 언급해 두는 것이 적절할 것이다.

이 비밀 전문의 주註에는 5월 12일 이승만 대통령의 기자회견 내용이 수록되어 있다. 즉,

> 나는 북한 군대가 38도선에 집결하고 있다는 얘기를 듣고 있다.…며칠 전에 미국의 어떤 친구는 미국이 남한에 무기를 주게 되면 남한이 북한으로 쳐들어가지 않을까 걱정한다고 말했다. 이것은 남한을 모르는 일부 미국인들의 부질없는 걱정이다.…미국은 남한에서 한쪽 발은 안에 또 다른 발은 밖에 내놓고 있으면서 일단 유사시 형세가 불리해지면 우리나라로부터 물러날 채비를 하고 있다. 나는 미국이 우리나라를 도와줄 생각이라면 그것이 말로만 그쳐서는 안 된다고 말하고 싶다. 로버트 장군과 무초 대사는 한국에 보다 많은 무기를 갖다주려고 노력해 왔으나, 미국에 있는 사람들은 몽상에 사로잡혀 있다.

북한의 6·25전쟁을 눈앞에 두고 이승만 대통령의 국가안보를 위해 노심

초사하는 모습이 선명하게 부각되어 있다.

2

한편, 미국은 당시 북한의 능력을 어느 정도로 평가하고 있었던가? 이 문제에 대해 미 중앙정보부는 1950년 6월 19일에 작성한 비밀문서 「북한정권의 현재의 능력평가(Current Capabilities of the Northern Korean Regime)」의 주요 내용은 다음과 같다.

> 북한 정권은 남한에까지 그들의 지배를 확장시키려는 그들의 주요 대외 목표를 추구함에 있어서, 남한에 대한 선전, 침투, 사보타지, 파괴공작 및 게릴라 작전을 위한 현재의 계획을 계속 지원하여 이를 강화할 수 있는 능력도 있다. 그러나 남한에 대한 미국의 경제원조와 군사원조가 대폭 삭감되거나 엄청나게 낭비되지 않는 한, 이와 같은 계획만으로는 남한에 있는 정권을 쓰러뜨리거나, 남쪽에까지 공산주의 지배가 미치게 한다는 것은 불가능할 것이다.
>
> 이와 동시에 명백한 단·장기 군사작전을 수행할 수 있는 북한군의 역량도 더욱 강화되고 있다. 전투효율·훈련 및 통솔력에 있어서 남·북한군이 거의 대등하게 평가되지만, 북한 측은 장갑裝甲, 중포重砲 및 항공기에 있어서 우세하다. 따라서 북한의 군대는 현재의 조직 및 유지되고 있는 상태에서 서울 점령을 비롯한 남한에 대한 단기적인 군사작전에 있어서 제한된 목표를 달성할 수 있는 능력이 있다.
>
> 북한의 장기적인 군사작전 능력은 소련으로부터의 병참 지원증가 여부에 달려 있다. 쌍방의 외부 지지세력에 대해 증원이 요청될 경우 소련 측이 그와 같은 요청을 거부하리라고 봐야 할 이유는 없으므로, 지리적으로 가깝다는 점을 참작하건대, 외부로부터의 원조는 북한에 훨씬 더 유리한 결과를 가져다 줄 것이다.
>
> 북한이 남한에 비하여 군사적으로 우위를 누리고 있는 것으로 보임에

도 불구하고 소련군과 중공군의 적극적인 참여가 없을 경우, 과연 북한이 남한 전역을 효과적으로 지배할 수 있을 것인지 확실치 않다. 그와 같은 상황에서 남한에 대한 공산주의 지배기도支配企圖를 저해하는 중요 요인은 (1) 남한 사람들의 반공적인 태도, (2) 남한 군대의 지속적인 저항심, (3) 공산정권에 대한 일반 주민들의 지지 결여, (4) 북한의 훈련된 행정요원 및 기술자의 부족 등을 들 수 있다.

● 북한에서 소련의 지위

한국에 대한 소련의 기본적인 전략적 관심은 그 위치로 인한 것이다. 북한은 짧기는 하지만 소련과 공동의 경계선을 가지고 있다. 블라디보스톡과 여순항 사이의 해상 및 육상 교통선의 양단을 바라보고 있으며, 만주와는 긴 경계선을 가지고 맞붙어 있다.

북한을 장악하게 되면 소련은 극동방면의 국경 외곽에 2차적인 공군기지와 해군기지의 전진망을 확보하게 된다. 게다가 북한은 소련의 지배가 남한에까지 뻗어, 일본과 지리적인 관계에서 소련이 더욱 전략적 이점을 누리게 되며, 나아가서는 극동지역에서 미국에 대한 소련의 지위를 향상되게 해 줄 것이다.

북한에 대한 계속적인 지배를 보장하고, 그곳에서의 전략적 및 경제적 이익을 보호 및 증진시킬 목적으로 소련은 1945년부터 다음과 같은 목표에 주력하여 왔다.

① 강력하고 효율적이며 잘 복종하는 공산주의 정부와 사회의 수립
② 북한 내에서의 자립적이며 팽창하는 경제의 개발과 병행하게 될 경제자원 및 인적 자원의 개발
③ 남한에 대한 침투 및 파괴 공작의 기지로서의 북한의 활용

'인민공화국'이 수립되고(1948. 9.), 소련군이 철수(1948. 12.)한 후로는 소련은 북한의 독립이라는 허구를 꾸며 놓고 공산주의자들이 지배하는 북한 정부와 관련, 정치단체를 통하여 그들의 지배권을 행사하여 왔다. 수도 평양에 있는 소련대사관은 북한에 파견되어 있는 4, 5명에 달하는 인원으로 구성된 소련 사절단의 본부이다.

위에 말한 미 중앙정보부의 보고서는 오늘날의 관점에서 보아도 분석 내용은 정확하며 또 시사해 주는 바가 많다. 그러나 남·북한의 정세관은 역시 좀 낙관적이라는 인상을 주고 있다. 특히 '북한에서의 소련의 지위'의 내용은 근래 소련과 북한의 접근 그리고 소련의 한반도 정책의 기본 입장을 설명해 주는 것으로 평가된다.

1950년 6월 25일 6·25전쟁이 발발했다. 누가 전쟁을 도발했나 하는 문제에 대해 김일성이 입을 열지 않고 있기 때문에 아직 베일에 가려져 있지만, 1970년 미국에서 번역·발간된 『흐루쇼프 회고록(*Khrushchev Remembers*)』은 대단히 주목할 만한 가치를 지니고 있다. 즉,

> 1949년 연말에 나는 우크라이나에서 모스크바로 옮겼을 때, 김일성이 대표단을 이끌고 스탈린과 협의했다. 북한은 남한을 총검으로 쑤시기를 바라고 있었다. 김일성의 말에 의하면, 처음에 한 번 쑤시면 남조선 내부에 폭발이 일어나, 인민의 힘이 승리를 획득한다.…스탈린은 김일성의 제안에 대해 마오쩌둥(毛澤東)의 의견을 타진키로 했다. 여기서 강조해 두어야 할 것은 이 분쟁이 스탈린이 아니고, 김일성의 생각이라는 것이다. 김이야말로 발기인이었다. 스탈린은 물론 그를 멈추게 하지는 않았다.…
>
> 마오쩌둥의 답변도 긍정적이었다. 그는 김일성의 제안을 승인하고, 이 전쟁은 조선의 인민이 자기네들이 해결해야 하는 국내문제이기 때문에 미국이 개입하지 않으리라는 의견도 말했다.

여기서 『흐루쇼프 회고록』의 진위眞僞가 논란의 대상이 되었으며, 1974년 2월 7일 뉴욕 발 시사전문時事電文에 의하면, 그의 회고록은 흐루쇼프 자신의 구술口述 테이프에 바탕을 둔 것이며, 테이프의 성문聲紋이 흐루쇼프 자신의 것임이 전문가에 의해 증명되었던 것이다.

3

6·25전쟁에 있어서 중공군의 개입에 대해 미 행정부는 어떻게 평가했는지 살펴보고자 한다. 1950년 9월 15일 연합군의 인천 상륙작전으로 인하여 전세戰勢는 역전되었을 뿐만 아니라 인민군은 와해 되었고, 이제는 한국군과 유엔군이 북진을 하게 되었다.

1950년 9월 29일 커크 소련주재 미 대사가 국무장관에게 보낸 전문은 다음과 같다.

> 모스크바 주재 영국대사가 어제 나에게 전화를 걸어 유엔군이 38도선을 넘어설 경우 중공의 한국전 개입을 찬성하는 분위기가 베이징(北京)의 중공 지도자들 사이에 최근 현저하게 높아졌다는 인도 주중駐中대사 파니카로부터의 보고를 인도 정부로부터 통보받았다고 나에게 알려 주었다.…미국 군대가 38도 선을 넘어설 경우에는 중공이 실제로 군사력으로써 한국전에 개입할 생각인 것 같다는 다른 보고가 네덜란드의 베이징 주재 대리대사가 본국 외무성에 보고해 온 전문을 통해서도 확인되었다.…
>
> 전체적으로 평가할 때, 나는 이 두 개의 보고서(인도와 네덜란드)가 중공의 계획에 관해 권위 있는 분석이라고 받아들이기 어렵다. 중공의 군사적 개입의 가장 좋은 순간은 유엔군이 대구-부산 선을 필사적으로 지키려 하던 그때였을 것임은 논리적으로 쉽게 이해할 수 있다. 그때에 중공군의 대병력이 투입되었다면 그것은 결정적인 요소로 작용했을 것이기 때문이다.
>
> 여기서(모스크바) 바라보건대, 중공은 발표문으로서의 선전활동과 베이징(北京) 주재 외국 외교관들과의 개인적 접촉을 통해서 38도선 문제에 관해 인천상륙 때부터 미국을 견제하려는 목적에서 알맹이 없는 공갈을 치고 있는 것으로밖에 보이지 않는다.

1950년 10월 12일 미 중앙정보부의 극비문서인 「한반도에서의 전면적 중공개입의 위협(Threat of full Chinese Communist intervention in Korea)」에서 다음과 같

이 분석·평가했다.

> 현재 필수 불가결한 공군과 해군력을 제대로 갖추지 못한 조건 하에서도 중공 지상군은 효과적인 개입을 할 수 있는 능력을 갖고 있다. 그러나 결정적 효과는 발휘되지 못할 것이다.
>
> 가. 의도意圖의 요소
>
> 1) 의도意圖의 시사
>
> 저우언라이(周恩來)의 성명, 만주에의 병력 이동, 비인도적 잔학 행위와 국경을 넘은 공격에 대한 집중적 비난 선전 같은 것에도 불구하고 한반도에 전면적 규모의 개입을 하려는 사실상의 중공 의도에 관한 확신할 만한 표시는 없다.
>
> 2) 중공개입의 유리한 요소
>
> 유엔군이 패배로 끝나는 개입이 될 경우에는 중공의 위신을 크게 높여주게 되어 아시아의 제일 국가로 확인하게 할 것이다…
>
> 3) 중공개입에 불리한 요소
>
> 중공은 의심의 여지 없이 미국과의 전쟁을 두려워 하고 있다. 그들의 국내문제는 지극히 심각하여 미국과의 전쟁을 수행하기 위해서 강요되는 여러 가지 압박과 물질적 소모·파괴로 말미암아 정권의 전 국내 계획과 경제는 위기에 봉착할 것이다.
>
> 나. 중공 행동의 진단
>
> 한반도에 대한 중공의 전면적 개입은 계속해서 가능성 있는 것으로 보아야 하지만, 이미 알고 있는 모든 요소를 종합적으로 고려하면 소련의 세계대전 촉발 의사를 부정하는 한, 그와 같은 행동은 1950년에는 있을 것 같지 않다. 그 기간 동안에는 북한에 대한 은밀한 지원을 계속하는 정도로 국한될 것이다.

미 중앙정보부는 중공의 전면적 개입은 1950년에는 있을 것 같지 않다고 평가했고, 맥아더 원수도 군사적 관점에서 중공이 개입하는 데 가장 좋은 기회, 즉 유엔군이 부산-대구 선에 몰려 있을 때였는데 그 기회를 놓쳤기 때문에 개입하지 않을 것으로 판단했다. 그러나 1950년 9월 하순부터 중공군의 포로가 잡히기 시작했고 유엔군은 급기야 총후퇴를 감수하지 않을 수 없었다. 미국식의 합리주의적 사고방식이 중공군의 한국전 개입의 분석·판단에 있어서 실패한 한 보기라 하겠다. 전쟁이라는 군사문제는 다만 합리주의적 관점만으로 판단하기에는 너무나 복잡한 문제인 것이다.

중공의 한국전에 대한 전면적 개입의 동기는 과연 무엇인가? 아직 충분한 자료가 없어 이 문제도 추측의 영역을 벗어나지 못하리라.

1950년 11월 6일 「인민일보人民日報」 사설社說의 후반 부분에서, 적(유엔군)이 중국 본토를 공격하지 않는 한, 중공은 당면한 국내 건설을 추진해야 한다는 견해도 있으나, 이러한 생각은 잘못이라고 반론했다. 참전의 여부에 대해 의문과 불안을 없애기 위해 마오쩌둥은 미국은 '삼단일장三短一長', 즉 보급선은 길고, 병사들의 전투 의식이나 전투력은 약하고, 유엔군 내부의 분열은 세 가지 단점이고, 무기가 우수하다는 한 가지 장점을 지니고 있으나, 중공은 '삼장일단三長一短', 즉 보급선이 짧고, 인민 지원군은 전투 의식이 높고 전투력이 강하며, 중공 내부의 의견 분열이 소련의 지원을 얻을 수 있다는 세 가지 장점과 무기가 낡았다는 한 가지 단점이 있기 때문에 항미원조抗美援朝 전쟁에서 승리할 수 있다고 하여 참전했다는 견해도 있다.

이것은 마오쩌둥이 국민과 병사들의 사기를 높이기 위한 표면적 이유이고, 더 깊숙하고 심각한 전쟁 개입의 이유가 있었다. 즉 그것은 만약 중공이 6·25전쟁에 전면적으로 개입하지 않는다면, 소련군이 또다시 만주에 구실을 붙여 진주進駐하지 않을까 하는 심각한 우려가 도사리고 있었다. 더욱이 당시 친親스탈린파인 가오강(高崗) 지배하에 만주가 놓여 있었기 때문에 소련군에 의한 만주의 재점령을 저지할 목적으로 6·25전쟁에 개입했으리라는 견해이다.

중공은 한국전에 개입하여 무슨 소득을 얻었을까? 1964년 2월 29일자

「중국 공산당 중앙위원회의 소련 공산당 중앙위」에는 항미원조抗美援朝 전쟁에 있어서 중공은 "커다란 희생을 지불했고, 거액의 군사비를 지출했다.…오랫동안 우리는 그때 소련의 차관에 대해 원금과 이자를 갚았으며, 그것은 우리나라의 소련에 대한 수출 가운데 커다란 비중을 차지했다. 말을 바꾸어 한다면, 항미원조抗美援朝 전쟁 때 중공에 제공된 군수물자는 무상의 원조가 아니었다"고 기록되어 있다.

1972년 1월 일본의 소효(總評)·주리츠(中立) 노련대표단勞聯代表團에게 중·일 우호협회의 한 관계자는 "소련은 죽음의 상인商人이다. 중공이 한국전쟁에 의용군을 파견하고 피를 흘리며 싸우고 있을 때, 소련은 배후에서 무기만 팔았다. 무기의 대금을 받았고 또 거기다가 이자까지 받았다"고 말했다.

소련은 6·25전쟁에 어느 정도 개입했느냐, 하는 문제가 궁금하다. 소련의 공식 간행물에서 그들이 한국전에 개입했다는 사실을 시인한 문서는 소련 과학아카데미 극동연구소의 1984년 3월호 『극동의 제문제諸問題』에 게재된 「소련과 조선민주주의 인민공화국의 상호의 이익이 되는 협력방침」이라는 논문이 필자의 조사에 관한 한 최초의 문헌이다. 그리고 이것은 최근 북한과 소련의 군사협력을 시작하고자 하는 소련 측의 신호탄 구실을 한 것이 아닌가 생각된다. 그 주요 내용은 다음과 같다.

> 그런데 평화로운 건설적 활동계획도 미 제국주의와 남조선 반동세력이 1950~53년에 조선인민에 강요한 전쟁에 의해 파괴되었다. 프롤레타리아 국제주의의 원칙에 충실한 소련은 이 시기에 조선인민의 공정한 투쟁에 원조의 손을 내밀었다. 소비엘 국민은 정치적·외교적 지원 외에도 조선인민에 대해 무기, 탄약, 수송기관, 발동기용 연료, 플랜트, 건축자재, 식료품, 의약품, 일용 필수품을 공급함으로써 막대한 원조를 주었다. 조선인민군의 요청으로 대조국전쟁기(大祖國戰爭期 : 2차 대전을 칭함)에 쌓은 소련군의 풍부한 전투경험이 전수되었다. 조선 인민군의 부대에는 소련의 군사고문이 배치되었고, 작전에는 경험이 풍부한 소련의 조종사가 참

가했으며, 만주에는 조선병사와 중공 의용병의 후방을 엄호하기 위해 소련의 공군사단이 주둔했다. 전선의 후방에는 상이군인이나 부상 당한 평화로운 주민을 위한 소련의 야전병원이 폭넓게 활동했다. 정세가 악화될 경우, 소련은 조선에 대해 5개의 기갑사단을 파견할 준비를 했다.

6·25전쟁에 있어서 소련은 인민군에 군사고문관을 배속시켰고, 공군의 조종사들은 실제 전투에 참가했다는 것이다. 그러고 보면 6·25전쟁은 한국을 지원한 참전 16개국, 북한을 지원한 2개국을 합하여 외국군 18개국이 참가한 일대 국제전國際戰임을 알 수 있다.

김일성은 전쟁 중인 1952년 12월 24일 인민군 고급 군관회의에서 「인민군대를 강화하자」는 연설에서, "1948년 2월에 창건된 우리 인민군은 쏘베트 군대의 제원칙에 입각하고 그의 풍부한 경험을 참작하여 조직되었습니다."(『김일성 선집』 제4권, 평양, 1954, p. 346.) 하고 1954년 판에서는 인민군은 소련군을 모방해서 창건했음을 명시했으나, 1980년 판에서는 다음과 같이 개작改作했다. 즉, "1948년 2월에 조선 인민군을 창건하였읍니다. 우리 인민 군대는 일제의 가혹한 탄압 밑에서 조국과 인민을 해방하기 위하여 항일 무장투쟁에 모든 것을 바쳐온 조선의 진정한 혁명가들을 골간으로 하여 그들이 쌓은 풍부한 투쟁경험을 토대로 하여 조직되었습니다."(『김일성저작선집』 제7권, 평양 : 조선로동출판사, 1980, p. 453.)

여기서 우리는 몇 가지의 주제를 추출할 수 있다.

- 첫째, 북한 공산집단은 역사의 왜곡·날조에 천재적 수법을 자행하고 있다는 사실이다. 그래서 그들이 일으킨 6·25전쟁을 가리켜 '조선인민의 조국 해방전쟁'이라고 선전하는 것이다.
- 둘째, 북한이 소련보다 중공과 밀접한 관계를 유지할 때, 한반도의 전쟁 도발 가능성은 적은 편이다. 그 이유는 중공이 현대화를 추진하고 있기 때문에 한반도의 전쟁에 말려 들어가기를 바라지 않으며, 또 설사

한반도가 적화통일되었다 하여도 베트콩처럼 될 가능성도 배제할 수 없기 때문이리라. 거기다 중공은 현대전을 수행하는 데 필수적인 정밀유도무기 분야에 있어서 낙후된 상태 등도 고려할 필요가 있다.

- 셋째, 북한이 소련과 밀접한 관계를 유지할 때, 한반도의 긴장은 고조되고 전쟁도발의 가능성이 높아진다. 소련은 6·25전쟁에 있어서 과거 주도적 역할을 수행하여 왔고 또 현대전 수행을 위한 모든 장비와 물자를 북한에 제공할 수 있는 능력을 구비한, 미국과 마찬가지로 초강대국이기 때문이다.

1953년 휴전협정이 체결된 이래 남·북한은 155마일의 비무장 지대를 사이에 두고 100만 명 이상의 전투부대들이 첨예하게 대치해 오고 있으며, 그 결과 한반도는 세계에서 가장 중무장된 폭발 잠재지역이 되고 있다. 이런 고조된 긴장과 위기는 대부분 북한의 계속적이고 지속적인 무력 증강과 공격능력의 확장·현대화 때문에 발생되고 있다. 따라서 우리의 대처방책도 여기에 준하지 않을 수 없다. 손자병법의 다음 내용은 훌륭한 지침이 되리라.

> 용병用兵의 원칙은 적이 오지 않으리라고 믿어서는 안 되며, 언제 와도 대적할 수 있는 자신의 대비를 믿어야 하며, 적이 공격하지 않으리라는 것을 믿을 것이 아니라, 공격해 오지 못하도록 하는 방비 태세를 믿어야 한다.(구변九變)♣(『國際問題』 제190호, 國際問題硏究所, 1986년 6월)

Ⅵ

초기 공군사와 6·25전쟁※

(Early history of the ROK Air Force and the Korean War)

-6·25전쟁은 항공 전력이 전쟁의 승패를 좌우한 최초의 본격적인 항공전이었다.-
풍석(1929~)

1. 머리말

공군역사재단 세미나(2014. 11. 20.)

'공군사'를 연구함에 있어서 '역사란 무엇인가?'라는 질문을 염두에 둔다는 것은 공군사의 내용을 알차고 바르게 해주는 계기를 마련한다고 생각한다.

필자는 '역사란 무엇인가'에 대해 "역사란 지난날 인간생활에서 일어난 여러 가지 일의 인과관계因果關係의 진실을 밝히고, 그것으로 현실을 이해하는 자료로 삼

※ 이 논문은 2014년 11월 20일, 공군본부·공군역사재단 주최의 세미나 「역사적 고찰을 통한 한미 연합공군력 발전방향」에서 발표한 내용임.

고 또 후세에 넘겨주어 교훈으로 삼게 함으로써 삶을 유익하게 하는 학문이다."[1]고 풀이해 보았다.

공군사는 항공전략이론과 역사학을 결합한 연구분야이고, 군사사학(military history)의 한 부분이며, 군사사학이란 과거의 군사문제를 연구대상으로 하는 학문이고, 군사이론과 역사학을 결합한 분야이다. 군사학(military art and science)의 이론적 기초는 바로 군사사학에 두고 있다.[2]

영국의 저명한 역사학자 E. H. 카(1892~1982)는 "나는 지난 강연에서 역사를 과거와 현재와의 대화라고 말씀드렸습니다만, 오히려 역사는 과거의 여러 사건과 점차적으로 우리 앞에 출현하게 될 미래의 여러 목적과의 대화라고 말씀드렸어야 했을 것입니다. 과거에 대한 역사가의 해석도, 의의 있는 것과 적절한 것의 선택도, 새로운 목표가 점차적으로 출현함에 따라서 진화되어 나아가는 것입니다"[3]고 했으며, 역사의 연구 대상은 과거이지만, 미래와 관련이 깊다는 것을 역설했다.

필자는 주어진 제목에서 주요하다고 생각되는 과제에 대해 논의와 해석을 시도해 보고자 한다.

2. 해방 이후 공군의 창설과 미국의 대한정책對韓政策

가. 공군의 독립과정

인류의 역사는 투쟁사요, 거기서 군대가 탄생하면서 자연히 '육군'과 '해군'이 탄생했다. 그러나 '공군'은 하늘을 나는 항공기가 발명되어야 했기 때

1) 이종학, 『한국군사사연구』(대전 : 충남대학교 출판부, 2010), p. 21.
2) 이종학·길병옥 편저, 『군사학 개론』(대전 : 충남대학교 출판부, 2009), pp. 19~20.
3) Edward H. Carr, *What is History?* (New York : Vintage Books, 1961), p. 164.

문에 늦어서, 미국의 라이트 형제가 1903년 12월 14일 12마력의 가솔린 엔진을 부착한 항공기로 59초 동안에 260m를 비행하는 데 성공함으로써 시작되었다.

미국은 제1차 및 제2차 세계대전을 거치면서 육군항공대 및 해군항공대는 존재했으나, 독립된 '공군(Air Force)'이 탄생한 것은 겨우 1947년 9월 18일이며, 공군사관학교가 콜로라도주의 덴버에 설립된 것은 1955년 7월 11일이었다. 필자가 진해의 공군사관학교에 입교한 것은 1951년 11월인데, 당시 3군 사관학교가 모두 진해에 소재하고 있었다. 일요일 중학교 동창생들이 육군·해군사관학교에 재학하고 있어서 만나고 나면, 육사·해사 생도의 복장과 신발은 양질의 미제인데 왜 우리 공사 생도 것은 허름한 국산인가? 나중에서야 알았지만, 미국 공군에는 공군사관학교가 없었기 때문에 한국의 공군사관학교는 미국의 군원軍援대상에서 제외되어 있었다는 것이다.

해방 후 항공인들의 활동을 살피면, 1946년 8월 10일 서울 종로의 중앙기독교청년관에서 '한국항공건설협회'가 창설되어, 최용덕(崔用德, 1898~1969)을 회장으로 선출했다. 이 단체는 항공계를 대표하는 유일한 민간단체로 발족했으며, 구성원은 일본군 항공출신, 중국군 항공출신 및 일본 민간항공출신이 대부분이었다. 미 군정은 1945년 11월 13일 통위부(현 국방부)를 창설하면서 한국국방경비대에는 공군이 필요하지 않다는 이유를 들어 육군과 해군만을 창군했다. 그래서 '한국항공건설협회'는 당시 통위부와 한국경비대 고문관이었던 미 육군 프라이스 대령의 협조를 바탕으로 1948년 3월 미군정 당국으로부터 한국경비대에 경항공기부대 창설의 승인을 받아냈는데, 그는 "항공분야의 지도급 인사들은 일본군과 중국군에 종사한 사람이 대부분이므로 미국식 훈련을 받아야 하며, 이를 위해 한국경비대 보병학교에 입교하는 것이 좋겠다"[4]고 하였다.

---

4) 공군본부, 『공군사 -공군 창군과 6·25전쟁 -』 제1집 개정판, 2010, pp. 22~24.

항공부대 창설을 위한 7명의 간부 요원은, 최용덕(1898년생), 장덕창(1903년생), 이영무(1904년생), 박범집(1917년생), 김정렬(1917년생), 이근석(1917년생), 김영환(1921년생)으로, 이들 대부분 부대장급이거나 그 이상의 경력을 가진 사람들이었다. 이런 사람들에게 이등병 훈련을 시키는 보병학교에 입교하라니. 그들은 참으로 불쾌하게 생각했고 도저히 있을 수 없는 일이라고 불평을 토로했을 때, 최용덕 장군은 비장한 어조로 말했다.

> 동지들! 참으로 불쾌하기 그지없는 것은 나도 마찬가지요. 하지만 이제 해방되어 새로운 나라가 만들어지려 하고, 우리는 그 나라의 하늘을 지킬 공군을 창설하려 하오. 공군이 창설되어 우리가 우리 군대에서 우리의 영공을 지킬 수만 있다면 이까짓 모욕이 뭐 그리 대수겠소! 옛날 이순신 장군도 조국을 위하여 백의종군하지 않았소! 대의大義를 위하여 우리가 참읍시다![5]

보병학교 입교문제는 공군 독립의 위기요, 기회였다. 다행히 최용덕 장군의 설득으로 불쾌한 마음을 억누르고 항공부대의 창설을 위해 이들은 보병학교에 입교하기로 결정했다. 1948년 4월 1일 간부요원 7명은 수색에 있는 조선경비대 보병학교에 입교하여 미국 군제에 의한 새로운 훈련을 1개월간 받고 다시 태릉에 있는 조선경비대 사관학교에 들어가 2주간 장교후보생 교육을 받고 5월 14일부로 육군항공 소위로 임관하여 정식으로 항공부대 간부로서 활약을 시작했다.

1948년 8월 15일 남한에 대한민국 정부가 수립되어 통위부는 국방부가 되었고, 당시 항공기지부대 사령관이었던 최용덕 대위가 국방차관이 되었으며, 신응균 특별보좌관(이등병으로 입대하여 한 달 만에 대위로 진급했다)이 국군조직법을 기초하게 된 기회를 놓치지 않고 공군의 독립을 실현시키고자 간부요원들이 맹렬한 운동을 전개했으나 실현하지 못하고, 다만 조직법 부칙

---

5) 김정렬, 『항공의 경종 -김정렬 회고록-』(서울 : 대희, 2010), p. 84.

에 "장차 필요에 따라서 육군항공대를 공군으로 조직한다."라는 단서를 붙여 1948년 12월 15일에 공포公布되었다.

1949년 1월 14일 육군항공사관학교가 설치되어 김정렬 중령이 초대 교장으로 취임했고, 그는 4월에 『항공의 경종警鐘』이라는 책자를 발간하여 정부 요로와 기타 관계기관에 돌리고 각성을 촉구했는데, 요점은 다음과 같다.

> 나는 항공력 육성의 필요성을 호소하는 것에 초점을 맞추어 이 책을 서술하였다. 물론 나의 궁극적 목표는 공군 독립이었지만, 당시의 상황은 '공군 독립'이라는 말만 나와도 대부분의 사람들이 고개를 내저으며 황당하게 여기는 분위기이니, 일단 항공력 육성의 필요성을 인식시키는 게 보다 설득력 있는 접근 방법이었던 것이다. 여기서 나는 북한의 남침 가능성이 매우 높다고 보고, 북한의 항공력 강화의 실상을 제시했다. 그러고 나서 만약 북한이 남침할 경우 현재와 같이 남한의 항공력이 전무한 상태에서 과연 어떠한 일이 벌어질 것인지를 상상하여 아주 상세하게 서술하였다.…[6]

김정렬 중령의 책이 처음 나왔을 때, 일반의 반응은 지극히 냉담했다. 그러나 점차로 공군 독립의 추세로 기울어져 이범석 국무총리, 신성모 국방장관 그리고 손원일 해군 총참모장은 공군 독립에 찬성하는 입장이었으나, 채병덕 육군 총참모장은 반대했다. 1949년 6월 28일 마침내 국방부에 항공국이 설치되었고, 동년 10월 1일 대통령령 제254호 「공군본부직제」에 의거하여 육군항공사령부는 1,600여명의 병력과 20대의 L-형 항공기를 가지고 육군으로부터 분리 독립되었다. 이로써 대한민국 국군은 육·해·공군의 3군 체제로 정립되었고, 초대 총참모장에 김정렬 대령이 임명되었다.

지금까지 '공군사'는 해방 이후와 1949년 10월 1일 공군이 독립된 이후를 중점적으로 다루어 온 경향이 있었다. 그러나 1920년 3월 미국 캘리포니아

---

6) 상게서, p. 89.

주 북부에 독립전쟁을 위한 조종사를 양성하는 비행학교가 창설되어 있었는데, "이 비행학교는 독립전쟁을 준비하는 임시정부의 군사정책 아래서 '국무총리→군무총장'으로 이어지는 공식적 지휘계통에 따라 임정의 지휘를 받는 군사학교였다"[7]고 했다.

한편으로 최용덕 장군은 비록 중국 공군에서 복무하고 있었지만, 중국에서 활동하고 있었던 광복군을 계속 지원했다.

> 중일전쟁(1937)이 일어나고 나서는 남들과 똑같은 고생을 하였다. 창석이 대한민국 임시정부 광복군의 일을 하면서 중국 공군에서 받은 월급 중 십분의 칠을 임시정부에 헌납하고 나머지 십분의 삼을 아내에게 갖다주었다. 호용국 여사는 그 적은 월급으로 생활해나갔다고 한다.[8]

최용덕 장군은 중국으로 망명하여(1913) 중국 육군군관학교를 졸업하고(1916), 중국 육군소위로 임관했다. 그 후 중국 공군군관학교를 졸업하고(1920) 모교에서 교관생활을 했으며, 중국 육군대학을 졸업하고(1940) 중국 공군 부사령관까지 역임했는데, 특히 장제스(蔣介石) 총통의 신임이 두터웠다. 그는 한국 임시정부 군무부 항공건설위원회 주임(1937년부터) 등을 역임했고, 1945년 8월 일제가 항복하자 장 총통의 중국 공군 고위직 권유도 뿌리치고 귀국했다.

이제부터 우리는 광범위한 사료史料 수집과 비판을 통해 공군사의 연구범위를 확대할 필요가 있으리라. 즉, 일제시대에 외국에서 창공을 바라보며 항공력으로 조국의 독립을 열망했던 항공력 선구자들(Pioneers in Air Power)의 『항공독립운동사』(가제假題)를 발간해야 하리라.

---

7) 한우성·장태환, 『1920, 대한민국 하늘을 열다』(파주 : 21세기 북스, 2013), pp. 149~153.

8) 이윤식 지음, 『창석 최용덕의 생애와 사상』(공군본부 정책홍보실, 2007), p. 237.

1949년 1월 14일 육군항공사관학교가 설치되었고, 5월 31일 김포비행장으로 이전했다. 그리하여 중학교 6학년 재학생 및 졸업 이상의 학력을 가진 20세 미만의 학생을 대상으로 선발한 사관후보생 97명을 6월 10일에 입교시켰다. 10월 1일에 공군이 독립됨에 따라 육군항공사관학교는 '공군사관학교'로 개칭되었는데, 유의할 사항은 공군 독립을 이끌어왔던 간부요인들은 공군 초급간부의 인재를 양성하는 문제의 중요성을 깨닫고, 미 공군보다 6년 가까이 먼저 사관학교 교육을 개시했다는 점이다.

나. 1948년경의 미국의 대한정책對韓政策은 무엇인가?

김정렬(1917~1992) 장군은 1988년 국무총리 퇴임 이후에도 회고록을 집필하지 못하다가 1991년 초부터 본격적으로 집필에 착수했으나, 병세가 악화되어 1992년 9월 7일에 운명하여 회고록은 결국 미완성으로 남았다. 그러나 가족들에 의해 1993년 『김정렬 회고록』(을유문화사)이 발간되었다. 최근에 회고록이 재발간되었으며, 그는 '회고록'에서 1948년 11월경의 미국의 한국에 대한 정책을 다음과 같이 밝혔다.

(자료 1) 당시 미국의 대한정책對韓政策은 한국을 아시아에 있어서 민주주의와 공산주의가 대결하는 '쇼윈도(show window)'로 생각하고 있었다. 그리하여 한국의 정치적 안정과 경제적 발전을 시급히 기함으로써 공산 통치하의 북한과 비교하여 아시아에 있어서 미국의 정치적 이익을 구하고자 하였다. 군사문제를 뒤로 미룬 이러한 미국의 소극적인 정책을 채택하게 된 동기는 1947년 트루먼 대통령의 특사로 한국 및 중국을 시찰하고 제출한 웨드마이어 중장의 보고서에 기인한 것이었다. 이 보고서는 북한의 남침 가능

성이 가까운 장래에 일어나지 않으리라는 매우 낙관적인 견해를 피력했다.[9]

(자료 2) 당시 김포비행장에는 미군 소속 B-26 경폭격기 30대가 있었는데, 마침 미군 당국은 이를 해체하여 팔려고 하였다. 우리 쪽에서 비행기를 해체시키지 말고 한국군에 인도해 달라고 요청하였다. 그러자 미국측은 "우리의 방침은 이들 비행기를 해체시키는 것이지, 한국군에 인도하는 것이 아니다."라고 말하면서 그야말로 도끼로 비행기를 부숴 고철로 팔아버리고 말았다. 참으로 야속하고 안타까운 일이었다. 미국이 얼마나 한국에 대한 군사원조를 등한 시 했는지를 보여주는 좋은 일례一例라 할 것이다.[10]

(자료 3) 1949년 8월부터 비행기 헌납운동을 벌였는데, 언론기관의 협조도 좋고 하여서 일이 잘 진행되었다. 각계각층의 성원으로 헌납 목표액인 30만 달러는 얼마 지나지 않아 채워질 수 있었다.

그러나 문제는 비행기 구입이었다. 그때는 제2차 세계대전이 막 종결된 시점이었기 때문에 전투기는 공급과잉의 상태였다.… 비행기를 사고자 민간 채널을 통하여 미국 무기제작회사와 교섭하였으나, 반응은 의외로 부정적이었다. 그 이유를 물으니 미국 정부의 정책이니 별수 없다는 것이었다. 그래서 어쩔 수 없이 다른 나라의 비행기를 알아볼 수밖에 없었는데 결국 전투기는 구입하지 못하고, 고작 캐나다로부터 AT-6 고등연습기를 들여오는 것으로 만족해야 했다.[11]

(자료 4) 1950년 6월 25일 북한군이 전면 남침해 왔다. 탱크도 비행기도 하나 없는 군대가 북한군의 기습을 막아낸다는 것은 애초부터 불가능한 일이었다.…

---

9) 김정렬(2010), 전게서, p. 88.

10) 상게서, p. 118.

11) 상게서, pp. 118~119.

> 후에 알게 된 일이지만, 미국은 6월 25일(미국 시각)에 이미 유엔에 정전결의안停戰決議案을 제출하여 통과시켰고, 6월 27일(미국 시각)에 유엔 안전보장이사회에서는 유엔군의 전쟁 참여 결의안이 채택되었다.…
>
> 미군의 참전 자체가 상당한 의외의 일이었지만, 그 시기도 매우 신속하게 느껴졌다. 미국이 이와 같이 한국전에 재빨리 참전 결정을 내린 것은 후에 알게 된 것이지만, 당시 있었던 미국의 정책 변화 때문이었다.[12)]

아는 바와 같이 김정렬 장군은 6·25전쟁을 맞이했을 때 공군 총참모장으로 전쟁을 체험했고, 1963년 4월부터 주미대사駐美大使를 역임했다. 그런데 1948년 김포비행장에 미국 소속 B-26 경폭격기 30대가 있었는데, 한국군에 인도하지 않고 부숴 고철로 팔아버렸다. '웨드마이어 보고서'(1947. 9. 19.)의 공표금지와 6·25전쟁 유인책과 직결되는 내용이다(자료 2). 육군항공대에 전투기가 없어 국민의 헌금으로, 미국에서 구입하지 못하고 캐나다에서 AT-6 고등연습기를 구입하게(자료 3) 된 원인은 1947년 트루먼 대통령의 특사로 한국 및 중국을 시찰하고 제출한 보고서, 즉 군사문제를 뒤로 미루는 소극적인 정책을 웨드마이어가 건의했기 때문이라는 것이다(자료 1). 그러나 미국이 6·25전쟁에 개입하는 모습은 의외로 신속했다(자료 4)고 밝혔다.

웨드마이어 중장은 1947년 7월 9일 트루먼 대통령의 특사로 임명되어, 중국과 한국을 방문하고 동년 9월 19일 「대통령에게 보내는 보고서」를 제출했으나, 곧 발표금지가 되었다. 그의 회고록 『웨드마이어는 보고한다!(*Wedemeyer Reports!*)』(1958)[13)]의 부록에 보고서 전문이 수록되어 있는데, 김정렬 장군은 그 보고서를 읽어보지 못한 것이 확실하다. 왜냐하면, 그의 건

---

12) 상게서, pp. 120~124.

13) 웨드마이어 장군의 회고록은 초역抄譯하고, 부록인 「웨드마이어 보고서」를 우리말로 번역·발간했다. 이종학 편저, 『웨드마이어 회고록과 논평』(대전 : 충남대학교 출판문화원, 2014. *이 책은 대한민국학술원의 '2015년도 우수학술도서'로 선정되었다.)

의에는 한국의 군사문제에 대해 소극적인 정책을 취하라 하지 않고 그와 반대의 건의를 했기 때문이다. 이와 관련된 논의는 본 발표주제의 영역에서 벗어난 것이므로 다음 기회로 미루고자 한다.

3. 6·25전쟁의 원인과 한국 공군의 단독작전

가. 6·25전쟁의 원인은 무엇인가?

6·25전쟁의 원인, 특히 전쟁의 방아쇠를 누가 당겼나 하는 문제는 세계 여러 학자 및 전사戰史 연구자에 의해 견해가 많았다. 그러나 1991년 12월 소련의 붕괴로 1993년부터 비밀문서가 공개됨으로써 그 진상이 밝혀지기 시작했다. 김일성은 1950년 3월 30일부터 4월 25일까지 모스크바에 체재하면서 스탈린을 만나 남침의 승인과 구체적 방법에 대해서도 교시를 받았는데, 그 내용은 다음과 같다.

> 스탈린은 첫째, 미국이 결국 개입할 것인지 아닌지를 고려해야 하고, 둘째, 조선의 해방은 중국 지도부가 이를 찬성할 때만 개시될 수 있다는 것을 알아야 한다.…
>
> 스탈린 동무는 소련은 다른 곳, 특히 서쪽 방면에서 대처해야 할 심각한 도전에 직면해 있으며, 따라서 조선 사람들은 소련이 전쟁에 직접 참여해 줄 것으로 기대해서는 안 된다고 덧붙였다.
>
> 그는 재차 마오쩌둥(毛澤東)과 상의하도록 김일성에게 촉구했다.…북조선군의 동원을 1950년 여름까지 완료하고 이때까지 소련 고문단의 도움을 받아 조선군 참모들이 구체적인 작전계획을 수립하기로 합의했다.[14]

---

[14] 예프게니 바자노프 외, 『소련의 자료에서 본 한국전쟁의 전말』, 김광린 역(서울 : 열림, 1998), pp. 52~55.

위의 사료史料는 김일성에 의한 남침의 결정적인 증거이다. 김일성은 남침에 대한 마오쩌둥의 동의를 얻어야 한다는 스탈린의 전제조건 때문에 박헌영과 함께 5월 13일 베이징(北京)에 가서 마오쩌둥을 만나 15일에 동의를 얻어 1950년 6월 25일 새벽 4시를 기해 전면적 남침을 개시했다. 북한은 11:00시에 평양방송으로 대한민국에 선전포고를 했다.

6월 26일 유엔 안전보장이사회에서 북한군에게 한국 침공을 중단하고 북한군을 38도선 이북으로 철수시킬 것을 요구하는 결의안을 가결했다. 그리고 27일에는 미 극동 해·공군을 그리고 30일에는 지상군까지 6·25전쟁에 참전시켰다. 이것은 트루먼 대통령의 놀라운 그리고 신속한 결단으로 전쟁 개입을 함으로써 한국은 구출되었다고 필자와 대부분의 한국인들은 생각해왔다. 김정렬 장군의 '회고록'에 의하면, "당시 한국군의 책임을 맡고 있었던 주요 장성들의 경우, 미군의 참전은 사실상 기적과 같은 일이었다"[15]고 밝혔다.

영국의 저명한 사학자 카(E. H. Carr, 1892~1982)는 역사 연구의 태도에 대해 다음과 같이 주장했다.

> 역사의 연구는 원인의 연구입니다. 역사가는 '왜(why)'라는 질문을 끊임없이 추구하는 것이며, 해명의 희망이 있는 한 쉴 수는 없는 것입니다.…
> 역사가는 많은 원인의 복합체를 취급하는 것입니다.…여러 원인의 상호관계를 결정할 수 있도록 거기에 상하관계를 설정해야 합니다. 모든 원인 중의 원인이라고 보아야 할 것인가를 결정지어야 하겠다는 직업적인 강박감 같은 것을 느끼게 될 것입니다. 이것이 주제에 대한 역사가의 해석이라는 것입니다.[16]

필자로 하여금 6·25전쟁에 대한 원인을 더 깊게 밝혀야 하겠다는 계기를

15) 김정렬(2010), 전게서, p. 115.

16) Edward H. Carr(1961), *What is History?*, pp. 113~115.

만들어 준 것은 웨드마이어 대장(1897~1989)의 회고록 『웨드마이어는 보고한다!』(1958)이며, 첫째는 '대통령에게 보내는 보고서'(1947. 9. 19.)로서 한국에 대한 정책 건의의 핵심이며, 둘째는 '6·25전쟁에 대한 해석'이다.

- 소련군 방식으로 장비되고 훈련된 북한 인민군은 약 12만 5천 명이며, 미국이 조직한 1만 6천 명의 남한 경비대(일본군의 소화기小火器로 무장)보다 훨씬 우세하다. 소련이 그의 점령군을 북한에서 철수시키고, 남한으로부터의 미군 철수를 강요할 가능성이 짙으므로, 북한 인민군은 남한에 대해 잠재적 군사상의 위협이 되고 있다.…

  북한으로부터의 위협에 대처하기 위해 현재의 경비대 대신 미국인을 장교로 한 충분한 병력을 가진 한국 의용군을 창설할 것. 한국에는 당분간 미군부대가 계속 주둔할 것. 기술전문가와 전술부대의 훈련에 대해 조언을 할 것.[17]

- 중국과 한국에 관한 나의 보고서가 공표금지公表禁止가 되고 또 본래의 군 복무로 돌아왔을 때, 나는 어쩌면 중대한 과오를 범했고 국가에 대한 의무義務를 태만했다는 생각이 들었다. 그 당시 내가 현역에서 물러나고 미국 국민에게 진실을 전했으면, 피비린내나는 무익한 한국전쟁(bloody, futile Korean war)과 필연적인 결과를 가져온 공산주의자의 지배로부터 중국을 구출했을지 모른다.[18]

김정렬 장군은 6·25전쟁에 "미군의 참전은 의외이고, 매우 신속하게 느꼈고" 또한 "기적과 같은 일"이라 했는데, 이 문제는 차후 논의하고자 한다.[19]

---

17) Albert C. Wedemeyer, *Wedemeyer Reports!*(New York : The Devin-Adair Company, 1958), pp. 475~479.

18) Ibid., p. 402.

19) 이종학 편저(2014), 전게서, pp. 258~263 참조.

나. 공군의 단독 출격과 주요 전승 작전

6·25전쟁이 발발할 당시, 한국 공군에는 경비행기 22대뿐이고, 북한에는 전폭기·연습기 등 220여 대가 있었다. 빈약한 공군에서 출발하여 강력하고 훌륭하게 작전수행을 감당했던 공군으로 발전했는데, 이강화(1926~2018) 장군은 공군력을 통한 6·25전쟁의 재해석을 시도했으며, 다음과 같이 요약하였다.

- 첫째 : 6·25전쟁은 항공 전력이 전쟁의 승패를 좌우한 최초의 본격적인 항공전이었다.
- 둘째 : 6·25전쟁은 우리에게 처음으로 공지합동작전의 중요성을 일깨워준 전쟁이었다.
- 셋째 : 6·25전쟁 동안 항공 전력은 결코 파괴만을 위한 것이 아니었다. 6·25전쟁 당시 공군은 인도주의적인 작전을 펼침으로써 비극적인 전쟁 상황을 뛰어넘어 휴머니즘을 구현해 냈다.[20]

6월 26일 미 공군으로부터 한국 공군에 10대의 F-51D 전투기 지원이 결정되어 이근석 대령을 비롯한 10명의 조종사들이 이날 19:00시경 전투기를 인수하기 위해 수원기지에서 미군 수송기로 일본 이타즈케(板付) 기지를 향해 출발했다. 그들은 기상 불량으로 훈련을 제대로 받지 못하다가 7월 2일 단 한 번의 비행훈련(20~30분)을 마치고 곧바로 대한해협을 건너 대구기지(K-2)에 도착했다. 7월 4일 안양 상공으로 출격한 비행단장 이근석 대령은 적의 전차부대를 공격하다 전사하고 말았다. 이근석 대령의 전사 원인에 대해, "적 대공포의 집중사격에 피탄되어 적 전차에 돌입, 전사하였다"[21]고 했으며, 그 원인을 밝히는 데 김정렬 장군의 '회고록'은 참고가 되리라.

---

20) 이강화 지음, 『대한민국 공군의 이름으로』(서울 : 플래닛미디어, 214), pp. 24~25.

21) 공군본부(2010), 전게서, p. 110.

> 적 전차 다섯 대가 시흥始興을 향해 돌진한다는 보고를 받고…나는 앞뒤도 생각지 않고 전화를 들어 이근석 대령에게 명령을 하달했다.…자리에 돌아가 흥분이 깨어 자기 정신으로 돌아왔을 때, 나는 나의 무모한 명령을 생각해 보았다. 전투기를 수령하고 한 번도 하강下降한 일이 없는 조종사에게, 즉 비행기의 성능이 어떠한지 모르고 낯설기만 한 조종사에게 전차 공격을 명하다니. 비행기를 모르는 사람이라면 모를까 비행기기를 잘 아는 나로서 과연 이것이 공군의 책임자가 내려야 했던 명령이었던가?…그렇게도 애절하게 무장 전투기를 고대하더니, 지휘관인 본관의 무모한 명령으로 말미암아 그 기다리던 전투기를 단 3시간도 못 타고 전사하다니…
>
> 전장에서 순국함은 무인武人으로서 당연하다마는 불초한 상관 때문에 충분히 실력을 발휘하지 못하고 세상을 떠나니 어찌 한이 없겠는가?[22]

김정렬 장군이 자기의 잘못된 판단으로 유능한 부하를 전사케 했다는 사실을 솔직히 시인한 '회고록'을 읽으면서 필자는 깊은 감명을 받았다.

공군본부 일반명령 제52호(1951. 7. 29.)에 의거하여 '공군비행단'은 1951년 8월 1일부로 제1 전투비행단으로 개편 창설되었다. 이로써 한국 공군은 최초로 1개 전투비행단을 보유한 군으로 성장했다.

1951년 9월 13일 공군본부 작전명령 제36호에 의거, 제1 전투비행단의 비행단 일부 전력(F-51D 전투기 12대, T-6 정찰기 1대, 항공지원 장비 14대, 병력 275명)을 9월 28일 18:00시까지 강릉기지로 이동하여 10월 1일부터 한국군 제1 군단의 지상작전을 지원하기 위한 제반준비를 완료하게 되었다. 6·25전쟁 기간 한국공군이 거둔 주요 전승은 승호리 철교 차단작전('52. 1. 12.~15.), 평양 대폭격 작전('52. 8. 29.), 351고지전투 항공지원작전('52. 10. 28.~'53. 7. 27.) 등이 있는데, 그중에서도 가장 극적이고도 자랑스러운 전승은 승호리 철교 차단작전

---

22) 김정렬(2010), 전게서, p. 332.

이라고 할 수 있다.

여기서는 시간관계상 '승호리 철교 차단작전'에 대해서만 언급하고자 한다.

승호리 철교 차단작전은 공전의 히트를 기록한 영화 '빨간 마후라'의 배경이기도 하고 또한 우리 공군이 단독 작전을 개시한 지 겨우 3개월 밖에 안 되는 시기였다. 승호리 철교는 평양 동쪽 10km 지점에 위치하고 있으며 평남 중앙선이 지나는 대동강 지류인 남강에 설치된 철교로서 군수물자를 중·동부전선으로 수송하는 적 후방 보급로의 요충지였다.

유엔 공군에서 500회나 출격했으나 성공하지 못하자, 미군 참모 측에서 한국 조종사를 보내보자는 주장이 있었고, 논란 끝에 일단 한국 공군을 한 번 시험해 보자는 선에서 얘기가 마무리되었다.

승호리 철교 차단 임무를 인수한 제10 전투비행전대장 김신 대령은 1952년 1월 12일 아침과 오후 두 차례 출격했지만 폭파하지 못했다. 8천 피트 상공에서 강하해 3천 피트에서 폭탄을 투하하는 기존의 폭격전술은 무용지물이었다. 그래서 김신 전대장은 4천 피트 상공에서 강하해 1,500피트에서 폭탄을 투하하는 전술을 펴기로 결정했다. 1월 15일 윤응렬 대위의 편대와 옥만호 대위의 편대, 즉 두 편대가 출격하여 철교폭파에 완전히 성공했다.

1월 16일 미 제5 공군 합동작전센터(JOC)에서 한국 공군 출격조종사의 결과 보고(debriefing)와 완전하게 일치하는 폭파된 철교의 항공사진을 우리 측에 보내왔고 또한 미 제5 공군사령관 에베레스트(Everest) 장군으로부터 축하의 메시지가 오기도 했는데, 단독 작전을 개시한 지 겨우 3개월밖에 되지 않았는데도, 우리 공군의 눈부신 전투력 향상을 인정했기 때문이었다. 이 일로 미군으로부터 F-51 전투기가 추가 공급되고, 제10 전투비행전대는 미국 대통령의 표창을 받기도 했다.

이 작전의 성공은 미 공군의 실패와 한국 공군의 1차 실패를 분석하여, 새로운 전술의 개발과 노련한 비행술 그리고 위험을 무릅쓰고 실천한 감투정신에 의해 달성되었던 것이다.

이 작전 이후 김신 대령은 미 제5 공군 휘하 부대장들의 회의가 있어 서울에 갔다. 그가 실내에 들어서자 사람들이 회의를 하다 말고 김 대령을 주목했다. 그리고는 미군 장교 한 사람이 말을 건넸다.

"한국 공군 축하한다!"

승호리 철교를 끊으려고 미군이 수없이 폭격을 했지만, 결국 한국 공군이 해냈다는 칭송이었다. 나중에 안 일이지만, 그 미군 장교는 한국 공군이 작전에 성공할 것인지 여부를 놓고 50달러의 내기를 했는데, 한국 공군의 성공 덕분에 내기에서 이겼다는 것이다.[23)]

승호리 철교 차단작전을 비롯하여 6·25전쟁 후반 우리 공군이 거둔 전승의 기록은 오늘날 나가서 싸우면 반드시 이기는 자랑스러운 필승 공군의 전통으로 이어져 내려오고 있다.

4. 맺음말

공군의 역사가 모든 장병과 국민에게 올바르게 알려지고 또한 관심을 가지도록 하기 위해서는 언제나 '역사란 무엇인가?'를 깊이 생각해야 할 것이다. 그리고 역사는 과거를 연구대상으로 하지만 현실을 이해하게 해주고 미래를 밝혀주는 등불의 역할을 한다는 것을 알아야 하리라. 본고의 결론을 내린다면 ;

- 첫째 : 지금까지 공군의 역사는 해방 이후와 1949년 10월 1일 공군의 독립 그리고 6·25전쟁을 살피는 데 관심을 집중해 왔다. 최근 들어 주권회

23) 승호리 철교 차단작전에 대해 아래 자료를 참고했다.
- 공군본부, 『공군사-공군 창군과 6·25전쟁-』 제1집 개정판, 2010.
- 김신, 『조국의 하늘을 날다-백범의 아들 김신 회고록-』(서울 : 돌베개, 2013)
- 윤응렬, 『상처투성이의 영광』(서울 : 황금알, 2010)

복을 위한 독립전쟁을 수행함에 있어서 항공력의 긴요함을 인식하고 외국에서 비행학교를 설립하여 조종사를 양성한 항공력의 선구자들을 몇몇 소수의 민간 전문가들이 연구하고 연구서를 펴내고 있지만 아직은 만족스러운 수준이 아니므로, 앞으로 이들에 대한 사료史料를 광범위하게 수집하여 사료비판을 통해 공군사의 연구범위를 확대하여 정사正史로서의 『항공독립운동사』(假題)를 공군에서 편찬할 필요가 있다는 것을 강조한다.

- 둘째 : 미국의 군사제도에서 '공군'이 독립된 것은 1947년 9월 18일이며, 공군사관학교가 콜로라도주 덴버에 설립된 것은 1955년 7월 11일이었다. 한편 우리 '공군'이 육군으로부터 독립한 것은 1949년 10월 1일이지만, 앞으로 공군의 초급·중견간부를 양성하기 위해 1949년 1월 14일 '육군항공사관학교'가 설치되었고, 그 후 공군의 독립과 더불어 '공군사관학교'로 개칭되었는데, 미 공군보다 6년 가까이 먼저 사관학교 교육을 개시했다는 것은 공군 독립을 위한 간부요원들의 놀라운 선견지명先見之明이 있었기 때문이며 또한 칭찬해야만 하리라.

- 셋째 : 6·25전쟁 이후의 한국 공군의 발전과 활약에 대한 재해석은 앞으로도 계속 이루어져야 하며, 특히 공군의 단독 출격 과정을 밝히면서 주요 전승 작전 중의 압권인 승호리 철교 차단작전을 소개했다. 즉 유엔 공군이 500회를 출격했으나, 성공하지 못한 것을 한국 공군이 한 번 실패하고 두 번째에 성공한 것이 1952년 1월 15일이며, 단독 작전을 개시한 지 겨우 3개월 만이었다. 이 작전의 성공은 실패한 사례를 분석하여 새로운 전술을 개발했고, 노련한 비행술 그리고 위험을 무릅쓴 감투 정신에 의해 달성되었으며, 싸우면 반드시 이기는 필승 공군의 위상을 참전한 유엔군에 널리 알리게 되었다.♣

VII

6·25전쟁의 재발은 가능한가?

-북한이 다시 남침할 경우 그들은 전격적 공격과
강력한 화력에 중점을 둔 소련식 속도전
방식을 취할 것이다.-
풍석(1929~)

1. 전쟁은 다시 일어날 것인가?

북한은 1978년 3월 20일 오전 10시 판문점에서 개최하기로 양측이 합의했던 제24차 남북 적십자회담 실무회의를 「팀 스피리트 78」 한·미 연합작전훈련을 구실로 거부했다.

그리고 근래 유고슬라비아의 티토 및 루마니아의 차우세스쿠 대통령의 워싱턴 방문을 계기로 드러난 남·북한과 미국의 3자 회담설, 이에 뒤이어 나온 미국 탁구 선수단의 평양 방문설 등은 한반도를 둘러싼 정세가 변하고 있다는 것을 명시해 주고 있다.

다양하고 복잡한 상황의 변화 속에서 그 본질을 파악하며 그 변화에 앞질러 대응책을 강구하여 실천하는 자만이 생존권을 획득할 수 있을 것이다.

이것은 병인·신미양요 때의 서구의 충격에 대해 우리가 어떻게 대처했기에 그 후 사상 최초로 주권을 상실했는가는 역사의 교훈을 통해 우리가 잘 알고 있는 사실이다.

한반도의 정세 변화는 우리의 관점에서 보았을 때 궁극적으로 한민족韓民族의 통일을 무력적 수단으로 할 것인가, 아니면 평화적 수단으로 할 것인가의 문제로 압축될 것이다. 따라서,

첫째, 한반도에서 전쟁이 재발할 것인가 하는 가장 어렵고도 중대한 문제에 대해 도전해 보고, 다음 만약 전쟁이 발발한다면 어떤 양상이 전개될 것인가.

둘째, 한반도 유사시 미국과 일본은 어떻게 대응할 가능성이 있는가.

셋째, 한반도에서의 전쟁 재발을 억지할 방법과 수단은 없는 것일까 하는 문제에 대하여 규명해 보고자 한다.

명의名醫란 환자의 병 상태에 대한 진단이 정확하고 신속한 사람을 말한다. 그래야 처방으로 병을 고칠 수 있기 때문이다. 만약 오진을 한다면 아무리 훌륭한 약의 처방이라 할지라도 백해무익하다.

한반도가 세계에서 가장 위태로운 화약고라는 것은 숫자상으로 명백하다. 즉, 폭 4㎞ 밖에 안 되는 휴전선 250㎞를 사이에 두고 남북의 정규군만도 1백만이 넘는 병력이 대치하고 있을 뿐만 아니라, 곧 동원될 수 있는 병력도 3~4백만 명이 넘기 때문이다.

이러한 위협의 정세를 어떻게 분석·평가하는가 하는 것은 중요한 과제이다. 만약 우리가 북한의 위협을 과대평가한다면, 그것은 마치 1950년대의 미국의 매카시즘처럼 국민을 불안과 공포에 몰아넣어 패배주의자로 물들게 할 것이며, 이렇게 되면 북한의 심리전략心理戰略이 파놓은 함정에 빠지는 결과 밖에 되지 않는다. 반면 과소평가를 한다면 임진왜란이나 6·25전쟁과 같은 과오를 범하게 된다.

따라서 세계적으로 권위를 인정받고 있는 영국의 국제전략연구소에서 발간한 『밀리터리 밸런스(*Military Ballance*, 1977~1978)』를 바탕으로 하여 군사력을

분석해 보고자 한다. 그런데 한 가지 유의사항은 군사력이 수적數的으로 같다고 해서 반드시 전투의 효율성이 같지는 않다는 것이다. 그 군사력을 운용하는 군사이론과 지휘관 및 장병의 사기·자질 등도 분석·평가되어야 한다.

예컨대, 영국의 처칠 수상은 2차 대전이 발발하기 수일 전에 프랑스의 야전군 사령관 조르주 장군을 만났을 때, 프랑스 육군을 "유럽에서 가장 완전하게 훈련되고 또한 충실한 기동부대"라고 했으며 또한 그는 프랑스군과 독일군의 병력 및 전차의 비교 숫자를 보고서는 만족스러운 인상을 받고서 조지 장군에게 "당신이 승리자요."라고 했다.

그러나 전쟁의 결과는 너무나 비참했다. 연합군은 열세한 독일군에 의해 완전히 패배했고, 불과 40일 만에 프랑스는 항복하고 말았다. 그 이유는 프랑스가 정예 육군 병력을 가지고 있었지만, 육군 수뇌의 군사이론이 20년이나 퇴보된 것이어서 그 부대를 잘 조직화하지 못했고, 또한 효율적으로 운용하지 못했기 때문이었다.

그러나 여기서는 군사력의 많은 고려 요소 가운데서 군사이론과 숫자를 편의상 중심으로 한다. 한국군의 주요 무기와 장비가 미국제이기 때문에 자연히 미국의 군사이론에 영향을 받는 것과 마찬가지로, 북한도 주요 무기와 장비가 소련제요 또한 그것을 모방해서 만든 것이기 때문에 소련의 군사이론에 많은 영향을 받은 것으로 평가된다(거기에는 한국적인 지리조건에 따라 약간 첨가된 부분도 있지만).

2. 첫째도 기습, 둘째도 기습

소련의 군사이론에서 중요시하는 것은 첫째, 기습이다.

사브킨(V. Ye. Savkin) 대령은 그의 『작전술 및 전술의 기본 원칙』(1972년)에서 이렇게 말하고 있다.

> 기습은 옛날부터 군사술의 가장 중요한 원칙이다. 기습의 목표는 적을 아연실색하게 만들고 적이 우발공격을 피할 준비가 없을 때 불의에 적을 취하며, 또한 적의 저항 의지를 마비시키고 신속히 효과적인 대응 조치를 취할 기회를 빼앗아 버리며, 그렇게 함으로써 아군의 최소의 손실로 우세한 적군을 단호히 참패시키는 것이다.

군사작전에서 기습의 중요성은 누구나 알고 있지만, 이것을 성공시키는 방법에 대하여 다음과 같이 제시하고 있다. 즉,

> 기습의 성취를 보장하는 결정적 조건은 항상 적극적인 수색정찰을 실시하는 적으로부터 새로운 무기와 장비의 출현을 은폐시키고, 작전과 전투의 구상과 계획, 조성된 병력과 수단의 집결, 그들의 임무, 공격 방향, 공격 개시 시간과 미리 정해진 행동 요강들을 은폐하는 능력이다. 모든 지휘관, 참모, 그리고 부대는 적에게 아군의 실제 위치와 상태, 특히 핵미사일, 항공기, 전차부대, 그리고 통제지점에 관련된 자료 수집의 기회를 주지 않기 위하여 항상 모든 조치를 취해야 한다.

둘째는 화력의 중시이다.

강력한 화력은 공격의 성공을 달성하게 하는 가장 중요한 조건으로 생각하고 있다. 전투에서 화력의 역할이 계속 증가를 보이고 있는 가장 중요한 기준의 하나는 각종 화기에 의한 적의 손실이 증가하고 있다는 것으로 설명될 수 있다. 나폴레옹 전쟁 때는 소화기小火器와 포병의 화력에 의한 손실은 40%였으며, 총검에 의해서는 60%였다.

프로이센·프랑스전쟁에서 화력에 의한 인명 손실은 90%에 달했으며, 1·2차 세계대전에서는 거의 100%가 되었는데, 특히 포병화력에 의한 손실은 계속적으로 증가되었다. 그리하여 후른즈 장군은 "현대전투에서 화력은 결정적 요소이며 주력이다. 단지 화력의 도움으로서만이 적에 대한 지배를 획득할 수 있다. 따라서 어느 부대나 어떠한 형태의 무기도 전장에서 화력의

우세를 보장받고 적의 전면에 나타나야 한다"고 했다.

셋째는 2차 대전 당시의 독일군의 전격전형電擊戰型의 작전을 중시하고 특히 신속한 진격의 수행에 역점을 두고 있다.

전격전이란, 2차 대전 초기 서부전선에서 독일군이 이 전법을 사용하여 연합군을 패배시킨 것이다. 이것은 전차, 자주포, 차량화, 보병, 공병, 병참지원 부대가 하나의 팀이 되어 적의 방어가 약한 전선의 좁은 정면을 기습적으로 집중 공격함으로써 돌파구를 형성하고, 기갑부대가 이 돌파구를 통하여 깊숙이 침투하여 적을 차단 고립시키고 적으로 하여금 방어진지를 재편성할 시간 여유를 주지 않으며, 차량과 보병이 기갑부대와 접속 전진하여 차단 고립된 적을 소탕한다.

그리고 항공기는 도시, 지휘소, 부대 집결지, 교통, 통신 및 보급시설을 폭격하여 지휘 조직을 마비시키는 동시에 심리적 충격을 가하며 특히 보병지원이 신속히 전진하는 기갑부대를 따라가지 못할 때, 급강하 폭격기가 화력 지원을 대신하게 된다.

그리하여 독일군은 항상 주공전면主攻前面에서 국지적 우위를 확보하였고, 신속히 진격함으로써 적으로 하여금 부대를 재편성할 시간을 주지 않았다.

특히 이 전격전은 슐리펜 식의 섬멸전 보다 적의 급소를 찔러 조직적 결합력을 와해시킴으로써 적의 저항력을 박탈하는 특징이 있다. 소련의 군사이론가들은 다음과 같이 주장하고 있다.

- 미래전에서 공세작전의 특징은 속도전이 될 것이다.
- 공격은 주로 전차, 장갑병원裝甲兵員 수송차 및 헬리콥터로 개시되어야 할 것이다.
- 과거 전쟁의 작전속도의 2~3배를 능가하는 고속 진격은 주로 핵 공격에 의해서 성취할 수 있는 강력한 공격력, 지상 병력의 완전 자동화 및 기계화, 초음속 제트기의 강력한 지원 및 공정대의 투하 등의 광범한 활용으로 이루어지는 것이다.

3. 북한, 해군력 크게 우세

요컨대, 이러한 소련의 군사이론을 고찰해 볼 때, 북한이 어떤 종류의 군비를 갖출 것인가는 짐작이 가리라고 본다. 이제 『밀리터리 밸런스』에 의거, 분석하면 다음과 같다.

• 육군

한국군은 인민군보다 많은 병력을 보유하고 있다(56만:41만). 그러나 병력 구조는 현저하게 다르다. 북한은 전격전을 수행할 수 있게 2개의 전차사단, 3개의 자동화 보병사단을 갖추고 있다. 그리고 20개의 보병사단과 해상, 공중 및 산악이나 땅굴을 이용하여 소규모의 부대를 침투시켜 유격전과 특공작전을 수행할 수 있는 12개의 경보병 여단과 5개의 공정대대 등이 있다.

또한 작전을 성공시키기 위한 화력 면에서 본다면, 인민군은 포, 로켓트포, 박격포 등에서 월등히 우세하다. 또한 전차도 3~4년 사이에 북한은 그 수를 급격히 증가시켰다(1950년, 880대). 북한은 지난 10여년 동안 인민군을 비무장 지대 일대에 집중 배치시키는 한편, 인구와 산업시설을 점차로 북부지방으로 이동시켰다.

그들의 의도는 공습이나 포격으로 인한 산업시설의 파괴를 감소시키는 한편 공격 개시 직전까지 군의 기동을 은폐할 수 있게 함으로써 기습과 속전속결의 능력을 향상시키고 있다. 인민군은 좁은 지역 내에 집결되어 있기 때문에 특히 전차사단 및 자동차화 사단은 비무장 지대를 면하고 있는 가장 공격하기 좋은 지점에 대해 집중적으로 공격할 수 있다. 인민군은 화력 및 기동력에서 한국군에 비하여 우세할 뿐만 아니라, 한국군이 수세전략을 취하고 있는 데 반하여 공세전략을 취하고 있는 데 유의해야 할 것이다.

• 해군

북한의 해군력도 막강하게 증강되었으며, 해상 침투작전 및 한국 해군과 동맹국 함선의 안전 순항을 방해할 목적으로 잠수함과 미사일을 장비한 고속 초계정의 확보에 역점을 두었다. 북한 해군에는 10척의 잠수함이 있는데 이것은 유사시 우리의 해상 병참선의 차단에 사용될 것이며, 평시에는 간첩의 후방 침투에도 활용할 수 있을 것이다.

코마, 오사의 고속 초계정이 18척, 포정 100척, 어뢰정 150척을 보유하고 있다.

반면, 한국 해군은 수세 위주의 7척의 구축함, 9척의 호위 구축함, 14척의 연안 호위함, 44척의 초계정 등이 있다. 따라서 북한의 해상 쾌속정의 증강으로 한국 해군은 전쟁 발발시 북한 해군의 대규모적인 침공에 대해 즉각적으로 정면 대처하기는 어렵게 되었다.

그러나 이런 북한의 이점을 부분적으로나마 상쇄시킬 수 있는 것은 잘 훈련되고 경험 많은 해병사단의 존재이다. 해군은 21척의 상륙용 주정과 70척의 수륙양용정을 보유하고 있는데, 6·25전쟁 때 인천 상륙작전처럼 북한 지역의 적절한 목표지점을 선정하여 상륙 태세의 위협을 가함으로써 북한의 병력 자원을 후방 깊숙이 동서해안으로 분산 배치를 강요할 수 있다.

• 공군

현대전의 양상과 남·북한의 군사력 균형에서 현저한 차이를 보이는 것은 항공세력의 분야이다. 인민군의 전투용 항공기가 630대인데 반하여 한국 공군은 335대이다. 그리고 북한 공군에서 특히 주의해야 할 점은 수송기의 수가 225대인데, 이것은 게릴라전이나 특공작전을 위한 병력 수송용이라는 점이다. 방공용의 지대공 미사일이 250기가 있다.

물론 숫자상으로 본다면 북한 공군이 많지만, 그들의 주축을 이루는 항공기는 구식인 MIG-15와 17이 300대라는 점, 부분품 및 유류 부족으로 비행 훈련 시간이 짧아 기술 숙련도가 낮다는 점 등을 생각하면 숫자에만 너무 현혹될 필요는 없을 것 같다.

4. 전쟁은 오산과 우발로

자료의 숫자로 본다면 인민군은 화력, 가동력이 한국군보다 우세하지만 한국도 「장비 현대화 5개년 계획」으로 인민군의 우세를 상쇄하는 방향으로 달리고 있다.

예컨대, 북한의 주력전차인 T-54, 55 등의 주포主砲는 100㎜지만, 한국군의 M-47, 48은 화력이 더 큰 주포로 개조 장착하고 있다. 뿐만 아니라, 휴전선 후면의 능선에 구축된 대전차 방어선과 새로운 정밀유도무기(PGM)의 대전차 미사일인 군사기술의 도입은 방어가 반드시 불리한 것만은 아니라는 것이 지난 제4차 중동전쟁을 통하여 증명되었다.

해군도 미사일 장착의 고속 초계정과 하픈 함대함 미사일을 도입하게 됨으로써 북한 해군의 많은 함정 수의 위력을 상쇄하게 될 것이다.

한국 공군도 성능이 우수한 F-4D/E 및 F-5E/F를 도입 중이고, 특히 정밀한 공대공空對空 미사일의 장착과 조종기술의 우수성 등으로 미루어 본다면 약간의 수의 우세는 질로써 감당할 수 있다고 판단된다.

한국은 주한 미군의 존재와 눈부신 경제성장과 방위능력을 한층 더 발전시키기 위한 산업기반도 갖추었으며 새로운 기술 개발과 외국의 특허기술로 양산체제에 접어들었다. 따라서 현시점에서 북한이 전쟁을 도발할 가능성은 대단히 적으며 이것은 전문적 군사정세 판단에 의해서가 아니라 상식적으로 판단할 수 있다고 본다.

그러나 전쟁은 오산과 우발에 의해 언제나 발발할 수 있다는 것을 염두에 두어야 할 것이다.

5. 지상군, 북한 우세

한반도의 주변 정세는 변하고 있는데, 특히 주한 미군은 그 일부가 1978년 후반기부터 철수하기 시작하여 1982년까지 철수하도록 되어 있다.

그런데 지난 3월 7일부터 17일까지 11일간 우리나라 전역에서 전개된 한·미 연합작전 훈련 「팀 스피리트 78」에 대해 북한은 트집을 잡고 남·북한의 대화마저 끊고야 말았다.

왜 북한은 그 훈련에 대해 신경을 곤두세웠을까?

그것은 만약 인민군이 전면 기습 공격을 강행했을 경우, 주한 미 연합군이 어떻게 방어하고 또한 반격할 것인가 하는 것이며, 특히 서울 방위에 역점을 둔 훈련이라는 점이다.

그래서 이 훈련은, ① 미 육·해·공군 부대의 한국으로의 전략적 전개, ② 한·미 공군의 제공권制空權 장악, ③ 한·미 지상군에 대한 근접 공군지원, ④ 한·미 연합 상륙작전, ⑤ 기동부대에 대한 군수지원 등의 예비적인 작전계획에 그 역점을 두었다.

이번 훈련은 작전 기간도 길었지만, 동원된 병력 수가 11만 명이나 되며, 7함대 항모의 미드웨이호를 비롯한 16척의 함정, 최신의 전천후 요격기 및 근접지원 항공기 등 260여 대, 그리고 랜스 지대지地對地 미사일 등 신예 무기와 장비가 대거 미 본토와 태평양 기지로부터 참가했다.

이 훈련이 가지는 의의는 ;

첫째, 주한 미 지상군은 철수를 앞두고 있지만, 만약 인민군이 전쟁도발을 감행할 경우 이를 가차 없이 섬멸하겠다는 한·미간의 방위공약의 준수를 다짐했다는 점.

둘째, 한국군이 주도한 연합 지휘체제를 다질 수 있었다는 점.

셋째, 앞으로 이런 군사훈련을 계속하여 힘의 공백은 없어진다는 점.

넷째, 미 지상군 철수에 대한 북한의 오판과 환상에 대해 제동을 걸었다는 점 등일 것이다.

한 외지外紙는, 이번 「팀 스피리트」 한·미 연합훈련의 내용을 바탕으로 하여 만일 제2차 한국전쟁이 발발하는 경우 북한에 대하여 어떻게 대처하느냐 하는 시나리오를 다음과 같이 보도했다.

• 징조와 경계

전쟁에는 반드시 징후가 있다. 상대편의 움직임에 이상이 일어난다. 미군은 오산기지에 있는 전자 정찰기 EC-130, 오키나와 가데나 기지의 사진 정찰기 RF-4, SR-71 등을 사용하여 휴전선 부근 및 북한 내의 정찰을 강화한다. 레이더 기지는 요원을 늘려 항공기지의 경계체제를 강화한다. 필요하다면 괌이나 미 본토로부터 전자 정찰기의 증원을 요구한다.

• 방어와 증원

인민군의 공격은 휴전선·서울·오산 기지 등에 대한 미그-21·19·17 전투기, 수호이-7 공격기에 의한 공중 공격과 휴전선을 돌파하는 인민군의 지상 공격이 동시에 시작된다. 오산기지에 있는 24대의 미 공군 F-4 팬텀 전투기는 한국 공군의 팬텀과 협력, 긴급 출동을 거듭하면서 요격에 힘쓴다. 지상에서는 인민군이 우세, 한·미 육군을 눌러 남하에 성공, 임진강을 건너 서울에 육박한다.

전쟁이 시작되면 오키나와의 미 제3 해병사단은 제7 함대의 헬리콥터 항모·상륙용 주정 모함에 승선, 한국 수역으로 향한다. 요코스카에 있는 항모 미드웨이호(51,000톤, 함재기 90대)는 호위하는 구축함과 함께 급히 출동, 한국 수역에 들어와서 인민군과 보급 근거지에 대지對地공격을 행한다.

하와이 미 제25 보병사단은 요코다 기지, 오키나와의 가데나 기지, 괌의 앤더슨 기지 등을 거쳐 C-141 수송기로 한국에 급파된다.

가데나의 F-4 팬텀 전투기 72대, 필리핀의 클라크 기지의 팬텀 24대도 한국 전선에 증파되며, 더욱이 미 본토로부터 F-111 전투 폭격기, A-7 공격기 등이 공중 급유를 받아 태평양을 횡단, 한국에 도착한다. 이와쿠니 기지, 가데나 기지의 미 해병대의 F-4 전투기도 한국에 파견된다.

이들 전투기·공격기는 방공과 인민군의 기지, 보급로에 대한 공격을 맡는다. 괌의 B-52도 출격, 가데나 기지의 급유기 KC-135의 공중 급유를 받아 인민군과 근거지를 폭격한다. 미 본토로부터 사정거리 150㎞의 지대지 미사일 랜스가 C-141 수송기로 한국에 수송되어 휴전선 배후의 인민군 보급기지, 예컨대, 개성 등에 발사된다.

한국 육군은 전선에 배치된 20개 사단이 방어전에 임한다. 병력이 부족할 경우 제2군 지역에서 향토예비군이 소집되고, 특히 먼 남쪽의 예비군은 한·미 공군의 C-130 등 수송기로 공수, 북쪽의 전선에 투입된다.

• 총반격

미 제7 함대와 한국 해군은 북한의 잠수함을 제압, 연안에 접근하여 북한의 어뢰정, 미사일 정과 교전, 기뢰를 제거하고 연안을 포·폭격한 후 해병대가 헬리콥터와 상륙용 주정으로 속초 부근에 상륙, 북한의 측면을 공격한다.

이에 호응하여 한·미 육군은 항공지원을 받으면서 총반격하고 한·미 해병대는 임진강을 건너 인민군을 압박하여 휴전선 북쪽으로 밀어낸다.

6. 한반도 유사시의 미·일

한반도 유사시, 미국과 일본은 어떻게 대응할지를 고찰하기 위해 두 가지 관점에서 규명하고자 한다.

첫째는, 한반도의 전략적 가치의 문제이다. 여기서 전략적 가치란 일정 영토의 노획으로 어느 한 측의 군사 역량에 주는 잠재적인 기여를 말한다. 여기에는 전쟁 잠재력으로 평가되는 인구, 산업능력, 자원 그리고 전략적 위치 등의 요소가 포함된다. 좀더 정확히 말한다면, 어느 국가나 영토의 전략적 가치는 그것의 손실로 해서 침략자가 다른 지역을 점령할 수 있는 기회가 증가하거나 또는 그 지역을 확보하는 데 방위자의 손실을 증가하게 하는 데 미치는 영향이다.

둘째는, 일본·미국 등 해양국가의 사고방식의 문제이다. 우리는 유가儒家의 전통을 계승하여 보편적 도덕 원칙이 추상적이고 보편적인 공식으로, 개인뿐만 아니라 국제정치에서의 국가 행동에도 적용되어야 하고 또 적용되는 것으로 생각하는 경향이 짙지만, 일본이나 미국은 그렇지가 않다.

그들에게 행동은 시기와 장소의 구체적인 상황의 변화에 따라 재검토되어야 하며 이해타산, 즉 선택적인 정책행동의 결과에 대한 측량을 정치에서 최고 미덕과 가치로 생각한다.

그들은 국제정치란 힘의 투쟁이요, 국가 이익의 추구가 기본 목표임을 냉철하게 판단하고 있다.

일본에게 한반도는 지리적으로 중공·소련 및 일본 사이에 위치하고 동해에서 태평양으로 나가는 길목을 잡고 있기 때문에 동북아시아의 정치상황에서 가장 중요한 전략적 가치를 지니고 있다. 일본의 육군 참모총장을 역임한 바 있는 군사전문가 스기다(杉田一次) 장군은 한반도에 대해 다음과 같이 분석했다.

> 지리상 일본은 소련에 의하여 서북의 양면을 포위당하고 있으나, 일본의 안전보장에 있어서 중대한 문제의 하나는 한국에 있다. 만약 한국이 공산권의 진영에 포함되면 일본의 방위는 뿌리로부터 흔들린다는 것은 한국전쟁의 실례實例에서도 명백하다.
>
> ① 일본 본토의 서반부는 적 항공의 제압하에 들어가서, 우리 항공의 활동은 반감되어 일본의 입장은 극히 어려워진다.
>
> ② 일본의 해상 방위력은 쓰시마 해협을 봉쇄할 수도 없게 되어 해군 근거지는 구레, 사세보를 포기하고 이즈반도, 오가사와라 군도, 사이판에서 구해야만 할 것이다.
>
> ③ 한국의 적화는 일본 국민에 지대한 영향을 미칠 뿐만 아니라, 일본 국

내에 거주하는 70만의 한국인에게 커다란 동요를 주게 되리라.

가령 이러한 사태가 야기된다고 하면, 일본이 아무리 우세한 해·공군력을 가지고 있어도 그 전력은 반감되어 지상군의 증강이 요청되는 것은 필지이다. 역사는 반복된다고 얘기하고 있지만, 일본으로 하여금 1894년 청일전쟁, 1904년의 러일전쟁을 개시하게 한 것은 한반도가 일본의 안전보장에 결정적인 영향을 미치기 때문이었다.

7. 주목할 만한 삼시연구三矢硏究

1969년 11월 닉슨·사토(佐藤) 공동성명에서도 "한국의 안전은 일본 자신의 안전에 필요하다"고 했다가, 정세의 변화에 따라 한국이 한반도로 변경되었다.

일찍이 일본 방위청은 한반도에 대한 전략을 구체적으로 구성 입안했으며, 이것이 일본 국회에서 문제가 된 소위 「삼시三矢연구」이다. 이것이 중요한 이유는 연구 목적에서 알 수 있다. 즉,

> 1963년도에 한반도에 무력전쟁이 일어나 이것이 우리나라에 파급되는 경우를 설정하여 이것을 예제例題로 해서 비·평상시에 임하여 우리의 방위를 위한 자위대의 운용 및 이것과 연관되는 제반의 조치 및 수속을 통합의 입장에서 연구하고 방위를 위한 여러 조치의 구체화를 추진하는 자료로 한다.

이 연구 속에는 '상황 하의 연구'라는 일정표가 있어 이것은 제1단계에서 제4단계까지 분류되어 있는데, 제4단계에서는 일본 자위대의 방위출동이 설정되어 한반도의 상황에 따라서는 해외 파병도 행할 수 있다는 것을 명시하고 있다. 일본의 군사평론가 고야마(小山內宏)는 북한으로부터의 침공이라는 사태가 발생하지 않더라도 한국 내에서 발생하는 상황에 의해 일본의 군

사력을 발동하는 것이 예상되는 데, 그 조건은 반일反日 폭동이 발생하여 일본인 상사나 일본인에 커다란 피해가 생기는 경우라 했다.

물론 군대의 주요한 임무 가운데 하나는 해외 자국민自國民의 자산과 권익의 보호가 있기 때문에 그러한 예상도 가능할 것이다. 그러나 우리가 경계해야 하고 또 예상할 수 있는 다른 조건의 하나는 일본이 자국 내의 정치적, 경제적 문제를 해결하기 위한 수단으로서 한반도에 전쟁을 유발케 하여 직접 혹은 간접적으로 개입하는 상황이다.

1977년 11월 15일 일본 철강연맹회장 이나야마(稻山嘉寬, 신일본제철회장)는 기자회견에서 일본 경제가 현재 매우 곤란한 상태에 놓여 있다고 설명하는 가운데 사태를 해결하기 위해서는 "어디에선가 전쟁이 일어나 일본에 몇천억 엔의 주문이 들어오지 않으면 안 된다"고 발언하고 일본 경제의 경기 회복에는 전쟁의 발발이 필요하다는 호전적好戰的인 소견을 밝혔다. 그는 이날 회견에서 "일본 경제는 한국전쟁, 베트남전쟁 등에 의한 주문 쇄도로 발전했다. 이미 전쟁은 끝났기 때문에 급격한 수요가 일본에는 오지 않고 있다. 그 결과 일본 경제는 어렵게 되고 있다"고 했는데, 무척 신경을 날카롭게 만드는 발언이었다.

8. 일본 경제와 전쟁

일본의 권위 있는 노무라(野村) 종합연구소는 1977년 5월 일본이 21세기로 향하는 종합전략의 방향을 찾는 연구보고서를 발표했는데, 그 제목은 「국제환경 및 우리나라 경제사회의 변화를 근거로 한 종합전략의 전개」이다. 특히 한반도의 안보와 관련된 내용을 소개하면 다음과 같다.

> 미국은 장기적으로는 아시아 대륙 주변의 지상군 개입을 끝내고, 일본, 필리핀, 인도네시아, 호주 및 뉴질랜드를 연하는 일련의 도서島嶼의 연쇄

를 고도의 기동성을 가진 해·공군으로 방위한다는 도서연쇄전략島嶼連鎖戰略으로 되돌아가려는 경향이 짙어질 것이다. 이와 같은 기본 노선에서 지상군의 한반도 철수는 1981~1982년경까지 완료할 것이지만, 일본과의 관련에서 한국의 방위에 대한 미국의 공약은 해·공군을 통하여 약간 장기로 계속될 것이다. 미국은 지상군의 철수를 계기로 하여 한반도의 안전보장을 남북 간의 군사적 균형에만 의존하지 않고 남북 간의 교섭에 의한 해결에 일보 전진시키기 위한 외교를 진행시킬 것이다.

일본의 안전보장과 방위에 관한 국민적 합의를 형성하기 위해서 금후 장기간에 걸쳐 다음과 같은 방향으로 인내를 굳게 가져 노력을 계속할 필요가 있다.

① 힘의 균형을 통한 국제평화 유지를 위해 억제된 어느 한도에서 공헌하는 기능(힘의 공백을 만들지 않는다는 것).
② 자위自衛를 위한 저항력 혹은 국토에 외적을 쉽게 접근시키지 않기 위해 국가 이익에 대한 견디기 어려운 침해를 허용하지 않기 위한 거부능력
③ 긴장완화 시에 일본이 지향하는 방위력은 단시일 내에 급증시킬 수 있는 기초적 방위력이며, 양의 충족보다는 질의 충족에 중점을 두어야 한다. 특히 대잠對潛능력, 대공對空능력, 보급능력의 정비나 정밀유도무기의 개발·도입에 중점을 두어야 할 것이다. 이 경우, 방위비는 국민이 어느 정도까지를 허용할 것인가에 의해 최종적으로 결정되지만, GNP의 1% 이하로 한정해야 하는 이론적 근거는 없다. 어느 한정된 범위의 긴급 사태에 대응할 수 있는 최소한의 위기관리 능력을 강화하는 것도 또한 필요하다. 예컨대, 대지진, 한반도로부터의 난민 처리 등의 대처이다.
④ 자위대에 국제협력의 기능을 부여해야 한다는 것. 예컨대, 중동의 휴전선 감시대에 일본 자위대의 참가는 우리나라의 국제 책임수행의 일부도 되고 자위대의 사기 앙양에도 효과가 있을 것이다.

9. 비상시에는 자위대 출동

이제 일본도 패전의 쓰라림을 마무리하고 국제사회에서 강대국으로서의 역할을 하고자 발돋움하고 있다. 즉, 긴급 시에 급증시킬 수 있는 기초적 방위력, 방위비가 GNP 1% 이하로 한정되어야 하는 이론적 근거가 없다는 점, 위기관리 능력의 강화를 통한 한반도로부터의 난민처리 및 자위대의 휴전선 감시대로서의 파병 등의 권장은 이를 뒷받침하고 있다.

특히 1978년 3월 3일 일본 중의원 예산위원회에서 나카에(中江要介) 외무성 아시아 국장은 "한반도 유사시에 인도상의 긴급한 이유가 있으면, 일본 자위대가 한국의 영해 안에 들어가 난민을 구조할 수 있다"고 발언했다. 또한 일본 정부는 "헌법상으로도 방어용인 전술 핵무기라면 보유할 수 있다"는 결론을 내렸다.

그런데 이런 결론을 내린 실무회의의 결론이 우리의 주목을 끈다. 즉,

① 헌법 구조는 자위력을 부정하는 것이 아니고, 자위를 위한 방어적인 핵무기라면 핵무기 보유를 금지하는 것이 아니다.

② 비핵 3원칙(핵을 보유하지 않는다, 생산하지 않는다. 도입하지 않는다)의 정책적 견지에서 핵무기 보유를 거부한 것일 뿐이며,

③ 헌법 98조에서 핵확산 금지조약을 성실히 지킬 것을 규정하고 있으나, 조약은 폐기될 수 있는 성질이기 때문에 정책적 조항이라고 하는 데 견해의 일치를 보았다는 것이다.

1978년 1월 30일 사나다(眞田秀夫) 내각 법제국 장관은 "현재 군사기술의 진보와 상황에 따라서 헌법에서 허용된 자위력의 한계에 변화가 있을 수 있다"는 주목할 만한 발언을 했는데, 일본은 근본적인 정책변화를 바라고 있고 또한 그런 방향으로 움직이고 있다.

후쿠다 수상은 취임 초, 기자회견에서 "일본이 필요하다고 느낄 경우, 지금도 세계 최강의 막강한 군대를 가질 수 있다"고 말했는데, 경제대국, 군사대국, 그리고 제국주의 국가 사이에는 엄연한 개념상의 차이가 있음에도 불구하고 현실 세계에서는 종이 한 장의 차이밖에 없는 것이다.

경제 대국인 일본이 만약 GNP의 3% 정도만 군사비에 투입한다고 하면 머지않아 고도의 강력한 군사력을 창설할 수 있으며, 태평양에서는 소련의 해·공군력에 충분히 대항할 수 있을 뿐만 아니라, 한반도의 군사력 균형을 변경시키며 나아가서 중·소中蘇 간의 힘의 균형에도 영향을 미칠 것으로 예상된다.

일본의 지정학적 위치로 미루어 본다면, 그들의 대외정책은 근본적으로 두 가지 방향이 있다고 생각한다.

첫째는, 해양세력(미국·영국)과 결합하여 한반도를 거쳐 아시아 대륙으로 진출하는 방향이고,

둘째는, 한반도를 등에 업고 동남의 해양으로 진출하는 방향이다.

일본 정부는 메이지(明治) 시대부터 2차 대전의 패배까지 전자前者를 추구하다 실패했다. 그 후 태도를 돌변하여 동남아 해양으로 진출해서 속칭 경제동물이라는 오명을 감수하면서 경제 대국을 이룩하였으나, 석유 파동 이후 그 방향에도 한계를 느끼기 시작했다. 요즘의 일본은 '한반도 유사시'라는 정세 변화를 자기에게 유리하게 활용하려는 징조가 보인다.

10. 미군 철수정책은 불변

카터 미국 대통령은 1978년 3월 11일 취임 후, 첫 주요 국방정책 연설에서 미국은 군사력 강화를 통해서라도 유럽, 동북아, 중동 등 전 세계 지역에서 미국과 미국 우방들의 이익을 보호하겠다고 선언하고, 특히 강대국의 사활

死活이 걸린 이해利害가 교차하는 지역인 한국 및 일본을 포함한 동북아시아의 안정을 계속 유지하는 것은 지상명령이며, 이를 위해 이 지역에 있는 미군사력을 유지 강화할 결의라고 밝혔다. 즉 "우리는 미국의 이해利害와 밀접히 연관되어 있는 일본 및 한국의 방위를 위해 한국군의 현대화를 계속 추진하고 미 지상군을 감축하는 대신 미국의 공군력을 증가시켜 이 지역의 미군사력을 유지 내지 신장할 것이다"고 했다.

그렇다면 서독에는 20여만 명의 병력을 주둔시키면서, 하필이면 전쟁 억제의 가장 핵심인 지상군을 한반도에서 철수시키려는 의도는 무엇인가? 하물며, 6·25전쟁 때 우리를 구해 준 혈맹인 미국이 이제 와서 우리를 배신하는 것이 아닌가 하는 심정을 가지는 것이 한국의 일반 국민의 사고思考이다. 그러나 우리는 5천 년의 역사를 가진 민족이기는 하지만, 근세 서구 자본주의 국가와의 외교교섭 및 국제정치 참여의 경험은 적기 때문에 국제정치를 보는 안목이 너무 순진하고 단순한 경향을 면치 못하고 있다.

미국이 왜 주한 미 지상군을 철수하려고 하느냐 하는 근본문제에 대해서는 필자가 「미국의 한반도 전략과 실리주의」에서 어느 정도 규명했기 때문에 중복을 피하면서 좀더 보충설명을 하고자 한다.

미국이 아시아의 지상전에 개입하는 것을 포기해야 하겠다고 표명한 것은 닉슨 대통령의 「괌 독트린」(1969)에서이다. 즉,

> 미국은 아시아의 모든 우방 국가와의 금후의 관계에서 다음 두 가지를 확실히 할 시기가 온 것으로 생각한다.
>
> ① 미국은 동남아시아 조약기구 등 조약상의 의무는 계속 수행한다.
>
> ② 핵에 의한 위협을 제외한 지역 내의 군사적 위험에 대해서는 아시아 제국 스스로가 문제를 처리하고 책임질 것을 장려한다.

닉슨 대통령은 1970년 2월 의회議會에서의 보고서에서 그의 구상을 더 부연했지만, 그 진의는 아시아 대륙에서의 전쟁에 육군은 개입시키지 않겠다

는 것이다. 이러한 노선을 밟고 있는 것이 카터 행정부이며, 또 앞으로 어느 누가 미국 대통령이 되어도 철수 기간의 길고, 짧음은 있을지라도 노선 그 자체를 변경하지는 않을 것이다.

한반도 문제를 둘러싼 미국의 논조를 검토해 보자. 미국 브루킹스 연구소의 『향후 10년의 국가 우선 순위 설정』(1976)은 다음과 같다.

> 만약 남·북한 사이의 전쟁이 발발하게 되면 일본은 상반되는 두 가지 감정이 교차 되는 반응을 보일 것이다. 한편으로는, 많은 일본 사람들은 그들의 인접 지역의 전쟁에 미국이 군사 개입을 하는 데 대하여 깊은 우려를 표명하고 일본이 전쟁에 말려 들어가는 것을 회피하기 위하여 미군의 일본기지 사용을 제한하려는 움직임을 보일지도 모른다. 다른 한편으로는(이것은 더 중요하다) 북한의 공격이 성공하는 가운데 미국이 방관하게 되면 일본의 지도자들은 미국을 신뢰할 수 없다는 결정적 증거로 보고 그들의 안전을 보장하기 위해서 보다 자주적인 국방태세를 추구해야겠다는 결론을 내리기 쉽다.
>
> 전쟁의 결과로 통일되고 강력한 군사력을 갖춘 한국이 등장하게 되면 많은 일본 사람들은 이를 일본에 대한 위협으로 간주하게 됨으로써 위와 같은 결론을 내릴 가능성은 더욱 농후해진다. 두 가지 경우 모두 한국전쟁은 동북아시아에서의 미국의 중대한 이익에 불리한 영향을 끼치게 만들 것이다.
>
> 따라서 한국전쟁의 회피는 향후 10년간 미국으로서는 높은 우선순위의 과제이다. 남·북한 간의 대체적인 힘의 균형과 강대국들이 가하고 있는 제약은 아마도 계속하여 계획적인 공격을 억제하게 될 것이다.
>
> 그러나 북한이나 남한에서 내부 동요가 있게 되면, 한 상대편이 한반도를 통일하기 위하여 군사력을 사용하려 시도할지도 모른다. 그렇게 되면 남·북한이 각각 중공·소련 및 미국과 맺고 있는 대외적인 유대와 이들 세 강대국들간의 긴장으로 전쟁을 제약하기 어렵게 만들 것이다. 왜냐하면, 이는 어느 강대국도 그들의 맹방을 괴멸시키기를 바라지 않고 있기 때문이다.

11. 중·소의 북한에 대한 억제력 감소

고故 휴버트 험프리 미 상원 외교위원회 외원소위外援小委 위원장과 존 글렌 상원 외교위원회 동아시아·태평양 문제 소위원장의 한국관계 공동보고서의 요지는 다음과 같다.

> 남·북한 간의 군사적 균형은 1970년에 대략적인 균형은 이루었으나, 1977년에는 북한이 명백하게 유리해졌다. 북한 측이 주로 우세한 것은 전차, 야포, 박격포 등 지상 무기와 전투기 수량 및 해군 함정 숫자 등에서이다. 그러나, 북한의 화력상 우위는 최소한 부분적으로 한국의 방위상 유리한 지형과 미군의 주둔으로 상쇄되고 있다.
>
> 북한 지상군은 휴전선을 따라 군사적으로 유리한 기회를 잡을 수 있는 공격적 태세에 있다. 북한은 화력상 이점과 전진 배치로 기습 공격의 선택을 가지고 있다. 기습 공격이 성공하면 한국 방위는 심각한 위기에 처할 것이고, 서울 공략의 가능성이 증대될 것이다. 미 지휘관들은 북한의 비상 안보경계 때문에 기습 공격을 탐지하는 한·미 능력에 큰 자신을 가지고 있지 못하다.
>
> 북한을 통제하는 중공과 소련의 능력은 북한이 30일 내지 90일의 단기 전쟁을 할 수 있는 충분한 군수품을 가지고 있기 때문에 감소했다. 북한 지상군의 공격 태세와 자급자족되는 화력 상의 이점 등은 한반도 안정을 저해하는 가장 불안한 요인이다.
>
> 주한 미 지상군의 철수는 억제력을 약화시킬 것이고, 또 어느 정도 전쟁 위험을 증대시킬 것이다. 그러나 적절한 지원과 시간의 경과를 통하여 제2 사단의 방위 기능은 한국군으로 대치될 수 있다. 미국은 아시아에서 또 다른 지상전에 개입하지 않을 선택권을 얻을 것이나, 공약의 유지 때문에 전쟁이 발발하면 미 공군과 해군은 의심의 여지 없이 개입될 것이다.
>
> 한국의 방위산업은 미래 한국 자체 방위능력의 열쇠이다. 북한은 잘 발

달된 국내 방위산업을 가지고 있으나, 한국은 과거 수입에 의존해 왔다. 이 산업을 급속히 발전시키려는 과정에서 질적 통제와 관리 미숙이라는 두 가지 주요 문제가 생겼다. 한국은 핵무기를 생산할 기술적 능력을 가지고 있다. 한국은 좀더 노력하고, 그리고 외부로부터 플루토늄을 공급받으면, 수년 내에 원폭을 제조할 수 있을 것으로 일부 전문가들은 믿고 있다.

12. 주목할 옥중獄中 회고록의 한 대목

브라운 미 국방장관은 1978년 3월 22일 하원 국제관리위원회에서 다음과 같은 증언을 했다.

"철군의 단계마다 한반도의 정세를 분석하고 재검토할 것이며, 만일 북한의 군사능력이 예상과는 달리 한국의 군사 능력보다 더 빠른 속도로 성장하게 된다거나, 아니면 평양 정권이 침략적인 행동 형태로 나온다거나 한다면 우리는 우리의 철군계획을 재검토할 필요가 있다"고 했으며, "소련, 중공의 누구도 우리가 북한의 침략에 압도적인 힘으로 대항할 것이라는 데 의문을 가져서는 안 될 것이다"고 했다.

북한의 침략은 미국으로 하여금 한국에 '즉각적으로' 개입하도록 할 것이라고 말했다. 그는 미국의 즉각적인 개입이 지상군까지를 포함하는 것인지에 대해서는 분명한 언급을 하지 않았지만, 적어도 미군이 해군과 공군력에 의한 반격이 있을 것임을 분명히 했다.

그는 북한의 침략이 있을 경우, 미국의 즉각적인 반격은 의회의 동의를 얻기 전이라도 대통령의 '60일간의 전쟁수행 권한'에 따라 가능하다고 말하고, 그런 비상사태의 경우 공군력으로서는 한국 주둔 병력 이외의 서태평양에 기지를 둔 1개 전술 비행대대를 당일로 투입할 수 있을 뿐만 아니라, 해군 병력으로서는 한반도 근해의 기동타격 부대와 함께 서태평양 지역의 해군은 5일 이내에 그리고 미 대륙 서해안에 있는 병력을 추가로 1주 내지 2주 안에 파견할 수 있다고 했다.

한국의 전략적 가치는 한국의 급성장하는 경제력에 힘입어 원조에만 의존하던 시대와는 달리 상승하고 있는 것이 확실하다. 즉, 존 머피 의원은 "순전히 타산적인 견지에서 본다면, 한·미 간 무역의 폭은 현재 약 20억 달러에 달하고 있으며, 앞으로 10년 안으로 3배가 될 수 있다. 이러한 의미에서 한국은 큰 단골손님이며 미국 상품의 중요한 시장이기도 하다"고 했다.

그러나 미국의 한국에 대한 기본 군사전략은 여러 가지 한국군에 대한 보완 조치는 하겠지만, 지상군은 철수시키고 해군과 공군은 만약 북한이 전쟁 도발을 한다면 공약상 즉각적인 전쟁 개입은 하되, 해·공군에 의한 것이고 지상군의 재투입 문제는 그때의 상황에 의해 좌우될 것이리라.

여기서 가장 중대한 문제의 제기는, 즉 닉슨 대통령의 수석 보좌관이었던 할데만의 옥중 회고록에 의하면, 1969년 중공에 대한 소련의 핵 공격을 저지케 한 이유 중에 예상되는 방사능 낙진에 의한 4만여 명의 주한 미군과 일본인 그리고 태평양 도서지역의 피해는 포함되어 있어도 한반도의 5천만 인명은 고려 대상에서 빠진 점이다.

강대국의 국제정치는 냉혹한 것이며, 특히 미국의 세계 정책사에서 보면 한민족과 한반도는 언제나 그들의 속죄양의 제물이 아니면 상대편을 유혹하는 미끼의 구실로만 사용되어왔다는 것이다.

예컨대, 1905년 미국은 일본과의 '태프트·가쓰라' 비밀협정을 통하여 필리핀을 안전하게 삼키기 위해 한반도를 일본의 미끼로 던져 일본으로 하여금 대륙정책의 방향으로 유도했고, 1950년 애치슨 선언은 북한으로 하여금 전쟁을 도발케 하여, 미국이 전쟁에 개입함으로써 2차 대전 후 복원復員으로 약체화된 미 군사력의 재군비계획(NSC-68)을 달성했다.

미국인들은 '만약 한반도에서 전쟁이 일어나면' 하고 연구과제의 대상으로 가볍게 논의하지만 이번에 그들이 노리는 것은 과연 무엇일까?

13. 전쟁 도발 억제 가능하다

1978년 가을부터 주한 미 지상군의 철수(인원 수의 수정이 있었지만)가 개시되면, 남·북한의 군사력 증강의 경쟁이 가속화 되지 않을 수 없을 것이다. 북한의 오늘날의 경제 파탄은 물론 체제적 결함도 있지만, 주로 경제 능력을 초과하는 과중한 군사비의 지출에서 연유된다.

북한은 GNP의 14.9%의 군사비(1976년)를 부담한 데 반하여 한국은 5.3%였다. 물론 우리의 경제 능력이 더 월등하기 때문에 유리하기는 하지만, 군사력 경쟁이 장기간 계속된다면 쌍방의 경제적 파경은 고사하고 전쟁을 하지 않을 수 없는 곤경에 빠지고 말 것이다.

만약 전쟁을 하게 된다면, 강대국들은 그들의 우방이 붕괴되는 것을 바라지 않기 때문에 전쟁은 장기화되고 또한 한반도는 미·일·소·중국제의 최신 무기의 시험장이요, 그리고 구식 무기의 처리장이 될 것이다. 그렇게 되면 막대한 인명의 손실, 경제조직의 파괴, 그리고 국가 성장의 지연 등으로 인해 후진국으로 전락하고 말 것이다.

더욱이 수도 서울이 휴전선으로부터 40~60km의 근거리에 위치하고 있고 총인구의 20%, 정치·외교·교통·금융·교육·통신의 중심지가 되어 있는 점은 안보상 가장 취약점이 되어 북한의 전쟁도발 유혹의 요인인 것이다.

이제 우리는 북한과 전쟁을 해서 어떻게 승리하느냐 하는 문제도 중요하지만, 더 중요한 것은 북한의 전쟁도발을 억제하고 대화의 광장으로 유도하는 문제일 것이다. 이것은 군사이론의 관점에서 해결방안이 있다. 즉, 우리가 방위용 전술 핵무기 체제를 보유한다는 것이다. 그리고 이 핵무기는 결코 먼저 사용하지 않으며, 방위용으로만 사용한다는 것을 선포해야 할 것이다.

아직 재래식 무기에 의한 전쟁이 수행되는 이유는 목표 달성(영토, 자원, 인력, 시장, 정치지배 등)을 위한 투자에 비해 승리의 대가가 웃돌기 때문이다. 즉 클라우제비츠가 말했듯이 '다른 수단을 가지고 하는 정책의 연장'이라는 개념이 성립하는 것이다. 그러나 핵무기의 등장으로 이 명제는 성립하지 못하게 되었다. 핵무기의 폭발력은 재래식 무기와는 비교가 되지 않으며 파괴를 위한 소요 시간과 인력이 적고 또한 결정적인 방어 수단이 없는 것이다.

예컨대, 소형인 20KT(TNT 2만 톤)의 원자탄은 야포 약 4백만 문이 일제히 하는 사격에 해당되는 폭발력을 발휘하며, 열핵폭탄 1메가톤(TNT 1백만 톤)은 야포 약 2억 문이 일제히 하는 사격에 해당되는 폭발과 같다.

만약 북한이 서울을 점령하기 위해 전격전을 시도하자면 집중 투입을 해야만 방어진지를 돌파할 가능성이 생기는데, 이것이야말로 핵무기의 가장 좋은 목표가 되고 만다. 그렇다고 분산 운용을 시도하게 되면 돌파력이 약화될 뿐만 아니라, 각개 격파당하고 말 것이다.

따라서 우리가 핵무기를 보유하고 또한 사용할 결의가 있다면, 북한은 함부로 전격전을 위한 전차사단, 자동화 보병사단, 보병사단, 포병연대 등을 휴전선 부근에 집결시킬 수 없을 것이다. 뿐만 아니라, 전쟁을 해서 소득도 없고 또한 승리할 가능성이 없다는 것을 알게 된다면 그들은 부득이 대화의 광장으로 나오지 않을 수 없을 것이다.

이것이 바로 핵무기를 가져 전쟁을 억제하자는 기본 목표이다.

어떤 사람이 핵무기를 북한의 동포들에게 겨냥하는 것은 비인도적이며, 부도덕한 것이 아닌가 하고 말한다면, 재래식 무기를 동포의 가슴에 겨냥하는 것은 상관이 없고, 핵무기는 그렇지 않다는 윤리적·도덕적 그리고 이론적 근거는 무엇인가고 반문하고 싶다. 전쟁이란 원래가 비윤리적이고 비도덕적인 것인데, 폭발력의 고하가 기준이 된다는 이론은 아직 듣지 못하고 있다.

어떤 사람은 한국이 핵무장을 하면, 선제 사용으로 북진할 가능성이 있다고 한다. 그래서 우리는 결코 핵무기의 선제 사용을 하지 않을 것임을 선언하는 것이다. 만약 우리가 북진을 하게 된다면 그 다음에 나타날 상대자는 중공이나 소련인데, 과연 우리는 그러한 강대국들과 대처할 필요가 있을까?

어떤 사람은 핵무기는 너무 위험하니까 한반도를 비핵지대로 만들어야 한다고 한다.

만약 한반도에서 전쟁이 발발하면 강대국들이 핵무기를 사용하지 않는다는 보장을 받을 수 있는가? 이미 한국에는 전술 핵무기가 존재하고 있는데 존재 그 자체가 위험한 것이 아니라, 오히려 위험하기 때문에 전쟁 억지력을 가지고 있다고 보는 것이 타당할 것이다.

지난날 우리는 언제나 강대국에 의한 주변 정세의 흐름에 휩쓸리기만 했다. 그러나 이제 우리는 이런 흐름을 앞질러 적극적인 자세와 결의로 해결책을 찾아야 한다.

그리고 우리는 해결책을 찾는 데 실패의 가능성에 대한 공포보다는 성공에 대한 결의에 기초를 두어야 할 것이다.♣(『월간 중앙』, 1978년 6월)

3
부

손자병법으로 본 6·25전쟁

I

『손자孫子』의 현대적 의의

–전쟁은 국가의 중대사이고, 국민의 생사와
국가의 존망이 기로에 서는 것이니
신중하게 결정해야 한다.–시계始計

지금으로부터 2,500여 년 전 중국 춘추시대 말기에 제나라 사람인 손무(孫武, B. C. 545?~470?)가 오나라의 합려왕에게 불과 6,100여 자의 저서를 선물로 바친 것이 만고불멸의 명저로 알려진 『손자』라는 병법서兵法書이다. 이 케케묵은 저서가 상승常勝장군 나폴레옹(Napoléon Bonaparte, 1809~1873)의 애독서였고, 서구의 병학자兵學者 클라우제비츠(Carl Von Clausewitz, 1780~1831) 외에는 알지 못하고 있었던 독일 황제 빌헬름 2세로 하여금 패전 후 『손자』를 읽고 "20여 년 전에 읽었어야 할 책이었다"고 술회하게 하였으며, 또 2차 대전 후 일본의 고명한 장군도 "우리들이 올바르게 『손자』를 알고 있었더라면, 이렇게 비참한 패전을 당하지 않았을 것이다"고 하였다.

뿐만 아니라, 1940년 세계의 군사고전 5권을 모은 『전략의 원천(*Roots of Strategy*)』 편자編者인 필립스(Thomas R. Phillips)는 "기원전 500년에 저술된 『손자병법』은 지금까지 존재하는 군사작품 가운데 최고이며, 또 아마 최선의 것이리라.…손자병법의 원리를 현대전쟁의 상황에다 적용할 수 있는 군사학도에게는 그것이 저술된 지 2,500여 년이 지난 오늘날에 있어서도 그것은 전쟁수행에 있어서 가장 새롭고 또한 가장 가치 있는 지침서이다"고 하였다.

공산세계에서 제일 가는 전략가인 마오쩌둥(毛澤東, 1893~1976)의 소위 16자 전법戰法(敵進我退, 敵守我擾, 敵疲我打, 敵退我進 ; 적이 진격해 오면 아군은 후퇴하고, 적이 방어를 취하면 아군은 적의 후방을 교란하고, 적이 피로하면 아군은 적을 타격하고, 적이 후퇴하면 아군은 진격한다), 또 자유진영에 있어서 전략사상가로 알려진 리델 하트(B. H. Liddell Hart, 1895~1970)의 간접전략이 바로 손자병법의 의역意譯이 아니면 표현법을 달리한 것에 지나지 않는다고 한다면 놀라운 일일 것이다. 그러니 바로 오늘날의 전략, 전술은 결국 손자병법에서 나온 것이라 하여도 과장된 표현은 아니리라.

어떤 이는 원자탄이나 수소탄과 같은 대량파괴무기의 출현에 무슨 병법 따위가 필요한가라고 말한다. 병법의 불필요를 주장하는 그 말속에 바로 병법의 필요성을 강조하고 있는 것이 아닌가! 예컨대, 미국은 2차 세계대전 후 핵무기에 기반을 둔 대량 보복정책에 의한 단일 무기체계의 전략에 의존하여 왔다. 그리하여 공군의 전략공군은 증강하면서 육군과 해군력을 감소하도록 하였다. 여기에 대하여 미 육군 참모총장 브래들리 장군은 1948년 제80차 미국 의회의 한 위원회에서 다음과 같이 증언한 바 있다. "각계각층에 걸친 많은 지성인들은 원자폭탄과 대량파괴무기의 출현으로 앞으로 닥쳐올 어떠한 전쟁에 있어서도 육군은 필요하지 않게 된다는 인상을 갖고 있다."

이러한 영향으로 인하여 소위 재래식 군대에 관한 제반 연구개발 계획은 하지 않고 수수방관만 하고 있었다. 공산주의자들은 미국의 이러한 전략의 허점을 이용하여 그들이 결정한 재래식 무기와 전쟁방법으로 미국에 제일격第一擊을 가한 것이 6·25전쟁이었다. 또 미국이 지금 베트남에서 허둥지둥하는 것도 바로 여기에 그 이유가 있는 것이다.

아마도 공산주의자들은 손자병법의 다음 내용을 잘 이용한 것이리라. 즉,

"만일 적의 병력이 증대하고 또 전투대열이 정제整齊되어 그 형세가 우리를 공격할 듯 하면 우리가 어떤 대책을 취하여야 할 것인가? 먼저 적이 소중

하게 생각하고 믿는 곳(적의 급소)을 탈취하면, 적은 우리의 전술에 구속될 것이다. 전쟁은 반드시 신속하여야 하나니, 적의 불의의 시기를 타서 그들이 상상할 수 없는 방향으로 거쳐서 그들의 약점을 공격하여야 한다."(구지편九地篇)

6·25전쟁과 베트남전쟁에 있어서 미국의 대량파괴무기는 어떤 위력을 발휘하였던가? 이것은 독자의 판단에 맡긴다. 리델 하트가 얘기하다시피, "우리는 현재 전략개념의 새로운 시대에 돌입했다. 그것은 한때 구시대의 혁명이라고 불리던 공군 원자력의 옹호자가 생각하던 전략개념과는 서로 다른 것이다. 우리의 적국이 현재 발전시키고 있는 전략은 우수한 공군력을 회피하고 불구로 만드는 이중의 목적에 의하여 고무되고 있다. 우리가 폭격무기의 대량 파괴 효과를 발전시키면 시킬수록 더욱더 새로운 유격전 형태의 전략발전을 도와주는 결과가 되었음은 역설적인 현상이라 하겠다."

2차 대전 후 서구진영, 특히 미국은 군사사상軍事思想이나 병법의 연구가 소홀하였는데, 그 이유는 그들이 2차 대전에서 승리를 하였기 때문이요, 또 현대과학의 급진적 발전으로 대량파괴무기에 대한 과신에 있었던 것 같다. 그러나 공산주의 진영은 그렇지가 않았다. 왜냐하면, 2차 대전에서 자유진영과 함께 그들은 승리를 하였지만, 그 승리에 도취하지 않고 그들의 세계적화世界赤化라는 국가목적을 달성하기 위하여 노력을 경주하였던 것이다.

오늘날 새삼스럽게 서구세계로 하여금 손자병법에 대하여 관심을 가지고 연구할 뿐만 아니라, 세계 병서의 왕좌를 점하며 타의 추종을 불허한다고 생각하게 한 이유는 무엇일까?

·첫째, 손자병법은 시간과 공간을 초월한 보편타당한 병법의 원리를 다루고 있다. 2,500여 년 전 중국에서 저술되었지만, 그동안 과학의 발달로 인하여 무기체계는 상상할 수 없으리만큼 변하였고 전쟁의 범위와 방식 그리고 군제軍制도 변하였지만, 그의 원리원칙은 아직도 불가변不可變일 뿐만 아니라, 생생한 지도원리指導原理를 제공하여 주고 있다. 이것은 마치 전기공학 분야에 있어서 옴(ohm)의 법칙은 불가변이지만, 그것의 응용법은 변화하고

진보한다. 그래서 무선 전신기, 텔레타이프, 텔레비젼 등으로 발전해 나아간다. 조미니가 얘기한 바와 같이 "병기兵器의 변화는 실시에 영향을 주어도, 원칙을 범하는 것은 아니다."

예컨대, 오늘의 핵시대에 있어서, "전쟁이라는 것은 국가의 중대사로서 국가 존망과 국민 사생의 기로이기 때문에 신중하게 고려하지 않으면 안 된다.", "백 번 싸워 백 번 이기는 것이 전쟁을 잘 하는 자의 장점이 아니고, 전쟁을 하기 전에 적으로 하여금 항복하게 하는 것이 전쟁을 잘 하는 자의 장점이다"고 하는 손자의 사상은 한층 더 빛을 발하는 것이다.

• 둘째, 손자병법은 요즘의 군사용어로 표현한다면, 국가전략·군사전략 그리고 전술과의 관계를 유기적으로 잘 다루고 있다. 이에 반하여 서양의 군사학 거성巨星인 클라우제비츠의 『전쟁론戰爭論』은 다만 군사전략·전술을 위주로 해서 다루고 있다. 오늘날의 전쟁은 국가전략·군사전략 그리고 전술과의 밀접한 유기적 관계가 절실히 요구되는 시대이다.

• 셋째, 손자병법은 심오한 전쟁철학을 가지고 있다. 클라우제비츠의 『전쟁론』이 칸트에서 헤겔에 이르는 비판철학批判哲學에 기반을 두고 있는 것과 마찬가지로, 『손자孫子』는 동양 삼대 사상(유교·불교·노장)의 하나인 노장사상老莊思想에 기반을 두고 있는 것으로 생각된다. 여기서 약간 노자의 사상을 소개하는 것이 『손자』를 이해하는 데 크게 도움이 될 것이다.

노자사상의 근본은 도道의 일원론一元論이다. 도는 우주의 본체이며, 만물창조의 근본이며 만상萬象의 어머니인 것이다. 그리고 이 도는 시각, 청각, 촉각 등을 초월한 것이다. 따라서 이것을 일컬어 무無라고 한다. 무라고 하여도 유에 대한 상대무相對無가 아니라, 유무有無를 초월한 절대무絶對無이다. 따라서 무는 천지의 시작이다. 이처럼 본체가 활동적이 아니고 정지적이기 때문에 만물도 정지적인 것을 본연의 모습으로 하며, 본체가 초목적超目的인 것을 가지고 무위자연無爲自然이라고 칭하는 것과 같이 만물도 또한 무위자연을 가지고 그 이상理想으로 삼지 않을 수 없다. 여기에 노자의 인생관, 윤리론 그리고 정치론이 흘러나올 뿐만 아니라, 『손자』의 사상적 특성도 여기서 나온다. 그리고 노자의 사상은 공자에 비하면 한층 더 철학적이고 심오하며 또 공자의 긍정적 적극사상에 비하여 부정적 소극사상의 경향을 나타내고 있기도 하다.

예컨대, 『손자』는 병법서兵法書이기 때문에 전쟁 도발론인 것처럼 인상을 가지기 쉬우나, 사실은 온건한 비전주의적非戰主義的이며 또한 극력 전쟁 회피를 강조하고 있다. 앞에 말한 바와 같이 "백 번 싸워 백 번 이기는 것이 전쟁을 잘하는 자의 장점이 아니고, 전쟁을 하기 전에 적으로 하여금 항복하게 하는 것이 전쟁을 잘하는 자의 장점이다"고 하고서는 계속하여, "따라서 가장 훌륭한 방책은 적이 전쟁하려는 의도를 분쇄하는 일이고, 그 다음은 적의 동맹관계를 끊어 고립시키는 일이며, 그 다음은 적의 군사를 정벌하는 일이요, 최하의 방책은 적의 성城을 공격하는 일이다"고 했다.

그는 전쟁 회피를 다음과 같이 언명하고 있다. "국가가 망하면 다시 존재하기 어려우며, 죽은 자는 다시 살아날 수 없다. 그러므로 현명한 임금은 전쟁에 대하여 극히 신중하며 훌륭한 장수는 이에 대하여 깊이 주의한다. 이러한 조치는 나라를 편안하게 하고 군대를 온전하게 하는 도리이다."

일본의 손자병법 전문가인 사토 겐지(佐藤堅司, 「손자의 사상사적 연구」로 박사학위를 획득함) 박사는 손자의 전쟁철학을 과학적 체계, 상변일체常變一體, 정동일원靜動一元, 만전주의萬全主義 등 네 가지 방면에서 고찰하였는데, 이것을 간단하게 소개하면 다음과 같다.

• 과학적 체계

『손자』 13편을 전부 읽고 느끼는 것은 그 내용이 한쪽에 치우치지 않고, 언제나 중도中道를 걸어가고 있다는 것이다. 『손자』의 사상이나 문장은 어느 면에 있어서는 노장老莊의 무위자연無爲自然에 공통하지만, 다른 면에 있어서는 공맹孔孟의 인도주의나 현실주의와도 보조를 같이 하고 있다. 다른 각도에서 본다면 이 책의 특색은 사리事理의 한쪽으로 치우치지 않고, 양자를 일체화한 점에 있다. 그래서 『손자』에 이러한 중도적 성격을 부여한 것은 손자의 인간존중에서 연유하였으며, 이것 때문에 천天보다도, 지地보다도, 인人에 비중을 두었다. 따라서 이것 때문에 과학적이 되어 미신의 일체를 배척하여 요상妖祥의 말에 귀를 기울이지 않았다.

13편의 전부는 일련의 사슬로 연결되어 있다. 시계始計와 용간用間의 2편은 머리와 꼬리가 되고, 몸이라고 할 수 있는 다른 11편, 즉 작전作戰·모공謀攻의 2편, 군형軍形·병세兵勢·허실虛實의 3편, 군쟁軍爭·구변九變·행군行軍의 3편, 지형地形·구지九地의 2편, 화공火攻의 1편은 대체로 각각의 집단에 있어서 일곶일의一串一意를 이루고 있을 뿐만 아니라, 솔연率然이라는 상산常山의 뱀처럼 그 전편全篇은 미묘히 머리·몸통·꼬리(首中尾)를 가지고 과학적 체계로 구성되어 있다.

각 편은 제각기 시계편에 지도이념을 구함으로써 그것 스스로가 독립된 1편으로 존재하고, 또 강조하고 싶은 것은 시계편의 절대적 가치이다. 이 1편은 다만 머리 글이나 서론이 아니라, 그것 스스로 완성된 가장 중요한 1편인 동시에 또 다른 12편을 포섭包攝 내지 요약한 것, 더 철저히 얘기한다면, 그것은 '하나이면서 전체'라는 점이다. 왜냐하면 330여 자에 지나지 않는 이 1편은, 오사五事·칠계七計·궤도詭道의 계산에 의하여 전쟁에 있어서의 승패의 수를 미연에 알 수 있음을 가르치고 있기 때문인데, 즉 손자의 전쟁관 내지 병법관의 요체는 시계편에 있는 오사五事(지기知己 = 치내治內), 칠계七計(지피知彼 = 지외知外), 그리고 궤도(응변應變)에 있다.

전쟁의 상법常法인 오사五事는 다음과 같다.

첫째, 도道 : 백성들에게 지도자와 같은 마음을 가지게 함으로써 상하上下는 생사를 같이 함은 물론 어떠한 위험에도 두려워하지 않게 된다.

둘째, 천天 : 음양의 이치, 계절의 변화 등 시간적인 조건이다.

셋째, 지地 : 멀고 가까움, 험난한지 편한지, 넓은가 좁은가, 위험한지 안전한지 등 지리적인 조건이다.

넷째, 장將 : 총명하고, 믿음이 있고, 인자하며, 용감하고, 엄격함 등은 지도자(장수)의 인격 구성의 요소이다.

다섯째, 법法 : 조직·규율 그리고 장비 등을 말한다.

오사는 손자병법의 정법正法이며, 전쟁의 승패를 결정하는 열쇠는 바로 여기에 있다고 하였다.

다음은 칠계七計를 살핀다.

첫째, 양 편의 군주는 어느 쪽에 도道가 있는가.

둘째, 장수는 어느 쪽이 유능한가.

셋째, 천과 지는 어느 쪽이 유리한가.

넷째, 법령은 어느 쪽이 잘 시행되고 있는가.

다섯째, 군대는 어느 편이 강한가.

여섯째, 사졸의 훈련은 어느 쪽이 숙련되어 있는가.

일곱째, 상벌賞罰은 공명정대하게 하고 있는지 등이다.

칠계를 통하여 우리는 나를 알고 또한 적을 알게 된다. 그래서 칠계의 성공 여부는 승패를 결정하는 열쇠이다.

손자병법 가운데 「궤도詭道」만큼 옛부터 많은 병학자·유학자들의 시비의 논쟁이 된 것은 없으리라. 이것을 글자 그대로 읽는다면 '사람을 속이는 수단'이라고 할 수 있다. 손자병법을 영역英譯한 자일스도, 「병자궤도야兵者詭道也」를 「All warfare is based on deception」이라 했는데 적합하며, 번역한다면 '모든 전쟁은 적을 속이는 데 바탕을 두고 있다'는 것이 될 것이다.

손자는 궤도의 내용을 14개로 구성하였다.

① 능력이 있으면서 없는 듯이 보이며(能而示之不能),

② 싸울 생각이 있으면서 없는 듯이 보이며(用而示之不用),

③ 가까이 와 있으면서 먼 곳에 있는 것처럼 보이며(近而示之遠),

④ 멀어가면서도 가까이 있는 것처럼 보이며(遠而示之近),

⑤ 이롭게 하여 적을 꾀어내며(利而誘之),

⑥ 적을 혼란케 하여 쳐 빼앗으며(亂而取之),

⑦ 적이 충실하면 단단히 지키고(實而備之),

⑧ 강한 적은 피할 것이며(强而避之),

⑨ 적을 성나게 하여 그의 판단을 그르치게 하며(怒而撓之),

⑩ 비굴하고 겸손한 태도로 적을 교만케 하며(卑而驕之),

⑪ 적이 편안하면 피로케 하고(佚而勞之),

⑫ 적의 동맹국과 친교하여 이간시키며(親而離之),

⑬ 적의 방비가 없음을 택하여 공격할 것이며(攻其無備),

⑭ 적의 뜻하지 않는 점을 발견하여 공격하는 것이다(出其不意).

궤도 14변은 여기서는 표준에 지나지 않으며, 전장戰場에 있어서의 궤도는 천태만변하는 것이다. 이것은 전략·전술적 승리의 묘법이기는 하지만, 이것의 실시는 쉽지 않다. 손자는 이에 대하여 "이것을 미리 전해 줄 수는 없다"고 하였다.

• 상변일체常變一體

시계편에 있어서 전쟁의 승패를 결정하는 3요소로서 오사·칠계·궤도가 있는데, 오사·칠계는 평상시의 정상적 수단인 상법常法이고, 궤도는 전시戰時의 변법變法이다. 상변이법常變二法의 구별에 있어서 이원론으로 보기 쉬우나, 본질적으로 그렇지 않고 둘이 하나인 일원론에 지나지 않는다.

• 정동일원靜動一元

이 문제는 상변常變의 그것과 공통되는 것으로, 여기서는 정동일원이다. 정靜은 상常으로, 동動은 변變으로 통한다. 그래서 오사·칠계는 정에, 궤도는 동에 해당된다. 이러한 경우 정이 주체이며, 동이 종속이라는 것은 상변의 경우와 같다. 이러한 견해는 정보다 동에 주체를 둔 서양의 역사학에 있어서의 동적 사관動的史觀과는 퍽 면목을 달리하고 있다. 구체적으로 말하면 오사·칠계라는 정 속에 모든 힘이 포장되어, 그 속으로부터 궤도의 동이 나타나는 것이다.

병세편兵勢篇에 「기정奇正」의 두 자가 나타나는데 정은 상常·정靜이며, 기는 변變·동動이다. 즉 오사·칠계는 정, 궤도는 기, 형은 정이고, 세는 기가 된다. 이 관계는 병세편의 다음 구절에서 잘 알 수 있다. 즉 "3군으로서 적에 저항하여 항상 승리하는 것은 정면동작과 기동동작에 능숙하기 때문이요, 비롯 전쟁은 정면동작으로써 개시되어 기동동작으로써 승리한다."

손자가 말하는 기정奇正의 변화는 복잡한 것이다. 정은 기로, 또 기는 정으로 끝없이 순환한다. 전략적으로 말하면 정正은 정靜, 기奇는 동動이지만, 전략적으로는 정기正奇의 정동靜動관계는 순환한다. 특히 주의를 요하는 것은 기정의 순환적 변동이 있음에도 불구하고, 그 어떠한 경우에 있어서도 정正은 정靜, 기奇는 동動의 태세를 가지며, 이자일원二者一元의 정신을 잃지 않는다는 점이다.

● 만전주의萬全主義

손자는 적을 불쌍히 여긴다는 입장에서 또 아군에 대해서는 애국·애족의 입장에서 전쟁을 피하는 것을 최상책으로 하였지만, 그는 별도로 경제방면에서 그 이유를 찾고 있다. 작전·용간用間 두 편의 첫머리의 몇 줄은 모두 전쟁이 경제적이지 못하다는 것을 역설한 것이다. 작전편에 있어서 손자의 본심은 물론 전쟁을 하지 않는다는 것이었으나, 부득이 한 경우는 장기전을 피하고 단기전으로 해결해야 한다고 말하고 있다.

그는 시계편의 오사·칠계·궤도의 충실, 즉 국력 내지 국방의 충실은 승산勝算의 표준이 될 뿐만 아니라, 그 충실의 도가 높으면 높을수록, 그 위력으로 적을 압도하고 또 전쟁을 미연에 방지할 수 있다고 생각하였다.

II

6·25전쟁의 발발

-적과 아군의 힘을 알지 못하면 싸울 때마다
패배한다.-모공謀攻

1. 적군과 아군의 군사력 비교

영국의 대문호요, 사상가인 체스터턴(G. K. Chesterton, 1874~1936)은 인간에 관해서 가장 실제적이며, 또 중요한 일은, "아직 그의 세계관에 있다고 생각하는 사람들이(나도 그중의 한 사람이지만) 있다. 여관집 여주인은 손님의 수입을 아는 것이 중요하다. 그러나 손님의 철학을 아는 것은 더욱 중요하다. 적과 전투를 곧 시작하려는 지휘관은 적의 병력을 아는 것이 중요하지만, 그러나 적의 철학을 아는 것은 더욱 중요하다고 생각한다"고 말하였다.

우리는 공산주의자들의 선전과 주장을 아는 것이 중요하기는 하지만, 그들의 철학을 안다는 것은 승공勝共의 길잡이가 된다고 확신한다. 공산주의자들의 최종 목적은 세계적화에 있다. 그렇기 때문에 공산주의자들은 무력武力을 공산화 혁명의 수단으로 생각한다.

북한에 진주한 소련군은 스탈린의 말을 인용하여 "소련은 유럽이나 아시아를 막론하고 타국의 영토를 점령하거나 또는 인민을 정복하려는 전쟁

목적이 없으며, 우리는 다만 해방운동을 방조하여 그들이 자기 땅에서 자기 소유대로 자유로운 생활을 누릴 수 있게 하는 것이다"고 하면서 자기네들의 세계적화 정책을 은폐하고 북한 동포들 앞에 나섰다. 소련군이 북한에 진주했을 때, 국내파 공산당원들은 각 도·군·면에 공산당 조직에 착수하는 동시에 치안·질서유지를 위한다는 구실 하에 자위대와 적위대를 조직하여 무장을 갖추고 당의 실권實權유지와 적화투쟁의 전위대로서 북한지역에서 무법을 자행하게 되었다.

그러나 1945년 10월 10일에 소련군 출신인 김일성이 북한에 들어와 단시일 내에 국내파, 연안파를 모두 격파하고 소련파가 실권을 장악하게 되었다. 이리하여 자위대와 적위대는 동년 10월 21일에 해산되고 새로이 보안대(군대성격)를 조직하게 되었는데, 구성원은 공산주의를 신봉하고 소련을 찬양하며 자본주의를 배격하고 미국을 적대시하는 자들로서만 대원이 될 수 있었던 것이다. 1946년 8월 15일 해방 제1주년 기념일을 기해서 평양 보안간부 훈련대대부를 창설하고 훈련소를 개천, 나남, 평양에 두었으며, 훈련은 일본군에서 접수한 약간의 일제 무기로 훈련하는 한편 정치교육에 치중하여 인민군 기초확립에 비상한 노력을 하였다. 당시의 총병력은 7,000~8,000명 정도였다.

보안간부 훈련대대가 창설된 지 불과 1개월 후인 1946년 9월 하순에는 그 명칭을 인민집단군 총사령부로 고치고, 3개 훈련소는 각각 인민집단군, 보병 제1·2사단, 또 인민집단군 제3 독립 혼성단으로 개편하였다. 그들은 1947년 1월에 소련의 장비를 받았고, 교육은 소련군 장교의 직접 지도하에 제식훈련, 각개훈련, 소·중대 훈련, 기타 병기학, 참모학, 전술학, 정치학에 이르기까지 본격적으로 교육과 훈련을 시작하여 전력 증가에 분주하였다. 예컨대, 인민집단군 제1 보병사단이 소련군으로부터 인수한 장비를 보면, 76㎜ 곡사포, 45㎜ 대전차포對戰車砲, 120㎜·82㎜ 박격포, 기관총, 다발총, 보병소총 등이다.

이들은 내적으로 사상통일과 교육훈련으로 꾸준히 노력한 보람이 있어 불과 1년 만에 강력한 현대식 군대로 육성되자 김일성 일당은 기뻐하면서 "이만한 군대라면 남한의 국방군 같은 것은 문제도 안 된다. 미군이 남반부에서 손을 떼게 해야 한다. 그렇게 된다면 만사는 다 되는 것"이라고 자신만만하였다. 이와 같이 건군 준비의 기초가 완료되자 김일성(북조선 임시 인민위원회 위원장)은 인민집단군 3개 사단을 가지고 1948년 2월 8일 소위 조선인민군의 창건을 내외에 선포하는 동시에 평양에서 대대적인 열병 및 분열식을 거행하였다.

인민군으로 하여금 실질적으로 증강케 한 것은 소위 동북東北 의용군의 편입일 것이다. 이들은 모두 중공군 가운데서 조선족으로만 구성된 중공군 제166사단에서 10,000명과 보충병 800명을 보충 받아 인민군 제6사단을 편성하였으며, 또 중공군 제164 사단에서 7,500명, 139·140·141·156사단에서 12,000명, 그리고 김일성 유격대원 5,000명이 편제대로 고스란히 북한에 들어와 인민군 제5·7사단으로 개편되고, 제1 사단과 4사단에는 중공군 출신의 1개 연대가 각각 편입되었다. 그리고 이들은 북한에 들어와서는 소련군의 전술교범에 의하여 재훈련되었다.

그들은 군비를 강화하고 훈련에 박차를 가하여 정예의 군대를 양성하는 한편 각 도에는 민청民靑훈련소를 개설하고 청장년을 입소시켜 군사훈련을 실시하여 보충병을 양성하고 고급중학교 이상의 각 학교에는 배속 장교를 배치하여 학생들에 대한 조직적인 군사교육에 주력하였다. 또한 조국 보위후원회를 조직하여 만 17세~만 40세까지의 남녀를 총동원시켜 이들에게도 군사훈련을 강제로 실시하였다. 인민군은 이와 같이 군사력의 보충원을 확보하면서 사단의 증편에 박차를 가하였다.

인민군 보병사단의 완전 편성 병력은 11,000명이며 3개의 연대로 된 삼각개념三角槪念의 사단이었다. 각 보병연대는 3개 대대이며 보병사단에는 1개 포병연대와 자주포 대대가 있었다. 또한 의무, 통신, 대전차포, 공병의 훈련대대와 정찰중대 그리고 수송중대가 있었다. 이 보병사단에 대한 포병 지원은 2차 대전 중 소련의 방식과 비슷했으며, 1개 보병사단은 122㎜ 곡사포 12문, 76㎜ 야포 24문, SU-76 자주포 12문, 45㎜ 대전차포 12문을 가지고 있었고, 연대 및 대대에는 고유의 지원 화기를 가지고 있었는데, 예를 들면 각 연대는 120㎜ 박격포 6문과 76㎜ 야포 4문, 45㎜ 대전차포 6문이 있었고, 각 대대는 82㎜ 박격포 9문, 45㎜ 대전차포 2문으로 장비하였으며, 각 중대에는 60㎜ 박격포를 가지고 있었다.

인민군은 1948년 6월에 각 부대에서 전차부대 요원을 선발하여 전차 10여대와 차량 50대, 병력 약 2,000명으로 전차부대를 신설하였는데, 동년 10월에는 105 전차대대를 창설하였으며, 1949년 5월에는 연대로 확장 개편하였다. 이 연대는 1950년 6월 25일 남침 전까지 6,000명의 병력과 120대의 T-34 중형 전차를 배치받아 여단으로 증편되었다. 이 외에 또 하나의 연대가 있었는데, 이는 인민군 12사단을 지원하던 약 30대의 전차부대였으며, 이리하여 적은 T-34전차 150대를 보유하였다.

이 전차는 제2차 대전 말기 소련군의 표준장비였는데, 1941년 6월 독일과의 전쟁에서 최초로 사용되었고, 그 성능이 독일군의 전차를 능가하였다. 완전무장 시 중량이 35톤의 두터운 장갑으로 되어 있으며, 85㎜ 포 1문, 7.62㎜ 기관포 2문, 시속 30~34마일의 제원諸元을 가진 우수한 전차이다.

북한 공군의 창설 경과를 보면, 1945년 10월 중순경 소련군 사령부의 승인하에 보안대가 새로 조직 편성되고 있을 때, 일본 나고야 항공학교 출신인 이활(李闊) 외에 50여 명이 주동이 되어 신의주에서 신의주 항공대를 발족시켰는데, 이것이 북한 공군의 전신前身이다. 그 후 몇 번의 개편을 거쳐 1948년 항공연대로 개편 확충되어 12월 중순 소련군 철수 시 인도받은 전투기, 정찰기, 경폭격기 등 약 100대의 비행기를 보유하게 되었다. 1949년 8월 중순에 YAK-9형과 IL-10형의 전투기와 경폭격기를 다량으로 공급받아 비행연대는 여단으로 확장되어 병력은 2,000명에 항공기는 180대에 달하였으며, 1949년 9월에는 평양에서 고사포 연대의 창설도 보게 되어 재래식 공군으로서의 면목을 갖추게 되었고, 1950년 4월에 이르러 항공여단은 사단으로 승격되었다.

이제 국군의 발전 경과를 살펴보기로 한다. 1945년 11월 13일 미 군정에 설치된 국방사령부는 미 군정 당국의 중립적인 정책으로 말미암아 좌우익 간의 충돌은 날로 격심하여 치안상태는 무질서하기 짝이 없었다. 그래서 미 군정 당국은 모든 사설私設 군사단체나 반半 군사단체를 해체시키고 통일된 군사단체로의 발족을 준비하여 왔다. 이리하여 해체된 단체의 간부들은 군사영어학교에 들어가 단기교육을 받고 장교로 임관과 동시에 1946년 1월 11일 군정청 국방부 내에 남조선 국방경비대 창설 임시 사무소를 두고 창설준비에 박차를 가해 동년 1월 15일 남조선 국방경비대가 창설되었는데, 이것이 국군의 전신이 되었다.

1948년 5월 10일 남한은 유엔 한국위원단의 감시하에 역사적인 총선거를 실시하여 동년 8월 15일에는 대한민국이 수립되었다. 해방 후 미 군정하에 경비대로 발족한 1개 중대는 그동안 비약적인 발전 끝에 8개 사단의 건군 목표를 달성하였다. 그러나 북한의 사상적 통일과 군사적 준비는 양적·질적으로 대한민국의 군사력에 비해 월등한 병력과 중장비 그리고 사상적 통일을 성취하였으니 이러한 불균형은 미·소의 극동정책에 기인한 것이었다.

미 군정 시의 국방 당국은 경비대를 경찰의 보조기관으로서 창설하였는데, 그 이유로는 장차 남북한은 독립에 앞서 5개년간의 신탁통치 결정이 모스크바 삼상회의三相會議에서 결정되었기 때문이다. 따라서 경비대는 신탁통치 하의 경찰의 치안 임무를 보조하는 경찰 예비군으로서 국내 경비를 담당하는 것이 임무라는 것을 군정 당국이 시사하였다. 동시에 경비대나 경찰은 중립을 지킨다는 기본 방침하에 있었기 때문에 내부적으로 사상적 대립이 심하였고, 좌는 우를 가장하여 교묘한 선전과 간첩공작으로 내부 역량의 지휘권 획득에 혈안이 되어 있었다.

경비대에 침투한 좌익계열은 세포 확장에 노력하였고, 국내적으로 좌우 합작 미·소 공동위원회의 결렬 등, 정치적 불안 하에서 중간층은 확고한 신념 없이 좌파계열의 세포로 포섭되지 않을 수가 없었다. 그들이 취한 공작 내용은,

① 중립적인 이념을 적극 찬양하여 전의戰意를 말살하였다.

② 경찰의 보조기관이라는 경비대의 성격에 대한 미 당국의 시사 때문에 경비대는 경찰을 적대시 하게끔 선동하여 군·경 이간을 획책하였다.

③ 불평 제일주의로 장교와 사병의 분리를 도모하였는데, 보급, 재정, 급식에 대한 불평을 조장시켜 장교에 대한 나쁜 감정을 조장시켰다.

④ 반미감정을 조장시켜 유사시에는 반미감정을 이용하고자 하였다.

오열(五列, the Fifth column, 스페인 내란 때 프랑코 군의 몰라 장군이 통솔하는 4개 부대 이외의 제5부대가 마드리드시에 있다고 한 데서 유래함. 이적利敵 행위를 하는 사람)의 이러한 선동공작은 여러 곳에서 군·경 간의 충돌을 야기시켰고, 특히 광주 제4 연대와 영암경찰서 간의 총격 사건은 정점에 달했다. 그 외 제2·3 연대의 고급장교 반대 운동에서 배척 추방 운운하면서 반미 구호 '미군의 앞잡이'라는 대내적 하극下剋사건이 빈번하였다. 그러면 왜 좌익분자들이 부대 내에 침투하였는가? 경비대가 각 도에서 연대창설에 착수하자 무조건 단시일 내에 모병募兵 경쟁주의를 채택하여 숫자로 연대의 성적을 결정한 것과 지원제였기 때문에 누구나 입대할 수가 있었고, 가장 중요한 신분조사(사상·전과관계)를 하지 않았던 것이다.

그래서 공산당원들은 이러한 군대 내 침투의 좋은 기회를 이용하여 북한에서 파견된 노동당원이 다수 입대하여 세포를 확장해서 지령만 내리면 부대 내 폭동·반란으로 남한을 휩쓸려고 하였다. 드디어 공산계열의 반란사건이 발생하였는데, 그것이 여수·순천의 제14 연대와 대구의 제6 연대의 반란사건이다. 그리고 또 제주도 토벌군의 제11 연대장의 암살사건도 있었다.

이러한 사건을 계기로 군은 단호한 철퇴를 가하여 그간 내사內査해 오던

좌익계열의 숙군肅軍에 착수하여 화근을 제거하기에 이르렀다. 이것은 불행 중 다행한 일이었는데, 왜냐하면 이들이 반란을 미루고 있다가 6·25전쟁 남침 시에 부대 내 봉기를 하였다면 대한민국은 어떻게 되었을까 하는 것을 생각할 때 반란사건과 숙군은 건군사建軍史에 있어서 국군을 반석 위에 서게 하였다고 볼 수 있다.

1948년 8월 15일 대한민국 정부가 수립되자 조선 경비대는 정식으로 국군에 편입되어 신생국의 국군으로서 새로운 발족을 하였다.

2. 북한 인민군의 38선 돌파

미군은 1949년 6월 500명의 군사 고문단만 남겨 두고 남한에서 철수하더니 1950년 1월 12일에 애치슨 미 국무장관은 태평양 방위선에서 한국은 제외한다고 일부러 성명聲明까지 하였다. 그렇지 않아도 김일성 일당은 남한에서 미군의 철수만 기다리고 있었는데, 거기다 한국이 미국의 방위선 밖에 있다는 외신보고를 받자 3개월 내에 남한을 해방시킬 수 있다고 예상하였다. 그래서 6월 초에는 전투준비를 위한 장비와 보급품을 보급했고, 10일경부터는 훈련을 대폭 줄이고 무기와 기타 전투 자재의 정비에 주력했다. 이때부터 장병들은 외출 금지, 전투부대 참모들은 모의지형에 의한 작전계획 수립을 위한 토의를 시작했다.

약 3,000명의 소련 군사 고문단이 남침계획에 직접 참여하였다. 그런데 북한은 군사행동 직전 그들의 작전계획을 감추기 위해서 소위 '평화통일'의 기만적 선전공세를 조직적으로 전개했다. 6월 7일 평양방송은 8월 15일에 남북통일을 위한 총선거 실시를 위해 6월 15일~17일 사이에 해주 혹은 개성에서 남북 대표자 예비회담을 열자고 유명무실한 그들의 위장단체인 「조국통일 민주주의 전선 중앙위원회」 명의로 제안하였다.

6월 10일의 평양방송은 조만식 부자와 이주하, 김삼룡의 교환을 제의했다. 또 19일의 평양방송은 남·북 국회에 의한 '통일 정부'를 한국 국회가 원한다면 21일 북한 측 대표를 서울에 파견하든지, 한국 측 대표를 평양에서 맞이할 용의가 있다는 제의를 했다.

그러나 한편으로 6월 10일 인민군 총참모장 강건姜健은 각 사단장과 참모장을 비상 소집하여, "언제든지 전투 개시를 할 수 있는 만반의 준비를 갖추고 대기하라"는 명령을 내렸다.

1950년 6월 25일 일요일 오전 4시~5시 30분, 38선 모든 전선에서 인민군은 일제히 기습 공격을 개시하였다. 병력 13만여 명, T-34 전차 150대, 각종 포와 항공기의 지원을 받은 그들의 기습은 성공이었다. 북한은 계획된 공격이 진전되고 있던 그 날 11시 평양방송을 통해 '이승만 괴뢰의 침략군에 대한 보복'이라고 하면서 선전포고를 하였다. 그날 13시 35분에 김일성은 방송을 통하여 "남한은 지금까지 우리의 모든 제안을 거부해 왔으며 평화통일을 반대해 왔을 뿐 아니라, 옹진반도 해주에서 인민군 진지를 공격해 왔으므로 부득이 반격을 하지 않을 수 없었다"고 침략기도를 은폐하였다.

적의 침략 준비에 대하여 아군은 아무런 대책을 하지 않고 있었던가? 그렇지도 않았다. 북한의 평화통일 선전 공세에 대한 경계로 국군은 6월 11일 육군 작전명령 제16호에 의하여 비상 경계를 취하고 있었다. 그런데 6월 23일 비상 경계의 해제로 마침 일요일인 25일은 일선에 배치되어 있었던 장병의 1/3 내지 1/2의 병력이 외박 및 외출로 그 주둔지를 떠나 전선은 공백상태였던 것이다.

의정부 접근로에 주공主攻을 지향한 적은 25일 오전 5시 30분에 인민군 3사단 및 4사단과 전차부대를 이곳에 집중시켰는데, 인민군 4사단은 연천에서 동두천으로, 3사단은 김화, 의정부, 서울방면으로 진격하였다.

인민군 제105 기갑여단의 제107 연대는 40대의 T-34 전차로써 인민군 4사단을 지원하였고, 109연대는 40대로써 인민군 3사단을 지원하여 포천 가도로 돌진하였다.

한국군 제7 사단 제1 연대가 인민군 3사단 및 4사단의 최초 공격을 받았는데, 적 전차와 자주포 때문에 격심한 피해를 입었다. 포천 북방 정면에서는 한국군 제9 연대가, 그리고 동두천 정면에서는 제3 연대가 적의 돌진을 막느라고 고전을 하였다.

여기서 한 가지 잊어서는 안 될 것은 춘천 북방을 방어하던 한국군 6사단은 충분히 적의 공격을 저지하였다는 사실이다. 앞에 말한 바와 같이 전선 각 부대는 23일 비상이 해제되었기 때문에 각 부대장의 재량에 의해서 외출, 외박이 허용되었다. 그러나 춘천지구의 6사단 7연대는 아군 정면의 이상한 징후에 비추어 연대장 직권으로 외출을 중지시키고 또 적의 공격에 대비하여 일선 진지에 대전차포對戰車砲를 배치하며 경계를 하고 있었다. 그래서 한국군 7연대 정면에서는 적 2사단의 공격이 완전히 좌절되어 당일로 춘천을 점령하려던 기도가 실패로 끝났다. 27일까지 적의 전진을 성공적으로 저지하였고 또 인민군 2사단의 피해는 40%를 넘었다. 그러나 전 전선의 불균형 때문에 철수하라는 명령을 받고 철수하였던 것이다.

의정부에서의 승산이 없는 아군의 역습은 여러모로 평가의 대상이 되지 않을 수 없다. 개전開戰 첫날 한국군 제7 사단은 동두천 근방에서 잘 싸웠지만, 병력과 장비가 월등한 인민군은 피해가 심했어도 계속 공격하여 그날 저녁 때까지 동두천을 점령하였다. 채병덕 육군 총참모장은 25일 저녁 무렵 의정부 전선을 시찰하였는데, 그의 계획에 의하면 26일 한국군 7사단이 의정부 동두천 계곡에서 역습하기로 되어 있었다. 그리고 한국군 2사단의 선두부대는 그날 밤 의정부에 도착하고 있었으나, 내일의 역습을 위해 본대가 도착하기는 불가능하였다. 2사단장은 채 장군의 계획을 반대하고 본대인 주력부대가 도착할 때까지 역습을 보류하자고 제의했으나, 채 장군은 굳이 26일 아침에 공격을 개시하라고 하였다. 아군의 7사단은 역습에 약간 성공은 하였으나, 전차를 앞세운 맹렬한 적의 공격을 저지할 수는 없었다.

아군 2사단의 5연대 2개 대대는 포천 가도에서 역습을 하였으나, 전차를 앞세운 인민군 3사단 7연대에 진지를 돌파 당하여 2개 대대는 와해되고 말았다. 이로 인하여 서측방의 아군 7사단도 진지를 지탱할 수 없어 철수하였는데, 7사단마저 분산되고 말았던 것이다.

의정부에서 후퇴한 아군은 창동 방면에서 인민군에 대비하여 반격 내지는 지연작전을 할 목적으로 모든 예비병력을 이 방면에 투입하였다. 특히 27일 의정부 탈환을 목표로 일부 병력으로 창동 방어진지를 구축케 하고 주력을 가지고 공격을 기도했으나, 인민군의 우세한 포병화력과 전차의 공격으로 목적은 좌절되고 후퇴를 하지 않으면 안 되었다. 이러한 결과는 오히려 아군의 사기를 저하시키는 원인을 만들었다.

아군의 창동 주 저항선主抵抗線에 도달한 인민군 3·4사단은 우세한 포병화력 지원하에 60여대의 전차를 선두로 하여 공격해서 불과 한 시간 만에 아군의 방어진지를 돌파하였다.

서울의 최후 방어는 미아리밖에 남지 않았다. 미아리는 경원 도로를 감싸고 있는 분지로서 서울로 통하는 이 도로만을 폐쇄하면 적 전차의 서울 침입을 방지할 수 있을 것이라는 희망을 가지고 아군은 전력을 다하여 미아리 방어에 임하였다. 이 방어선은 종전과는 달리 종심을 가지게 되었고 뿐만 아니라, 병력과 화력을 총집중시켰다. 그리고 또 TNT를 가지고 육탄으로 적 전차에 대항하였다. 이러한 초인간적인 노력으로 전차 여러 대를 격파하자, 인민군은 미아리 방어선에 대하여 정면 돌파를 하지 않고 야음을 이용하여 전차 2대와 1개 소총 소대로 하여금 청량리 방면으로 침투시켜 28일 오전 2시 서울 시내에 침입하게 되었다. 이보다 앞서 아군 8연대가 청량리 방면을 경계하고 있었으나, 적 전차는 의외의 장소로부터 침입하여 미아리 방어진의 후면을 위협하게 되었다. 후방을 위협당하게 된 미아리 방어부대는 28일 새벽부터 후퇴를 시작하였다.

3. 논평

1) 적의 의도와 능력을 알고, 아군의 의도와 능력을 알고 있으면 백 번 싸워도 위태롭지 아니 하며, 적의 의도와 능력을 알지 못하고 아군의 의도와 능력을 알면 승리할 수도 있고 패배할 수도 있으며, 또 적과 아군의 의도와 능력을 알지 못하면 싸울 때마다 패배한다.(모공편謀攻篇)

이 구절은 손자병법 13편 중 금언金言의 하나이며, 아직 손자병법을 읽지 않은 사람이라 할지라도 잘 알고 있는 구절이다.

6·25전쟁은 미국의 극동정책의 빈곤 내지 소극성으로 인하여 빚어낸 결과이다. 이에 반하여 소련은 그들의 세계적화를 위하여 교묘한 고등전략 및 전술을 유감없이 구사하였던 것이다.

예컨대, 스미르노프가 저술한 적군赤軍 사관학교의 교과서에 "적군敵軍의 격멸은 다만 그 육체를 죽이거나 혹은 포로로 하는 외에 적군 내의 노동대중 및 전장에 있는 노동민으로 하여금 프롤레타리아 혁명을 일으키게 함으로써 달성될 수 있다"는 것을 나타내고 있으며, 또 디 자구도누이는 이 원칙의 타당성을 강조하면서 말하기를 "적군赤軍만이 부르주아 국내의 프롤레타리아 및 농민의 동정과 원조에 의해서 적의 정면과 배후에다 동시에 공격을 가하는 절호의 조건을 구비하고 있다"고 하였다. 이것은 그들의 세계적화를 위한 술책을 가장 명확히 표현한 말이라 하겠다.

이처럼 그들은 적국의 군 내부에 자기네들의 군대를 편성하고, 또 적국의 국민을 무장시켜 자기 진영의 군대를 조직하고 확대해서 자기 나라의 정규군과 협력케 하여 일단 유사시 적국을 전방과 후방에서 공격하는 것, 이것이 공산주의자들의 전략이념의 중대한 특질이다.

그러나 불행하게도 미국의 정책수립가들은 적의 정체와 책략을 너무나 알지 못하고 있었다. 왜냐하면, 2차 대전에 있어서 발칸반도와 다뉴브강 계곡을 소련에게 넘겨주었고, 또 한국도 38선 이북을 그들에게 주었다. 뿐만 아니라, 1946년부터 47년 사이에 마셜 장군은 중공군을 다만 토지 개혁자의 집단이라는 어리석은 개념을 가지고 국공國共협상을 시작하여 실패하였고 결과적으로 중국 본토를 중공군에게 넘겨 주었던 것이다.

인민군이 남침을 하였을 때, 트루먼 대통령은 맥아더 장군에게 '경찰행동'을 취하라고 규정을 하였는데, 이것은 적군의 세력과 성격을 결정적으로 그릇 판단하였다는 것을 반영해 주는 것이다. 그러기에 해방 후 그들이 진주해서 경비대나 경찰은 중립을 지킨다는 어리석은 기본 방침으로 남한을 북한에 고스란히 넘겨줄 계기를 만들어 주는 결과가 되어 버릴 뻔 하였던 것이다. 경찰과 군대의 총격사건, 군대의 반란사건은 공산주의자들의 전략 이념을 얼마나 정확하게 실천으로 옮겼나 하는 것을 단적으로 말해 준다.

아군은 인민군에 대하여 어느 정도 알고 있었던가? 신성모 국방장관은 기자회견에서 "실지회복(失地回復, 북진 통일)을 위한 모든 준비는 다 되어, 다만 북진 명령을 기다리고 있다"고 하였고, 채 장군은 "평양 가서 점심 먹고 신의주에 가서 저녁 먹는다"고 하였다. 또 미 대사관 정보담당 밴더플 중령은 "한국군은 훈련과 무장이 최고도에 달하였기 때문에 북에서의 남침보다는 오히려 남에서의 북침 우려가 더 크다"고 했고 또 이 대통령이 거듭 중무장 장비를 요구하자, 미 군사 고문단장인 로버트 장군은 아시아에는 아무 곳에도 전차가 없다고 말하고는 자기의 주장을 합리화하기 위하여 한국군을 극동에서 가장 훌륭한 군대라고 주장하였다. 그러나 "빈약한 무장과 훈련을 받았다"(미 대사관측 평가)는 인민군은 남침한 지 불과 7~8시간 후에는 서울 10마일까지 접근했고, "세계 제2위의 육군"(로버트 장군의 주장)이라는 한국군은 제대로 싸워 보지도 못하고 혼란과 무질서에 빠져 개전 후 불과 60시간 후에는 서울을 버리고 한강도 나룻배와 수영으로, 거기다 모든 대포와 탄약은 전군全軍 재고품의 80%, 차량은 2,500대를 버리면서 철퇴하였던 것이다.

다음은 인민군의 남침 가능성에 대하여 살펴보기로 하자.

맥아더 장군 밑에서 다년간 정보참모로 활약한 윌로비 소장의 '회고'에 의하면 도쿄에 있는 맥아더 사령부로부터 한국에 파견된 비밀 정보기관이 1949년 6월부터 1950년 6월 사이에 무려 1,195건에 달하는 일련의 정보를 발송하였다는 것이다. 그러나 워싱턴 당국은 이러한 정보를 소홀히 다루었는데, 그 정보 내용을 추려보면 다음과 같다.

① 1949년 9월 1일

전쟁 피란민으로 가장한 중공군이 1949년 6월 이래 거의 매일 같이 평양에 들어가고 있다. 중공군의 1개 사단이 만주로부터 안둥(安東)을 거쳐 북한에 들어갔다.

② 1949년 12월 8일

북한 정권 및 중공 정권은 소련의 완전한 지배하에 있다. 소련은 한반도에 비공산주의 국가가 무한정 하게 존재하고 있을 것을 용납하지 않을 것이다. 북한의 정권이라는 것은 단순히 소련의 괴뢰에 불과하다. 평양에 주재한 300명으로 편성된 소련 사절단은 감시자의 역할을 하고 있다.

북한 인민군은 4개 내지 8개의 사단 및 독립여단으로 편성되고 있으며, 일반 보병무기 66㎜ 및 122㎜ 구경의 곡사포, 34대 내지 40대의 T-34형 전차 그리고 36대 내지 70대의 항공기를 보유하고 있다. 이 군 장비는 전부 소련제이다. 최근에 들어간 중공군은 1개 사단의 병력(미확인)으로 이루어졌다.

한편 공산주의자가 지배하는 남로당은 민주주의 제도의 약점을 핑계로 남한에서 발생하는 거의 모든 소요의 선동자가 되고 있다. 공산주의자가 사주하는 유격대는 남한 주민에게 공포와 불안을 조성시키고 있다. 공산주의자들은 남한에 대한 무력침략을 한반도에 대한 지배권을 장악할 수 있는 최후의 수단으로 생각하고 있다.

중국에서 토벌작전이 끝을 맺게 되면 더 많은 군대와 보급품이 북한에 투입될 것이다. 그때는 대한민국에 대한 위험성이 더 많아질 것이다.

군사작전에 가장 유리한 기상상태(12월)는 이미 지나갔다. 그와 같은 군사작전에 알맞는 다음 시기는 1950년 4월과 5월이 될 것이다.

③ 1950년 3월 10일

군대의 병력 증강과 군대의 대이동 상황을 보건대, 북한 인민군은 금년 봄이나 가을까지는 남침할 준비가 갖추어질 것이다.

한국에 대한 소련의 의도는 동남아시아에 대한 공산주의의 계획과 밀접한 연관성을 가지고 있다. 만약 동남아 여러 국가에서의 작전이 완료되면 소련은 한국에 그들의 주력을 두게 될 것이다. 최근 입수된 보고에 의하면 북한 인민군은 6월에 남한을 침략할 것이라고 한다.

④ 1950년 3월 25일

북한 정권의 전국 시찰반들이(전쟁의 예비 조치로) 북한 전역에 있는 모든 군대의 시찰을 완료하였다.

몇 개의 사단이 주로 38도 선 및 39도 선 사이의 지대에 배치되고 있는 것은 주목할 만하다. 훈련을 받은 조선족 출신의 공산주의자들이 만주로부터 북한으로 들어온 증거가 분명한데, 이것은 사단 수를 증가시키기에 필요한 인적 자원이 될 것이다. 이뿐 아니라 강제 징병이 계속되고 있는데, 징병된 북한 청년은 10만 내지 15만 명에 달한 것으로 추산된다.

한국군의 인민군 침략에 대한 정보는 다음과 같다.

육군본부 정보국의 1949년 12월 말의 종합보고에 의하면, "최근의 적정敵情과 제반 정세를 종합하건대, 명년(1950년) 봄을 계기로 적정에 급전적 변화가 예기豫期되며 적은 그때까지 남한에 대한 후방 교란 기반 획득과 내부 붕괴공작을 강행하여 인민군 남한 침공의 구체적 조건을 조성함과 동시에 모든 기능을 총동원하여 전쟁준비를 급속도로 촉진시킨다면 38선 일대에 걸쳐 전면적 공세를 취하고 일거에 대한민국의 전복을 기도할 것임."

⑤ 1950년 1월 육군 총참모장 대리 신태영 소장이 유엔 한국위원단에 보

고한 내용에 의하면 "북한 인민군의 침략계획이 거의 완료되어 그 실천이 시간 문제임"이라고 명확하게 적의 침략이 임박하였다는 것을 보고하였고, 이승만 대통령도 동년 5월 5일 내외 기자회견 석상에서 5, 6월 위기설에 언급하며 북한의 침공에 대비하여 우려를 표명한 바도 있었다.

⑥ 6월 중순부터 38선 부근에서 인민군의 이동이 심하였을 뿐만 아니라, 전차와 포진지 및 무수한 포가 관측되었고, 또 6월 24일 아군 7사단 정면에서는 인민군 군관들이 지도를 펴놓고 아군 진지에 대하여 지시하는 것을 목격하였던 것이다.

이러한 적정敵情을 가지고 종합 분석 평가하였더라면 적어도 비상 경계 태세를 23일에 해제할 것이 아니라, 계속하고 있어야 했을 것이다. 이러한 처사는 적과 아군의 의도와 능력을 알지 못한 데서 기인하는 것이다.

2) 오사五事, 칠계七計 및 궤도詭道

손자병법에 있어서 오사(도, 천, 지, 장, 법 = 경상經常, 정正)와 칠계(7항목에 대한 피아彼我의 역량을 비교 = 경상, 정) 그리고 궤도(14항목 = 권權, 변기變奇)는 전쟁의 승패를 결정하는 3개 요소이다. 평상시를 통하여 사계事計의 완비는 '지피知彼', '지기知己'의 양자를 요인으로 하는 국법상의 정법正法이며, 정치, 경제, 군사 및 외교를 통하여 국방력을 충분히 갖추게 함으로써 적의 전의戰意를 상실케 하여 전쟁을 미연에 방지할 수 있고, 만약 개전이 되었을 때에는 적을 쉽게 굴복시키기 위하여 변법變法인 궤도를 사용하게 되는데, 궤도는 오사·칠계가 기본이 되어 그 힘을 발휘하게 되는 것이다.

가) 오사五事(생략) 칠계七計

① 주숙유도主孰有道(생략)

② 장숙유능將孰有能

인민군 장군의 출신을 보면 총사령관은 소련군 소령 출신인 김일성이며, 부사령관은 중국 군관학교 출신인 최용건이었고, 소련군에서 복무한 바 있는 김일·김책·이건무·최광·오백룡·박만섭·이영호 등의 소련파와 중국 8로군路軍에서 쟁쟁한 명성을 떨친 무정·김창덕·김광협·김웅 그리고 방호산 등이다.

소련파는 부대지휘에 있어서 하급 장교(위관尉官)의 경험을 가지고 있었지만, 연안파는 군관학교에서 수학하고 8로군에서 사단장급 상급 지휘관의 풍부한 경험의 소유자들이었다. 예컨대 1군단장인 김웅, 2군단장인 무정은 황포 군관학교 출신에 사단장 및 포병사령관 출신이며, 5사단장 김창덕 소장은 중공군 164사단장, 6사단장 방호산 소장은 166사단장을 지냈고, 7사단장 전우 소장도 역시 이에 준하는 직책을 가져본 경험자였다. 뿐만 아니라 사단장의 고문에는 소련군 대령이 감독 지휘했고, 김일성에게는 대장 출신인 슈티코프와 로마넨코 소장이 지령을 하였다.

이에 반하여 아군의 육군 총참모장 채병덕 소장은 일본군 병기장교 출신인 소령이었으며, 해방과 더불어 건군기建軍期에 투신한, 병기생산에는 특기를 가지고 있었지만 10만의 군대를 용병할 수 있는 전략이나 전술에는 너무나 거리가 멀었다. 거기다가 그는 창군創軍된지 얼마 되지 않은 군에 대한 정치인들의 회오리바람과 잡음을 막느라고 정열과 시간을 소비하였다. 그래서 몇 년간 고이고이 길러왔던 10만의 군대를 용병에 대한 무지無知로 하루아침에 소모하고 또 붕괴시키고 말았던 것이다. “병법을 잘 아는 장수는 국민의 생사와 나라의 안위를 결정하는 영도자”(작전편作戰篇)라 했는데.

아무튼 아군 수뇌부들은 중대급 이상의 지휘에 대한 전쟁경험이 거의 없었다. 거기다가 이들을 지도한 사단장 고문관은 1명의 미군 중령에 불과했고, 주한 미 군사 고문단장은 허풍이 심했던 로버트 준장이었다.

③ 천지숙득天地孰得(생략)

④ 법령숙행法令孰行(피아의 조직, 규율 및 장비에 대해서는 생략한다)

⑤ 사졸집련士卒執練

인민군의 30% 이상이 전투경험이 있는 조선족 중공군의 고병古兵출신들로서 그들은 보병, 보병 전차 그리고 기계화 부대와의 대합동 연습을 했지만, 아군은 비교적 우수하다는 전선의 사단도 전쟁 초기에는 겨우 중대급 훈련을 완료하고 대대급 훈련에 들어갈 정도였다.

나) 궤도詭道

① 강이피지强而避之

채 장군은 25일 저녁 무렵, 의정부 전선을 시찰하고 역습할 것을 2사단장에게 명하였다. 전차·장갑차 130대, 보병 2개 사단, 포병 2개 연대의 우수한 적에 대하여 전차 한 대 없고 대전차 무기마저 소용이 없던 당시에 다만 소총 4개 대대 병력으로 역습을 감행한다는 것은 병법에 대한 무지의 표시에 지나지 않는다. 적이 아군보다 강력하고 승산이 없으면 피해야 한다. "정정당당하게 진격하여 오는 적은 대적對敵하지 말고 적을 조종하여 피로케 해서 적당한 시기에 적을 격파해야 하는 것이다"(군쟁편軍爭篇). 그런데 의정부에서 아군의 주력을 축차적으로 투입하여 승산 없는 역습을 자행한 것은 무지한 용병법이었다. 주월駐越 사령관 채명신 장군은 100% 승산이 보장 안 될 때는 부하를 전지戰地에 보내지 않는다고 말했는데, 정말 훌륭한 용병법이다. 그러니 "아군의 힘이 도저히 적에게 미치지 못하는 경우에는 교묘히 물러가 교전을 피하고 후일 승리할 기회를 구하는 것"(모공편謀攻篇)이 당연하다.

② 인민군이 아군의 미아리 방어선을 충분히 돌파할 수 있는 힘을 가지고 있음에도 불구하고, 야음을 이용하여 전차 2대와 1개 소총 소대로 청량리 방향으로 침입하여 아군 방어진지의 후방을 교란하여 아군을 후퇴케 한 것은 훌륭한 병법이라 하지 않을 수 없다. 이것은 바로, "준비하여 적의 기습을 방비하며, 강한 적은 피할 것이며, 적의 방비가 없음을 택하여 공격할 것이며, 적의 뜻하지 않는 점을 발견하여 공격하는 것"을 실천한 것이다. 이러한 인민군의 병법은 언제나 쓰이고 있었지만, 특히 대전지구 전투에서 대승하여 미 제24 사단을 완전히 와해시켜 버렸다. 즉, 인민군은 사단의 병력과 전차로 정면으로 압박을 가하면서 재빨리 전차나 포병도 수반하지 않은 경장비輕裝備 부대로 서방 및 남측방으로 대전을 포위하고, 후퇴로인 옥천 가도를 봉쇄하였던 것이다.

인민군은 소련 육군의 현대장비를 구사하는 전술과 중공군의 유격전법을 교묘히 조화시켜 운용하였던 것이다. 손자병법에 의하면 "패배란 있을 수 없다. 왜냐하면, 패배할 싸움이란 처음부터 피하여 싸우지 않는다. 승리할 수 있는 상태를 만들어 놓고서 비로소 싸우니 승리하는 것이다." 그러나 김일성과 그의 일당은 2개월이면 남한을 정복할 수 있다고 확신하고 싸움을 시작하였으나, 뜻하지 않은 유엔군의 참전으로 그들의 침략 흉계는 파경으로 끝났던 것이다.

4. 결론

맥아더 장군은 6·25전쟁이 발발하자 그의 한 참모장교에게 다음과 같은 내용의 말을 실토하였다. 즉

> 한국군은 10개 사단으로 편성되어 있다. 그들은 훈련을 훌륭히 받았으며, 군인 각자는 용감하고 애국심을 가지고 있다.
>
> 북한은 한국군 정도로 무장한 한 부대를 38선에 배치해 놓고 그 배후에는 전투태세를 갖추고 싸울 기회만을 기다리는 강력한 공격부대를 건설하였다. 이러다 드디어 공산 인민군의 일격은 가해지고 그 앞에 모든 것은 석권되었다.
>
> 공산군이 공격을 가할 정확한 일자나 시간을 알아 맞추는데 실패하였다고 비난을 할 것이 아니라, 그러한 공격이 가해질 때 그것을 효과적으로 격퇴할 수 있도록 한국군을 준비시켜 주지 못한 군사적 실수에 대해서는 비난을 해야 마땅할 것이다.
>
> 북한 인민군이 한국군으로서는 가지고 있지 않은 전차, 야포 및 전투기 등을 보유하고 있었다는 사실 하나만으로서도 남침의 가능성은 충분히 알 수 있는 것이었다. 이것을 알지 못하였다는 것은 중대하며 치명적 오류가 아닐 수 없다.

16년 전 "한국군은 미국 외의 제일 가는 육군"이라고 치켜 올렸던 바로 그 미국인들로부터 요즘은 다시 "세계 제4위의 육군"이라고 칭찬을 받고 있지만 과연 그 말을 액면 그대로 받아들여야 할 것인가? 그 말이 사실이기를 바라기는 하지만 잘 수긍이 가지 않는다. 우리는 다시 6·25전쟁 때와 같은 과오를 범해서는 안 될 것이다.

"적이 침범해 오지 않으리라는 것을 믿지 말고 우리가 능히 방어할 수 있다는 것을 믿어야 하며, 적이 공격해 오지 않으리라는 요행을 믿지 말고 우리의 방비가 견고하기 때문에 적이 감히 공격하지 못하리라는 것을 믿어야 한다."(구변편九變篇)

III

인천상륙작전

-무릇 전투는 정正으로써 나아가고
기奇로써 이기는 것이다.-병세兵勢

제1차 세계대전 중인 1915년 4월에 영국군이 갈리폴리 상륙전에서 실패한 후 대부분의 군사지도자들의 일반적 견해는 "잘 방어된 해안으로 상륙전을 감행한다면 결국 실패하게 마련이다"고 하는 것이었다. 당시 영국 해군 부사령관인 키이스 준장은 "대낮에 방어된 해안으로 공격한다는 것은 우매한 행위란 것이 최초로 감행된 상륙작전에서 우리가 배운 무한한 가치가 있는 교훈이었다"고 기술하였다. 이러한 풍조는 일반적으로 군사지도자로 하여금 상륙작전이란 일종의 자살행위로만 생각하게 했다.

그러나 꾸준한 상륙작전에 대한 연구는 결코 그것이 자살행위가 아니라는 것을 2차 대전을 통하여 증명하여 주었다. 현대 상륙전 발달은 1933년경 당시 미 해병대 부사령관이었던 러셀 소장이 참모부 요원들을 퀜티코에 배치하여 공격부대의 구성계획을 수립하도록 했으며 또 상륙전을 위한 새로운 교범을 출판하고 매년 실습 및 연습을 통하여 해군과의 상호협조 관계를 계발하였다.

그래서 미국은 이러한 공격 전술을 가지고 제2차 세계대전에 참전하였다. 이 전술은 유럽, 아프리카 및 태평양의 여러 섬에서 사용하였으나, 독일군이나 일본군이 이를 방어할 적당한 방법을 발견하지 못했기 때문에 한 번도 크게 실패하지 않았다. 따라서 제1차 세계대전 시까지의 상륙전에 대한 자살행위라는 개념은 서서히 바뀌어졌으며, 영국의 저명한 군사평론가이며 전사가戰史家인 풀러 소장은 상륙작전을 "어느 모로 보나 전쟁에 있어서 후세에 길이 빛날 전술상의 신기원"이라고 지적하였다.

2차 대전에 있어서 태평양에서 일본군을 굴복케 하고 승리로 이끈 맥아더 장군의 특수한 전술 중의 하나가 바로 이 상륙작전이었다. 제해·공권制海空權을 완전히 장악하여 부대의 이동을 보장받는 융통성 있는 기동작전은 항상 귀중한 결과와 신속한 결정을 가져왔고, 적의 후방에 우회하여 병참선을 공격하는 것이 승리의 첩경이었다. 그러나 2차 대전 후 상륙작전은 낡은 전술이라고 주장하는 사람들이 나타나게 되었다. 대표적인 상륙작전의 반대론자는 당시의 미 연합 참모본부 의장이었던 브래들리 대장이었다.

1. 초기의 계획

1950년 6월 29일 일본에서 수원으로 날아 온 맥아더 장군은 영등포의 한강변에서 전투상황과 정세를 직접 파악한 후, 한국군이 인민군의 공격에 대적할 만한 능력을 상실하였다고 판단했다. 그래서 인민군의 전진을 저지시키고 반격하기 위해서는 미 해·공군뿐만 아니라 지상군까지 투입해야 한다고 트루먼 대통령에게 건의하였다. 맥아더 장군은 신속히 진격하는 적을 저지하고 반격하기 위해서는 상륙전이 필요하다고 판단하고, 적의 후방을 기습 상륙하기 위하여 그의 참모장인 알몬드 소장에게 상륙계획을 수립하고 상륙지점 선정에 대하여 연구하라고 지시하였다.

맥아더 장군의 지시에 의해 상륙계획을 수립하고 상륙지점을 연구하기 위해 극동사령부에서 개최된 7월 4일 회의에서는 작전참모인 라이트 준장

주관의 합동전략계획 및 작전단이 계획을 수립하고 있었다. 이 최초 작전계획의 암호명은 「블루-하츠(Blue-Harts)」이며, 'D-day'를 7월 22일로 결정하였으나 미군과 한국군의 능력 부족으로 7월 15일경 취소되고 말았다.

그러나 7월 23일 라이트 장군은 맥아더 장군의 지시에 의거 총사령부 각 참모부에 작전계획 「크로마이트(Chromite)」를 회람시켰는데, 이 작전은 9월에 실시할 예정으로 다음과 같은 3개 안이 있었다.

① 계획 100-B는 인천상륙

② 계획 100-C는 군산상륙

③ 계획 100-D는 주문진 부근에 상륙

계획 100-B는 인천상륙과 동시에 미 8군이 정면에서 공격하는 것으로 되어 있었다. 7월 23일 맥아더 장군은 "미 제2 보병사단과 미 해병여단을 적의 후방에 상륙시킬 계획"이라고 육군성에 보고하였다. 그러나 29일에는 "미 해병여단과 미 제2 사단을 포위 반격에 사용하려 하였으나 전선에 투입되고 말았다. 9월 중순에는 재차 어떤 부대의 우회기동 문제가 야기될 예정에 있으므로 일본에 있는 유일한 예비대인 미 제7 사단이 전투력을 갖추는 대로 즉시 사용할 것이다"고 보고하였다. 그러나 이 상륙작전보다 더 중요하고 시급한 것은 전선이 이미 남쪽으로 깊이 침투되어 가고 있으므로 부산 주변의 교두보의 확보문제였다.

2. 인천지역의 지리적 조건과 전략적 가치

인천상륙작전에 대한 계획은 수립하고 있었다. 그러나 국군의 재편성과 전선이 너무 남방으로 뻗어나가서 부산 주변의 교두보 확보가 시급하였으므로 맥아더 장군을 제외한 사람들은 상륙작전을 체념하고 있었다. 뿐만 아니라 상륙을 위한 충분한 예비조사와 예측할 수 있는 모든 자연 및 지리적인 장애물 때문에 상륙작전의 실시는 거의 불가능하게 보였다.

인천상륙작전에 있어서 지리적 장애물을 열거하면 다음과 같다.

첫째 : 조수 간만의 차가 심하다는 것이다. 그 차이는 무려 9m에서 10.8m까지 기록될 때가 있다. 그리고 인천에 상륙하려고 하면 만조 시에만 실시해야 하기 때문에 공산군 측에서 연합군의 상륙을 예상한다면 그들은 9월 15일, 10월 11일, 11월 3일이 상륙 예정일이 되리라는 것을 계산할 수도 있고 또 시간까지도 알 수 있는 것이다.

둘째 : 인천은 한국에서 제2의 항구이기는 하지만 조수와 갯벌, 좁고 긴 수로, 그리고 제한된 부두시설로 인하여 군수지원이 불편하다.

셋째 : 항구 어디에 어느 정도로 준설되어 있는지 모른다.

넷째 : 조수와 제한된 항구의 공간으로 인하여 공격함대가 정박하여 화력 지원하기가 매우 불편할 뿐만 아니라, 항구 내에서 작전 중인 주정舟艇과 모함母艦 사이의 거리는 약 30마일이나 연장되어 버린다(보통 모함과 주정 사이의 거리는 8~10마일이 상례이다).

다섯째 : 가장 큰 지리적 장애물은 적이 견고하게 방어하고 있는 월미도로서 이 섬은 항구로 들어오는 모든 외부세력을 충분히 제압할 수 있는 요충지가 되어 있다.

여섯째 : 적당한 상륙지점이 부족하다.

인천의 지리적 조건에 대하여 알몬드 장군은 "인천은 상륙작전을 감행하기에 가장 나쁜 조건을 가진 곳이긴 하지만, 상륙작전의 최대 성과를 얻을 수 있는 곳"이라 하였다. 인천은 서울과 최단 거리에 있는 항구도시이기 때문에 이곳을 통하여 서울을 점령하게 되면 적의 주요 보급로를 차단하고 적의 주력부대를 격파할 수 있는 곳이기도 하였다.

당시 인민군이 사용하던 모든 보급품과 탄약은 서울을 통해 공급되고 있었으므로 이를 차단하기만 하면 낙동강 선의 교두보를 공격하고 있던 적이 큰 타격을 받는다는 것은 명백한 일이었다. 맥아더 장군도 "전과戰果는 10중

8, 9가 주 보급로의 차단으로 인해서 격파당했다는 사실을 증명한다"고 말한 바 있었다. 또 인천을 점령하면 수도 서울을 탈환할 수 있으며, 이로써 한국민들에게 정치적, 심리적인 점에서 안도를 주고 국군의 사기를 앙양할 수 있으며, 반대로 적은 간담이 서늘해질 것이다. 따라서 인천상륙은 공산 침략을 분쇄하고 조속히 전쟁의 종말을 가져와 평화를 회복할 수 있을 것 같았다. 사실 이 상륙작전은 훌륭한 성공을 가져오느냐 혹은 큰 재난을 가져오느냐 하는 커다란 도박이었다.

3. 상륙작전의 계획수립

1950년 7, 8월 2개월 동안 미 연합 참모본부는 맥아더 장군의 적 후방에 상륙하겠다는 안案에 대하여 그의 계획을 검토하고 상륙지점으로 인천을 선정한 데 대해 반대론이 많이 대두되었다. 연합 참모본부는 맥아더 장군과 이 문제를 협의하기 위하여 육군 참모총장 콜린스 장군과 해군 작전부장 셔먼 제독을 도쿄에 파견하였다고 하지만, 맥아더 장군의 말을 빌리면 "협의한다기보다는 이 작전을 포기시키려는 데 그 주목적"이 있었던 것이다. 8월 20일 도쿄에 도착한 이들은 극동사령부의 참모들과 개별적인 회의를 하고 8월 23일 오후에 도쿄 제일빌딩 내의 맥아더 장군 회의실에서 상륙작전에 관한 총괄적인 토의를 시작하였다.

이 회의에는 맥아더 장군을 비롯하여 콜린스 장군, 알몬드 장군, 히키 장군, 라이트 장군, 해군의 셔먼 제독, 스트러블 제독, 조이 제독 및 관계 요원과 브리핑 장교들이 참석하였다. 맥아더 장군은 약 80분간의 브리핑을 조용히 경청하였다. 브리핑이 끝나자 도일 제독은 벌떡 일어나서 "장군, 나는 인천 상륙에 대해서 상륙을 요구받지도 않았고, 또 자원해서 나의 의견을 내놓는 것도 아닙니다. 그러나 상륙을 요구당하면 내가 답할 수 있는 최선의 의견은 인천 상륙이 불가능하지는 않다는 사실입니다. 그러나 나는 이를 건의할 수는 없습니다"고 하였다.

설명이 모두 끝나자 맥아더 장군은 늠름한 표정과 굳은 신념을 가지고, 그러나 부드러운 어조로 인천에 상륙하려는 이유를 설명하기 시작하였다. "적은 그의 후방을 무시하고 긴 보급선을 노출시키고 있으며, 모든 전투부대는 사실상 낙동강의 미 8군 전면前面에 투입시켰다. 훈련된 예비대는 물론 없고 전세戰勢를 회복할 만한 힘은 거의 없다"고 말하고 정책적면, 심리적면, 그리고 정치적 이유로써 인천에 상륙하려는 점을 강조하였다. "그렇게 하기 위해서는 서울이 빨리 탈환되어야 한다. 현재 90%의 인민군이 부산 주변에 투입되었으며 적은 연합군이 인천에 상륙하리라는 것을 예기치 못할 것이다"고 강조하였다. 그는 지도에서 인천을 가리키면서 "부산 교두보에서 북으로 진격하려면 적어도 10만 명의 사상자를 내지 않고서는 불가능하며, 이곳은 워커 장군이 남쪽에서 적군을 섬멸시킬 수 있는 요지가 될 것이다"고 하였다.

콜린스 장군과 셔먼 제독이 군산을 상륙지점으로 건의한 데 대하여 맥아더 장군은 그 착상에는 원칙적으로 찬성하나 지리적인 이유로 반대하였다. "군산에 상륙하는 것은 인민군을 격퇴시킬 수 없고 다만 그들은 수 마일 후퇴할 것이다. 우리는 그들의 주 보급로를 절단할 수 없다. 상륙작전은 우리가 가진 최강의 수단이다. 적은 인천에 상륙하는 것이 매우 어렵다는 이유로 등한시하고 있으며, 현재로서는 이에 대처할 아무런 방책도 갖고 있지 않다. 따라서 적에게 이보다 더한 기습이 없지 않은가. 나는 인천상륙작전이 5,000 대 1의 도박인 것을 잘 안다. 그러나 나는 그것을 할 작정이다." 이때 맥아더 장군의 음성은 거세어 가고 실내에는 극적인 침묵이 흐르고 있었다.

"우리는 인천에 상륙하여 적을 무찌르지 않으면 안 된다"고 끝을 맺었다. 콜린스 장군과 셔먼 제독이 워싱턴에 귀환하여 연합 참모부 요원과 논의한 후, 8월 28일 연합 참모부는 맥아더 장군에게 인천상륙작전에 조건부로 동의하는 전문을 발송하였다.

4. 상륙작전의 성공

인천상륙작전은 계획이 결정된 23일 후에 악몽과 같은 준비를 끝내고 행동 개시되었다. 제2차 대전시 남태평양의 과달카날 작전은 8개월간의 준비 기간이 소요되었고, 북아프리카의 상륙은 약 1년이 필요했으나, 인천의 준비 기간은 1개월도 못 되었다.

맥아더 장군는 상륙 개시일이 9월 15일이라는 것을 훈령으로 예하부대 지휘관들에게 통보하였다. 상륙 예정일 1주일 전에는 작전계획의 세부적인 점까지도 모두 갖추게 되었으며, 일본, 미국 그리고 지중해 방면에서 오는 부대도 거의 준비태세를 끝냈다. 이러한 촉박한 시기에 미 연합 참모본부로부터 맥아더 장군에게 찬물을 끼얹는 듯 뼛속까지 시리게 하는 "성공을 의심하고 전체 계획을 단념하도록" 시사하는 강경한 전보를 한 장 받았다. 그러나 그의 회전回電 내용은 조리 있고 논리정연하였으므로 연합 참모본부의 소극적이고 수동적인 방어론을 압도하고 그들이 꺼려 하는 동의를 얻을 수가 있었다.

1950년 9월 15일 미명未明에 알몬드 소장이 지휘하는 미 10군단 7만여 명과 260여 척의 함선은 인천 항구지대에 상륙하는 데 성공하였으며, 이 역사적인 상륙작전에 우리의 해병 1개 연대와 육군 제17 연대가 참가하여 용맹을 떨쳤다. 아침 6시 35분 제1진이 월미도에 상륙 개시하였으며, 6시 55분에는 스미스 상사가 월미도의 정상에 성조기를 게양하였다. 이 순간에 메킨리호 함상에서 작전을 주시하고 있던 맥아더 장군은 의자에서 벌떡 일어나며 "바로 저것이다! 이제 우리 커피 한 잔씩 합시다"고 말하고 스트러블 제독에게 "해군과 해병대가 오늘 새벽과 같이 그 실력을 발휘한 때는 없었다"고 격찬했으며, 스트러블 제독은 이를 모든 휘하 장병에게 전달했다.

이 작전은 대성공이어서 9월 28일에는 수도 서울을 탈환하였으며, 제10군단은 서울 남방인 수원 쪽으로 진격하고, 제1 해병사단은 적이 바로 3개월 전 서울을 점령하기 위하여 진격해 왔던 의정부 북방으로 패주하는 적을 추격하였다.

제8군은 낙동강 주변에서 9월 16일을 기하여 대반격을 개시했다. 아군이 협공挾攻 작전을 함으로써 적은 보급이 절단되었을 뿐만 아니라, 퇴로까지 차단되었기 때문에 가속도로 붕괴되어 갔다. 인천상륙작전은 적이 80여 일에 걸쳐 남하해 온 전투지역을 15일에 걸쳐 적을 휩쓸어버리고, 9월 30일에는 이미 38선까지 진출할 수 있게 하였다.

5. 논평

1) 인천 상륙작전에 대한 구상은 맥아더 장군 혼자서 하였다. 상륙작전을 하기에는 가장 불리한 지리적인 여섯 가지의 조건이 붙어 있기에 타인에게는 좀처럼 납득이 가지 않았다. 그러나 맥아더 장군은 그러한 불리한 조건이 바로 유리한 조건이라는 것을 투시할 줄 아는 명장名將이었다. 즉,

"전투보다 어려운 것이 없으니, 먼 길을 곧고 가까운 길과 같이 활용하며, 불리한 것을 잘 이용하여 우리에게 이롭게 하는 것이다."(군쟁편軍爭篇)

뿐만 아니라, 적은 인천상륙작전이 곤란하다는 이유 때문에 방비를 소홀히 하고 있다는 것을 알고 있었다. 바로 그 점을 역이용하자는 것이었다.

"적의 방비가 없음을 택하여 공격할 것이며, 적의 뜻하지 않는 점을 발견하여 공격하는 것이다."(시계편始計篇)

"공격하여 반드시 점령하는 것은 적의 무방비한 곳을 공격하기 때문이다."(허실편虛實篇)

"대개 전투의 형形은 물을 본따는 것이니, 물은 높은 곳을 피하여 낮은 곳으로 흐른다. 그러므로 전투의 형은 실(實, 잘 방비된 것)한 곳을 피하고 허(虛, 방비되지 않는 것)한 곳을 공격하는 것이다."(허실편虛實篇)

2) 적이 방비하지 않는 아무 곳이나 공격하는 것이 아니라, 적의 급소를 공격해야 한다. 인천은 서울에서 가장 가까우며 또 서울을 점령하는 것은 정치적, 심리적 그리고 유엔군의 사기뿐만 아니라 적의 병참선을 차단하게 된다. 맥아더 장군이 얘기하다시피 "전사戰史는 10중 8, 9가 주 보급로의 차단으로 인해서 격파당했다는 사실을 증명하고 있다."

"전투에 치중輜重이 없으면 망하고, 식량이 없으면 망하고, 재물의 저축이 없으면 망하는 것이다."(군쟁편軍爭篇)

3) 이제 우리는 손자병법에서 전투의 핵심적 본질을 고찰할 단계가 되었다. 즉 그것은 허실虛實·기정奇正·분합分合의 묘용妙用에 지나지 않는다.

"우리 군사가 적과 부딪혔을 때, 마치 돌을 달걀에 던지는 것 같이 되는 것은 아군의 실實로써 적의 허虛를 치기 때문이다. 무릇 전투는 정正으로 나아가고 기奇로써 이기는 것이다."(병세편兵勢篇).

여기서 말하는 정正이란 적이 아군을 이길 수 없는 수비이며, 기奇란 아군이 적에게 이길 수 있는 공격을 의미한다. 먼저 이 손자병법의 원리를 서양의 고대전사古代戰史에서 찾아보기로 하자.

기원전 326년 알렉산드로스 대왕의 인도 정복에 있어서 히다스페스의 전투는 좋은 예가 된다. 알렉산드로스 대왕의 군대는 히다스페스 강 북쪽 언저리에 도달하였고, 강 건너편에는 인도 여러 왕 중의 하나인 포로스의 군대가 적의 도하渡河를 저지하기 위하여 포진하고 있었다. 강의 폭은 약 반 마일이나 되고 많은 비로 인하여 범람하고 있었기 때문에 적 정면으로는 도하가 거의 불가능하였다. 알렉산드로스 대왕은 많은 보트를 건조하여 진지의 상·하류 각 지점에 배치해 놓고 병력을 승선시켰다 내리게 하는 행동을 반복케 하는 일련의 양동佯動을 하여 적으로 하여금 계속적인 경계와 불면으로 피로케 하고 또 정신의 이완을 가져오게 하였다. 그는 이미 진지에서 약 16마일 상류에 적합한 도하지점을 발견해 두었다. 진지 부근에서는 양동(正)을 계속하면서 주력부대를 폭풍우 치는 밤에 도하지점으로 이동하여 강을 건너(奇) 포로스가 이 지역에 급파한 소수의 병력을 격멸시킬 수 있었다. 그런 다음에 그는 신속히 병력을 집결시켜 포로스의 주력군을 향하여 진격했다.

포로스는 완전히 당황하였다. 그는 일부 병력을 알렉산드로스 진영 정면으로부터의 도하를 경계하도록 남겨 두고, 그 자리에서 이탈하여 그의 방어계획을 위해 적합한 평원에 전투대열로 정렬하였다. 포로스군 전열戰列의 중앙에는 전투 코끼리를 배치하여 모든 보병을 엄호케 하고 전투 코끼리의 우익에는 보병이 측면을 보호하였다. 그리고 포로스의 기병騎兵은 그들 전열戰列의 양 측면에 배치되어 있었다.

알렉산드로스는 적의 배치를 정찰하였다. 그의 병력은 기병 5,000명, 보병은 6,000명이고, 포로스는 기병 4,000명, 보병 30,000명이었다. 알렉산드로스는 적군의 정면에 전투 코끼리가 배치되어 있기 때문에 사선기동斜線機動(正)을 하면서 포로스군의 좌측방을 공격(奇)하는 한편, 이미 그가 신뢰하는 중기병대重騎兵隊 대장 코에누스로 하여금 우회하여 인도군의 우익 배후를 강타케(奇) 한 것이 적중되어 적은 전투능력을 상실해 버렸다. 코에누스는 다시 인도군을 선회하여 알렉산드로스와 대치하고 있는 인도 기병騎兵의 배후를 공격하였다. 양면으로부터의 공격에 적의 좌익도 무너져 적은 혼란에 빠져 결국 패배하고 말았다.

알렉산드로스 대왕은 히다스페스의 전투에 있어서 손자병법의 정기正奇의 묘용으로 포로스의 대군을 격파하였던 것이다.

인천상륙작전으로 돌아와서 고찰한다면, 아군의 낙동강 주변의 교두보 확보를 위한 방어가 '정正'이고 인천상륙작전이 바로 '기奇'인 것이다. 손자가 말한 "무릇 전투는 정으로써 나아가고 기로써 이기는 것이다"는 원칙이 수 천 년을 두고, 동서양을 불문하고 언제나 전장에서 활용되고 있음을 볼 때, 그의 사상이 얼마나 독창적이고 훌륭한 것인가를 알 수 있을 것이다.

손자는 기·정의 묘용을 다음과 같은 유명한 말로 표현하고 있다. 즉,

"그러므로 그 빠르기는 바람과 같고(奇), 그 고요하기는 숲과 같으며(正), 적을 앗을 때는 불같이 하고(奇), 나를 지킬 때는 산처럼 하며(正), 어둠 속인 듯 나를 숨기고(正), 한번 움직이면 우레처럼 하는 것이다(奇)."(군쟁편軍爭篇)

맥아더 장군이 손자병법을 어느 정도 알고 있었는지는 알 길이 없지만, 그는 손자가 말한 기정奇正의 묘용으로 북한 인민군을 격멸시켰던 것이다.

IV

중공군의 개입과 맥아더 장군의 해임

-장수가 유능하고, 군주가 간섭하지 않으면
승리한다.-모공謀攻

1. 유엔군의 38선 돌파

1950년 9월 15일 맥아더 장군은 인천상륙작전이 성공하고 계속해서 서울을 수복했다. 아군은 적의 큰 저항을 거의 받지 않고 9월 말에 38선에 도달하게 되었다. 여기서 국군과 유엔군은 종래의 획정 선이었던 38선에서 더 이상의 진격을 중지하고 수비만 할 것인가, 그렇지 않으면 이 기회에 패퇴하는 적을 추격하여 계속 북진함으로써 양단된 국토를 통일시키기 위해서 38선을 돌파할 것인가 하는 문제가 일어나 고위층에서 논의하게 되었다. 1950년 9월 27일 미 연합 참모본부는 맥아더 장군에게 다음과 같은 명령을 하달하였다.

첫째, 군사목표는 북한 인민군을 궤멸시키는 데 있다.
둘째, 사명은 가능한 한 이승만 정권하에 한국을 통일시키는 데 있다.
셋째, 소련과 중공이 어떻게 개입할 것인지 그 사태 발전을 보고할 것.

셋째 명령을 볼 것 같으면, 미국 정책의 기본적인 약점이 드러난다. 소련이나 중공과 같은 강력한 공산국가가 전쟁에 개입하느냐, 안 하느냐 하는 문제는 최고위층에서 다루어야 할 정치적 문제인 것이다.

9월 27일의 지시에 따라 마셜 미 국방장관은 맥아더 장군에게 그의 개인 서한을 통하여 "전술적, 전략적으로 38선을 넘어 공격할 것인가 하는 문제는 현지 사령관의 자유재량에 있다"고 표명하였던 것이다.

당시 이 문제에 대해 미국을 비롯하여 유엔에서 찬·반 양론으로 의견이 대립되어 한 때 논란이 일어났었다. 미국 내의 여론 중 38선의 돌파를 반대하는 주장은 "당시의 목적(전쟁 발발 후 38선까지 수복시키는 것)이 달성되었다"는 것을 지적하여 "침략은 효과적으로 격퇴되었고 인민군의 위협은 일소되었으므로, 그 이상의 행동을 취한다면 중공과 소련의 안전을 위협하게 될지 모른다. 한편 중공은 공식적으로나 또는 외교를 통하여 남한군 이외의 다른 군대가 38선을 넘어서면 부득이 행동하지 않을 수 없다는 것을 공표하여 왔기 때문에 전쟁을 종결시키기 위해서는 전쟁 이전에 획정되었던 38선에서 머물러야만 그들에게 종전終戰의 구실을 줄 수 있다"는 점을 들고 있었다.

유엔과 미 정부에서의 주장은 "38선에 이르기까지의 수복작전은 참전국들이 놀랄 만한 보조 일치로 공동행동을 해왔지만 38선을 돌파하는 행동에 대해서는 주저하지 않을 수 없다. 특히 북진을 감행할 때 곤란에 빠져 버린다면, 이 성과에 오히려 피해를 당하게 될 것이고 또 장차 그들의 원조를 얻기 어려울 것이다"고 하는 반대적 의견이었다.

한편 찬성하는 주장은 "유엔은 그 자체가 종래의 결정에서 한국 통일의 언질을 이미 주고 있기 때문에 이것을 준수하고 이행하는 데 있어서 지금보다 좋은 기회는 없을 것이다. 순전히 인위적인 장애를 제거하고 한국 전체를 통하여 자유선거를 실시하는 데 대한 여러 가지 방법을 쓸 수 있게 되었다. 유엔이 충분한 권한을 갖고 있지 않다는 주장은 법률적인 잔말에 지나지 않는다. 평화의 회복과 정치적 해결의 강요 사이의 차이는 불확실한 것이다. 군사적 체제의 지도적 국가인 미국의 관점에서 본다면, 북한 내의 공산 보루堡壘를 제거하지 않고 국제평화와 안전을 회복한다는 것은 불가능할 것이다"고 하였다.

이처럼 여러 가지 의견이 구구하였지만, 이승만 대통령은 미국이 어떠한 말을 하든지(왜냐하면, 한국군의 작전 지휘권은 맥아더 장군에게 있기 때문에) 그들의 말을 듣지 말고 38선을 밀고 북진하라고 한국군 지휘관들에게 명령을 내렸다. 그리고 맥아더 장군도 북진을 결심하고 마셜 장관에게 "적이 항복할 때까지 나는 군사작전을 계속 수행할 것이며, 한국 전체를 공산주의 지배하에서 구출할 것이다"고 그의 뜻을 말하고 다시 워싱턴 당국에도 다음과 같은 내용의 전문을 발송하였다.

> 본국 정부에서 어떤 반대 지시가 없는 한, 본인은 10월 2일 월요일 12시를 기하여 모든 유엔군 부대에 대하여 다음과 같은 지시를 내릴 것이다. 38선은 국제적으로 용인된 국경선이 아니므로 38선은 군사적 작전에 아무런 제한을 받지 않으며, 한국의 합법적인 국경선은 압록강과 두만강 선일 뿐이므로 2개의 국경선은 있을 수 없다. 10월 1일 인민군에 보내는 본인의 항복 권고를 그들이 수락하지 않는다면 우리는 근본 목적을 달성하기 위하여 한국의 어느 곳에서나 군사작전을 수행할 것이다.

맥아더 장군은 38선을 돌파하기에 앞서 전쟁의 종결을 짓기 위하여 일단 김일성에게 다음과 같은 내용의 항복 권고문을 보냈다.

> 인민의 피해와 재산의 파괴를 피하기 위하여 무기를 버리고 항복하라. 이미 인민군의 전투 능력은 전면적으로 패퇴하여 전멸될 것이므로 유엔군 포로와 납치인들을 모두 석방시키라는 유엔의 결의를 이행하고 전쟁 행위를 중지하여 불필요한 유혈과 재산 파괴를 방지할 결심을 조속히 행할 것을 기대한다.

트루먼 미 대통령은 38선을 돌파하는 경우 소련이나 중공이 개입함으로써 세계 3차 대전으로 이끌어서 전면전쟁으로 확대되지 않을까 하는 우려만이 주요한 관심사였다. 그래서 동년 9월 1일 방송을 통하여 "우리는 한국에서의 전쟁이 전면전쟁으로 확대되기를 원하지 않는다.…우리는 다만 침략을 신봉하지 않고 예방전豫防戰을 신봉하기 때문에 우리의 군대는 오늘날 한국에서 평화를 위하여 싸우고 있으며…" 하였고, 또 애치슨 미 국무장관은 중공군의 개입설에 대하여 동년 9월 10일 TV방송을 통하여 "중공이 한국전쟁에 개입한다는 것은 자멸의 초래"라는 내용으로 경고하였다. 러스크 미 극동담당 국무차관보도 동년 9월 16일에 방송으로 "미국은 한국에 군사기지를 설치할 의사가 없고, 한국에 인접된 국가는 위협을 느낄 필요가 없다"는 내용으로 북한에 외국군의 개입을 회유 또는 경고하였던 것이다.

국군은 동년 10월 1일 단독 작전으로 38선을 돌파하기 시작하였고, 유엔군도 뒤를 이어 북진하게 되었다. 인민군의 패배는 눈앞에 다가 온 듯 했다. 10월 14일 인민군 총사령관 김일성은 "작전부대는 무질서하고 상부의 명령없이 철수하고 있으며…한 걸음도 더 이상 퇴각할 수 없을 뿐만 아니라, 더 퇴각할 땅도 없다. 계급 여하를 막론하고 철수명령을 내리거나 탈출하는 자는 즉결 처분하라"는 엄명을 모든 인민군에게 하달하기에 이르렀다.

그러나 금천이 함락됨으로써 38선과 평양 간의 방어선이 돌파되어 적은 완전히 혼란 상태에 빠졌고, 유엔군은 적의 산발적인 저항을 물리치면서 전진하여 마침내 10월 20일에는 적 수도인 평양을 완전 점령하게 되었다. 한편 동부전선의 미 제10 군단은 원산과 이원에 상륙작전을 감행하여 순조롭게 전진하고 있었다.

이리하여 맥아더 장군은 한·만韓滿 국경선으로부터 30~40마일의 거리를 둔 선, 즉 미 합동 참모본부가 국군만으로 작전을 하고 유엔군의 사용을 금지한 제한을 철폐하고 "모든 지휘관은 전 예하부대를 총동원하여 국경선까지 진격할 것"을 모든 지상군에게 명령하였다.

이러한 처사에 대하여 미 합동참모본부에서는 그 해명을 요구하여 왔으나, 맥아더 장군은 "군사상 필요한 조치이며 한국군 만으로서는 그 광대한 산악지대를 경비할 수 없을 뿐만 아니라, 여러 가지 현지 지휘관의 재량에 의한 것으로서 정부의 방침을 위반하지 않았다"고 회신하였다.

미 합동 참모본부에서는 그 회신에 만족하지 않으면서도 강력한 제지를 하지 않았는데, 그 이유는 당시의 전황戰況에 있어서 소련군이나 중공군과 같은 외국군의 새로운 개입이 없을 뿐만 아니라, 인민군의 잔병 소탕에 불과한 소규모의 전투밖에 남지 않은 듯한 지극히 낙관적인 전세로 전개되었기 때문에 누구나 모두 국경선까지는 쉽사리 진격하여 전쟁은 곧 종말을 고할 것으로 내다보았다. 이리하여 10월 22일 워커 장군은 남은 전투를 치르기에는 현재 보유하고 있는 물자만으로 충분하다고 생각하여 모든 지상 작전용 탄약과 포탄의 수송신청을 취소하였으며, 당시 「뉴욕 타임스」도 사설社說에 "한국 국경선에 새로운 사태가 돌발하지 않는 한, 군사 상태는 일단락 되었다"고 논평하기에 이르렀던 것이다.

2. 웨이크섬의 회담

트루먼 미 대통령은 당시의 전세가 퍽 순조롭게 진행되어 북한지역에서의 유엔군 작전이 어느 정도 종전終戰이 가까워졌다고 판단하고, 그 이후에 취할 제반 준비를 위해 대책을 강구하기 위하여 야전사령관인 맥아더 장군과 웨이크섬에서 동년 10월 15일 회담을 가졌다. 최초의 회담은 트루먼 미 대통령과 맥아더 장군의 한 시간 이상에 걸친 단독회담이었으며 주로 한국문제가 토의되었는데, 맥아더 장군은 6·25전쟁의 승리를 확신하고 군사적 견지에서 중공이 개입하지 않을 것이라고 말하였다.

이 회담의 의제議題로는, ① 통일 후 한국의 행정과 부흥, ② 전쟁포로의 취급, ③ 필리핀의 경제정세, ④ 베트남의 방위 등이었고, 이 가운데서 주로 우리나라의 문제를 가지고 회담 시간의 대부분을 차지하였다. 그리고 이 회담의 맨 마지막에 가서 트루먼 미 대통령은 맥아더 장군에게 "중공이나 소련이 개입할 경우 어떻게 하겠는가?" 하고 군사적 질문을 하였다. 맥아더 장군은,

> 현재로서는 예측의 범위에서 벗어나지 못하나, 중공이나 소련이 개입할 가능성은 거의 없으며 그들은 초기 1~2개월은 개입이 가능하였으나, 이제는 그와 같은 걱정에 대하여 두려워할 필요는 없다. 국무성과 그리고 그러한 정보를 포착하는 소위 국무성이 내보낸 외교관과 거기에 또 다른 나라가 평시체제로부터 전시체제로 옮겨가고 있는가, 어떤가 하는 문제에 대해서 야전사령관을 지도해야 할 입장에 있는 중앙정보부는 다 같이 베이징(北京) 정권이 대부대로 올 것 같다는 징조는 보고하지 않고 있다. 그리고 본인의 정보부도 대단히 우수한데, 이 기관은 중공군이 만주에 30만 병력을 가지고 있으며, 그 병력 중 약 10만~20만 명이 압록강 유역에 배치되어 있는데, 현재로는 아직 그들의 움직임을 알 수 없다고 보고해 오고 있다.
>
> 본인의 군사적 판단으로는 그들에게 공군이 없고, 우리 공군이 한국에 공군기지를 두고 있으므로 현재까지는 무적無敵 상태에 있으며, 압록강의 북방과 남방에서 상대방의 군사기지나 보급로를 마음대로 파괴할 수 있는 실력을 가지고 있는 이상 중공군의 사령관이 평양을 점령하기 위해 막대한 인명피해를 무릅쓰고 황폐한 한반도에 대부대를 투입하려는 모험을 범하지 않으리라고 생각되며, 그러한 행동은 보급 부족으로 전멸될 위험성이 크게 있다.

고 답변함으로써 당시의 전황으로 보아 중공군이 개입할 실현성이 극히 희박하기 때문에 없을 것이라는 견해를 표명하였던 것이다.

따라서 그는 소련이 개입할 경우에 대해서도 같은 견해로서 간단히 대답하였다. 즉 "소련의 항공기와 조종사들이 열세하고 또 겨울이 시작되기 전

에 상당 수의 지상군을 소련이 투입할 수 없으며, 다만 중공과 소련이 공동 개입할 가능성이 있기는 하지만, 역시 움직이려 하지 않을 것이다"고 말하고, 중공이나 소련의 개입 문제에 대해서 맥아더 장군은 "이 회담의 의제에 포함되어 있지 않다"는 점과 "이에 대한 답변이 전적으로 추론적推論的인 것이고 군사적인 견지에서 나온 것이며, 반면 이 문제는 근본적인 해결을 요구하는 것이다"고 부연하여 강조하였다.

트루먼 미 대통령은 이 회담을 통하여 종래 그가 우려했던, ① 소련이나 중공의 개입 가능성 여부, ② 유엔의 우방 회원국 간의 협의, ③ 전면전쟁으로 확대될 위험성 등 세 가지 요소를 맥아더 장군으로부터 해소되는 확인을 받게 됨으로써, 미국이 동년 10월 7일 유엔총회에서 결의한 것을 그대로 수행할 수 있다고 확인하여 이튿날 샌프란시스코에 돌아와서 동 회담의 결과를 미국민들에게 알렸던 것이다.

중공·소련군의 개입 문제는 대통령이 야전사령관에게 가르쳐 주어야 할 사항이지, 질문할 사항은 아니다.

3. 중공군의 개입

맥아더 장군이 미 합참본부에서 제한한 명령을 철회하고 전 유엔군을 투입하여 모든 전투부대로 하여금 다시 한·만 국경선까지 일제히 북진케 하였으므로 서부전선에서는 미 8군이 압록강을 향하여 총공격을 전개했을 때, 국군 6사단 수색 소대는 다른 유엔군보다 앞질러 국경도시인 초산에 동년 10월 26일 도달하였다. 그러나 운산 동북방의 온정리에서 적의 기습 또는 포위작전을 만나 후퇴를 하지 않으면 안되었는데, 아군 정찰대에 의하여 생포된 포로가 바로 인민군이 아니라 중공군이며, 그 포로진술에 의하면, "중공군은 이미 10월 17일부터 산악에서 대기하고 있었다"는 것이다.

당시 동부전선에는 수도사단이 부전호 동부에 도달하였고 국군 3사단은 장진호 남방에 도달하였다. 한편 미 제10 군단은 10월 26일 원산에 상륙하여 적 패잔병을 소탕하게 되었다.

미 7사단은 10월 29일 이원에 상륙하여 11월 21일 해산진에 도달했고, 미 1해병사단은 장진호 부근에서 적설積雪과 중공군의 저항에 부딪혔다. 중공군의 개입은 한국군이 생포한 중공군의 포로심문 결과로 확실함에도 불구하고 미군들은 믿으려 하지 않았다. 그리하여 미 10군단이나 미 8군의 정보판단은 거의 "유엔군이 전면적 공격을 개시할 경우 적의 강력한 반격은 있을망정 만주에서의 지상군이나 공군의 새로운 증강은 없을 것이며, 중공군의 병력과 능력은 1개 사단으로 방어할 것이다"고 생각하여 극동 총사령부에 보고하였다.

그러나 중공군 정규사단은 10월 25일 미 8군과 미 10군단 간의 30마일 틈사이로 교묘히 침투하여 양쪽을 분리하고 말았다. 중공군은 국군 2군단 정면을 돌파하고 미 8군의 노출된 좌익을 위협했다. 이리하여 점차 중공군 개입에 대한 사실을 시인하지 않을 수 없게 되어, 11월 6일 맥아더 장군은 이를 시인하는 담화를 발표했다.

미 1군단을 비롯한 전 유엔군은 국군 2군단의 엄호하에 12월 4일 평양을 철수하여 대동강 방어선을 구축했으나, 동부전선의 흥남 철수작전과 때를 같이 하여 38선의 새로운 방어선으로 철수했다. 한편 중공군은 서울 북방에 주력을 집결했다. 그 와중에 미 8군 사령관 워커 장군은 12월 23일 교통사고로 전사하고 26일 리지웨이 장군이 취임했다.

동부전선에 있어서 국군 1군단과 미 10군단의 일부는 중공군의 교두보 침투를 저지하고 12월 27일 흥남 철수를 완료했다. 철수한 미 10군단은 부산 부근에 상륙하여 미 8군에 편입되었으며, 이로써 한국전선의 유엔군은 처음으로 단일 지휘관 하에 통합되었다.

전세는 아군에게 불리하였는데, 1951년 1월 1일 중공군은 미 1·9군단 정면으로 공격해 왔고, 유엔군은 1월 3일 서울 교두보를 포함한 양평, 홍천 선으로 철수했다. 그 후 중공군이 서울 북측 면을 장악하게 되자 서울은 극히 위험한 상태에 놓였다. 미 8군은 공산군의 원시적인 병참 능력의 한계선으로 생각되는 평택, 원주, 삼척을 연하는 최후 방어선으로 철수할 것을 결심했고, 서울, 인천을 포기한 유엔군은 오산을 거쳐 평택으로 철수하여 새로운 방어선을 구축했다.

4. 유엔군의 반격과 맥아더 장군의 해임

1950년 11월 6일 유엔군 사령부가 유엔 안보이사회에 제출한 특별보고서에서 중공군의 출현을 공식으로 확인함으로써, 유엔군의 신속한 북진으로 전쟁은 머지않아 끝날 것이라는 낙관론 대신에 이제는 전 세계가 다시 6·25 전쟁의 확대와 장기화를 우려하게 되었다. 유엔에서 정전停戰을 위하여 3인 위원회가 구성되어 8개 원칙의 안을 가지고 유엔군 측에서 주동적인 역할을 하고 있는 미국과 정전에 관하여 협의하였다. 미국은 그 원칙에 동의하여 협상을 통한 해결에 적극적으로 가담할 뜻을 보임으로써 정전의 문호를 개방하였으나, 중공 외상 저우언라이(周恩來)는 12월 23일 유엔의 엔테잠 의장에게 정전 조건으로 유엔군의 철퇴와 중공의 유엔 가입을 주장하였다.

중공이 완강한 태도를 취할 수 있었던 이유는, 당시 한국전선의 군사적인 상황에서 명백히 나타나고 있었다. 즉, 공산군은 12월 25일에 이미 38선을 넘어 계속 남하하고 있었으므로 그들은 유엔군을 부산까지 쉽게 구축할 수 있으며, 따라서 유엔군의 전면적 패배가 머지 않은 것으로 전망하고 있었기 때문이었다.

한편 군사적 패배의 가능성이 커지자, 미 합참본부는 12월 29일 도쿄의 맥아더 장군에게 한국에서의 철수 여부에 대한 그의 견해를 타진하였다. 그

는 이에 대하여 중공과의 전쟁을 확대할 것을 건의하면서,

① 중공 해안의 봉쇄

② 전쟁수행에 필요한 중공의 산업시설에 대한 해·공군의 폭격

③ 한국전선에 국부군國府軍의 투입

④ 중국 본토에 대한 대만(臺灣, Taiwan) 국부군의 양동작전 용인

등 가능한 네 가지 방침을 제시하였다. 그러나 맥아더 장군의 이러한 건의는 가능한 한 전쟁의 확대를 회피하려는 미국 정부의 결정과 상반되므로 동의를 얻지 못하였다.

1951년 1월 9일 미 합참본부는 맥아더 장군한테, 적군에게 최대의 피해를 가할 수 있는 유리한 진지에서 자기 방위를 위주로 할 것과 아군의 안전 및 기본 임무인 일본의 방위 임무를 우선적으로 고려할 것을 지시하였다.

다행히도 1월 하순부터 신임 8군 사령관 리지웨이 장군의 탁월한 통솔법과 선수후공先守後攻 작전이 주효하여 적의 인해전술을 분쇄하였을 뿐만 아니라 막대한 병력 손실을 주었다. 그래서 전선은 바야흐로 안정되고 유엔군은 조심스럽게 다시 북진하기 시작하여 3월 14일에 서울을 재탈환하고 수주 후에 한국군은 38선을 재돌파하였다.

이것은 1950년 10월의 전세와 같은 것이 되었다. 그러나 이번에 미국은 좋아하지도 않았고 값싼 승리도 믿지 않았다. 동맹국들은 저마다 전쟁을 종결시키라고 외치자 미국은 협상할 용의를 가지게 되었다. 1951년 3월 20일 트루먼, 애치슨, 마셜 그리고 합참본부는 한국에서의 평화의 가능성을 토의한 후, 맥아더 장군에게 "유엔군의 안전을 도모하고 적과의 접촉을 유지하기 위해 앞으로 몇 주일 동안 충분한 행동의 자유를 허용하기 위해서는 귀하에게 어떠한 권한을 부여해야 하는가?" 하고 문의했다.

맥아더 장군은 이미 자기에게 가해진 제약, 즉 적의 항공기가 공격할 경우 압록강 이북까지의 추격 및 만주기지에 대한 폭격의 금지, 북한지역 내의 발전소 폭격의 금지, 적의 중요 보급 중심지인 나진의 폭격 금지, 중국

본토에 대한 양동의 금지 등으로 그의 생각이야 어찌 되었든 북한에서 공산군을 몰아낼 가능성이 없어졌으므로 자기 사령부에 대해 그 이상의 제약을 가하지 말아야 할 것이라는 회답을 보냈다.

미국 행정부는 전세가 호전되고 전선이 점차 안정되어 가므로, 이때가 한국 문제를 해결하기 위하여 새로운 토의를 하기에 적합한 시기로 생각하고 트루먼 대통령이 직접 적측에 대하여 정전을 요구하는 중대 성명을 발표할 예정이었으나, 3월 24일 맥아더 장군이 이보다 앞질러 적군 사령관에 대하여 현지 정전교섭을 제의하므로 말미암아 발표의 시기를 잃고 말았다.

맥아더 장군은 정치 문제에 속하는 이와 같은 단독적인 현지 정전협상 요청과 6·25전쟁 확대에 관한 그의 지론을 피력한 마틴 상원의원에게 보낸 서한이 일으킨 파문 때문에 결국 4월 11일 유엔군 사령관직에서 해임당하고 말았다.

5. 논평

6·25전쟁에 있어서 중공군의 개입, 그리고 맥아더 장군의 해임은 여러 가지 면에서 연구 대상이 되지 않을 수 없다. 프리드리히 대왕·나폴레옹처럼 언제나 정치가와 장수가 겸직되어 있다면 양자의 관계를 연구할 필요성은 없을 것이다. 그러나 이러한 경우란 과거에 있어서도 많지 않았고 또 앞으로도 바라기 힘들 뿐만 아니라, 6·25전쟁에 있어서 이것의 불균형으로 인하여 통일의 좋은 기회를 상실하였으니 더욱 연구할 가치가 있는 문제인 것이다.

공산 진영의 스탈린·마오쩌둥은 정치가인 동시에 일류 군사전략가이기도 하였다. 그러나 미국은 그렇지가 못하였다. 일선의 야전사령관인 맥아더 장군과 전쟁지도를 담당한 미 행정부의 고위 정책가와의 의견충돌은 그 좋은 본보기이다.

맥아더 장군은 그의 전쟁 목적을 다음과 같이 표명하였다. 즉

> 수 십 년간 해석되어 온 일반적 정의는, 전쟁은 정치의 최후 수단이라는 것, 즉 모든 정치적 수단이 실패로 돌아가는 경우 폭력에 호소하게 된다는 것이다. 폭력에 일단 호소하게 되면 지배의 균형, 즉 주요 관심이 부여되어야 하는 것은 군사가 지배하는 것이다. 일단 전투에 들어간 이상, 승리의 기회를 감소시키는 정치라는 이름 하의 어떠한 책략도 있어서는 안 된다.

이에 대해 미 합참의장인 브래들리 장군은 "전략적으로 중요한 가치를 지니고 있지 않은 지역에 우리의 해군력과 공군력을 구속시키게 되며, 이 전략으로 우리는 그릇된 시기에 그릇된 장소에서 그릇된 적과 싸우는 전쟁에 관계하게 되었다"고 하였다. 이렇게 전쟁지도자와 야전사령관 사이의 부조화로 인하여 전쟁의 선제권先制權은 언제나 적에게 빼앗기고 있었으며, 또 불리한 전쟁만 계속 하였던 것이다.

그러면 몇 가지 문제점에 대하여 고찰해 보기로 한다.

가. 중공군의 개입

1950년 9월 27일 미 합참본부가 맥아더 장군에게 보낸 세 가지의 지시 가운데 마지막의 "소련과 중공이 어떻게 전쟁에 개입할 것인지, 그 사태발전을 보고하라." 하였는데, 이것은 정책수립가들이 다루어야 할 정치적인 문제이지 결코 야전사령관이 다룰 성질의 것은 아니다.

웨이크 회담에서 트루먼 대통령이 맥아더 장군에게 중공이나 소련의 개입에 대한 질문에 대하여 앞에 얘기한 바와 같이, 그의 대답은 순 군사적인 입장에서 불가능하다고 대답한 것이었다. 즉 그가 사용할 수 있는 군사적 수단(만주폭격·중공연안 봉쇄 및 자유 중국군의 사용 등)을 생각할 때 중공이나 소련의 개입은 도저히 불가능한 것이라고 내다보았다. 트루먼 대통령도 그렇게 믿었다.

그러나 대만 정부 소식통으로부터 중공이 전쟁에 개입할 것이라는 경고를 맥아더 장군의 정보참모인 윌로비 장군은 본국 정부에다 보고하였는데 추려보면 다음과 같다.

- 1950년 7월 8일 중공군은 이미 한·만 국경 상에 있는 안둥(安東)지역에 도착하였다.
- 동년 8월 15일 W. 애베렐 해리만 씨는 유엔에 제출하기 위한 자료로서 중공군이 만주에서 병력 증강을 계속하고 있으며, 베이징 정권은 북한에게 군사적 원조를 제공하기로 동의하였다는 내용의 보고를 받았다.
- 동년 8월 31일 화중(華中)지방으로부터 만주로 중공군의 병력 이동이 증가 되었다는 것은 한국전에 참전하려는 예비적 행동인 것으로 보인다. 만주에 있는 중공군의 총병력은 정규군이 246,000명이며, 국민안보군이 374,000명으로 추산된다.
- 동년 9월 8일 북한 인민군이 일정한 기간 내에 한국으로부터 유엔군을 축출하는데 실패하거나 북한 인민군의 승리가 의문시 되면 린뱌오(林彪) 장군의 중공군 제4 야전군이 참전하게 될 것 같다.
- 동년 10월 5일 모든 정보기관의 관심은 압록강과 린뱌오 장군이 지휘하는 중공군의 이동상황에 집중되고 있다. 중공군이 한·만 국경에 연해서 증강되고 있다는 사실이 여러 계통을 통해서 보고되었는데, 그들이 안둥(安東)과 기타 국경지역에 집결되고 있는 것은 확실한 것이다.
- 동년 10월 14일 미군이 38선을 넘어선다면 북한에 들어가겠다고 위협한 중공 지도자들의 최근 선언은 아마도 외교적 협박이라는 범위에 속할는지 모른다. 그들의 전쟁 결정은 일선 정보기관이 판단할 수 없는 한계에 속한다. 즉 참전 결정은 크렘린이나 베이징의 고위층에 의하여 이루어지는 것이기 때문이다.

  그렇지만 만주에 대병력의 군대가 집결되어 있는 것은 기정사실이다. 압록강에 연해서 국경을 넘을 수 있는 여러 지점에 24개 사단이 배치되고 있다. 안둥 근처의 중공군은 남방으로 넘어오기에 적합한 도로에 위치하고 있다.

• 동년 10월 28일 만주에 있는 중공 정규군은 34개 사단으로 편성된 316,000명이며, 이 외에 347,000명의 비정규 및 보안군이 있다. 모든 정규군은 한국전쟁에 배치될 수 있을 것이다. 이 정규군의 대부분은 압록강에 연해 국경을 넘어올 수 있는 많은 지점에 자리 잡고 있다.

유엔 공군이 국경을 넘어가는 것이 금지되어 있기 때문에 그들은 안전하게 집결하고 있다. 만주에 있다고 알려지고 있는 총병력의 2/3, 즉 29개 사단이 즉시 출동할 수 있다. 중공군의 전투 능력은 전투가 한창일 때 훌륭히 훈련된 북한 인민군 병사가 발휘할 수 있는 정도와 동일한 것이다.

이러한 정보는 미국 고위 정책가들의 관심을 환기시키지 못하였고, 또 맥아더 장군도 그의 군사적 견지에서 중공 개입을 믿지 않았다. 왜냐하면, 중공은 원자탄을 보유하고 있고 또 완전한 제공권制空權을 장악하고 있는 미국을 상대로 지상군을 투입한다면, 국부군을 대만(Taiwan)으로 겨우 추방하여 국내 문제를 정리해야만 할 단계이고, 또 빈약한 공업기지가 파괴당하고, 소련으로부터 오는 보급선이 파괴될 때 전장에서의 대병력을 유지할 필요한 자원이 고갈될 뿐만 아니라, 베이징 정권 자체의 존립이 위태로운 것으로 내다보았기 때문이다.

한편 소련과 중공은 6·25전쟁 개입을 어떻게 꾸며 왔는가 하는 것을 고찰해 보기로 한다.

1949년 말, 마오쩌둥은 모스크바를 방문하여 40여 일이나 묵었다. 그때 크렘린을 방문한 마오쩌둥은 스탈린으로부터 강압적으로 한국전쟁에 개입하도록 지시를 받았다. 마오쩌둥은 근심에 찬 얼굴로 돌아오자마자 꼬박 일주일 동안 중공 지도자들에게 중공의 한국전쟁 개입 여부에 관한 진지한 토론을 시켰다. 왜냐하면, 한국전쟁은 스탈린의 계획에 의해 틀림없이 일어나기로 되어 있었기 때문이다. 의견은 찬·반으로 갈렸다. 중공이 한국전쟁 개입을 발표한 것은 1950년 10월 25일인데 그 발표가 있기 전, 사흘 동안 마오쩌둥은 거의 침식을 잊고 골똘한 생각에 잠겨 방안을 오락가락한 것으로 알려졌다. 집권 1년밖에 안 되는 중공으로서 국내 문제를 정리하기도 전에 미국을 상대로 전쟁에 휩쓸린다는 것은 큰 모험이었지만, 스탈린의 지시를 어길 수는 없는 형편이었다.

그러면 중공군은 왜 유엔군이 인천 상륙작전 후, 즉각적으로 북한 인민군을 원조하러 오지 못하였는가? 그 이유는 아주 간단하다. 즉 압록강의 교량과 그 부근의 여러 군사기지가 유엔 공군에 의해 폭격을 당하게 되는 날이면 성공적인 개입은 수포로 돌아갈 것이 명백하였기 때문이다.

그렇지만 1950년 10월 15일 트루먼 대통령과 맥아더 장군이 웨이크섬에서 회담을 하고 있을 때, 중공군의 정예병 12만 명은 이미 북한에 와 있었다. 그리고 10월과 11월 사이에 중공군이 북한에 들어왔다는 사실을 미국 정보부는 전혀 모르고 있었다고 하는 믿어지지 않는 일이 일어났다. 또 중공이 대병력을 가지고 전쟁에 개입한다고 하더라도 유엔군으로부터 파괴공격도 받지 않는 피란처를 가지게 될 것이라는 것, 다시 말하면 미국 공군이 유엔군의 생명과 안전을 보호하기 위하여 적의 군사목표와 시설과 군대에 대하여 원자탄을 투하하는 것이 허락되지 않을 것이라는 것이 어떤 길을 밟아 들어갔는지는 모르나 중공에는 알려져 있었는데, 오히려 맥아더 장군은 잘 알지 못하고 있었던 것이다.

맥아더 장군은 유능한 참모장 히키 장군에게 이렇게 말했다.

> 사령관이 자기 장병의 생명을 지키고 부대의 안전을 도모하기 위해 자기가 지닌 전투력을 사용하는 것을 금지당한 일은 전쟁사상 처음 있는 일이다. 나에게는 이것이 장래 극동에 비극적인 사태를 가져올 징조로 밖에는 생각되지 않는다. 나는 이번 일에 말할 수 없는 충격을 느끼고 있다. 이런 사태로는 몇 천이라는 미국 병사의 목숨을 잃고 모든 부대가 위태로워진다. 북한의 중공과의 연결통로가 안전하다는 것을 적의 사령관은 어떤 방법으로 알고 있음에 틀림 없다. 그렇지 않고서야 저렇게 태연히 압록강 다리로 병력을 내보낼 리가 없다.

중공군의 야전사령관 린뱌오는 중공 안에서, "맥아더 장군이 나의 보급로에 대하여 보복 공격을 가할 것을 워싱턴이 허락하지 않는다는 보장이 없었더라면 나는 공격을 개시하여 부하들로부터 군인으로서의 나의 평가를 위태롭게 할 어떠한 행동도 절대로 취하지 않았을 것이다"고 말한 공개장을 배부하고 있었다.

중공군 개입으로 인한 유엔군의 패배는 손자병법의 "적의 의도와 능력을 알고, 아군의 의도와 능력을 알고 있으면 백 번 싸워도 위태롭지 아니하며, 또 적과 아군의 의도와 능력을 알지 못하면 싸울 때마다 패배한다"(모공편謀攻篇)는 것을 보여주는 본보기라 하겠다.

나. 제한전쟁

1950년 11월 6일 맥아더 장군은 압록강 철교 폭격을 명령하였는데, 그 목적은 말할 것도 없이 중공군의 보급로 차단이었다. 그러나 폭격 수 시간 전에 미 합동참모부에 의하여 중지되었을 뿐만 아니라, 만주국경에서부터 5마일 이내의 목표에 대한 모든 폭격을 보류하라는 명령을 받았으며, 1950년 10월 21일에는 수풍댐 폭격 금지령을 받았다. 북한 구역 내의 전략목표에 대하여도 폭격이 금지되었으며, 적정敵情판단의 좋은 자료인 항공사진 정찰이 금지되었다.

중공 개입으로 유엔군의 군사적 패배의 가능성이 커지자, 미 합참은 맥아더 장군에게 한국에서의 철수 여부에 대한 그의 견해를 타진했을 때, 맥아더 장군은 중공과의 전쟁 확대를 건의했는데, 이것을 검토해 보면 다음과 같다.

1) 만주폭격

만주 폭격에 대한 맥아더 장군의 의견은, 중공이 미국의 공격과 같은 정도의 반격을 일본에 있는 미군기지에 가할 공군력이 없고 또한 이로 인하여 소련의 개입이 촉진되지 않는다고 찬성하였으며, 또 미 극동 공군사령관 웃도넬 장군의 의견은 “나의 부대가 만주 내의 중공 기지와 보급선을 완전히 교란시킬 능력이 있으며, 북한 내에 있는 전략폭격의 가치가 있는 목표는 남지 않았다”고 찬성하였다.

트루먼 대통령은 중공인민의 반미反美 여론을 자극한다는 이유로 반대를 주장하였으며, 미 합참은 첫째, 중공이 공산진영의 전쟁물자 생산의 주요 근원이 아니므로 그 효과가 의심되며, 둘째, 미국 측 피란처인 일본 및 오키나와의 기지는 만주의 그것보다 밀집하고 취약성이 많으며, 셋째, 나토(NATO)의 여러 국가와 사전 협의 없이 아시아에서 단독 행동을 취한다면 미국의 지위가 동요될지 모르며, 넷째, 대소對蘇의 전쟁 억제를 위하여 폭격부대를 그대로 보존할 필요가 있다는 등의 이유로 반대하였다.

2) 중공 연안봉쇄

맥아더 장군은 해상을 통한 수입에 대체할 수 있는 유일한 수송수단은 시베리아 철도인데 이것은 운행되고 있지만 원폭이나 공중공격에 취약하다는 이유로 찬성하였으며, 당시 해군 참모총장 셔먼 제독은 미 해군에 의한 단독 행동은 대외적으로 불화를 일으킬 것이며 또한 마카오, 홍콩, 다롄大連 등 비非중공항구 봉쇄에 난점이 있다고 반대하였으나, 유엔 해군에 의한 봉쇄를 실시한다면 효과적일 것이라는 의견을 피력하였다.

3) 자유 중국군 사용문제

맥아더 장군은 자유중국(현재 대만(Taiwan))으로 하여금 남부 중국 연안을 습격케 함으로써 한국 내의 군에 대한 압력을 완화시키지만, 이는 매우 제한된 범위로 국한한다는 의견을 들어 찬성하였다. 그러나 트루먼 대통령은 이것은 전쟁 도발행위라고 생각하였으며, 국무성은 자유 중국을 인정하지 않는 나토의 여러 나라를 자극하게 되고 중공과의 협상을 더욱 곤란하게 한다고 판단하였으며, 미 합참은 자유 중국군의 전투태세가 아직 의심스럽다는 이유로 반대를 표명하였다.

4) 소련의 참전 가능성

2차 대전 후 미국은 전략공군과 핵탄을 중심으로 한, 전면전쟁에 대비한 전략을 세워 두었다. 그런데 역설적으로 미국은 6·25전쟁에 있어서 전면전쟁을 가장 두려워한 나머지 공산주의자의 전략에 이끌려 전쟁을 제한시키고, 승리의 필요성을 인식하지 않고 또 이것을 쟁취하려는 결단성도 없이 전쟁을 지도하였기 때문에 노력에 대한 소득의 대가가 없었던 것이다.

만약 당시 중공이 전쟁에 개입했을 때, 맥아더 장군의 계획대로 전쟁을 수행하였더라면 과연 소련이 참전하여 3차 대전이 발발하였을까? 이 문제에 대하여 맥아더 장군의 의견은 다음과 같다. 즉,

> 가령, 소련이 적극적인 참전을 바란다 해도 그것은 군사적으로 거의 불가능할 것이다. 시베리아에 있어서의 소련의 태세는 필연적으로 방위적인 성격의 것이고 한정된 긴 보급선에 의존한다는 치명적인 약점을 가지고 있다. 이 보급선은 단 한 가닥의 철도선이고 보면 우리는 거의 마음 내키는 대로 공중에서 절단해버리는 입장에 있었다. 더구나 시베리아 동부에는 현지 보급의 능력이 거의 없었고, 소련은 군수물자의 보급을 전면적으로 단일 수송선에 의지해야만 했다.
>
> 따라서 세계에서 이곳만큼 소련의 전략적 위치가 약한 곳은 또 없다고 할 수 있다. 한편 당시 우리는 원자폭탄을 가지고 있었지만 소련은 아직 원자폭탄을 개발하지 못하고 있었다. 이러한 점에서 소련이 적극적으로 전쟁에 개입해 오리라는 위험성은 생각할 수 없었던 것이다. 자기의 군대를 희생시키지 않고 우방 여러 국가의 군대를 사용한다는 것이 소련의 정책이고 보면, 제2차 대전 이후 그 웅대한 소련군 세력의 확장은 소련 병사로 하여금 전쟁터에서 단 한 발의 탄환도 쏘지 않고 달성되었다.
>
> 기본적인 문제는 소련은 과연 세계정복을 군사적 수단으로 달성하려고

하는 것인가, 그렇지 않으면 보다 더 평화적인 설득이라는 수단으로 하려고 하는 것인가 하는 점에 있다. 만약 무력에 의한 것이라면 소련은 자기가 주도권을 갖고 택한 장소와 시기에 있어 싸울 것이 당연히 예상되므로, 우리가 한국문제 해결을 위해 어떠한 행동을 취하든 그것은 세계대전을 일으킬 지배적인 요소는 되지 않는다는 것이 틀림없다.

물론 6·25전쟁은 3차 세계대전으로 확대될 가능성을 내포하고 있기는 하였지만, 필자 역시 맥아더 장군의 견해와 마찬가지로 중공군이 개입한 후에 유엔군이 승리에 대한 확고한 의지와 단호한 결단력으로 대결하였더라면 전투지역을 확대시키거나 소련의 개입 또는 유럽에서 3차대전을 유발하지 않고도 충분히 승리하고 우리의 국토는 통일되었을 것이다. 왜냐하면 공산주의 전략의 본질을 살펴보면 더욱 명백히 나타나기 때문이다. 소련 군사전략의 기초를 만든 참모총장 스베친 장군이 저술한 『적군赤軍의 전략』을 보면 알 것이다. 특히 스베친은 역사상 아시아와 유럽을 정복한 군사적 천재인 칭기스칸 전법戰法의 연구가이기도 하였다.

스베친 장군의 연구에 의하면, 몽골인의 전략은 전쟁을 돈벌이를 하는 하나의 기업으로 생각하고 끊임없이 근거지를 확장하며 또 작전이 진행됨에 따라 인접 지역의 주민을 병력으로 채용해서 자기 군대의 세력을 확장하였다. 이러한 방법은 말하자면 외인부대를 구사하여 침략전쟁을 실시하였다는 것인데, 그래서 패배할지라도 몽골 병사의 손실은 적었고, 승리하면 새로 정복한 지역의 인민을 보충병으로 채용하였다. 예컨대, 바투라는 칭기스칸의 손자가 소유하고 있었던 병력의 대부분은 피정복지의 인민병이고, 몽골 병사는 다만 5%밖에 되지 않았는데, 이것이 몽골식 전법의 제일의 특징이었다.

그리고 또 소련은 군사적 결전決戰은 승리가 확실한 경우 외는 극력 이것을 피하는 것이다. 소련은 중일전쟁에 있어서도 대일개전對日開戰을 하지 않고 주로 중국으로 하여금 대리전쟁을 수행시켰다. 2차 대전 직후 베를린 봉쇄의 위기 때도 미국이 강경한 태도로 나오니 곧 타협으로 변했고, 6·25전쟁에 있어서도 중공군을 개입시켰지만, 결코 소련군은 출동하지 않았으며(주 : 후에 밝혀진 바에 의하면 소련 공군도 참전했다), 이라크, 쿠바 위기 때에도 미국과의 결전決戰을 회피하였던 것이다.

다. 맥아더 장군의 해임

트루먼 대통령은 맥아더 장군이 정치문제에 속하는 적군 사령관에 대하여 단독적인 현지 정전협상 요청과 6·25전쟁 확대에 관한 그의 지론을 피력한 서한을 마틴 상원의원에게 보내 일으킨 파문 때문에 결국 유엔군 사령관직에서 해임시켰다. 즉 맥아더 장군은 정부의 전쟁지도를 받아들이지 않고 자기 자신의 정책을 수행하려 하였다고 비난하였던 것이다.

그러나 상원 증언석상에서 맥아더 장군은 전쟁 확대에 찬성하는 목적은 한국의 침략을 저지시키자는 것이요, 정전협정을 보증하자는 것이며, 유엔의 목적대로 독립되고 통일된 한국을 수립함에 협상하자는 데 국한되어 있었다고 되풀이 주장하였다. 동시에 그는 이러한 목적을 달성하기 위하여 만주에 있는 비행장을 폭격하자는 것이요, 중국연안을 봉쇄하자는 것이며, 한국과 남부 중국에서 자유 중국군을 사용하자는 것이었다. 그가 이러한 수단을 제의한 것도 단지 유엔의 제한된 정치적 목적을 보다 빨리 달성하기 위하여, 손해를 보다 적게 하기 위하여, 또한 3차 세계대전의 기회를 보다 적게 하기 위함에 있었다는 것이었다.

맥아더 장군은 국회의 연설에서 이렇게 주장하였다. 즉

> 일단 전쟁이 우리에게 강요된 이상, 그 전쟁을 신속히 종결시키는데 유효한 모든 수단을 적용하는 수밖에 아무 도리가 없는 것입니다. 전쟁의 목적 그 자체는 승리입니다. 결코 만연한 우유부단은 아닐 것입니다. 참으로 전쟁에 있어서 승리에 대신할 만한 것은 있을 수 없는 것입니다. 여

러 가지 이유에서 중공을 유화宥和하고자 원하는 사람들이 있습니다. 그들은 역사의 명백한 교훈에 대해서 맹목적입니다. 왜냐하면, 유화는 오직 새로운, 더 참혹한 전쟁을 가져올 뿐이라는 것을 역사는 명백하게 우리에게 가르치고 있기 때문입니다.

손자병법에, "장수라는 것은 국가를 수레라고 한다면, 그 수레가 빠지지 않도록 하는 채장목과 같은 것이다. 그래서 그 채장목이 밀접하게 붙어 있으면 국가는 반드시 강해지고, 그와 반대로 양자 간에 틈이 생기면 국가는 반드시 약해지는 것이다.…군주가 용병에 밝지 못하면 3종의 환란이 생기는 것이니, 즉 군이 진격해서는 아니 될 때 진격 명령을 내리며, 군이 후퇴해서는 아니 될 때 후퇴명령을 내리는 것이니, 이와 같이 전장에 있는 장수에게 진퇴進退의 자유를 노끈으로 얽어매어 버리면 군은 반신불수가 되어 버린다.…"고 하였으며, 또 승리의 다섯 가지 요인 가운데, "장수가 유능하고, 군주가 간섭하지 않으면 승리한다"고 하였다.

가장 좋은 사례는 임진왜란 때 요시라의 간계奸計로 조정에서는 어명으로 이순신 장군에게 '진병進兵'하라고 엄명을 내렸다. 그는 상명上命을 어길 수 없어서 만반의 준비를 갖추고 대기는 하고 있었으나, 진격하지 않았기 때문에 지위 상실은 물론 국문까지 당하였다. 그러나 맥아더 장군은 그렇지 못하였다는 데에 우리들의 아쉬움이 있다.

트루먼 대통령은 맥아더 장군을 해임시킨 자신의 입장을 "나에게는 단 한 가지 간단한 결론이 있을 뿐이었다. 그것은 맥아더 장군은 전면전쟁을 감행할 용의가 있었지만, 나는 그렇지 않았다는 점이다"고 표명했는데, 필자는 다음과 같이 적어 보았다.

"나에게는 단 한 가지 간단한 결론이 있을 뿐이었다. 그것은 맥아더 장군은 승리를 획득할 용의가 있었지만 나는 그렇지가 않았다는 점이다."

V

휴전 협상

– 미리 약속도 없이 갑자기 사자使者를 보내어
강화를 요청하는 것은
반드시 모략이 있는 것이다.–행군行軍

세계 2차 대전도 종반에 접어들면서 연합군에게 승리의 서광이 비치게 되자 연합군 수뇌들은 포츠담과 얄타에서 회담을 갖고, 전쟁수행 및 전후戰後 처리에 관하여 비밀회담을 하게 되었다. 여기서 우리 한반도의 비참한 운명을 걸머지게 한 북위 38도 선의 분할도 결정되었다. 미·소 양국의 이른바 작전 구역선으로 책정한 38선이 우리의 독립을 저해했을 뿐만 아니라, 6·25전쟁이라는 참극을 초래케 했으니 아무리 생각하여도 원통한 일이다.

우리의 국운과 38선과는 인연이 깊은 것 같다. 즉 청일전쟁 후 3국 간섭으로 인하여 일제日帝는 청나라로부터 받은 이권利權을 반환해야 했고, 또 국왕의 아관파천俄館播遷으로 해서 일제는 몹시 초조하게 되었다. 그래서 일제의 이토(伊藤)내각은 웨베르와 고무라(小村) 공사公使 간의 현지 외교를 중심으로 협정에 도달하였으나, 결국 일제 측에서 보면 소득이 없었다.

그래서 1896년 5월 26일 러시아 황제 니콜라이 2세 대관식을 기회삼아 일제 측의 전권대사 야마가다 아리토모(山縣有朋)는 러시아 외상 로바노프를 상대로 우리 국토를 38선에서 남북으로 분할 점령하자는 엉큼한 비밀 제안을 하였다. 그러나 러시아의 야심은 이미 한반도의 전부를 침략·독점할 예정이어서 서울을 포함한 그 남반부를 일제에게 할양할 수 없다는 심산에서 응하지 않았던 것이다.

아무튼 38선으로 인하여 국가 재산의 태반을 상실하고 또 귀중한 많은 생명을 잃은 3년여의 전쟁 후에도 우리의 숙원인 통일은 아랑곳없이 국토는 여전히 양단된 채 굴욕적인 휴전을 맞이하지 않을 수 없게 되었다.

자기 스스로의 힘으로 자기 나라를 방위하지 못하거나 또 독립을 쟁취 못 한 약소민족은 언제나 자신의 운명을 강대국의 뜻에 맡겨야만 하는 서러움을 당하기 마련이다. 미국은 휴전을 훌륭한 형용사를 붙여 '명예로운 휴전'이라고 자위할 지 모르나, 우리의 입장에서 본다면 엄청난 대가를 지불한 '어처구니 없는 휴전'이라 하지 않을 수 없다.

소련 수상 흐루쇼프가 얘기하다시피, "한국전쟁은 쉽게 시작되었으나, 종결은 쉽지 않았다"고 할 만큼 세계 휴전사상 최장기간인 2년여의 세월을 소비하였으니, 공산주의자들의 외교전략이 어떤 것인가를 알기 위해서는 꼭 연구해 보아야 할 문제를 우리에게 던져 줬다.

1. 휴전회담의 태동

6·25전쟁이 발발하자 유엔을 중심으로 하여 정전停戰을 성립시키기 위한 노력이 시작되었다. 이 문제가 표면화되어 본격적으로 논의된 것은 1950년 11월 중공군의 개입이 확인됨으로써, 전쟁이 확대되어 장기화할 우려가 커지면서부터 성숙되어 갔던 것이다. 그래서 동년 11월 13일 유엔의 정치위원회 제1 위원회 및 총회의 가결에 의해 엔테잠 총회의장은 자신을 포함하여 피어슨 캐나다 대표와 인도의 라우 경卿으로 3인 위원회를 구성해서 다음과 같은 8개 정전 원칙 안을 가지고 미국과 정전에 관해서 협의했다.

① 중공 및 북한을 포함하는 관계 여러 국가 및 정부는 한국에서 군사행동을 중지할 것을 명령한다. 이 전투 중지는 한국 전역에 적용된다.

② 38선에서 약 20마일 폭의 비무장 지대를 설치한다.

③ 모든 지상군 부대는 현진지에 머무르거나 후방으로 철수해야 한다. 비무장 지대 및 전방前方에 있는 게릴라 부대를 포함하는 모든 부대는 비무장 지대를 존중하여야 한다. 상호 적대하는 해군은 상대방 군대가 점령하고 있는 지역의 해안으로부터 3마일 이내로 접근해서는 안 된다.

④ 정전停戰조건을 완전히 이행할 수 있다고 인정되는 위원 및 지명된 옵서버로 구성되는 유엔 위원회가 이 전투 중지를 감시한다. 이들은 한국 모든 지역을 통하여 자유롭고 제한을 받지 않는 접촉을 할 수 있다. 해당되는 모든 정부와 당국은 유엔 조사위원회 및 지명된 옵서버와 그들의 의무 수행에 있어서 최대의 협조를 해야 한다.

⑤ 모든 정부 및 당국은 의용군을 포함하는 모든 인원 및 부대를 교대 증원의 형식으로 한국에 증파해서는 안 되며, 기타 전쟁장비와 물자수송을 즉시 중지해야 한다. 그러나 보건 및 후생에 필요한 물자와 유엔 조사위원회가 승인한 물자는 이에 포함되지 않는다.

⑥ 포로는 한국문제의 최후 결정을 기다려 1:1의 형식으로 교환되어야 한다.

⑦ 군대의 안전, 피란민의 이동, 비무장 지대에서의 경찰 및 민정民政을 포함하는 정전으로부터 일어나는 기타 특수 문제의 처리를 보장하는 조치에 관한 적당한 조항이 정전협정에 포함되어야 한다.

⑧ 유엔 총회는 조사협정을 인가할 권한을 가지며, 이 협정은 유엔이 승인한 차후의 조치에 의하여 감시될 때까지 유효하게 될 것이다.

미국은 이 8개 원칙에 동의하여 협상을 통한 해결을 위해 적극적으로 가담할 용의를 보임으로써 정전의 문호를 개방하였다. 그러나 중공 외상 저우언라이(周恩來)는 12월 23일 엔테잠 의장에게 전문을 보내 3인 위원회 설치는 비합법적이므로 베이징(北京) 정부는 3인 위원회와 접촉할 수 없으며, 정전

조건으로는 여전히 유엔군의 철수와 중공의 유엔 가입을 주장하였다.

이와 같은 중공의 태도에 3인 위원회는 유엔총회에 동 위원회의 실패를 보고하는 한편 최후의 시도로서 정전과 한국 통일 및 대만(Taiwan) 문제 등의 해결에 관한 다음과 같은 5개 원칙을 추가 보고형식으로 다시 제출하였다.

① 인명과 재산의 불필요한 파괴를 방지하기 위하여 정전이 빨리 이루어져야 하며, 이런 조치는 그것이 새로운 정세의 은폐막이 되지 않음을 확증하는 보장을 포함한다.

② 정식 조치의 결과로서 또는 그러한 교섭 중에 있어서의 일시적 휴전상태의 결과로 한국에서 정전이 행해지는 경우에는 그 기회를 잃지 않고 평화회복을 위한 다음의 여러 방책을 강구해야 한다.

③ 한국은 자유로운 총선거에 기초를 둔 헌법과 정부를 가진 통일, 독립 및 민주주의 국가가 되어야 한다는 유엔 총회의 결의를 실시하기 위하여 모든 비非한국인 군대는 적당한 시기에 한국에서 철퇴할 것이며, 또 유엔 원칙에 따라서 한국민이 자신들의 미래 정부에 관하여 자유로운 표시를 할 수 있도록 적절한 조치가 취해져야 한다.

④ 상기上記 각 조항에 지적된 여러 조치가 완료될 때까지 한국의 행정과 평화와 안전의 유지를 위한 적당한 중간 조치가 유엔 원칙에 따라 취해져야 한다.

⑤ 정전에 관하여 합의가 성립되었을 때는 유엔총회는 즉시로 지금의 국제적 여러 의무와 유엔 헌장의 규정에 따라서 대만 문제, 중국의 유엔 대표권 문제 등을 포함하는 극동문제에 관한 협정체결을 목적으로 미·영·소·중공의 대표로 구성되는 적절한 기구를 수립해야 한다.

이 5개 원칙은 유엔에서 가결되어 중공에 제시되었지만 역시 거부당하고 말았다. 그래서 미국이 제안한 중공에 대한 침략자 규정안이 1951년 2월 1일에 가결 통과되었을 뿐이었다.

이렇게 시간이 흘러가는 동안 갑자기 유엔 주재 소련대표 말리크가 1951년 6월 23일 유엔의 정규방송을 통한 연설에서 한국에서의 무력충돌은 평화적으로 해결할 수 있다는 것을 시사함으로써 휴전협상의 기운이 감돌게 되었다.

2. 휴전회담 제의

말리크는 북한이나 중공을 두둔하고자 하는 것이 아니라, 모든 사람들을 위해 재판관의 고문격으로 말한다고 했다. 그는 이 극적인 방송에서 해결의 첫 단계로서 "교전 쌍방 간에 협상이 시작되어 상호 간에 38선에서 군대를 철수시킬 것을 규정하는 휴전과 정전문제가 토의되어야 하며, 만일 한국에서 피비린내 나는 전쟁이 종결되기를 진실로 원한다면 이러한 조치는 취해질 수 있을 것이다"고 은연 중에 휴전회담을 제의하는 발언을 하였다. 말리크의 주장은 사실상 이전에 이미 유엔에서 제기된 바 있는, ① 정전, ② 38선에 연한 비무장 지대의 설치, ③ 휴전기간 동안 한국 감시 등의 요구에 대한 일련의 양보였다.

말리크의 발언이 있은 지 수 시간 후에 미국은 소련에게, 제의는 선전적인 의도가 없다는 뜻으로 공식적으로 하라고 응수하고, 2일 후에 트루먼 대통령은 "미국은 한국문제 해결을 위한 토의에 참가할 용의가 있으며, 평화적인 해결은 침략을 완전히 종식시키고 한국에 평화를 회복시키는 현실적인 해결이 되어야 한다"고 미국의 태도를 명백히 밝혔다.

미국은 외교 경로를 통하여 소련의 진의眞意를 타진한 후, 휴전회담을 제의하기로 결정하고 1951년 6월 30일 리지웨이 유엔군 사령관으로 하여금 적군 사령관에게 방송을 통하여 휴전회담을 제의토록 하였다. 리지웨이 장군은 회담장소를 원산항에 정박 중인 덴마크 병원선病院船 유틀란디아호로 할 것을 요구하였다. 다음 날 인민군 사령관 김일성과 중공군 사령관 펑더화이(彭德懷)는 유엔군 측의 덴마크 병원선 안案을 무시하고 개성에서 7월 10일부터 15일 사이에 휴전회담을 개최할 것을 제의해 왔다.

유엔군 측은 상대방에게 성실성을 보이고 가능한 한 빠른 시일 내에 유혈流血을 종식시키기 위하여 회담장소를 개성으로 하자는 적 측 제의에 동의하였다. 그러나 회담장소로서 개성을 수락한 것이 유엔군 측에게 대단히 불리하여 적의 계략에 넘어갔다는 것이 회담의 개최와 더불어 증명되었다.

여기서 우리는 공산군이 유엔의 정전 원칙을 완강히 거부하여 오다가 왜 갑자기 휴전회담을 수락하게 되었나 하는 것을 이해하기 위하여 그동안의 군사작전을 살펴보려고 한다.

1951년 1월 1일 약 50만 명으로 추산되는 중공 및 인민군은 서울을 향하여 공격을 해 왔다. 리지웨이 장군은 적에게 타격을 주면서 서서히 철수하다가 1월 25일부터 공격을 취하여 적에게 많은 출혈을 강요하였으며, 다시 38선 돌파문제가 대두되었지만, 리지웨이 장군은 맥아더 장군의 승인을 얻어 북진을 하였다. 적은 3월 18일부터 모든 전선에서 유엔군과 접촉을 끊게 되어 전선은 조용했는데, 적은 춘계春季공격을 준비하고 있었던 것이다.

유엔군은 4월 11일 '돈틀리스(Dauntless)'작전에 착수했는데, 이 작전의 목표는 철의 삼각지(철원·평강·김화)에서 재편성 중인 공산군을 격파하는 데 있었다. 미 제1 군단은 서서히 적에게 접근하였던 바, 점차로 강한 저항을 받게 되었다. 이 무렵, 앞에 말한 바와 같이 4월 11일 트루먼 미 대통령은 맥아더 장군을 해임하고 리지웨이 장군을 유엔군 총사령관에 임명함과 동시에 밴 플리트 장군을 제8군 사령관에 임명하였다.

중공군은 4월 22일을 기하여 제1차 춘계공격으로 나와 작전의 주도권을 장악하자, 3개 군으로 하여금 주공主攻을 연천에 두고 공격을 개시하여 왔다. 유엔군은 강력히 저항을 하였으나, 미 9군단의 중앙을 맡고 있었던 제6사단 정면이 돌파되자 홍천까지 철수하였다. 또 공산군은 서부에서도 대공격을 취하여 서울을 북방과 동방에서 포위할 기세였으나, 유엔군은 서울 4마일 북방에서 저지하였다. 공산군이 부대 재편 차 소강 중 유엔군은 작전의 주도권을 장악하기 위하여 탐색전으로 5월 16일까지 8마일이나 진격을 하였다.

5월 15일까지 철의 삼각지에 집결한 공산군은 5월 15일 밤을 기하여 제2차 공세를 취하였다. 적은 서울 외곽을 포위하고 37도 선까지 점령할 목적으로 가평지구에 조공助攻을 두고, 인제지구 제10 군단 제7 사단 정면에 주공을 두었다. 막대한 지상 포화의 지원을 받으면서 공산군은 동부에서 15마일이나 진출했으나, 유엔군의 공중 및 지상군의 강타를 받아 적은 5월 22일 공격을 중지하였다. 이번 공격에 참가한 적은 115,000명 중 48,000명 이상의 막대한 인적 손실을 보았다.

공산군의 공세가 약화되자 유엔군은 5월 23일을 기하여 미 1·9 및 10군단으로 즉각 공세로 나갔고, 초기의 진격은 빨랐다. 5월 말부터 그리고 38선을 넘고서부터는 험준한 산악과 강력한 공산군의 저항을 받았지만 6월 15일까지 38선을 훨씬 넘고, 동부전선에서는 고성 가까이 까지 진격했는데, 바로 이 무렵 소련대표 말리크는 6월 23일 휴전협상에 대한 방송을 하였던 것이다.

3. 휴전 본회담의 개최

1951년 7월 10일 11시 본회담은 서울 서북방 약 50마일의 적 전선 후방 약 10마일 지점에 있는 개성에서 개최되었다. 유엔군 측은 정치적 및 경제적 문제는 토의하지 않을 것이며, 또 한국에 관계 없는 어떠한 군사적 사항도 토의하지 않겠다고 표명함으로써 개성에서의 휴전회담은 오직 6·25전쟁을 휴전케 하는 협상에만 국한되어야 한다는 태도를 밝혔다. 공산 측은,

① 38선을 군사 경계선으로 하여 남북 각 10㎞의 지역을 비무장 지대로 설정할 것.

② 포로교환을 위한 협의를 할 것.

③ 한국 내에 있는 모든 외국군대를 단시일 내에 철수케 할 것.
등등의 태도를 밝혔다.

이리하여 개최를 본 휴전회담은 3일째인 7월 12일 공산 측이 유엔군 측 기자들의 출입을 거부함으로써 최초의 정체에 빠지고 말았다. 그래서 리지웨이 장군은 유엔군 대표단의 회담 출석을 중지시키고, 회담 개최를 위한 네 가지 조건을 내세웠다. 유엔군의 강경한 태도로 말미암아 공산 측이 이를 수락함으로써 회담은 7월 15일에 개최되었으나, 공산 측이 외국군 철퇴문제를 의사일정에 올리고자 고집을 세우므로 7월 25일까지 회담은 아무런 진전을 보지 못하였다. 외국군 철퇴문제를 두고 그들이 어떤 태도로 휴전회담에 임했는가 하는 것을 알기 위하여 쌍방 수석대표단에 오고 간 발언의 내용을 보면 다음과 같다.

> 남일 공산군 측 대표 : "한국에서 전쟁의 재발이 다시 없도록 보장하기 위해서는 한국에서 모든 외국군이 철수해야 한다는 것은 전 세계 인민의 일치된 소망이다. 한국에 평화가 회복될 수 없는 이유는 한국전쟁에 외국군이 개입하여, 한국문제의 한국민 자신에 의한 해결을 방해했기 때문이다. 한국에서 모든 외국군의 철수는 한국에서 전쟁의 재발을 막는 근본적 조건이다."
>
> 조이 유엔군 측 수석대표 : "전쟁이 발발한 1950년 6월에는 한국에 외국군이 없었다. 이로써 역사는 외국군이 없을 때 한국에서 전쟁이 발생하였다는 사실을 명백히 증명하고 있다. 그런데도 어떻게 외국군의 철수가 한국에서 전쟁의 재발을 저지하는 보장책이 될 수 있겠는가? 귀하는 외국군의 철수가 사실상 외국군이 없는 사이에 발생한 무력충돌 사건이 재발하지 않는 보장이 된다고 주장하고 있는데, 이는 분명히 원인과 결과를 혼동하는 것이다. 우리는 2차 대전 후 일정기간 동안 한국에 외국군이 주둔했던 사실을 기억하는데, 그 당시는 외국군의 주둔으로 말미암아 전쟁은 발생하지 않고 오히려 전쟁이 종결되었던 것이다. 귀하는 외국군의 개입이 한국문제의 한국인들 자신에 의한 해결을 방해하고 있다고 말하였는

데, 외국군이 아직 참전하기 전인 1950년 6월에 자행된 문제의 해결수단은 어떤 것이었는가?"

이런 종류의 대화가 반복되다가 드디어 7월 26일 회담에서 다음의 4개 항목의 의사일정에 합의를 보았다.

① 적대행위 중지의 기초 조건으로서 비무장 지대를 설정하기 위한 쌍방의 군사 경계선의 협정.
② 정전 및 휴전 실시를 위한 세목細目의 협정(여기에는 정전 및 휴전을 위한 여러 사항을 실행할 감시기관의 구성과 그 권한 및 기능을 포함함).
③ 포로교환에 대한 여러 조치.
④ 모든 한국 장래의 정치상황에 관해서는 남·북 양 정부에 권고할 것.

의사일정 제1차인 비무장 지대 및 군사 경계선 문제의 논의에서 협상은 다시금 정체상태에 빠지고 말았다. 즉 유엔군 측은 휴전 효력이 발생하는 그 순간의 양군 접촉선을 휴전 경계선으로 획정해야 한다고 주장하는 반면, 공산 측은 38선을 경계선으로 해야 한다고 주장을 했다. 이후 4개월 동안 양보 없는 쌍방의 주장이 계속되었다. 이 동안 공산 측은 여러 번 개성 중립협정을 위반했는데, 그 예로는 8월 4일 중무장한 약 1개 중대의 중공군 병력이 중립지역 내의 유엔군 측 참모부 건물에서 수백 야드 떨어진 지점까지 침범한 사건 등이다.

공산 측은 날조한 8월 22일의 유엔군 공군기의 개성 중립지역의 회담장소 폭격 등의 악의적인 장황한 허위선전만 반복하였는데, 조이 제독의 추론에 의하면, 공산 측은 시일만 오래 끌면 유엔군 측이 결국 38선을 군사 경계선으로 하자는 요구에 굴복할 것이라고 생각했지만 그들의 억측은 빗나갔다. 그래서 그 후의 행동을 결정하기 위하여 그들은 시간이 필요했고, 그 시간을 얻기 위하여 8월 22일 사건을 조작하였던 것이다.

가. 군사 경계선 설정

8월 23일부터 10월 24일까지 63일간 회담은 완전히 중단되었다. 공산 측은 8월 22일 사건을 조작할 때에는 회담이 이렇게까지 장기간 중단될 것으로는 예상치 못하였다. 그러나 이때 이미 유엔군 측에서는 더 이상 개성회담의 속행은 도저히 불가능함을 통감하고 회담장소의 이전을 고려하고 있었다. 리지웨이 장군은 9월 6일 김일성과 펑더화이(彭德懷)에게 보낸 메시지에서 회담 개최를 위한 새로운 회담장소의 선정문제를 토의하기 위하여 즉시 판문점 다리에서 회합할 것을 제의하였다.

그러나 이에 대하여 공산 측은 9월 11일과 24일의 회답에서 개성회담의 즉각 재개와 유엔군 측에 지금까지 개성 중립지대에서 일어나고 있는 모든 위반사건과 도발적인 행동에 대하여 책임질 것을 요구하며 회담장소의 이전문제에 관해서는 전연 언급이 없었다. 그들은 리지웨이 장군의 9월 25일의 제안도 거부했는데, 다시 10월 4일 다음과 같은 새로운 제안을 받고서야 겨우 교착상태가 타개될 징조가 보였다. 즉 "귀측이 송현리에서 회담하자는 우리 측의 제안을 거부하였기 때문에 본인은 쌍방 대표단이 귀측에서 선정하여 우리 측이 동의할 수 있는 전선 중간의 한 장소에서 회담할 것을 제의한다. 이 장소는 휴전회담이 신속히 재개될 수 있는 곳이라야 한다."

결국 판문점에서 회담을 계속할 수 있게 되었지만, 공산 측이 회담장소의 이전에 대한 유엔군 측의 요구에 양보하게 된 것은 9월부터 개시된 유엔군의 강력한 군사적인 공세가 결정적인 역할을 하였던 것이다.

수 차에 걸친 논란 끝에 11월 27일에야 비로소 현 접축선을 기선基線으로 하는 휴전선과 남·북이 각 2㎞ 폭의 비무장 지대 설정에 합의를 보았다. 이때 합의된 협약은 다음과 같다.

① 휴전협정 조인 시까지 적대행위는 계속된다.

② 현 접촉 선을 군사 경계선으로 하고, 이 잠정적 군사 경계선의 남북 각

2㎞ 지점을 연결하는 선을 비무장 지대의 남북 각 경계선으로 한다.

③ 상기上記 잠정적 군사 경계선 및 비무장 지대는 30일 이내에 조인되어야 할 휴전협정의 성립에 의하여 유효하게 된다.

④ 만일 30일 내에 휴전협정이 조인되지 않을 경우에는 재차 그 당시의 접촉선을 결정하여 새로운 군사 경계선을 협정한다.

나. 포로 교환문제

휴전회담이 개시되었을 때, 포로 교환문제가 중대한 쟁점이 되리라고는 아무도 예상하지 못하였다. 왜냐하면, 그런 일은 지금까지의 전쟁사상戰爭史上 휴전회담에서는 한 번도 논란의 대상이 되지 않았기 때문이다. 그러나 6·25전쟁에 있어서 포로문제는 2년여의 휴전회담 중 약 18개월에 걸쳐 양측이 토론·대립을 거듭했던 최대의 난제難題로서 휴전의 조기성립을 저지한 의안이었다.

포로문제가 정치문제로 변하여 휴전회의를 혼란 및 지연케 한 주원인은 유엔군 측에 수용된 포로 중 반수 이상이 본국 송환을 원하지 않는 데 있었으며, 포로 석방문제에 있어서 이러한 사태가 벌어진 것은 사상 최초의 일이었다. 일반 국제전쟁의 경우 대부분의 포로들은 귀국을 희망하는 것이었다. 물론 한국인 포로에 관한 한, 그들이 송환을 거부할 가능성은 있었는데, 왜냐하면 6·25전쟁이 한편으로는 내란적인 성격을 가지고 있었기 때문에 남·북한 어디서나 살 수 있는 것이다. 그러나 중공출신 포로들이 본국으로의 송환을 거절했는데, 그 수는 3/4이나 되었다.

1951년 12월 11일에 개최된 포로교환 합동분과위원회에서 공산 측은 모든 포로의 송환을 주장하였고, 유엔군 측은 공정한 감시하에 1:1로 교환할 것을 주장했다. 그러나 공산 측은 억류된 모든 포로의 무조건 석방을 고집하므로 유엔군 측은 우선 국제적십자의 포로수용소 방문과 포로의 성명 및 수용소의 위치를 명시하자고 제의하여 비로소 포로명부의 제출에만 합의를 보게 되었다. 12월 18일 쌍방에서 제시한 포로 숫자는 다음과 같다.

① 유엔군이 제시한 포로 수
인민군 111,754명 중공군 20,720명 합계 132,474명
② 공산군이 제시한 포로 수
국군 7,142명 미군 3,193명 기타 유엔군 1,216명 합계 11,551명

이 숫자의 비교는 대체로 보아 130,000:12,000이라는 압도적인 차이며, 적이 많은 포로를 누락시키고 있다는 것을 뜻하고 있었다. 그 후 공보부와 미 당국 및 리지웨이 장군은 여러 차에 걸친 항의를 했지만, 공산 측은 끝내 통계 숫자의 정확함을 고집하는 반면 오히려 유엔군이 4만 명의 공산군 포로를 누락시켰다고 비난하였다.

1952년 초 유엔군 측은 포로의 송환은 각자의 자유의사에 따른다는 원칙을 세워서 이것을 제안했으나, 공산 측은 즉석에서 거부하고 모든 포로의 송환을 주장했다. 그 후 유엔군 측은 송환 여부를 조사한 결과, 인민군 출신 포로 중 송환 희망자는 65,000명이고, 중공군 출신 송환 희망자 수는 불과 5,000명에 지나지 않았다. 이 사실은 양측 대표들을 놀라게 했고, 또 이 사실이 휴전회담을 1953년 여름까지 끌게 했다.

유엔군 대표는 강제 송환을 할 수 없다고 언명하고, 공산 측은 제네바 협정을 인용하여 포로를 수용하고 있는 국가는 필히 포로를 송환해야 하며, 포로 자신의 의사는 문제 되지 않는다고 주장했다. 포로문제의 논쟁은 상호간의 이해利害관계가 얽힌 복잡한 문제였다.

유엔군이 강제 송환을 거부한 첫째 이유는 '인도적 입장'에서 취한 것이었다. 유엔군 측의 많은 사람들의 가슴 속에는 2차 대전 때 유럽에서 생긴 사건이 생생하게 기억에 남아 있었다. 그 당시 소련군에서 도망한 자나 포로로서 서구 측에 수용되어 있을 동안 반소反蘇 의사를 표명한 자들까지도 소련으로 강제 송환되었다. 그 후 그들의 운명은 비참한 것이 되었는데, 한

가지 예로는 독일 내 미군 점령지에서 강제로 송환된 열차가 오스트리아를 통과하여 깊은 산 속에 들어설 무렵 포로들은 절망한 나머지 열차에서 뛰어내려 수백 명이 참사하였던 것이다.

다른 또 하나의 이유는 심리전의 효력에 관한 문제였다. 장차 소련 혹은 중공과 전쟁 상태에 들어갈 경우를 생각하여 선전활동을 통하여 적을 대규모로 투항케 함으로써 적군의 사기를 꺾을 수 있다고 믿었다. 이 문제에 관해서 클라크 장군은 다음과 같이 논하였다. 즉,

> 이 포로문제는 비단 귀국을 거부하는 9만 명에 한정된 문제가 아니라, 이번 전쟁이나 또 앞으로의 전쟁에 있어서 적 전투원에게 자유세계로의 항구적 피란을 허용한다는 원칙은 수백 만의 북한 인민군과 소련 및 그의 위성국에 있는 사람들에게 죽음 또는 공산 노예제도 하로 복귀하는 이 외에 다른 안전한 피란처가 있다는 희망을 주게 될 것이다.

이에 반하여 공산 측으로서도 허다한 그들 특유의 이해利害관계가 있었다. 공산군 출신 포로의 3/4이 송환을 거부함으로써 중공 정부를 싫어했다는 사실은 중공으로서는 무서울 정도의 체면 문제였다. 따라서 중공은 자존심과 국제적인 명예상 유엔군 측의 발표는 허위이며, 중공군 포로가 송환을 거부하게 된 것은 강박에 의한 결과라고 주장하고, 이를 입증하기 위하여 거제도 포로의 폭동 및 돗드 장군의 납치사건을 음모하였던 것이다. 또 북한의 입장에서 본다면 전쟁에서 오는 인적 소모와 1·4후퇴 결과로 막대한 수의 인민의 남하로 사경死境에 빠진 병력 및 노동력의 보충을 위해서 전쟁포로의 강제송환을 고집하게 되었다. 뿐만 아니라, 지리멸렬된 전투부대와 보급력을 강화하여 다시 공격으로 나올 수 있을 때까지의 시간을 얻기 위하여 휴전회담을 지연시키고 있었다.

4. 우리의 휴전 반대

우리의 온 국민은 휴전회담설이 대두된 초기부터 반대를 절규하여 왔으며, 기필코 통일쟁취를 호소했다. 그러나 휴전회담이 장기화해 지면서 성립될 가능성이 적어짐에 따라 우리의 의사와 행동은 소극적으로 표시되어 왔다. 그런데 1953년 4월 이후부터 휴전 성립의 가능성이 명백해지자 우리의 울분은 드디어 폭발하고 말았다. 우리의 의사를 도외시하고 휴전을 조급하게 성립시키고자 하는 미국을 위시한 다른 유엔국의 입장과 그것을 결사 반대하는 우리의 입장과는 너무나 대조적인 참극이라 하지 않을 수 없었다. 모든 도시의 거리는 휴전 반대를 외치는 아우성과 현수막으로 뒤덮였다. 유엔 참전국에는 빗발 같은 항의문과 결의를 전했다.

그러나 우리의 목메인 절규에 대한 반응은 공산군에 못지않게 우방 참전인들도 냉담했다. 이승만 대통령은 국민의 결의를 대표하여 "유엔군이 조인할 여하한 휴전도 이를 파경으로 이끌겠다"고 위협을 되풀이하였다.

휴전회담 장소에서의 공산 측 고집에 못지않게 휴전을 반대하는 우리의 결의가 또한 휴전 성립을 저해하였다. 이리하여 미국으로서는 우리를 설득하는 방법 외에는 별도리가 없었다. 클라크 장군은 이승만 대통령을 빈번히 방문했으며, 미 국무성에선 특사로 로버트슨 차관보를 파견까지 하였다. 앞에 말한 바와 같이 포로 교환문제에 있어서 송환거부 포로를 중립국으로 이관코자 하는 공산 측 제안이 나오자, 이 대통령은 공산적구共産赤狗의 감언이설을 듣게 하기 위하여 한국 청년을 어느 중립국으로도 이관함을 허용치 않겠다고 성명하였다.

5월 25일 워싱턴 훈령으로 최종적인 유엔군 측 안이 공산 측에 제시되기 전에 클라크 장군은 주한 미 대사와 함께 이 대통령을 방문하고 미국의 휴전을 위한 최종안과 아이젠하워의 개인 서한을 전달했다. 그 자리에서 미국의 4개 항목의 주요 보장을 제시하고, 그 대가로서 미국은 한국이 휴전 반대 운동을 자제할 것과 일단 조인되면 휴전조약을 준수할 것, 그리고 한국군의 지휘권을 유엔군 사령관 휘하에 그대로 존속케 할 것 등을 요구했다. 이 대통령은 오랜 침묵 끝에 다음과 같이 탄식했다.

> 나는 매우 실망하고 있소. 당신네 정부는 너무나 자주 태도를 변경하며, 또 한국 정부의 견해를 무시하고 있소.…우리는 생존을 희망하오. 우리는 우리의 운명을 스스로 결정하겠소. 좀 안됐지만 나는 이 정세 하에 아이젠하워 대통령에게 협력하겠다는 보장을 줄 수 없소.…

휴전을 눈앞에 두고 정세는 숨가쁘게 돌아갔다. 공산 측은 유엔군 측의 최종안을 검토하기 위하여 휴회를 요구했으며, 이 휴회 중인 5월 말에 미국은 한미 상호방위조약 체결을 위한 협상을 할 용의가 있다고 통고해 왔다. 그러나 1953년 6월 18일 미명을 기하여 각지에 산재하고 있던 포로수용소의 문이 이 대통령의 명에 의하여 개방되어 송환을 거부하는 한국인 반공포로 27,000여 명을 극적으로 탈출하게 하였다.

한국인 반공포로의 석방으로 눈앞에 다가온 휴전성립은 한 때 파기되는 것 같이 보였다. 공교롭게도 휴전협정의 모든 조문은 6월 18일까지 서명이 끝나기로 되어 있었고, 남은 것은 조인식의 일자와 여러 절차를 토론하는 것뿐이었다. 그러나 몇만 명의 포로를 중립국 송환위원회에 인계하겠다고 협약한 미국으로서는 이 석방으로 말미암아 그것을 실행할 수 없게 되었으니, 기필코 공산 측이 휴전협정을 파기하지나 않을까 하고 두려워했다. 클라크 장군은 이 대통령에 대한 비난적인 항의와 공산 측에게는 "석방에는 미군 당국은 전연 몰랐다"는 변명의 서한을 발송했다. 공산 측은 클라크 장군에게 다음과 같은 질문을 해 왔다.

① 연합군 사령부는 한국 정부와 한국군을 조절할 수 있는가?

② 휴전은 대한민국에도 적용되는가? 만약 한국에 적용되지 않는다면 한국이 휴전협정을 준수하리라는 어떤 보장이 있는가?
③ 연합군은 탈출한 포로를 다시 체포하겠는가?

이상과 같은 주요 질문에 대하여 클라크 장군은 그 어느 항목에 대해서도 확답을 할 수 없었다. 왜냐하면, 당사국인 한국 정부가 휴전을 저해하지 않겠다는 사전 보장이 없이는 어떤 언질도 줄 수 없기 때문이었다.

이(李)·로버트슨 회담 결과로 이 대통령은 아이젠하워의 요청이니만큼 휴전협정에 방해를 하지 않겠다는 확약을 주는 대가로 다음과 같은 내용을 획득했다.

① 휴전성립 후 한·미 군사방위조약의 체결에 대한 확약
② 장기간의 경제원조와 2억 달러의 제1회 원조 공여
③ 90일이 경과해도 휴전 후의 정치회담에서 구체적인 성과를 이루지 못할 경우에 한·미 양국은 동 회의를 파기하고 통일에 관한 장차 행동을 토의할 것.
④ 이미 계획된 바와 같이 국군을 20개 사단으로 증강하고, 이에 적당하게 해·공군력을 증강시킬 것.
⑤ 정치 회의가 개시되기 전에 전반적인 공동 목표를 토의하기 위한 한·미 고위회담의 개최.

이·로버트슨 회담이 진행되는 동안에도 전선은 여전히 치열한 전투가 계속되었다. 그러나 1951년 7월 10일에 개시된 휴전회담은 25개월이라는 장구한 시간을 겪고서야 마침내 1953년 7월 27일 22시에 휴전조약이 발효되어 포화는 멈추게 되었다.

5. 논평

1) 1951년 6월 23일 소련의 말리크가 휴전문제에 대해 유엔군으로 하여금 휴전회담을 제의케 한 데는 여러 가지 이유가 있었던 것이다.

첫째 이유는, 유엔군이 중공군에게 많은 피해를 입히고 38선 이북까지 진격해 옴으로써 중공군이 한국에서 결정적으로 승리할 가능성이 전혀 없었을 뿐만 아니라, 유엔군의 북진조차 저지시킬 수 없었다는 것.

둘째, 극동에서 장기간 전쟁을 계속하면 서방측을 자극하여 유럽을 북대서양조약기구(NATO) 아래 재무장을 서두르게 할 우려가 짙다는 것.

셋째, 휴전이 제의되면 이것을 반대하는 한국과 미국 정부 사이에 불화를 조성케 해서 유엔군 측에 어떤 혼란을 일으키자는 것 등을 열거할 수 있다.

1950년 11월 중공군이 개입하여 유엔군을 패배시키고 있을 때, 유엔에서 제의한 휴전회담에는 조금도 귀를 기울이지 않았던 그들이 조심스럽게 휴전문제를 논의하고자 할 때는 무슨 모략이 있는 법이다. 손자병법에 "미리 약속도 없이 갑자기 사자使者를 보내어 강화를 요청하는 것은 반드시 모략이 있는 것이다", "적군의 사자가 와서 우리에게 환심을 사려고 하는 것은 잠깐 우리의 공격을 완화시켜 그 부하를 휴식케 하려 함이다"고 했다.

유엔군은 맥아더 장군의 인천 상륙작전으로 북진을 계속하여 승리가 눈앞에 다가왔을 때는 모든 행동 통일과 협조가 잘 이루어졌으나, 일단 중공군의 개입으로 패배를 당하자 그렇지가 못하였다. 그래서 유엔군의 38선 이북의 작전을 꺼려하였으며, 또 전쟁 목적이 한국 통일정부의 수립이 아니라, 38선에서 공산군의 침략 저해라는 소극적인 태도로 변경되었다. 또 그들의 이해利害관계의 상반으로 염전厭戰사상이 깃들게도 하였다.

이것을 알고 있는 공산 측은 휴전회담이라는 미끼로 끌어냈다. 즉, "이롭게 하여 적을 꾀어냈다." 이리하여 우선 유엔군의 북진을 무디게 하고서는 기회를 봐서 공세를 취하자는 것이었다. 즉, "적의 정예한 기세를 피하여 그 기세가 쇠약하기를 기다려서 불의不意에 공격을 한다"는 것이다.

물론 공산 측과의 휴전회담에 대하여 유엔 측에도 신중론자들이 없지 않았다. 즉 소련이 한국에 평화가 회복되기를 원할 이유가 없으며, 그들이 휴전을 제의한 것은 다만 분쇄된 군사력을 재정비할 시간적 여유를 획득하기 위한 정치적 책략에 지나지 않으리라고 예상도 하였다. 그러나 불행하게도 그것이 현실문제로 대두하고 말았던 것이다.

유엔군 측 대표인 조이 제독은 군사분계선 설정문제를 두고 공산 측과 회담한 후 그의 견해를 다음과 같이 말했다.

> 첫째, 공산 측이 진정으로 휴전을 원하지 않고 있음이 분명하다.
> 둘째, 공산 측이 유엔 측 안을 빨리 받아들일 수 있게 하는 방법은 군사적인 압력을 가하는 것이다.
> 셋째, 적측으로 하여금 수락하게 하는 또 하나의 방법은 리지웨이 장군이 최종적인 태도를 표명하는 강력한 성명을 발표하는 것이다.

유엔 측이 공산군 측의 외교정책을 알기에는 더 많은 피의 대가가 요구되었던 것이다.

소련의 저명한 군사이론가인 샤포슈니코프는 "만약 전쟁이 다른 수단에 의한 정치의 계속이라면, 평화도 역시 다른 수단에 의한 투쟁의 계속이다"고 주장하였는데 이것은 클라우제비츠의 『전쟁론』의 유명한 구절을 뒤집어 놓은 것이다. 이것이 바로 소련의 정책과 전략의 근본 노선이다. 또 스탈린은 "외교관의 말은 행동과 관련이 없어야 한다. 그렇지 않다면 외교라는 것이 무엇이란 말인가? 말과 행동은 다르다. 듣기 좋은 말은 나쁜 행동을 감추는 것이다. 성실한 외교란 물과 불, 쇠와 나무처럼 있을 수 없다"고 하였다.

유엔군 측이 공산군과 휴전회담을 하게 되었다는 것은 휴전회담 그 자체가 군사적 및 정치적인 전쟁을 협동시키는 공산 측의 능력을 가장 잘 발휘할 수 있는 기회를 마련해 준 것에 지나지 않았다. 그래서 승리를 위해 싸우려는 생각도 없고, 그렇다고 공산주의자들이 약을 올리려고 쥐었다 놓았다 하는 평화의 비둘기도 잡지 못한 미국의 정부와 지휘관은 골탕을 먹기 시작했다. 더 골탕을 먹는 것은 일선의 지휘관이었는데, 정치적 고려가 모든 군사작전에 그들을 던져 주게 되었다. 그리하여 계속 싸우라, 그러나 너무 심하게 싸우지는 말라. 패배해서는 안 된다, 그리고 또 승리도 하지 말라. 현 전선을 지키고 있어라, 그동안 외교관들이 우물쭈물 해결할 것이다. 모든 군사전략과 작전은 제한을 받았다. 그러나 제한을 받지 않는 것은 사상자의 수뿐이었다.

휴전회담은 2년이나 끌었고, 그동안 각 1년간에 미군만의 인적 손실이 3만 명이 넘었는데, 이것은 승리를 위해서가 아니라, 다만 전초전과 소규모의 전투에서 입은 희생이었다. 그래서 공개적인 얘기는 아니었지만, 전선의 식당에서나 사람들이 모인 곳에서 미군들 중에는 "맥아더가 옳았다"고 말하는 자도 있었다.

공산 측은 외교적인 책략으로 획득한 휴식기간인 휴전회담의 첫 해 동안에 전선에다 견고한 요새를 구축하였을 뿐만 아니라, 중공군은 많은 중무장을 갖춘 일류의 전투부대를 육성하였던 것이다.

2) 공산 측의 휴전전략에 대하여 가장 효과적인 대응책은 무엇인가? 클라크 장군의 말을 빌린다면 "큰 몽둥이를 사용하겠다는 의사의 공표다"고 했다. 이 말은 군사적 압력 이 외 다른 수단은 없다는 것이다. 예컨대, 공산 측이 회담 장소를 개성으로부터 판문점으로 이전케 하는 데 동의시킨 것도 유엔군의 강력한 군사적 공세가 결정적인 역할을 했던 것이다. 그래서 클라크 장군은 보다 강경한 조처를 취한다면 훨씬 빨리 유리한 휴전조건을 획득하여 전쟁을 단축시키고 인명을 구출할 수 있다고 믿었다.

그래서 그는 고위 정책가에게 몇 가지의 특별 건의를 했다. 즉 한국군을 빨리 증강시킬 것, 대만에 있는 국민 정부군을 한국에서 사용할 것, 그리고 진실로 전쟁에서 승리하고자 미국 정부가 결정을 내리는 경우에는 원자탄을 사용하도록 할 것 등이었다. 그가 이런 건의를 하게 된 것은 미군이 6·25 전쟁에 참전한 2년간 군대 양성을 위하여 천억 달러 이상의 경비를 투입함으로써 트루먼 대통령이 가장 두려워한 제3차 대전의 가능성이 적어졌기 때문이요, 또 다른 한 가지는 소련과 접촉을 통하여 그가 알게 된 것은 공산주의자들이 존중하고 있는 것은 오직 힘뿐이라는 것이었다.

클라크 장군이 중공군의 개입과 휴전회담에 대하여 어떻게 생각했느냐 하는 것을 살펴보기로 한다.

> 중공 정권이 군대를 전투에 투입한 그 날이야말로 한국에 있어서 결판을 지어야 할 시기였다. 인민군은 궤주潰走하여 이미 효과적인 전투력을 상실하고 있었다. 탁월한 인천 상륙작전으로 북한 공산주의자들의 운명은 결정되고 있었던 것이다. 유엔군 지상부대의 선발대는 압록강까지 육박하고 있었다. 맥아더 장군이나 기타 당국자들은 여러 성명을 발표하여 유엔군은 압록강에서 정지할 것이며, 중국 영토는 공격하지 않을 것임을 중공에게 확언하였다.
>
> 그러나 공산 수뇌부는 베이징 정권의 전쟁 개입을 결정하였다. 한국전쟁에 참가한 수십만 명의 중국인들은 지원병이라는 주장으로 그러한 개입을 은폐하려는 어색한 기도가 행하여졌다. 각 중국 병사는 미국인을 미워한 나머지 마음의 충동에 못 이겨 자기 고국을 떠나 외국에서 용감하게 무기를 들었다는 것이 공산 선전의 취지였다. 이처럼 속이 들여다보이는 선전의 기만성은 전쟁에서 포로가 된 중국인들 가운데 공산 측에 돌아가는 것을 죽기보다 싫어한 자가 대단히 많았다는 것으로 여지없이 폭로되었다. 그러나 중공은 이러한 허구를 정색하면서 끝까지 우겨댔으며, 펑더화이가 휴전협정에 조인한 것도 중공군의 장군으로서가 아니요, 또한 당시 그의 직위인 인민 혁명군사회의 부의장으로서도 아닌 중국 인민지

원군 사령관의 자격으로서였다.

미국 및 자유세계의 일대 판결은 중공이 1950년 11월에 한국에서 본격적으로 전투에 들어간 그 날에 행하여야만 하였던 것이다. 당시 미군, 유엔군 및 한국군은 격파, 차단, 학살을 당하고 있었으며, 한국의 매서운 겨울 공기를 뚫고 몰려오는 중공군의 조그만 전투용 피리의 날카로운 소리는 우리 귀에 익어가고 있었다. 자유세계 특히 미국이 해답을 주어야만 하였던 문제는 다음과 같은 것이었다.

중공군이 한국에서 우리 군대와 싸우고 있는데도 불구하고 베이징 정권의 책임 부인을 시인하며 중공군의 정부와 우리와의 전쟁 상태를 인정하지 않을 것인가?

이 문제에 대한 해답은 공산군에 대한 우리의 군사적 승리의 가능성에 달려 있었다. 이러한 문제에 대한 결정은 순전히 군사적인 견지에서는 해결할 수 없다는 것을 알고 있었다. 우리 맹방들의 견해와 같이 이 문제에는 극히 중대한 정치적 요소가 내포되고 있었던 것이다.

그러나 위협을 받고 있는 군대의 사령관이 온갖 수단을 써서 휘하 군을 보호하고, 공격해 오는 적을 타도하려고 하는 것은 당연한 일이다. 군사적 견지에 설 때 내가 현지 사령관이었더라도 침략자들의 힘의 근원이 되고 있는 만주와 중국의 기지, 비행장 및 기타 시설의 폭격 권한을 절규하여 마지않았을 것이다.

나의 개인적 의견으로는 당시 그런 가능성은 없었다고 보지만, 설사 전화戰火가 세계적으로 확대될 위험이 있었다 하더라도, 만약 중공군이 즉시 철퇴하지 않으면 공산중국과 우리와는 정식 전쟁 상태에 있다고 보고, 그 소재가 어느 곳이든 중국 어느 부분이든 중공군의 가장 중요한 시설에 대하여 우리 공군이 공격을 가한다는 것을 우리가 세계에 선포하지 않았다는 것은 나로서는 이해할 수 없는 일이었으며, 또 맥아더 장군도 그런 생각이었을 것이다. 중공군 병사들이 조직적 정식 전쟁으로 미국 청년들을 죽이고 있는 사태를 우리가 묵과하고 이들 미국 청년들을 보호하기 위하여 전력을 다하지 않는다는 것은 나로서는 도저히 생각할 수 없는 일이었던 것이다.

재한在韓 유엔군의 지휘권을 넘겨받은 후에도 역시 나는 그런 일을 이해할 수 없었다. 맹방들의 의견과 제3차 대전의 위험을 고려해야 한다는 것은 나도 알고 있었다. 그러나 나는 또한 제3차 대전은 한국에서 강경한 정책을 쓰기 때문이라기보다는 연약한 정책을 쓰기 때문에 일어날 가능성이 더 많다는 의견을 개인적으로 가지고 있었다. 한국에서 승리를 얻기 위하여 희생을 하는 것이 결국에 가서는 미국인들의 생명을 구하는 일이 된다고 나는 확신하였다.

중공은 정식으로 전쟁을 하고 있지 않다는 허구적인 주장을 우리가 묵인하면 적이 군사력을 증강하고 우리와의 교섭에서 더욱 오만하게 되고 요구만 내세우게 되는 것을 장려하는 것 밖에 안 되리라고 나는 생각하였는데, 시간이 경과함에 따라서 염려가 모두 옳았다는 것이 입증되었다.

우리는 한국에서 유엔군을 공격한 악귀들의 기지에 대하여 폭격을 가하지 못하도록 스스로 금지령을 도모함으로써 한국전쟁에의 불개입이라는 중공의 엉터리 같은 주장을 인정하였다. 역시 군사적 견지에서 볼 때 현지 사령관으로서의 나는 만약 우리에게 결의만 있었더라면 승리를 획득할 수 있었을 뿐만 아니라, 중국 본토에 대한 위협만으로 휴전협정 조인시의 정세보다 유리한 정세가 극동에서 조성되었을 것으로 생각하였다. 물론 그런 위협은 그것을 수행할 군사력을 극동에 집결시킨 다음에 언제나 출격시킬 수 있다는 것을 적에게 알렸더라면 더욱 효과적이었을 것이다.

당시 재한在韓 8군 사령관이던 밴 플리트 장군의 견해는 다음과 같은 것이었다.

나는 군사문제에 문외한인 사이비 전문가들의 다수가 우리는 중공군을 패배시킬 수 없으므로 그들의 감정을 너무 상하게 하지 않는 것이 상책이라고 생각하였던 것도 잘 알고 있었다.

우리가 한국에서 범한 과오는 부지기수이며, 그중에서도 가장 큰 잘못은 우리가 처음부터 끝까지 한국인을 과소평가하는 반면에 중공을 과대평가해 왔다는 것이다. 우리가 중공과 타협해야 할 이유는 조금도 없으며,

> 대부분의 미국인이 알고 있는 것보다 훨씬 더 훌륭한 한국민을 배반해서는 안 되며, 중공에게 협력을 요청할 필요가 없다고 나는 생각하였다.
> 나는 1951년부터 시작된 지루하고도 성과 없는 휴전회담에서 공산주의자들의 의도를 믿지 않았으므로 항상 끝까지 싸우도록 주장하였다. 나는 공산군 병력과 중공군의 물자를 완전히 파괴할 호기만을 노리고 있었으며, 한국전쟁을 조속히 종결시키고 우리 장병과 용감한 유엔군 장병들의 생명을 살리기 위하여 그 좋은 기회를 이용하려 하였던 것이다. 실전實戰에 참가한 한 지휘관이 승리의 기회를 바로 눈앞에 두고 고위 정책으로 말미암아 그 좋은 기회를 활용하지 못하게 되었을 때, 깊은 실망을 벗어날 길이 없을 것이다. 나는 일찍이 한국을 떠나 귀국하고 싶었다. 나는 나의 믿음이 꺾여진 정책을 계속해서 집행할 수 없다고 느꼈다. 그러나 나는 요청에 따라 나의 후임자가 결정될 때까지 그대로 유임하기로 하였다.

손자는 우리에게 가르치기를, "전쟁이라는 것은 국가의 중대사로서 국가의 존망과 국민 사생死生의 기로이기 때문에 신중하게 고려하지 않으면 안 된다"고 하면서, 개전開戰에 대하여 각별히 신중성을 보이고 있다. 그러나 일단 전쟁을 시작했다면 단시일 내로 승리를 획득해야 한다고 강조하였다. 즉, "용병은 신속 과감하여야 한다. 비록 이 속전속결의 방법에 있어서 졸렬할지라도 손실이 없을 것이요, 그와 반대로 용병이 더디고 장기長期에 걸치면 비록 방법이 교묘하더라도 능히 승리하기 어려울 것이다. 그런고로 옛날부터 오랫동안 용병을 해서 국가에 이익을 본 일이 아직 없었다. 그러니만큼 용병의 손해를 알지 못하는 자는 용병의 이익을 알지 못한다"고 했으며, "그러므로 전쟁은 단기작전에 의하여 승리하는 데 가치가 있으며, 장기전長期戰에 있는 것이 아니다. 그러기 때문에 병법에 정통한 장수는 국민의 생사와 국가의 안위를 결정하는 영도자이다"고 했다.

3) 1953년 6월 18일 이승만 대통령의 명령으로 행해진 약 27,000여 명의 반공포로의 석방은 여러 가지로 큰 의의가 있었다. 6·25전쟁을 통하여 모든

것을 미국에 의존만 해 오던 그가 휴전회담을 절망의 상태에까지 밀어붙이면서 소기의 목적을 달성한 그의 정치적 역량은 높이 평가해야 할 것이다. 그가 휴전을 반대한 것은 다만 감정적 충동만으로 행한 것은 결코 아니었다. 거기에는 역사적 배경이 뿌리 깊이 묻혀 있었기 때문에, 당시 유엔군 사령관인 클라크 장군도 휴전을 반대하지 않도록 납득을 시키는 역할자이면서 나중에 "역사는 한국의 이승만 대통령이 한국전쟁을 끝까지 싸울 것을 주장한 것이 우리보다 한층 더 정당하였다는 것을 증명하여 줄 것이다"고 술회케 하였다.

이 대통령 주장의 정당성은 다음과 같은 연설문에서 역력히 찾아볼 수 있다.

> 나는 생애 중 불우한 때에도 아시아에 있어서 공산주의 침략에 대해서는 항상 반대 태도를 견지함으로써, 이 때문에 여러 가지 비판을 받아 왔다. 그러나 나는 한국의 단호한 태도는 역사적으로 본다면, 앞으로 공산제국주의의 포학暴虐에 대한 풍조를 변하게 하는 데 도움이 되리라고 확신하고 있다. 이것은 앞서 처칠이 1940년 단독으로서라도 히틀러에 대하여 싸울 것을 결의한 것이 결국 나치즘과 검은 포학을 종말케 하는 시발을 의미하고 있는 것과 똑같은 것이다. 위대한 웅변가로서의 처칠은 그런 전쟁을 그만 두는 것이라면 차라리 한 나라를 일시적으로 멸망의 위험에 빠뜨리는 한이 있더라도 단독으로 싸우는 편이 훨씬 좋은 방법이라는 이유를 전 세계에 설명할 수 있었던 것이다. 나로서는 아직까지 나의 한국에서의 지도권을 자살적이라든가 무모하다든가 혹은 현실주의적인 것이라는 비난을 들어 본 적이 없다.
>
> 오늘의 우리나라는 1940년 대영제국과 마찬가지로 양보에 의한 휴전을 허용할 정도라면, 그러한 자살적인 휴전에 영합하는 것보다는 차라리 전쟁을 계속하는 것이 절대 최선이라고 확신하고 있다. 우리들의 부단한 저항도 여러 사태에 의한 억압과 적군赤軍 그 자체의 행동 때문에 시간이 길어질지도 모르겠지만, 언젠가는 반드시 자유 여러 나라에게 공산주의 중

국이라는 괴물을 그의 국경 내에 억압함으로써 만이 자유 여러 나라의 참다운 이익이 보존 유지된다고 확신케 될 날이 초래될 수 있을 것이다. 만약 이 괴물을 억압해버리지 못한다면, 그는 새로운 정복을 밥 먹듯이 하여 강화되어 전 아시아의 정복을 목표로 식욕을 증진시킬 것이다.

이 대통령은 계속하여 중공군을 북한에 남겨두는 것과 같은 휴전은 결코 오래 갈 수 없다고 단언했다. 중공군은 재침을 개시할 절호의 순간을 겨누면서 대기할 것이다. 그렇게 된다면 그와 같은 휴전협정은 극동의 뮌헨협정이 되고 말 것이다. 그리하여 이 대통령은 다음과 같이 결론을 지었다.

지리적으로 봐서 무대에서 원거리에 있을 때는 자기기만을 당하는 것은 언제나 쉬운 일이다. 지난 1945년에 소련이 38도 선의 북방 한국을 점령한다는 협정을 미국과 체결했을 때 나는 그에 항의했기에, 그때 나는 각종의 비난을 한 몸에 받아 본 적이 있다. 그때 미국 관리들은 나에게 그러한 조치는 일본군의 항복을 수용하기 위한 임시 조치에 불과하며 소련군을 그 지역에 언제까지나 주둔하는 것을 허용하지는 않겠다고 확언했다.

물론 미국의 의향은 훌륭하였다. 그러나 설사 임시적으로나마 한 번 허용해 버리기만 한다면, 적군赤軍에 의한 북한의 장악은 미국의 평화적인 수단으로 끊을 수 없었다는 과거 사실이 가르치고 있는 바와 같다. 아이젠하워 대통령은 정치회의에서 중공군을 북한에서 철퇴하게끔 설득할 수 있을 것이라고 희망하고 있는 것은 사실이다. 그러나 중공군이 여태껏 볼 수 없을 정도로 강대해진 현재 어찌 중공군이 오늘보다도 내일에 더 많은 병력을 북한으로부터 철퇴시킬 준비를 갖고 있다고 말할 수 있겠는가?

4) 미국이 우리의 통일문제에 관하여 관심을 표명한 것은 인천상륙작전 후 모든 유엔군이 38선 일대에 도달했을 때였다. 그래서 유엔 총회에서도 "…통일된 독립적이고 민주적인 한국 정부를 수립하는 것이다"고 결의하고 계속하여 "유엔주최 하에 통일적이고, 독립적이며, 민주적 정부인 독립국을 수립하기 위하여 선거를 포함한 모든 합법적인 행동을 취할 것"을 건의

하였다. 인민군이 낙동강까지 침범해 왔을 때는 그것을 '격퇴하는 데 목표'가 있었지만, 적어도 38선을 넘는 단계에서는 '한국의 통일'을 목적으로 삼았던 것이다.

그러나 중공군이 개입하고 또 상황이 불리해지자, 참전국 간의 이해관계利害關係로 트루먼 대통령은 "한국에 있어서 우리는 정치적 목적과 군사적 목표를 구별하였다. 정치적 목적은 통일되고 독립된 민주적인 한국을 만드는 것이요, 군사적 목표는 침략을 격퇴하고 휴전협정으로 정전을 하는 것이었다"고 하였다. 이 얼마나 어처구니 없는 논리인가. 그러기에 그는 한반도마저 포기할 것도 고려하였던 것이다. 전쟁은 정치적 목적을 군사적 수단으로 달성하는 것이 아닌가. 미국인들이 6·25전쟁을 '제한전쟁'의 전형典型이라고 미화하는 것은 단일 무장체계에 의한 대량 보복전략의 허점을 위장하기 위한 작란作亂이 아니고 무엇인가.

중공군 개입시 만주폭격을 하지 않은 것을 다행으로 생각하며, 또 옳았다고 생각하는 리지웨이 장군이 그가 제안한 베트남 문제 해결책 9개 항 가운데 "구체화된 정치적 목적이 일단 발표되면 그것을 달성하기 위해서 필요한 어떠한 군대라도 동원해야 한다"고 한 것은 역설적인 언명이 아닌가?

2차 대전 초기 처칠 수상의 연설문이 생각나지 않을 수 없다.

> 본인이 여러분에게 드릴 수 있는 것은 피와 노역勞役과 눈물과 땀 이외에 아무것도 없습니다. 우리의 정책이 무엇이냐고 물으신다면, 그것은 바다와 육지와 하늘에 있어서 우리의 고유한 힘과 신이 주신 온갖 힘으로써 단호히 싸우는 일이며, 인류의 역사상 유례가 없었던 최악의 압제壓制에 대하여 싸우는 일입니다. 우리의 목적이 무엇이냐고 물으신다면, 그것은 다만 한마디 승리뿐입니다. 모든 희생을 초월해서의 승리, 모든 공포를 극복 해서의 승리, 이것뿐입니다. 왜냐하면, 승리 없이 우리 대영제국의 생존은 없기 때문입니다.

고 하였다. 이러한 처칠도 6·25전쟁에 있어서 38선 이북에서의 작전을 제한하고 또 휴전협정을 맺도록 미국 행정부에 압력을 가하였으니, 국제정치의 현실은 너무나 냉정함을 뼈저리게 느끼게 한다. 그러나 자기 스스로의 힘으로 전쟁을 수행할 수 없는 우리는 거리를 누비며 휴전협상 반대를 절규했지만, 그것은 결코 훌륭한 해결방안은 아니었다. 우리는 다시 한번 '힘없는 정의는 무능하다'는 파스칼의 명언을 되새겨야만 했다.

휴전협정에 조인을 한 클라크 장군은, "휴전은 이루어졌으며 나는 협정에 조인하였다. 그러나 솔직히 말하면 나는 무거운 마음을 가지고 이 협정에 서명을 하였다. 적어도 당분간 살인이 중지된 것은 고마운 일이었으나, 한국에서 공산군을 패배시키려는 결정을 하는 경우보다도 더 값비싼 피의 희생을 후일 우리 국민이 바치게 되리라는 심각한 불안을 나는 느꼈다"고 술회하였다.

그러나 이 말은 불행하게도 적중되고 말았으니, 그것은 미국의 베트남 전쟁에 대한 개입이다. 미군은 1966년 10월에 6·25전쟁 때 지상 병력 수준인 377,000명을 넘었고, 하루의 전비戰費만도 6천만 달러, 미군기들이 1966년에 투하한 폭탄은 총 60만 톤으로 추산되며, 이것은 미군이 2차 대전 당시 아시아 전역에 떨어뜨린 폭탄 50만 톤과 비교한다면 그들이 얼마나 희생을 강요당하고 있는가를 알 것이다. 뿐만 아니라, 한국군도 1개 군단의 병력을 투입하고 있으니, 선견지명이 없는 지도자의 과오는 후손에게 더 많은 희생을 강요하게 된다는 것을 명시해 주고 있다.

당시 휴전협상을 하지 않고, 맥아더 장군, 밴 플리트 장군 그리고 클라크 장군의 말대로 중공을 격파하였던들 이러한 새로운 희생도 없었을 뿐만 아니라, 한국의 통일은 물론 아시아의 판도와 정세도 달라졌으리라.

VI

손자병법과 미래전(결론)

– 옛날 병법에 능한 장수는 먼저 적이 이길 수 없는
준비로써 적에게 이기는 시기를 기다리는 것이다. –군형軍形

6·25전쟁을 돌이켜 생각하여 볼 때, 머릿속에 떠오르는 한 구절이 있다. 즉, "옛날 병법에 능한 장수는 적이 이길 수 없는 준비로써 적에게 이기는 시기를 기다리는 것이다. 적이 이길 수 없는 것은 우리에게 준비가 있기 때문이요, 우리가 적에게 이길 수 있는 것은 적에게 결함이 있기 때문이다"고 한 것이다. 그러나 불행하게도 당시 우리가 취한 조치는 이 구절을 뒤집어 놓은 결과에 지나지 않았다. 즉 적에게 이길 수 있는 준비 소홀로서 적에게 지는 시기를 기다렸다. 적이 이길 수 있는 것은 우리에게 준비가 없기 때문이요, 우리가 적에게 이길 수 없었던 것은 적에게 결함이 없었기 때문이었다. 예컨대, 38선 방위를 위하여 토치카(tochka)를 만들고 또 철조망을 치기 위하여 국회에다 예산 신청을 했으나, 그 예산이 삭감되고 말았던 것이다.

우리는 영세 중립국 스위스에 강력한 군사력이 있다고 하면 의심하고 또 처음 듣는 소리라고 말하는 사람이 많다. 그러나 그들은 인구 500만 명에 평상시의 직업군인은 550명에 불과하나, 48시간 내에 50만 명의 병력을 동원할 수 있다. 그리고 국경지방에는 견고한 요새가 건설되어 있고, 그 요새의 지하실에는 1년 간 50만 군대가 전투를 할 수 있는 탄약과 식량이 저장되어 있다. 그들에게는 지금 공군도 있으며, 놀랍게도 1958년부터 핵무장에 박차를 가하고 있고 또 군사비가 국가 총예산의 30%~35%를 차지하고 있다. 이러한 만반의 준비를 갖추는데 소홀하지 않았기에 세계 2차 대전 당시 독일의 정예 기계화부대도 감히 스위스 국경을 침범하지 못하고 우회하지 않을 수 없었던 것이다.

요즘의 북한은 무장강화에 혈안이 되어 있을 뿐만 아니라, 군사훈련에도 주력하고 있다고 한다. 그리하여 정신교육이라는 미명 하에 북한 땅 어느 직장에서도 주 3회와 6시간 이상의 군사훈련 그리고 월 1회의 사격훈련도 실시하고 있으며, 그 참가 범위는 신문기자, 작가 및 배우 그리고 직업여성도 예외가 될 수 없다고 하니 놀라지 않을 수 없다.

얼마 전 어느 외국 정치학자는 우리나라의 지성인 가운데는 아직도 값싸게 자기의 국토방위에 대하여 외세에 대한 의존도가 높다고 날카롭게 비판을 하였다. 무엇보다도 우리는 우리 힘으로 자기 국토를 방위한다는 마음가짐이 절실히 필요하며, 자기 힘으로 자기 국가를 방위하지 못하는 국가는 자주 독립국가로서의 구실을 하지 못하는 것이 국제사회의 현실이다. 그러니 빨리 우리 국민 각자는 우리 힘에 의한 국토방위 의식을 철저하게 가지도록 고취해야 할 것이다. 지금 만약 전쟁이 발발한다면 피란 보따리를 꾸릴 시간적 여유도 없기 때문이다.

이제 손자의 전쟁 원리로 미래를 위하여 어떻게 준비해야 할 것인가를 논하고자 한다.

1. 전쟁론

손자의 전쟁에 대한 개념은 1편 머리말에 있는 바와 같다. 즉 "전쟁이라는 것은 국가의 중대사로서 국가 존망과 국민 사생의 기로이기 때문에 신중하게 고려하지 않으면 안 된다"고 하였다. 이 구절에 손자의 전쟁철학에 대한 근본 개념이 명시되어 있다. 여기서 손자는 전쟁의 주체는 국가이지, 결코 개인이 아님을 잘 말하고 있다. 한 가지 잊어서는 안 될 것은 옛날부터 개인의 분쟁이나 싸움에 있어서는 효과적인 해결방법과 관대함이 잘 발휘되어 왔지만, 일단 그 범위가 넓어져서 국가 단위로 되었을 때 인간의 두뇌는 여러 가지 조정기관을 창설하였지만, 한 번도 원만하게 성공을 가져오지 못했다고 역사는 가르쳐 주고 있다.

그 다음 유일한 해결방법은 전쟁이었는데, 손자병법은 "전쟁에 있어서 승리를 귀하게 여기고 장기전長期戰을 귀하게 여기지 않는다"고 하였다.

전쟁은 국가의 존망과 국민의 사생과 직결되어 있으니 작은 일이 아니다. 왜냐하면 국가의 존망도 전쟁에 의하여 결정되고 국민의 사생도 전쟁에 의하여 결정되기 때문이다. 이 중대한 사실에 대하여 가볍게 생각하거나 소홀하게 생각해서는 안 될 것이다. 손자의 전쟁 개념 속에는 염전론적厭戰論的인 성분이나 혹은 독무론적黷武論的 성분이 전연 없고 다만 전쟁이 가지는 국가의 존망과 국민의 사생을 명확히 제시했다. 그리고 이처럼 전쟁이 중대사이므로 깊이 고려하지 않으면 안 된다는 것이다. 그러니 전쟁이 발발하기 전에 승리할 수 있는 모든 준비를 갖추고 있다가 일단 전쟁이 발발하면 빨리 그리고 반드시 승리해야 한다.

전쟁에 있어서 선승先勝·전승全勝·필승必勝 그리고 연승連勝은 손자의 전쟁 원리의 기본 사상이다. 그래서 손자는 "한 번 망한 국가는 존재하기 어려우며, 죽은 자는 다시 살아날 수 없다. 그러므로 현명한 임금은 전쟁에 대하여 신중하며, 훌륭한 장수는 이에 대하여 심히 조심을 한다. 이러한 조치가 바로 나라를 편안하게 하고, 군대를 온전하게 만드는 도리이다"고 주석을 붙였다.

2. 전쟁선무론戰爭先務論

전쟁이 있기 전에 우리가 해두어야 할 일은 무엇인가?

첫째, 분명한 정치가 시행되어 국민이 국가를 자기의 몸처럼 생각하고 있어야 한다. 그렇게 되면 생사를 같이 하게 되고 또 거국일치擧國一致의 분위기가 조성되는 법이다.

둘째, 국가경제의 개발이다. 오늘날 경제적 기반이 없는 국가는 전쟁수행이라는 것은 생각할 수도 없는 것이다. 가장 먼저 국민의 의衣, 식食, 주住의 해결이 선행되어야 하는 것이다.

셋째, 외교를 잘 해야 한다. 오늘날의 집단 안전보장의 문제는 바로 외교의 산물이다. 손자는 "가장 전쟁을 잘 하는 방법은 적의 전쟁을 하려는 의도를 분쇄하는 일이고, 그 다음에는 적의 동맹국을 이간시켜 적을 고립시키며, 그 다음은 무기를 사용하여 적과 접전하는 것이고, 최하의 수단은 적의 성城을 공격하는 것이다"고 하였다.

넷째, 군비軍備의 충실이다. 오늘날 과학의 급진적인 발달은 무기체계의 급진적인 변화를 가져왔다. 그러니 미래에 있을 전쟁에 대비하여 인적 자원과 새로운 무기의 개발과 개선 그리고 소요량의 확보는 언제나 긴요한 것이다. "적이 이길 수 없는 준비로써 적에게 이기는 시기를 기다린다"는 말은 바로 군비의 충실에서 오는 결과이다.

이 네 가지 요소가 바로 선승先勝, 전승全勝의 방법이다.

3. 전쟁지도론

전쟁을 어떻게 지도해야 하는가?

첫째, 전쟁지도에 있어서 전쟁의 목적은, 바라는 이익을 달성하기 위해 필승에 있는 것이다. 그래서 손자는 "국가의 이익과 국민의 복지에 이익이 없으면 출병하지 아니 하며, 이익의 획득이 확실하지 않으면 군사를 쓰지 말아야 하며, 국가 민족이 위급하지 않으면 전쟁을 말아야 한다"고 하였다. 이 점, 세계 2차 대전에 있어서 미·소의 전쟁지도는 확실히 연구할 만한 가치가 있다.

미국의 국가정책과 전쟁 목적은 '무조건 항복'이었다. 그래서 그들이 얻은 것이라고는 허울 좋은 전승국戰勝國이라는 명칭뿐이요, 그 후 그들은 패전국의 경제부흥에만 골몰하였던 것이다. 이에 반하여 소련은 국가정책과 전쟁 목적이 언제나 조화와 균형을 이루도록 노력하였기 때문에 전승의 열매는 모조리 독점하고서 전후戰後 일약 세계 강대국으로 군림하게 되었으니, 즉 에스토니아, 라트비아, 리투아니아, 폴란드, 체코슬로바키아, 헝가리, 유고슬라비아, 불가리아, 알바니아, 동독, 북한 등이 공산국가로 변했다. 그리고 거의 패배한 일본에 대하여 선전포고를 하고는 만주와 북한에 침입해서 모든 중공업 시설을 가져가고, 기술자들은 데리고 가서 강제노동을 시켜서 전승국으로서의 실리實利를 추구하였다.

2차 대전 후, 공산주의자들만큼 손자병법의 "이익이 아니면 움직이지 않고, 얻을 것이 아니면 쓰지를 않고, 위험하지 않으면 전쟁을 하지 않는다"를 철저하게 활용한 나라도 드물 것이리라. 그 중요한 이유의 하나는 스탈린이나 마오쩌둥은 정치가일 뿐만 아니라, 군사전략가로서의 일가견을 이루고 있었기 때문이었다.

둘째, 전쟁 전에 있어서의 전쟁지도는 적과 우리의 상황 비교이다. 이 비교의 기준은 시계편始計篇에 있는 오사五事(지기知己)와 칠계七計(지피知彼)이다.

셋째, 전시戰時에 있어서 전쟁지도의 기본 방법은 무엇인가? 그것은 바로 자신의 의도와 능력을 알고(知己), 적의 의도와 능력을 알며(知彼), 지리적 요소(知地)와 시간적 요소(知天)를 아는 데 있는 것이다. 그런데 지리적 요소나 시간적 요소는 비교적 알기 쉽지만, 자신의 의도와 능력을 알고 또 적의 의도와 능력을 안다는 것은 무척 어려운 문제이다. 그러기 때문에 『손자병법』 전권全卷을 통하여 지기知己와 지피知彼에 관해서 구체적으로 언급한 곳이 아무 데도 없다. 이 가운데서도 지피知彼는 더욱 어렵다. 그러니 전쟁에 있어서 적의 의도와 능력을 알지 않고서는 결코 먼저 전쟁을 시작해서는 안 되는 것이다.

이 점에 대하여 손자는 다음과 같이 말하고 있다. 즉 "영명한 군주와 현명한 장수가 군사를 움직이면 반드시 승리하며, 그 전공戰功을 특수하게 세우는 것은 적정敵情을 미리 알기 때문이다. 그런데 미리 적정을 아는 방법은 귀신에게 기도를 하여 아는 것도 아니며, 사물의 현상에 비추어 추측될 것도 아니며, 도수度數로 증험證驗하여 추단推斷될 것도 아니오, 반드시 간첩을 통하여 적의 정상을 알 수 밖에 없는 것이다.…그러므로 영명한 군주와 현명한 장수라야 능히 지능이 출중한 인사를 뽑아서 간첩으로 사용하여 반드시 큰 공을 이룰 수 있는 것이니 이것이 전쟁의 요결이요, 전군이 신뢰하며 움직이게 되는 바인 것이다"고 하였다.

넷째, 전쟁 지도권에 관한 것이다. 이것은 전쟁지도와 실제의 작전 지휘권에 관한 것이며, 이것은 전쟁철학에 있어서 가장 관계가 깊은 중대한 문제의 하나이다.

물론 정치의 실권자가 동시에 군사전략가라면 이러한 문제는 해소된다. 예컨대, 우리나라의 삼국시대에 있어서 고구려의 광개토왕, 신라의 문무

왕, 조선의 태조 이성계 등이고, 외국에 있어서는 마케도니아의 알렉산드로스 대왕, 로마의 카이사르, 프랑스의 나폴레옹, 프로이센의 프리드리히 대왕 등인데 이들은 최고 집권자인 동시에 전략가였다. 그러나 근래에 와서는 그렇지 못하기 때문에 이것이 문제가 된다.

6·25전쟁에 있어서 야전사령관인 맥아더 장군, 미 연합참모의장 브래들리 장군 그리고 트루먼 대통령은 군 작전의 통수권 문제를 둘러싸고 서로 다른 사고思考와 태도를 가졌기 때문에 결국 승리의 좋은 기회를 상실해 버린 것이라고 본다. 한 가지 예로써, 맥아더 장군은 1950년 11월 초, 중공군이 압록강을 건너 출병해 옴으로써 B-29에 의한 압록강 교량을 폭격할 것을 극동 공군사령관에게 명하였다. 이에 대하여 트루먼 대통령의 지시에 의거 미 연합참모부는 교량 폭격의 중지와 더불어 교량을 폭격하도록 명령을 내게 된 이유를 설명하도록 맥아더 장군에게 요구하였다.

맥아더 장군은 다음과 같이 회답(1950년 11월 6일)을 보냈다.

> 병력과 물자가 압록강의 모든 교량을 건너 만주로부터 들어오고 있다. 이런 중요한 사태는 본인 지휘 하의 군대를 위험케 하고, 최종적으로 격멸될 우려가 있다. 이 적의 증원을 차단하는 유일한 길은 폭격으로써 여러 교량과 부근의 시설을 파괴하는 수밖에 없다. 이 폭격을 연기하는 경우 미군과 그리고 다른 유엔군 장병의 피를 더 흘리게 된다. 신의주의 주요 교량은 수 시간 이내에 폭파할 수 있도록 준비되어 있다.
>
> 본인이 명령한 것은 온전히 전쟁의 원칙 이내의 것이며, 유엔으로부터 본인이 받은 결정과 명령의 범위 내의 것이며, 중공에 대한 호전적인 행동은 결코 아니다. 귀 명령에 의한 제한에서 오는 실제상의 그리고 정신상의 재난은 아무리 과대평가하여도 지나친 것이 아니다. 본 건은 대통령에게 검토받도록 조치해 주기 바란다. 본인은 귀 훈령이 큰 재해를 가져오는 것이니 나는 스스로 이 책임을 질 수는 없다. 시간이 퍽 중요하니, 즉시 재검토를 바람.

트루먼 대통령은 그의 『회고록』에서 미 합참의장 브래들리 장군으로부터 맥아더 장군으로부터 온 전보내용을 듣고 또 맥아더 장군이 현지에 있어서 특별히 긴급상황으로 보고 있다는 말을 듣고서, 그에게 "좋소, 해치우시오." 하고 맥아더에게 전달토록 지시했다고 했으나, 마셜 국방장관이 폭격중지를 명했다. 그래서 맥아더 장군은 사직서를 썼으나 참모들의 만류로 사직서를 찢어버렸다.

과연 국가의 존망과 국민의 사생을 결정하는 전쟁을 이런 방식으로 하는 것이 타당한 것일까? 서구세계에 있어서 일반적으로 통용된 것은 정부 책임자는 국가전략, 그리고 군 지휘관은 군사전략을 각각 관장하는 것으로 생각하여 왔다. 국가전략과 군사전략의 정의는 각인각색各人各色이지만 영국의 전략가 리델 하트는 다음과 같이 말하였다.

> 국가전략은 전쟁의 정치적 목적, 즉 근본 정책에 의하여 규정된 목적을 달성하기 위하여 한 국가나, 또는 국가 간의 자원을 협조시키고 조정하는 것이다. 그리고 군사전략은 정책상의 여러 목적을 달성하기 위하여 군사적 여러 수단을 분배 적용하는 기술이다.

그리고 미국의 전략가 웨드마이어 장군은,

> 오늘날 여러 문제가 착잡하게 얽힌 이 시기에 있어서 더 포괄적인 정의定義가 필요함을 확신한다. 오늘날에 있어서는 군사적인 것과 비군사적인 것 사이에는 명확한 구분 선이 없어졌으며, 이런 현상은 앞으로 전쟁이 계속 될수록 심하여 질 것이다. 그래서 나는 다음과 같은 정의定義가 적절하지 않을까 한다. 즉 전략은 국가목적을 성취하기 위하여 모든 자원을 적용하는 기술이며 과학이다.

물론 군사적인 것과 비군사적인 것 사이의 명확한 구분 선을 그을 수는 없지만, 역시 군사적인 것과 비군사적인 것은 존재하는 것이다. 이것은 마치 무지개에 있어서 그 색깔 사이의 명확한 구분 선은 그을 수 없지만, 빨강, 파랑 등 각 색이 존재하는 것과 마찬가지이다.

손자병법에 있어서는 전쟁지도의 최고권은 정부의 최고 집권자가 가지고 있으며 실제 작전지휘권은 장수에게 있는 것이다. 전쟁지도의 최고권이 정부의 최고 집권자에게 있다는 것을 "장수가 군주의 명령을 받아 가지고"라 표현했고, 장수의 지휘권에 대하여 "장수가 능력이 있고, 또 군주가 간섭하지 않는다"고 말하였다. 그러니 현대어로 표현한다면 국가의 최고 집권자가 장수에게 작전 지휘권을 주었다면 과도한 간섭을 하지 말고 독단활용의 권한을 대폭 주어야 한다는 것이다.

좀 더 구체적으로 다음과 같이 말하고 있다.

"장수라는 것은 국가를 수레라고 하면 수레의 채장목(輔)과 같은 것이다. 채장목이 강하면 그 국가도 반드시 강할 것이며, 채장목에 틈이 생기면 그 국가는 반드시 약해진다. 군주로 말미암아 작전 수행상 방해를 받는 세 가지가 있으니, 군이 진격해서는 안 될 때 군주가 진격 명령을 내리며, 군이 후퇴해서는 안 될 때 군주가 후퇴 명령을 내리는 것이니, 이것은 군을 노끈으로 얽어매어 반신불수로 만들어 버린다. 군사에 정통하지 못한 자가 군정軍政에 간섭하면 군사들은 미혹되어 어리둥절해진다. 군의 지휘계통을 알지 못하고 간섭을 하면, 군사는 어느 편에 복종할 것인지 의심케 된다. 군사들이 의혹하여 군기軍紀와 풍기風紀가 문란하게 되면 적국이 그 약점을 이용하여 침입할 것이니, 이것은 자기네 군사를 요란하게 하여 적에게 승리를 주는 것이 된다. 승리를 하는 데는 다섯 가지 조건이 있다. 즉…장수가 유능하고, 군주가 간섭하지 않으면 승리한다."

이 말은 집권자가 군의 작전권에 대해 간섭하면 군사들을 혼란에 빠뜨릴 뿐만 아니라, 전쟁지도상 크게 꺼려야 할 점이라고 주장하고 있다. 또,

"군주의 명령이라도 받아들이지 않는 경우가 있다."

"최고 지휘관의 도道는 적의 힘을 평가하여 승리하는 계計를 꾸미고, 그

지형의 험이險易와 원근遠近을 잘 알고 싸움에 임해야 한다. 이러한 것을 알고 싸우면 반드시 승리를 얻을 것이요, 그렇지 않고 싸우면 반드시 실패할 것이다. 그러므로 싸워서 반드시 승리하는 상태라면 군주가 싸우지 말라고 하더라도 반드시 싸워야 한다. 또 싸워도 승리할 수 없는 상태라면 군주가 싸우라고 명령하더라도 싸워서는 안 된다."

고 하는 것도 앞에 말한 내용과 같다.

손자병법에 있어서 통솔론統率論, 장재론將才論, 전략 및 전술론 등의 내용도 흥미가 있지만 이번에는 생략하기로 하고, 마지막으로 손자병법에 관한 흥미있는 일화를 하나 소개하고자 한다.

제2차 세계대전도 한창일 무렵, 영국의 저명한 전략가 리델 하트에게 장제스(蔣介石) 총통의 부하인 중국 육군 무관武官이 찾아갔다. 중국 무관은 리델 하트에게 "당신과 풀러 장군의 저서는 중국 군관학교에서 중요한 교과서로 채택되어 있습니다"고 말하였다. 그러자 리델 하트는 그 무관에게 "손자병법은 어떻게 하고 있습니까?" 하고 질문을 하였다. 무관은 "손자의 책은 고전으로서 존경은 받고 있습니다만, 대부분의 청년장교들은 그 책은 시대에 뒤떨어진 것이며, 그래서 기계화된 무기체계를 가진 시대에 있어서는 연구할 만한 가치가 거의 없는 것으로 생각하고 있습니다"고 대답하였다. 리델 하트는 "내가 저술한 20여 권의 책에 설명한 전략 및 전술의 기초 내용이 그 조그마한 책에 거의 전부 포함되어 있으니, 그대들이 손자병법으로 되돌아가는 것은 지금입니다"고 그 중국 무관에게 주의를 환기시켜 주었던 것이다.♣(『空軍』, 제96호(1966. 8. 31.)~제104호(1968. 6. 5.))

군사학 총서 발간 취지

군사학은 전쟁이란 무엇이며, 전쟁의 준비·수행 및 억제와 연구방법 등에 관한 지식의 체계이다. 전쟁은 오랫동안 인류 생존의 기본 요소이며 수단으로 등장하였고, 현재뿐만 아니라 앞으로도 형태를 달리하면서 존속하리라. 그리고 전쟁은 국민의 생사·국가의 존망과 직결되는 문제이기 때문에 신중히 대처하지 않을 수 없다. 한민족의 평화적 통일·생존권의 확보 및 번영의 초석이 되는 군사학의 연구·발전을 위해 군사학 총서를 발간하였다. 독자의 지도 편달과 육성, 그리고 동참을 기대한다. (이종학 : leechoy@daum.net)

<table>
<tr><th>번호</th><th colspan="2">책 명</th><th>저 자</th><th>발행연도</th><th>정가</th></tr>
<tr><td rowspan="2">1</td><td colspan="2">군사학 개론</td><td>이종학·길병옥 편저</td><td>2009년
(4·6배판, 594쪽)</td><td>35,000</td></tr>
<tr><td>내용</td><td colspan="4">군사학이 우리나라에서 학문으로 공식적으로 인정된 것은 2002년 12월이다. 군사학의 간략한 정의는, “전쟁의 본질과 성격 및 무력전의 준비 및 수행에 관한 통일된 지식체계”라는 점에서 그 범위도 설정되었다. 이런 관점에서 군사학의 다양성, 다차원성, 다변화성을 포괄하는 학문적 개론서로서 새로운 학문영역으로 자리 잡고 있는 군사학의 학문체계를 정리하고자 각 분야의 전문가 13명의 공동집필로 출간되었다.</td></tr>
<tr><td rowspan="2">2</td><td colspan="2">군사전략론</td><td>이종학 편저</td><td>2009년
(신국판, 450쪽)</td><td>25,000</td></tr>
<tr><td>내용</td><td colspan="4">우리 국군은 6·25전쟁과 베트남전 참전을 통해 전투경험은 했지만 전쟁을 하지 않았다는 것을 잊어서는 안 된다. 즉, 군사전략을 수립하여 전쟁을 수행해 본 일이 없는 것이다. 그래서 이 책은 군사전략 수립을 위한, 제1편 군사전략의 기초, 제2편 군사전략의 이론, 제3편 군사전략의 실제로 구성되어 있다. 군사전략은 군사목표, 군사전략개념 그리고 군사자원으로 구성되어 있는 결심사항을 간략한 문장으로 표기하며, 이것은 세 가지 기준, 즉 적합성, 가능성 및 수락성에 의해 검토된다는 것을 상세히 설명하고 있다.</td></tr>
<tr><td rowspan="2">3</td><td colspan="2">나의 학문과 인생</td><td>이종학 편저</td><td>2009년
(4·6배판, 606쪽)</td><td>30,000</td></tr>
<tr><td>내용</td><td colspan="4">평생을 군사학 분야 발전을 위해 헌신해온 이종학 교수의 八旬을 맞이하여 펴낸 책이다. 제1편은 나의 학문과 인생(이종학), 제2편은 군사학의 학문체계 및 발전방향(교수 에세이), 제3편은 군사학의 발전방향으로 군사학과의 박사과정을 이수했거나 혹은 이수 중인 피교육자들의 학위논문 주제를 요약하거나 관심을 가진 분야에 대한 간략한 에세이를 수록했다. 부록에는 공군사관학교 57기생들에게 ‘군사학 특강’을 실시 후 그들의 소감문을 소개했다.</td></tr>
</table>

<table>
<tr><td rowspan="2">4</td><td colspan="2">한국군사사연구</td><td>이종학 지음</td><td>2010년
(4·6배판, 632쪽)</td><td>30,000</td></tr>
<tr><td>내용</td><td colspan="4">1981년 국방대학원에 재직할 때, 「현대 군사사의 연구방향」이라는 논문을 발표하면서 '군사사'에 대한 이론 정립을 시도했다. 즉, 군사사는 군사이론과 역사학이 결합된 학문인 동시에 군사학의 이론적 기초이며 근원이다. 이것을 기초로 하여 한국사 가운데 군사문제를 다루기 시작해 30년간의 연구 성과를 집대성한 것이며, 21편의 논문으로 구성되어 있다. 저자가 지난 반세기 동안 군사사 연구에서 얻은 결론과 기본철학을 소개하면 다음과 같다. 즉, "평화를 바란다면, 전쟁을 이해하고 이에 대비하라!"</td></tr>
<tr><td rowspan="2">5</td><td colspan="2">전략이론이란 무엇인가
-『손자병법』과
『전쟁론』을 중심으로-</td><td>이종학 편저</td><td>2012년(개정보완판)
(신국판, 372쪽, 3판)</td><td>16,000</td></tr>
<tr><td>내용</td><td colspan="4">전략이론이란 무엇인가를 밝히면서, 원래 군사분야의 용어가 1960년대 이후 경영분야에도 활용되어 왔다는 것을 알아야 하고 군사전략뿐만 아니라, 국가전략 및 핵전략의 발전과정을 소개했다. 전략이론의 고전인 『손자병법』은 1972년 중국 산동성에서 『죽간 손자병법』이 나왔기에 그것을 삽입시켜 13편을 완역했다. 한편 클라우제비츠의 『전쟁론』은 초판본이 나왔고, 거기에서 내용이 너무 방대하기에 전술적 내용을 삭제한 抄譯을 했다. 직업군인과 최고 경영자들에게 전략이론을 알기 위한 필독서를 만들고자 꾸며 보았다.</td></tr>
<tr><td rowspan="2">6</td><td colspan="2">6·25전쟁이란
무엇인가</td><td>이종학 지음</td><td>2011년
(4·6배판, 623쪽)</td><td>30,000</td></tr>
<tr><td>내용</td><td colspan="4">이 책은 40여 년 간에 걸친 6·25전쟁 연구의 총 결산이자 집대성한 내용이다. 6·25전쟁에 대한 연구와 분석을 통해 그 원인을 밝혀내고 평시에 안보태세를 굳건히 하는 것이 가장 기본적인 대책이라고 해법을 제시한다. 이 책은 마치 6·25전쟁을 구석구석 현미경으로 확대해 들여다보는 듯하며 지금까지 나왔던 6·25전쟁 관련 서적과 다르게 새로운 사실들과 풍부한 사료들을 담고 있기 때문에 6·25전쟁을 연구하는 전문가들이나, 석·박사과정의 학생들에게 많은 도움이 될 것이다.</td></tr>
<tr><td rowspan="2">7</td><td colspan="2">현대 북한의 이해</td><td>박성규·길병옥 지음</td><td>2012년
(4·6배판, 336쪽)</td><td>25,000</td></tr>
<tr><td>내용</td><td colspan="4">탈냉전 이후 급변하는 국제상황 속에서 북한이라는 실체를 명확히 파악하고 한반도 평화통일의 기본 틀을 마련하는 데 기본적인 목적이 있다. 특히 남북한의 평화로운 통일과 기본적인 방향을 설정하는 데 있어서 가장 중요한 것은 북한을 제대로 이해하는 것이라는 점을 강조한다. 이 책은 현재 북한 관련 교재들이 북한의 실제를 제대로 파악하기에는 많이 부족하다는 점을 지적한다. 상식으로는 이해할 수 없는 북한이라는 체제 전체를 제대로 알 수 있는 교육이 절대적으로 필요하고 북한의 본질을 이해하여 그 대응책을 마련하는데 주요 초점을 두고 있다.</td></tr>
</table>

<table>
<tr><td rowspan="2">8</td><td colspan="2">군사고전의 지혜를 찾아서</td><td>이종학 지음</td><td>2012년
(신국판, 537쪽)</td><td>25,000</td></tr>
<tr><td>내용</td><td colspan="4">인류의 역사는 투쟁사 혹은 전쟁사의 연속이라 할 수 있다. 그러한 급변하고 위태로운 정세하에서 어떻게 생존하며 또한 승리할 것인가 하는 그 방법과 지혜를 제시했으며, 동양의 손무가 저술한 『손자병법』(기원전 513?)과 서양의 클라우제비츠가 저술한 『전쟁론』(1832)이 군사고전에 속하며, 그것들의 시대적 배경과 철학적 기초를 밝히려고 지난 반세기 동안 시도한 에세이를 편집한 것이 이 책이다. 군사고전은 심오한 철학사상을 바탕으로 하고 있기 때문에 생명력과 실용성을 보유하고 있을 뿐만 아니라, 인생철학의 지침서요 또 경영전략의 참고서로써 최근에 와서 더 많은 각광을 받고 있다.</td></tr>
<tr><td rowspan="2">9</td><td colspan="2">군제 기본원리와 한국의 병역제도</td><td>나태종 편저</td><td>2012년
(신국판, 353쪽)</td><td>16,000</td></tr>
<tr><td>내용</td><td colspan="4">이 책은 크게 두 편으로 구성되어 있다. 제1편 군제기본원리에서는 군사제도의 중요성과 제도에 관한 역사적 교훈, 현대 국방사상이 군제에 미치는 영향, 군사제도 설정의 기본원칙을 포함하였다. 제2편 한국의 병역제도에서는 정부수립 이후로부터 현재까지의 한국의 병역제도 변화과정을 분석하고 스위스, 이스라엘의 병역제도와의 비교평가를 통해 미래 한국의 병역제도 발전방안을 제시하였다.</td></tr>
<tr><td rowspan="2">10</td><td colspan="2">현대전략론</td><td>이종학·노양규·이성만 지음</td><td>2013년
(신국판, 457쪽)</td><td>24,000</td></tr>
<tr><td>내용</td><td colspan="4">『現代戰略論』(1972)은 40여년 전, 전략 입문서가 없었던 시절에 출간되어 그동안 전략 입문서로서의 기능을 발휘했으나, '한글세대'의 등장으로 절판되었다가 이번에 '한글화'된 개정판이 나왔다. 이번 개정판에는 전략의 기본문제를 보완하면서 미국에서의 새로운 전략연구의 추세와 한반도의 정세를 감안해서 내용을 구성했는데, 주요 내용은 '전략이란 무엇인가', '현대전쟁의 성격', '국가전략', '군사전략', '작전술', '전술' 그리고 '북한의 핵무기와 한반도 안보' 등이다. 전략을 연구하고자 하는 사관생도·일반 대학교의 군사학 전공자뿐만 아니라, 국제정치 전공자에게는 필독서이다.</td></tr>
<tr><td rowspan="2">11</td><td colspan="2">군사학 입문</td><td>송영필 지음</td><td>2014년
(신국판, 339쪽)</td><td>16,000</td></tr>
<tr><td>내용</td><td colspan="4">군사분야에 대한 입문서이다. 군사학의 정의와 연구대상으로부터 전쟁, 군사제도의 발전과정, 전쟁준비 차원에서 군사력 건설에 필요한 국방기획관리제도와 전투발전체계를 다루었다. 또한 전쟁수행 차원에서 군사력 운용의 용병술 체계와 전투수행에 대하여 방법, 수행절차를 기술하였다. 군사학을 공부하고자 하는 사람이나 군인의 길을 걷고자 하는 사람에게 기초가 되는 분야를 알기 쉽게 설명한 책이다.</td></tr>
</table>

<table>
<tr><td rowspan="2">12</td><td colspan="2">웨드마이어 회고록과 논평</td><td>이종학 편저</td><td>2014년
(신국판, 323쪽)</td><td>20,000</td></tr>
<tr><td>내용</td><td colspan="4">이 책의 제1부 『웨드마이어는 보고한다!』는 웨드마이어 대장의 회고록이다. 그는 제2차 세계대전 당시 마셜 육군참모총장의 두뇌 역할을 수행했고, 당시 미국의 국가전략과 그 이면사를 솔직하게 밝혔다. 특히 1947년 트루먼의 특사로 중국과 한국을 방문하고 미국의 극동정책에 대해 건의한 「웨드마이어 보고서」가 수록되어 있다.
제2부는 '웨드마이어 회고록'에 대한 논평이 수록되어 있으며, 특히 6·25 전쟁의 복합적 원인에 대해 밝히고 있다. 그리고 평화적 남북통일에 대한 제안, 독도 영유권에 대한 해결방안, 한반도와 중국의 이해관계를 위한 단상 등이 수록되어 있다.
(※이 책은 대한민국학술원의 「2015년도 우수학술도서」로 선정되었다.)</td></tr>
<tr><td rowspan="2">13</td><td colspan="2">예비전력의 이론과 실제</td><td>이원희 지음</td><td>2015년
(신국판, 372쪽)</td><td>16,000</td></tr>
<tr><td>내용</td><td colspan="4">이 책은 한반도에서 전쟁이 발발시 승리하기 위해 군사력의 한 축인 예비전력에 대해 무엇을 어떻게 준비해야 할 것인가에 대한 방향을 제시하고 있다.
책의 구성은 「예비전력의 이론과 역사」, 「외국의 예비전력 운영」, 「예비전력의 운영사례와 효율적 운영방향」으로 되어 있고, 부록에는 「향토예비군 설치법」을 비롯한 관련 법령이 수록되어 있다.
장차 군의 간성이 되기를 원하는 학생은 물론 군의 주요 지휘관과 관련 참모, 지역 및 직장예비군 지휘관들에게 예비전력 운영에 관한 유용한 지침서가 될 것이다.</td></tr>
<tr><td rowspan="2">14</td><td colspan="2">작전술</td><td>노양규 지음</td><td>2016년
(신국판, 470쪽)</td><td>24,000</td></tr>
<tr><td>내용</td><td colspan="4">처음으로 발간된 작전술 관련 전문서적이며, 한국군의 변화와 발전을 위해서는 작전술이 가장 먼저 발전되어야 한다고 주장한다.
'작전술이란 무엇인가'에 대한 이론적인 배경을 설명한 후, 작전술이 소련군에서 태동하게 된 과정과 변화를 살펴보았고, 이어 현대 작전술의 중심인 '미군의 작전술' 변화과정을 1980년대부터 연대순으로 세밀하게 살펴보았다. 이어 '북한 작전술'을 살펴본 후, '한국군의 작전술'을 점검하고 미래 발전을 위한 방안을 제시하였다.
작전술은 한국군 변화와 발전의 관건關鍵이다.</td></tr>
</table>

<table>
<tr><td rowspan="2">15</td><td colspan="2">동북아시아의
전쟁과 평화</td><td>이종학 지음</td><td>2016년
(신국판, 577쪽)</td><td>35,000</td></tr>
<tr><td>내용</td><td colspan="4">미수(米壽, 88세)를 맞이하여 제자·후배들에게 남겨줄 선물로 이 책을 꾸며보았다.
제1부 동북아시아의 전쟁과 평화 : 평생 전쟁을 연구대상으로 하는 군사학을 연구하게 된 동기를 밝혔고, 또한 이론정립을 시도했으며, 저자가 바라는 평화적 남북통일 등을 수록했다. 제2부 군사사학으로 본 역사산책 : 군사사학의 관점에서 지난날의 군사와 관련된 역사를 살펴보았다. 제3부 대학교육과 국방 : 국가의 안보와 발전·번영에 필요한 인재를 양성하는 대학교육은 문·무가 일치된 교육이 실시되어야 한다는 관점에서 살펴보았다. 제4부 한 군사학도의 인생단상 : 인생전략의 수립방법과 절차를 소개했다. 그리고 제5부는 군사학에 의한 일본의 역사산책으로 일본어로 발표한 논문을 수록했다.</td></tr>
<tr><td rowspan="2">16</td><td colspan="2">군사명언의
지혜를 찾아서</td><td>이종학 편저</td><td>2018년
(신국판, 388쪽)</td><td>20,000</td></tr>
<tr><td>내용</td><td colspan="4">이 책은 편저자가 90세를 맞이하여, 군 지휘관 및 구성원들에게 전쟁의 준비·수행의 지침서가 될 뿐만 아니라, 우리들 인생의 지침서도 되고 또한 경영의 참고가 되는 명구(名句)로 꾸몄다.
제1장 국가안전보장, 제2장 전쟁, 제3장 지휘와 통솔, 제4장 전략·작전술 그리고 전술, 제5장 군사교육과 훈련, 제6장 전쟁의 원칙, 제7장 전략문화로 구성되어 있다.
전장(戰場)에서의 승패는 최고 지휘관의 자질에 의해 결정되어 왔기에 이 책의 제3장 지휘와 통솔에 역점을 두었다는 것을 밝히고, 군사전략의 수립뿐만 아니라, 인생전략의 수립방법도 소개했으니 60대 이후의 인생을 충실히 사는 방법을 제시했다. 부록으로 「나의 학문과 인생」을 첨부했으니 참고하기 바란다.</td></tr>
<tr><td rowspan="2">17</td><td colspan="2">동아시아
패권경쟁과 해양력</td><td>김경식 지음</td><td>2018년
(신국판, 406쪽)</td><td>23,000</td></tr>
<tr><td>내용</td><td colspan="4">이 책은 세계정치와 해양력과의 관계를 이해하고 동아시아 패권경쟁에서 해양력이 어떠한 역할을 수행하였는가를 분석하여 향후 한반도 주변에서 벌어질 강대국 간의 패권경쟁에 대비하는데 기여하고자 작성되었으며, 제1장 서론, 제2장 패권에 관한 이론적 배경, 제3장 패권경쟁과 해양력, 제4장 동아시아 패권경쟁과 한반도, 제5장 러일간 패권경쟁과 해양력, 제6장 미일간 패권경쟁과 해양력, 제7장 미중간 패권경쟁과 해양력, 제8장 결론 등 총 8개의 장으로 구성되었다.
해양력은 지구적 공공재에 대한 접근능력과 세계문제에 대한 개입 능력으로 말미암아 오래 전부터 패권경쟁의 핵심수단이 되어왔으며 이는 근대 동아시아 지역체제의 패권경쟁에서도 마찬가지였다. 이 책은 해양력이 국가안보와 번영·발전에 중요하다는 것을 알려주는 역저力著이다.</td></tr>
</table>

<table>
<tr><td rowspan="2">18</td><td colspan="2">새로운 패러다임의
군사교리</td><td>안재봉 지음</td><td>2019년
(신국판, 326쪽)</td><td>18,000</td></tr>
<tr><td>내
용</td><td colspan="4">이 책은 군사교리에 관한 대한민국 최초의 전문서로서 현존 및 미래 안보 환경에 부합한 새로운 패러다임(paradigm)의 군사교리 발전방향을 제시하고 있으며, 책의 구성은 총 5개 장으로 되어 있다. 제 I 장은 군사이론에 관한 내용으로 교리의 어원, 군사교리의 개념 및 역할, 군사교리의 수준, 제 II장은 전쟁의 새로운 패러다임을 제시한 걸프전쟁, 코소보전쟁, 아프간 전쟁, 이라크전쟁 분석, 제III장은 한국군의 군사교리체계와 1990년 최초로 정립한 『군사기본교리연구』(1) 이후, 수 차례 개정되었던 『군사기본교리』의 주요 내용 분석, 제IV장은 미국, 영국, 중국의 군사교리 및 전략 분석, 제 V장은 결론으로 미래 한국군의 『군사기본교리』 정립안을 군사교리체계, 군사교리발전에 영향을 주는 영향 요소, 한국군의 전쟁수행개념(How to Win?)으로 구분하여 제시하고 있다.
(이 책은 '2020년 국방부 진중문고(陣中文庫)'에 선정되었다.)</td></tr>
</table>

• 펴낸곳 : 충남대학교출판문화원

• 전　화 : 042-821-6045

• e-mail : cnupress@cnu.ac.kr